2024년도 5급 공채·국립외교원 및 민간경력직 PSAT 대비

랩스탠다드 준기출 PSAT 자료해석 실전모의고사

1 ~ 6회

정답 및 해설

LAB STANDARD
기준을 연구하는 사람들

현재 내 위치가 궁금하다면?

빠른 채점 및 성적 분석

https://labstandard.kr/eas

성적분석 서비스 + 통계표 확인

기본 카메라 어플이나 QR 스캐너(앱) 등을 활용하여 위 QR코드를 확인해 보세요!
빠른 채점 서비스를 통해 간편한 채점뿐만 아니라,
나의 위치, 정답률, 풀이 속도, 체감 난도, 구간별 운영 등을 전국에 있는 다른 수험생들과 실시간으로 비교하고
유익하고 흥미로운 정보를 얻으실 수 있습니다!

★★★

한 과목만 응시해도 과목별 통계표가 제공되고
모든 과목을 응시한 분께는 언/자/상 통합 성적표까지 제공됩니다.

제 1회

1	2	3	4	5	6	7	8	9	10
③	②	①	③	③	①	⑤	⑤	②	④
11	**12**	**13**	**14**	**15**	**16**	**17**	**18**	**19**	**20**
③	①	④	⑤	①	②	⑤	①	④	⑤
21	**22**	**23**	**24**	**25**	**26**	**27**	**28**	**29**	**30**
③	②	②	④	②	④	⑤	⑤	①	⑤
31	**32**	**33**	**34**	**35**	**36**	**37**	**38**	**39**	**40**
②	②	⑤	③	①	③	③	④	④	①

문 1 유형: 매칭 정답: ③

조건 1: <표>의 자국영화 점유율이 4회 이상 감소한 국가를 찾는다. A는 인도임을 알 수 있다. → ①, ② 소거

조건 2: 2015 ~ 2019년 동안 자국영화점유율과 타국영화점유율의 차이가 매년 20 %p 이상인 국가는 <표>에서 자국영화점유율이 40 % 이하인 국가인 C, 독일, D, 스페인이다. 따라서, C, D는 프랑스 or 이탈리아이다. → ⑤ 소거

조건 3: 2016년 독일, 프랑스, 스페인의 자국영화 평균 점유율은 30 % 이상인데, 만약 D가 프랑스라면 1균 점유율은 반드시 30 % 미만이므로 C는 프랑스이고 그에 따라 D는 이탈리아이다. → ①, ④, ⑤ 소거

조건 4: 2021년 총 영화 관객수가 자국영화 관객수의 1.25배보다 적은 국가는 <표>에서 자국영화점유율이 80 % 초과인 A, 미국, 일본, B이다. 따라서 A, B는 인도 or 중국이다. → ⑤ 소거

∴ A: 인도, B: 중국, C: 프랑스, D: 이탈리아

조건 우선순위를 어떻게 잡는지에 따라 다양한 풀이가 가능하다. 조건을 만족시키는 항목을 주관식으로 찾는 것이 부담될 때는 선지를 적극적으로 활용하면 효율적이다.

문 2 유형: 빈칸 정답: ②

① ○ 2021년 당사자 간 중고차 거래 대수의 2017년 대비 감소율은 1,389 → 1,299로 90/1,389이므로 약 6.5 %이다.

② × 매매업자와 거래가 전체의 60 % 이상인지 또는 당사자 간 거래가 전체의 40 % 이하인지 확인한다. 2017년(1,389 < 3,658 × 0.4)과 2021년(1,299 < 3,871 × 0.4)에는 전체 중 당사자간 거래 비중이 40 % 이하인지 확인한다. 2018년과 2020년에는 전체 중 매매업자와 거래 비중이 60 % 이상인지 확인한다. 2018년 매매업자와 거래는 60 % 미만이므로 반례에 해당한다.(2,159 < 3,692 × 0.6 = 2,215)
참고로 2019년은 매매업자 > 당사자 × 1.5인지 확인하면 효율적이다.

③ ○ 2018년 이후 중고차 매매업 사업체 수의 전년대비 증가율은 2020년에 4.2 %로 가장 높다.

④ ○ 2017 ~ 2019년 동안 사업체 수 1개당 종사자 수는 매년 6명 이상(종사자 수 > 사업체 수 × 6)이고, 2020 ~ 2021년 동안 사업체 수 1개당 종사자 수는 매년 6명 이하(종사자 수 < 사업체 수 × 6)이므로 옳다.

⑤ ○ 2022년 전년대비 감소율이 2021년과 동일하다면, 2021년 대비 2022년 감소폭은 2020년 대비 2021년 감소폭 800명보다 작다. 따라서, 2022년 중고차 매매업 종사자 수는 35,000명 이상이다.

문 3 유형: 추가로 필요한 자료 정답: ①

① × 두 번째 문단에서 사용하였다고 판단할 수 있으나, '2019년 연령대별 자산, 부채 및 순자산' 자료는 2011 ~ 2019년 동안 자산, 부채, 순자산은 매년 증가하였다는 <보고서> 문장의 근거가 될 수 없다.

② ○ 다섯 번째 문단 첫 번째 문장에서 2번 선지 자료의 '2005년 연립주택 1인당 주거면적'이 근거로 사용되었다.

③ ○ 두 번째 문단 전체에서 근거로 사용되었다.

④ ○ 세 번째 문단 전체에서 근거로 사용되었다.

⑤ ○ 첫 번째 문단 두 번째 문장에서 5번 선지 자료의 '2019년 소득 대비 주택임대료 비율이 15.5 %'가 근거로 사용되었다.

문 4 유형: 일반(차트) 정답: ③

① ○ 로스팅 전 종합점수는 D가 21점으로 가장 높은 원두이고, B가 17.9점으로 두 번째로 높다. <그림>의 방사형의 넓이를 통해 시각적 확인도 가능하다.

② ○ 로스팅 전 종합점수(21점) 대비 라이트 로스팅 후 종합점수(22.25점)의 증가폭(1.25점)이 가장 큰 원두는 D이다. 이는 D의 향 점수와 밸런스 점수가 다른 원두에 비해 높다는 사실로부터 구체적인 계산 없이 추론할 수 있다.

③ × 원두 A는 로스팅 전 종합점수(17점) 대비 미디움 로스팅 후 종합점수(17.77점)의 증가폭이 0.77점이다. 따라서, 증가율은 4.5 %(= 0.77/17)이다. (단맛 + 산미 = 7.7, 기타 = 9.3이므로 0%와 10%의 가중평균을 구하면 증가율이 5% 이하가 될 것임을 쉽게 알 수 있다.)

④ ○ 로스팅 전 종합점수(15.1점) 대비 다크 로스팅 후 종합점수(15.53점)의 증가폭(0.43점)이 가장 큰 원두는 C이다. 이는 C의 바디감 점수가 다른 원두에 높다는 사실로부터 구체적인 계산 없이 추론할 수 있다.

⑤ ○ 다크 로스팅 후 종합점수는 A 원두가 17.25점, C 원두가 15.53점이므로 옳다. 로스팅 전 항목별 차이값을 구한 후, 바디감을 1.1배 하여도 대소관계가 역전되지 않는지 확인한다.

문 5 유형: 빈 칸 정답: ③

각주의 정의에 따라 비율의 가로합이 100 %임을 활용해 빈칸을 모두 채우면 다음과 같다.

찬성 여부 \ 구분 \ 성별 \ 연령		30세 미만		30세 이상		합계
		남성	여성	남성	여성	
찬성	인원	600	1,050	450	900	3,000
	비율	20	35	15	30	100
반대	인원	900	600	400	100	2,000
	비율	45	30	20	5	100

ㄱ. ○ 30세 이상 찬성 비율이 45 %(=15 + 30)이고, 30세 미만 여성 찬성 비율이 35 %이다. 분모가 동일하고, 45 < 45.5(=35 × 1.3)이므로 옳다.

ㄴ. ○ 30세 이상 남성 반대 비율(20 %)은 30세 이상 남성 찬성 비율(15 %)에 비해 5 %p 높다.

ㄷ. ○ 30세 미만 남성 반대 응답자 수(900명)는 30세 이상 반대 응답자 수(500명 = 400명 + 100명)에 비해 400명 더 많다.

ㄹ. × 찬성 응답자 수(3,000명)는 반대 응답자 수(2,000명)의 1.5배이다.

문 6 유형: 일반(차트) 정답: ①

분기별 수입량을 정리하면 다음 표와 같다. 특히 C는 증감계수가 -1이면, 수입량이 0이 된다는 걸 파악하면 계산을 줄일 수 있다. 따라서, 2021년 4사분기의 원유 수입량이 가장 많은 정유사는 48천 만 L로 A이다.

	A	B	C	D	E
1분기	2	4	5	6	8
2분기	4	11	17.5	12	6
3분기	12	88	78.75	27	12
4분기	48	44	0	40.5	42

문 7 유형: 추가로 필요한 자료 정답: ⑤

ㄱ. ○ <보고서> 첫 번째 단락 3번째 문장인 '2020년 고령자 중 자녀와의 관계에 만족하는 비중은 70.4 %로 10년 전에 비해 7.5%p 증가하였다.'는 문장 작성을 위해 필요하다.

ㄴ. ○ <보고서> 첫 번째 단락에서 '한편' 이후 문장('2018년에는 더 낮았다.')작성을 위해 필요하다.

ㄷ. × <보고서>에 언급되지 않은 자료이다.

ㄹ. ○ <보고서> 두 번째 단락 마지막 문장 작성을 위해 필요하다.

문 8 유형: 정답: ⑤

각 조합별로 구하고자 하는 정보를 정리하면 다음과 같다. 따라서, 이용객 선호도가 두 번째로 높은 조합(X)은 'C'이고, 필라테스 센터의 '이윤'이 두 번째로 높은 조합(Y)도 'C'이다.

조합	입장료	기구 A	이용객 선호도	예상 이용객 수	이윤
A	10,000원	유	8.0	550명	470만 원
B	10,000원	무	6.1	450명	450만 원
C	15,000원	유	7.3	400명	520만 원
D	15,000원	무	5.4	300명	450만 원
E	30,000원	유	5.6	250명	670만 원
F	30,000원	무	3.7	150명	450만 원

문 9 유형: 빈 칸 정답: ②

ㄱ. ○ <표>에서 2012년 등록 건수를 감소율의 분모, <그림>에서 2016년 등록 비중을 감소율의 분자로 상정해 계산한다. 각 분수는 우라늄 $\frac{70.1}{904}$, 철 $\frac{8.8}{118}$, 우라늄 $\frac{3.7}{69}$이다. 각 분수 중 우라늄의 값이 가장 '작으므로' 기타를 제외하고, 금속광 중 2012년 대비 2016년 등록 건수 감소율이 가장 큰 광물은 '우라늄'이다.

ㄴ. × <표>에서 2015년 등록 건수를 증가율의 분모, <그림>에서 2016년 등록 비중을 증가율의 분자로 상정해 계산한다. 각 분수는 석탄 $\frac{2.8}{100}$, 석회석 $\frac{37.9}{1,399}$이고, 전자가 더 크므로($1.4 \times 28 = 39.2 > 37.9$) 기타를 제외하고, 비금속광 중 2016년 등록 건수의 전년대비 증가율이 가장 큰 광물은 석탄이다.

ㄷ. ○ 금속광 중 기타와 비금속광 중 기타를 각각 하나의 광물로 볼 때, 2012 ~ 2015년 동안 등록 건수가 매년 감소한 광물은 귀금속, 철, 우라늄, 금속광 중 기타, 규석, 규조토, 운모, 규사로 총 8가지이다.

ㄹ. × 전체 등록 건수 중 비금속광 비중이 가장 높은 연도는 2016년 이다. 2016년 납석 등록 건수의 전년대비 감소율(101 → 99)은 2 % 미만이다.(100 → 98의 감소율이 정확히 2 %)

문 10 유형: 빈 칸 정답: ④

ㄱ. ○ 2016년 리츠 신규 수와 리츠 해산 수의 차이값은 각주에 따라 2015년 대비 2016년 리츠 수 증가 폭과 동일하다. (2016년 취소수는 0) 따라서, 해당 차이값은 44(=169 - 125)이다. 2015년 리츠 신규 수는 41이므로 옳다.

ㄴ. ○ 2014년 리츠 수는 98(=125 - 41 + 11 + 3)이므로 2014년 대비 2022년 리츠 수 증가율은 250 % 이상이다.(98을 100으로 크게 보아도 $352 > 100 \times 3.5$)

ㄷ. ○ 2017 ~ 2021년 동안 리츠 취소 수는 각주에 따라 매년 1이므로 취소 수의 합은 5이고, 2022년 취소 수는 4이므로 옳다.

ㄹ. × 리츠 1개당 자산규모는 2015년 18/125 = 0.15조 원 미만, 2021년 79/352 = 0.22조 원 이상이다. 차이는 0.1조 원(1,000억 원) 미만이다.

문 11 유형: 빈 칸 정답: ③

<표>와 <그림>을 종합하면 다음과 같이 연도별 순위를 알 수 있다.

	2019	2020	2021
A	3위	1위	1위
B	4위	2위	2위
C	5위	4위	3위
D	6위	3위	4위
E	8위	6위	5위
F	7위	7위	6위
G	9위	5위	7위
H	10위	10위	8위
I	12위	12위	9위
J	11위	13위	10위

① × <그림 1>과 <그림 2>의 순위 상승 합이 3 이상인 고위공직자를 찾는다. E(= 3 = 8 - 5), I(= 3 = 12 - 9)로 2명이다.

② × 2019년 순위는 A가 3위, B가 4위, C가 5위이다. 2019년 재산총액은 A가 300(=375/1.25), C가 약 183억 원이다. 따라서 2019년 B의 재산총액은 300보다 적고 약 183보다 많았을 것이다. 따라서, 2020년 B의 전년대비 재산총액 증가율은 4 %를 초과한다.(300 → 312의 증가율이 정확히 4 %임을 활용)

③ ○ 2019년 J의 재산총액 순위는 11위이며, 2019년 H와 I의 재산총액 순위는 각각 10위와 12위이고 재산총액은 각각 105(=126/1.2), 100(=110/1.1)이므로 2019년 J의 재산총액은 100억 원 초과 ~ 105억 원 미만임을 알 수 있다. 2020년 J의 재산총액은 109이므로 2020년 재산총액의 전년대비 증가 폭은 4억 원 초과 9억 원 미만이다.

④ × <표>에서 2021년 재산총액이 전년대비 하락한 고위공직자는 D, F, G, H, J로 5명이다. 5명 중 2020년 재산총액 순위가 전년대비 하락하지 않은 고위공직자는 <그림 2>에서 D(상승), F(유지), G(상승), H(유지)로 4명임을 확인할 수 있다.

⑤ × 2020년 C와 D의 재산총액 합의 전년대비 증가율은 C와 D 각각의 전년대비 증가율의 가중평균이며, 가중치는 2019년 C와 D의 재산총액이다. 2%는 C와 D 각각의 전년대비 증가율의 산술평균이고, 2019년 재산총액은 C(185/1.01)가 D(186/1.03)보다 크므로 가중평균인 C와 D의 재산총액 합의 전년대비 증가율은 2 % 미만이다.

문 12 유형: 빈 칸 정답: ①

ㄱ. ○ 연도별 훈련 대상자 중 작계훈련 대상자 비중은 2017년에 2,922 × 40 % > 1,125이므로 40 % 이하이고, 2018년에는 상대비를 활용하여 1,778 (=403 + 406 + 969) > 1,105 × 1.5이므로 40 % 이하이고, 2019년에는 1,755(=399 + 401 + 955) > 2,827 × 0.6이므로 40 % 이하이다.

ㄴ. ○ 2016 ~ 2019년 동안 기본훈련 대상자는 매년 감소하고, 2016 ~ 2018년 동안 작계훈련 대상자는 매년 감소하고, 2019년 작계훈련 대상자는 전년대비 감소한다.(399 + 401 + 955 + 1,105(2018년 작계훈련 대상자 수) > 2,827)

ㄷ. × 참석률의 상대비(참석자 수/불참자 수)를 활용한다. $\frac{2,700}{183} < \frac{2,695}{132}$ 이므로 2019년 참석률은 전년대비 증가한다.

ㄹ. × 만약 2020년에 코로나19로 인한 예비군 훈련 중단이 없어 5 ~ 12월 참석자가 1 ~ 4월 참석자의 3.5배라면, 2020년 참석자 수는 2,709명(=602 × 4.5)이다. 따라서, 2016년 참석률은 93.4 %, 2020년 참석률은 약 99 %이므로 참석률의 2016년 대비 증가폭은 4.5 %p 이상이다.

문 13 유형: 일반(표) 정답: ④

① ○ 2019년 A국의 반도체 수출액은 홍콩이 100억 달러 이상(100 → 113의 증가율이 11.3 %)이고, 미국이 30억 달러 미만(30 → 28.5의 감소율이 5 %)이므로 홍콩이 미국의 3배보다 높다.

② ○ A국의 시스템 반도체 수출액의 전년대비 증가율은 2017년이 9 → 11로 약 22.2 %이고, 2019년이 14 → 16으로 약 14.3 %이므로 2017년이 2019년에 비해 7 %p 이상 높다.

③ ○ $\frac{\text{시스템}}{\text{메모리}}$ 값이 두 번째로 높은 국가를 찾는다.(상대비) 2020년 A국의 반도체 수출액 상위 10개국 중 반도체 수출액에서 시스템 반도체가 차지하는 비중은 필리핀(= 11.3/5.3)이 가장 높고, 미국(= 17.5/10.9)이 두 번째, 영국(= 10.2/6.9)이 세 번째로 높다.

④ × <표 2>의 반도체 수출액과 GDP 대비 반도체 수출액 비중을 활용하여 비교한다. 2020년은 GDP가 전년대비 증가(비중 증가율은 약 5 %, 반도체 수출액 증가율은 약 8 %)하였다. 옳지 않다.

⑤ ○ 2018년 A국의 반도체 수출액 중 '시스템' 반도체의 비중이 $\frac{140.0}{522.6}$ 으로 30 % 미만이므로 메모리 비중은 70 % 이상이다. 따라서, 두 비중의 차이는 40 %p 이상이다.

문 14 유형: 빈 칸 정답: ⑤

ㄱ. × 2017 ~ 2022년 동안 이동자 성비가 매년 100 이상이므로 이동자 수 중 여자 비율은 매년 50 % 이하이다. 따라서, 2017 ~ 2022년 동안 여자 이동자 수의 총합은 대략 21,490 천 명 = 2,149 만 명보다 적다. 따라서 옳지 않은 선지이다.

ㄴ. ○ 2022년 이동자 성비가 102.5이므로 남자 : 여자 = 102.5 : 100 이다. 따라서 남자와 여자의 비중 차이는 2.5/202.5로 2.5 %보다 작다.

ㄷ. ○ <표 2> 각주에 의해 권역별 순이동자 수의 합은 0이어야 한다. 따라서, 2018년 이후 제주권 순이동자 수는 2018년 9, 2019년 4, 2020년 2, 2021년 3, 2022년 1이므로 매년 10 (천 명) 이하이다.

ㄹ. ○ 인구 1명당 전입신고건수는 각주 1)에 따라, (전입신고건수×이동률) /이동자 수이다. 이는 2020년 $\frac{5,183 \times 15.1}{7,735}$, 2019년 $\frac{4,734 \times 13.8}{7,104}$ 이므로 전자가 더 크다.(분모 증가율은 10 % 미만, 분자 증가율은 10 % 이상) 따라서, 2020년 인구 1명당 전입신고건수는 전년 대비 증가한다.

문 15 유형: 표-차트 전환 정답: ①

ㄱ. ○ <표>의 경찰관 1인당 인구, <표>의 파출소 1개당 인구를 활용하여 선지의 파출소 1개당 경찰관 수를 추론할 수 있다.
'파출소 1개당 경찰관 수 = 파출소 1개당 인구/경찰관 1인당 인구'이므로 이를 확인한다. (52 %, 60 %를 기준으로 확인하면 효율적이다)

ㄴ. × <표>에서 '파출소' × '파출소 1개당 인구'를 확인한다. 2010년 인구는 1,940 × 25,543으로 5,000 만 명(= 2,000 × 25,000) 미만이다. 따라서 그림의 5,155 만 명은 잘못되었다. 이 밖에도 2017년과 같이 확인하기 쉬운 연도(2,004 × 25,630 < 5,200 만 명)만 보더라도 <보기>의 그림이 잘못되었음을 알 수 있다.

ㄷ. ○ <표>의 수치와 <표>의 각주 3)을 활용한다. 일의 자릿수가 일치 하는지 먼저 확인한다.

ㄹ. × <보기> ㄹ의 비율(34.8, 33.8, 31.4)은 보호관찰관 1인당 보호관찰 관리사건 수를 단순합(142 + 138 + 128)한 후 백분율로 나타낸 것이다.
하지만, <보기>의 연도별 '보호관찰 관리사건' 비중은 <표>에 주어진 '보호관찰관 1인당 보호관찰 관리사건'의 가중평균이다. 개념상 옳지 않은 선지이다. (<표>를 활용해 <보기>의 값을 구하기 위해서는 가중치인 '연도별 보호관찰관 수'가 필요하다 주어진 자료로는 알 수 없다.)

문 16 유형: 일반(차트) 정답: ②

ㄱ. × <표>의 '경찰관 1인당 인구'의 역수를 활용한다. <표>에서 2011년 경찰관 1인당 인구가 501명으로 500명을 초과한다. 경찰관 1인당 인구가 정확히 500명일 때, 총인구 대비 경찰관 수 비율은 정확히 0.2 %(= $\frac{1}{500} \times 100\% = 0.2\%$)이므로 2011년에는 해당 비율이 0.2 % 미만이다.

ㄴ. ○ <그림>의 각주 1)에 따라 경찰관 수 = (총인구/경찰관 1인당 인구)이다. 이때, 총인구 = 파출소 × 파출소 1개당 인구(<표>에서 도출)이므로 정리하면, 경찰관 수 = {(파출소 수 × 파출소 1개당 인구)/경찰관 1인당 인구}이다. 2018년 경찰관 수 > 2010년 경찰관 수 × 1.1이면 옳은 선지이므로 $\frac{2,015 \times 25,611}{437} > \frac{1,940 \times 25,543 \times 1.1}{492}$ 인지 확인한다.

ㄷ. × 교도관 1인당 수용정원 = 교도관 1인당 일평균 수용인원 / 교정시설 수용률이다. 2014년 $\frac{3.1}{108.0}$ 이고 2018년 $\frac{3.4}{114.5}$ 으로 증가하였다.

문 17 유형: 일반(차트) 정답: ⑤

① ○ A가 0.3%p 증가하였음에도 불구하고 <그림 2>에서 'B - A'가 -1.2 %p에서 1.5 %p로 2.7 %p만큼 증가하였다는 것은 B가 '3.0 %p만큼 증가'하였음을 의미한다.
또한, A가 0.3 %p 증가할 때, 'C - A'가 0.8 %p에서 0.3 %p으로 0.5 %p 감소하였다는 것은 C가 0.2 %p만큼 감소'하였음을 의미한다.

② ○ <그림 2>에서 'B - A'가 -0.7에서 -1.2로 0.5만큼 감소하였고, B가 0.3만큼 감소하였으므로 'A는 0.2만큼 증가'하였음을 의미한다. 또한, A가 0.2만큼 증가하였고, C - A가 0.8만큼 증가하였으므로 'C가 1.0만큼' 증가하였음을 의미한다. 특정 수치를 가정해 대입하여 풀어도 좋다.

③ ○ <그림 1>에서 만약 기준값인 2021년 A국 GDP가 전년대비 15 % 증가하였다면, 2020년 A국 GDP를 100, 2021년 A국 GDP를 115로 보았을 때, 2020년 B국 GDP는 75.5, 2021년 B국 GDP는 66.7 × 1.15, 2020년 C국 GDP는 41.8, 2021년 C국 GDP는 46.6 × 1.15로 볼 수 있다.
B국 GDP가 전년대비 증가하였는지 우선 확인하면 75.5(2020년) < 66.7 × 1.15(2021년)이므로 옳다. 또한, C국의 경우 41.8 × 1.25 (2020년) < 46.6 × 1.15(2021년)인지 확인하면, 41.1 → 46.6의 증가율은 10 % 이상, 1.15 → 1.25의 증가율은 10 % 미만이므로 옳다.

④ ○ 전단의 경우 A국 GDP/B국 GDP가 1.5 이하인지를 판단해야 한다. A국 GDP의 상대적 크기가 100으로 일정하므로 B국 GDP의 상대적 크기가 가장 작은 2021년(100/66.7)을 우선 확인하면 100/66.7은 1.5 이하이다.(또는 B국의 GDP 격차지수가 모두 $\frac{2}{3}$ × 100 이상인지 확인한다)

후단의 경우 <그림 1>의 C국 대비 B국의 막대 길이가 상대적으로 짧은 2021년(66.7/46.6)을 우선 확인하면 1.5배 미만으로 반례에 해당한다.

⑤ × <그림 2>를 통해 확인할 수 있다. 2017년, 2021년 2회이다.

문 18 유형: 보고서 정답: ①

첫째, 2021년 발생한 황사의 최대 지속일수는 A가 7일(=16 - 9), B가 9일(=27 - 18), C가 14일(=22 - 8), D가 3일(7 - 5), E가 8일(=11 - 3)이다. 따라서, '갑'국은 C가 될 수 없고, '을'국은 D가 될 수 없다.

둘째, '갑'국에서 발생한 모든 황사의 지속일수가 2일 이상일 수 있는 연도 수는 3개년 이하인 국가는 A or B or C이다.(지속일수/발생횟수 값이 2 이상인 연도가 3번 이하인지 확인한다) 첫째 조건과 결합하여 '갑'국은 A or B이다.

셋째, 2015년 '을'국에서 가장 오래 지속된 황사의 지속일수가 6일 이었다면, 나머지 황사의 지속일수는 모두 1일이다. 이를 만족하기 위해 B국과 같이 지속일수와 발생일수의 차이가 5일이어야 한다. 이 경우 가장 긴 황사 1회의 지속일수가 6일, 나머지 16회의 황사의 지속일수가 모두 1일로 합이 16일이므로 지속일수는 22일이 된다. (D국도 이 조건을 충족하나 첫째 조건에서 탈락한다) 한편, E국과 같이 지속일수와 발생일수의 차이가 6일 이상인 경우 지속일수가 가장 긴 황사 외에 적어도 1회의 황사는 지속일수가 2일이어야 한다. 따라서, '을'국은 B이고, '갑'국은 A이다.

문 19 유형: 빈 칸 정답: ④

ㄱ. ○ 석사학위를 3년 이내 취득한 사람의 수는 대기과학이 70명, 물리가 35명으로 2배이다. (정수 개념임을 활용하여 과감하게 어림산 한다)

ㄴ. ○ 신소재를 전공하여 4년 이내 석사학위를 취득하지 못하고 제적된 사람의 수는 185 × 8.6 % = 16명이다. 박사학위를 6년 이내 취득한 사람의 수는 21 × 57.1 % = 12명이다.

ㄷ. × A대학교 자연대학과 공과대학에서 박사학위를 8년 이내 취득한 사람의 수 대비 5년 이내 취득한 사람의 수 비율은 <표 2> 누적 백분율을 활용하면, 화학공학이 83.3 %(= 62.5 %/75 % = 5/6)로 가장 높고, 생명이 81.0 %(= 49.3 %/60.9 % = 5↓/6↑)이 두 번째로 높다.

ㄹ. ○ 자연대학에서 박사학위를 10년 이내 취득한 사람의 수가 두 번째로 많은 전공은 화학(20명)이고, 제적된 사람의 수도 두 번째로 많은 전공도 화학(15명(= 35 - 20))이다.

문 20 유형: 일반(차트) 정답: ⑤

ㄱ. ○ <그림>의 눈금을 활용하면 2011년 전년대비 증가액은 4,000 이상 → 8,000 미만으로 세로로 2칸 미만 증가하였고, 2013년 전년대비 감소액은 10,000 이상 → 2,000 미만으로 4칸 이상 감소하였다. 따라서 감소폭은 증가폭의 2배 이상이다. (시각정보를 적극적으로 활용하자)

ㄴ. ○ 2011년 환산금액 7,776을 가평균으로 하여 2010 ~ 2012년 환산 금액의 편차의 합을 계산하면 약 -500이므로, 2010 ~ 2012년 환산 금액의 평균은 7,776 - 약 170 = 약 7,600이다. <그림>의 시각 정보를 통해 1,900을 기준으로 계산된 2013 ~ 2019년 동안의 편차의 합이 0보다 많이 작다는 것을 쉽게 알 수 있으므로, 2013 ~ 2019년 평균은 1,900에 크게 못 미친다. 따라서 옳은 선지이다.

ㄷ. ○ 각주 2)에서 '기준년도 A 물가지수'는 고정된 값이므로, '당해연도 A 물가지수'가 2019년이 2012년의 5배라면, 2012년과 2019년 '연도별 자연재해피해금액'의 비교는 '2012년 자연재해피해 환산금액(10,591) × 1'과 '2019년 자연재해피해 환산금액(2,162) × 5'를 비교하면 된다. 따라서 자연재해피해 금액은 2019년이 더 크다.

문 21 유형: 일반(표) 정답: ③

ㄱ. ○ 백신, 세포치료제, 유전자치료제 모두에서 상위 10위 이내인 국가는 미국, 독일, 벨기에, 영국, 프랑스, 캐나다, 한국으로 7개국이다.

ㄴ. ○ 백신, 세포치료제, 유전자치료제 모두에서 미국 × 2 > 전세계이므로 옳다.

ㄷ. ○ 유전자치료제 상위 10위 국가의 특허 수 합계는 240개이다. 이 때, 10위인 중국의 특허 수가 3개이므로 최소 국가 수는 12개국(11위 3개, 12위 2개)이고, 최대 국가 수는 15개국(11 ~ 15위 각각 1개)이다.

ㄹ. × 전세계 합계에서 프랑스의 특허 수가 차지하는 비중은 백신 1.2 %, 세포치료제 1.9 %, 유전자치료제 1.6 %이므로 옳지 않다.

문 22 유형: 매칭 정답: ②

조건 2: 2020년 이후 순위의 전년대비 증감방향(상승, 상승, 하락)은 대만, B, C, D, 일본이 동일하다. B or C or D는 한국 or 오스트리아 or 미국이다. 따라서, A는 노르웨이로 확정된다.

조건 3: 각주 2)에 따라 여성의원수는 여성의원비율과 총의원수의 곱이다. 매칭의 원리에 따라 B, C, D 중 여성의원수가 적은 B or D가 한국 or 오스트리아다. 조건2와 결합하여 C는 미국으로 확정된다.

조건 1: 2021년 B, 영국, 독일의 평균 남성의원비율 최대 68.5 %(= 100 - 31.5)이고, D, 일본의 평균 남성의원비율은 최소 81 %(= 100 - 19.0 %)에 비해 10 %p 이상 낮다. 따라서, B는 오스트리아, D는 한국이다.

∴ A: 노르웨이, B: 오스트리아, C: 미국, D: 한국

문 23 유형: 일반(표) 정답: ②

ㄱ. × 상대비인 생존자/사망자 비교를 활용한다. 조기 간암 환자의 상대비는 A: 22/8, B: 14/9, C: 15/10이므로 A가 가장 크다. 조기 위암 환자의 상대비는 A: 13/8, B: 24/9, C: 16/12이므로 B가 가장 크다.

ㄴ. ○ C를 투여한 조기 간암 환자와 조기 위암 환자의 평균 생존률은 (15 + 16)/(15 + 10 + 16 + 12) = 31/53으로 65 % 미만이다.

ㄷ. ○ B를 투여한 말기 위암 환자에 대한 사망률은 9/13으로 약 70 %이고, B를 투여한 조기 위암 환자에 대한 사망률은 9/33은 30 %↓이므로 옳다.

ㄹ. × 간암의 조기 생존율은 22/30로 약 70 %, 말기 생존율은 2/9로 22 %이고, 위암의 조기 생존율은 13/21로 약 60 %, 말기 생존율은 5/16로 약 30 %이다. 따라서, 조기와 말기의 생존율 차이는 간암이 위암에 비해 높다.

문 24 유형: 일반(표) 정답: ④

ㄱ. × 실업자는 인원의 증감방향이 증가, 감소, 증가, 증가이고, 지원금의 증감방향이 증가, 감소, 증가, 감소로 서로 다르다. 재직자는 인원의 증감방향이 증가, 증가, 증가, 감소이고, 지원금의 증감방향도 증가, 증가, 증가, 감소이다.

ㄴ. ○ <표 2>에서 지원금은 매년 '실업자 < 재직자'이므로 옳다.

ㄷ. × 2018년 실업자 직업훈련 인원 1인당 직업훈련 지원금은 분모(인원)의 전년대비 증가율(102 → 117)이 약 15 %, 분자(지원금)의 전년 대비 증가율(3,236 → 3,538)이 약 10 %이므로 전년 대비 감소한다.

ㄹ. ○ 재직자 직업훈련 인원 1인당 직업훈련 지원금은 2019년이 1.22(= 4,891/4,007)로 가장 높다.

문 25 유형: 일반(표) 정답: ②

① ○ 접수 건수 합계 대비 처리 건수 비율은 2017년에 43.4 %로 가장 낮고, 2018년에 49.2 %로 두 번째로 낮다.

② × 2020년 일조 외 처리건수는 215건(=245 - 30)이고, 2019년 일조 외 처리건수도 215건(=255 - 40)이다. 2020년 일조 외 접수 건수 1건당 일조 외 처리 건수의 전년대비 증가율은 $\frac{215}{193} \rightarrow \frac{215}{178}$이다. 이는 178 → 193의 증가율과 동일하므로 옳지 않다.(178 + 17.8 > 193)

③ ○ 400 → 460은 증가폭이 60, 증가율이 정확히 15 %이다. 즉, 증가폭이 60인 389 → 449의 증가율은 반드시 15 %보다 높다. 따라서, 2020년 접수 건수 합계의 2012년 대비 증가율은 15 % 이상이다.

④ ○ 처리 건수 중 피해 원인이 일조인 비중과 일조 외인 비중의 차이가 90 %p 이상이려면, 처리 건수 중 피해 원인이 일조인 비중이 10 % 이하이면 된다. 2012 ~ 2015년 동안 처리 건수 중 일조 비중은 매년 10 % 이하이므로 옳다.

⑤ ○ 2012 ~ 2018년 동안 매년 소음 + 건축물 > 처리건수가 성립하는지 확인한다.

문 26 유형: 보고서 정답: ④

첫째, '갑' 지역 가구 수의 전년대비 증가율이 가장 높은 연도는 2018년이다. E만 전년대비 증가율이 가장 높은 연도가 2020년이므로 E는 '갑'이 아니다.

둘째, 2017년 '갑' 지역 주택 수가 가구 수보다 많으려면, 주택보급률이 100 %를 초과해야 한다. A만 2017년 주택보급률이 99.5 %이므로 주택 수가 가구 수보다 적다. 따라서, A는 '갑'이 아니다.

셋째, 2018년 '을' 지역 주택보급률의 2017년 대비 증감폭이 가장 크므로 동그라미 좌표와 네모 좌표 사이의 x값 거리가 가장 길어야 한다. 이는 C이다. 따라서, C는 '을'이므로 '갑'이 아니다.

마지막으로 B와 D 중 2018년 평균밀도가 낮은 D를 제외하면, 2018년 5개 지역 평균 주택밀도는 D 지역을 제외한 4개 지역 평균 주택밀도에 비해 낮으므로 '갑'은 D이다. (마지막 조건은 실제로 정확한 값을 계산하면, C, D, E는 제외시 평균 주택밀도를 제외 이전에 비해 상승시킨다)

문 27 유형: 추가로 필요한 자료 정답: ⑤

▸ 1문단

"15세 이상 고용률"과 "15세 이상 취업자 수"는 <그림>에 주어져 있으며, 각주의 고용률 정의식을 통해 "15세 이상 인구 수" 역시 알 수 있다. 1문단 작성을 위해 추가로 필요한 정보는 없다.

▸ 2문단

· (1문장 전단) 15세 이상 64세 이하 고용률

<그림>에 주어진 정보이다.

· (1문장 후단) 65세 이상 고용률

<u>**'15세 이상 고용률**(<그림>에 주어진 정보)'은 **'15세 이상 64세 이하 고용률**(<그림>에 주어진 정보)'과 **'65세 이상 고용률'의 가중평균**</u>이며, 가중치는 **'15세 이상 64세 이하 인구수'**와 **'65세 이상 인구수'**이다.

<그림>을 통해 '15세 이상 인구 수'를 알 수 있으므로 <보기> ㄴ과 같이 '15세 이상 65세 이하 인구수'를 알 수 있다면, '65세 이상 인구수'도 알 수 있다. 이렇게 두 가중치를 알 수 있게 되므로 가중평균의 원리를 활용해 <보고서>의 '65세 이상 고용률' 역시 구할 수 있게 된다.

→ <보기> ㄴ이 추가로 필요하다.

· (2문장) 15세 이상 29세 이하 고용률

알 수 있는 정보 및 <보기>를 통해 추론할 수 있는 정보는 다음과 같다.

	취업자 수	고용률	인구 수
15세 이상	○	○	○
65세 이상	○	○	○
15세 이상 64세 이하	○	○	○
15세 이상 29세 이하		<보고서> 내용	
30세 이상 65세 이하	<보기> ㄹ	<보기> ㄷ + ㄹ	<보기> ㄷ

→ <보고서> 내용의 작성을 위해 <보기> ㄷ과 ㄹ이 추가로 필요하다.

문 28 유형: 빈 칸 정답: ⑤

ㄱ. ○ 경북, 강원, 전남 중 봄감자 재배면적의 2017년 대비 2020년 증가율은 경북 1.1 × 1.2 × 1.3, 강원 1.3 × 1.15 × 1.15, 전남 1.12 × 1.3 × 1.18이다. 공통적으로 포함된 ×1.3을 제외한 1.1 × 1.2, 1.15 × 1.15, 1.12 × 1.18의 대소 비교는 1.15 × 1.15와 같이 제곱수에 가까울수록 크다. 따라서, 2017년 대비 2020년 증가율은 강원, 전남, 경북 순으로 높다.

ㄴ. ○ 경북 봄감자 재배면적의 2017년 대비 2020년 증가율은 71.6 %이다.(1.716 = 1.1 × 1.2 × 1.3)

ㄷ. ○ 먼저, 2016년 경북 봄감자 재배면적은 10,000↓이다.(10,320 = 10,000 × 1.032) 각주에 의해 2016년 재배면적은 경북 > 강원 > 전남 이므로 2016년 강원의 봄감자 재배면적은 10,000↓이고, 2017년 전년대비 증가율이 -3.0 %이므로 2017년 재배면적은 9,700↓이다. 또한, 2016년 전남의 봄감자 재배면적도 10,000↓이고, 2017년 재배면적이 10,500이므로 전년대비 증가율은 5 % 초과이다.(10,500 = 10,000 × 1.05)

문 29 유형: 해보기 정답: ①

빈칸을 모두 채운 <표>는 다음과 같다. 따라서, '전세 재산평가액'과 '월세 재산평가액'의 차이가 두 번째로 큰 임차인은 '갑'이다.

구분 \ 임차인	갑	을	병	정	무
전·월세 전환율	8	5	15	6	4
전세금	30,000	20,000	18,000	15,000	40,000
월세보증금	15,000	8,000	10,000	5,000	25,000
월세	100	50	100	50	50
전세 재산평가액	9,000	6,000	5,400	4,500	12,000
월세 재산평가액	5,700	3,000	4,200	2,100	8,100
전세 재산평가액와 월세 재산평가액의 차이	3,300	3,000	1,200	2,400	3,900

문 30 유형: 표-차트 전환 정답: ⑤

ㄱ. ○ 1월 생산액 기준 순위 변동임에 주의한다. 1월 대비 8월 순위 변동 현황은 돼지 포장육과 소 포장육은 순위 변동이 없다.

편의식품류는 1위 상승, 닭 포장육은 2위 상승, 커피는 2위 상승한다.

양념육은 1위 하락, 소스류는 2위 하락, 빵류는 3위 하락, 수산물 가공품은 5위 하락한다.

과자는 <표 1>에서 9위, <표 2>에서는 상위 15위 밖이므로 7위 이상 하락한다.

ㄴ. ○ 8월 생산액 기준 식품유형 현황임에 주의한다. 아이스크림의 경우 <표 1>에서 상위 15위 밖, <표 2>에서 상위 15위 안으로 1월 대비 8월 생산액 증감폭이 최소 11,659(=26,739 - 15,080)억 원이므로 1조 원 이상에 해당한다.

ㄷ. × <표 1>의 식품유형별 점유율 간의 비례관계와 <보기>의 원차트 속 데이터 간의 비례관계에 반례가 존재하는지 확인한다. <표 1>에서는 양념육 생산액이 편의식품류의 약 1.2배인데, <보기> 에서는 1.7배로 반례에 해당한다.

ㄹ. ○ <표>의 상위 15위 점유율 합계에서 11~15위 점유율 합을 뺀 값이 <보기>의 값과 동일한지 확인한다. 1월의 경우 44.2(= 55.2 - 2.7 - 2.2 - 2.1 - 2.0 -2.0)이므로 옳고, 8월의 경우 43.8(= 54.5 - 2.6 - 2.2 - 2.1 - 2.0 - 1.8)이므로 옳다.

문 31 유형: 빈 칸 정답: ②

ㄱ. × 유소년부양비는 노년부양비(각주 1)/노령화지수(각주 2)이다. 따라서, 유소년부양비가 모든 지역에서 25 % 미만이려면, <표>의 모든 지역에서 '노년부양비 × 4 < 노령화지수'이면 된다. '세종'의 경우, 12.6 × 4 = 50.4 > 44.6이므로 '반례'이다.

ㄴ. ○ 0 ~ 64세 인구 대비 65세 이상 인구 비율의 대소 비교는 총인구 대비 65세 이상 인구 비중의 대소 비교로 대신할 수 있다.(이는 평소 A/(A+B)의 대소비교를 A/B로 대신하던 것을 반대로 적용한 것이다) 따라서, <그림>에서 65세 이상 인구 비중이 두 번째로 높은 지역은 경북이고, 두 번째로 낮은 지역은 울산이므로 옳다.

ㄷ. ○ 총인구 대비 0 ~ 14세 인구 비율은 65세 이상 (인구 비중)/ (노령화지수)와 동일하다. 따라서, 서울, 인천, 경기 중 '총인구 대비 0 ~ 14세 인구 비율'은 각각 14.5/138.3, 12.6/98.7, 12.0/87.5이다. (합치기 혹은 내리기를 활용한다) 세 비율을 대소 비교하면 경기가 가장 높다.(서울이 10.5 %, 인천이 12.8 %, 경기가 13.7 %)

ㄹ. × <표>에서 전국 65세 이상 인구 비중이 7,685/51,709임을 알 수 있고, <그림>에서 충남 65세 이상 인구 비중은 17.0 %이다. 7,685/ 51,709는 14.9 %이므로 옳지 않다.

문 32 유형: 계산도출해석형 정답: ②

① × 원화로 환산한 디스플레이 수입액은 2017년 121 × 1,071이고, 2016년 109 × 1,208이다. 109 → 121의 증가폭이 12, 증가율이 11 %이고, 1,071 → 1,208의 증가폭이 137, 증가율이 13 %이다.(2017년 < 2016년) 따라서, 2017년 원화로 환산한 디스플레이 수입액은 전년대비 감소하였다.

② ○ 반도체의 경우 세계 전체 생산액이 2015년 68/17.4, 2020년 158/18.4이므로 $\frac{68 \times 2}{17.4} < \frac{158}{18.4}$이므로 옳고, 디스플레이의 경우 세계 전체 생산액이 2015년 44/45.1, 2020년 75/34.8이므로 $\frac{44 \times 2}{45.1} < \frac{75}{34.8}$이므로 옳다.

③ × 2018년 반도체 수출액의 증가율이 약 30 %이고, 환율의 증가율이 약 4 %이므로 2018년 원화로 환산한 반도체 수출액의 전년대비 증가율은 30 % 이상이다.

④ × 환산을 하지 않아도 된다. 디스플레이 생산액 대비 반도체 생산액 비율은 2020년에 158/75로 2↑이고, 2019년 134/67로 2이므로 전년대비 증가하였다.

⑤ × 2016년 반도체 생산액은 66조 원이고, 원화 환산 반도체 수출액은 약 75조 원(=622억 달러 × 1,208원/달러)이므로 옳지 않다.

문 33 유형: 보고서 정답: ⑤

ㄱ. ○ 연구실 유형별 '신청 이력 있음' 비율은 대학과 연구기관은 각각 17.5 %, 18.2 %, 기업부설은 4.8 %이므로 옳다.

ㄴ. ○ 해당 3개 사유로 응답한 연구실 수 합은 3,775 × 0.741이므로 약 2,800개이므로 옳다. 4,000 × 0.75가 정확히 3,000임을 활용하면 좋다.

ㄷ. ○ 환경개선지원사업 '신청이력 없음'인 비율이 90 % 이상(= 3,748/4,035)이므로 옳다.

ㄹ. ○ '신청이력 있음'인 비율은 대학(36.4 %) > 연구기관(14.8 %) > 기업 부설(3.9 %) 순으로 높으므로 해당 비율은 연구기관이 두 번째로 높다.

ㅁ. × '신청 및 운영방법을 몰라서'로 응답한 연구실은 3,748 × 0.493으로 약 1,850개이므로 옳지 않다. 3,800 × 0.5가 정확히 1,900임을 활용하면 좋다.

문 34 유형: 일반(차트) 정답: ③

① ○ <그림>에서 시각적으로 확인 가능하다.

② ○ <그림>에서 전체 지정 건수가 매년 4,000건 미만인데, 보물 지정 건수는 매년 2,000건을 넘으므로 옳다.

③ × 사적의 경우 증가(+), 감소(-), 감소(-)이고, 천연기념물의 경우 감소(-), 감소(-), 증가(+)이므로 증감 방향이 2020년에 감소(-)로 서로 동일하다.

④ ○ 보물이 약 3 %로 가장 높고, 천연기념물이 약 2 %로 두 번째로 높다.

⑤ ○ 2021년 사적, 천연기념물, 국가민속문화재 지정 건수 합의 2017년 대비 증가폭은 43건(= 21 + 13 + 9)이므로 옳다.

문 35 유형: 빈 칸 정답: ①

① × <표 2> 월별 온라인 상담 건수를 세로합하면, 2018년 총 온라인 상담 건수는 125,466건이므로 옳지 않다. (135,000/12=11,250을 가평균으로 두고 확인하여도 좋다)

② ○ 2018년 2월 이후 서신 상담이 전월대비 감소한 달은 6월(10 → 5), 8월(11 → 6), 10월(7 → 6)이고, 해당 월에 온라인 상담은 전월대비 증가하였다.

③ ○ <표 3>에서 비율 자료를 통해 쉽게 비교가 가능하다. 49.9 > 49.5 (=9.0 × 5.5)이므로 옳다.

④ ○ 반대해석을 활용한다. <표 1>에서 2013년 오프라인 상담 건수는 16,014건(= 78,535 - 62,521)이다. 80,070(= 16,014 × 5) > 78,535이므로 2013년 전체 중 오프라인 비중은 20 % 이상이다. 따라서, 2013년 전체 상담 중 온라인 상담 비중은 80 % 이하이다.

⑤ ○ 비교해야 하는 항목이 많으므로 수치들의 경향성을 파악한다. <표 2>에서 오프라인 상담 중 전화 상담 비중은 매월 90 % 가량인데 반해, 전체 상담 중 온라인 상담 비중은 매월 80 %대이다. 특별한 반례가 보이지 않으므로 옳다고 판단한다.

문 36 유형: 추가로 필요한 자료 정답: ③

ㄱ. ○ <보고서> 첫 번째 문단 첫 번째 문장 작성을 위해 ㄴ과 함께 필요하다.

ㄴ. ○ ㄱ선지 해설과 동일하다.

ㄷ. × <보고서> 두 번째 문단 작성을 위해 필요하지만, <표 2>를 통해 알 수 있는 자료이다.

ㄹ. ○ <보고서> 세 번째 문단 작성을 위해 필요하다.

ㅁ. × <보고서>에 언급되지 않은 자료로 작성을 위해 필요하지 않다.

문 37 유형: 일반(표) 정답: ③

ㄱ. ○ 최소교집합과 다중제약이 결합된 문제이다. 전체 최소교집합 뿐만 아니라 연식별로 최소교집합을 함께 고려하여야 한다. 10년 미만에서는 최소교집합이 존재하지 않는다. 10 ~ 19년은 6,432 + 7,453 - 11,768 = 2,117만 호, 20 ~ 29년은 7,519 + 6,965 - 10,586 = 3,898만 호, 30 ~ 39년은 5,323 + 4,169 - 6,190 = 3,302만 호, 40년 이상은 3,104 + 2,528 - 3,392 = 2,240만 호가 수도권 아파트의 최소교집합니다. 따라서, 수도권 아파트는 적어도 11,557만 호(= 0 + 2,117 + 3,898 + 3,302 + 2,240)가 존재한다.

ㄴ. ○ 30 ~ 39년 비수도권 아파트 공급량은 최대 2,021만 호이고, 10년 미만 비수도권 아파트 공급량은 최소 2,062만 호(=3,178 - 1,116)이므로 옳다.

ㄷ. × 40년 미만 연립주택의 평균 연식의 최솟값을 추론할 수 있다. (연식이 개구간이므로 각 개구간 최솟값에 대해 가중평균을 구하는 것이다) 이를 정확히 계산하면, (0 × 1,089 + 10 × 1,514 + 20 × 1,632 + 30 × 578)/(1,089 + 1,514 + 1,632 + 578) = 13.53년이므로 옳지 않다.

문 38 유형: 빈칸 정답: ④

① ○ <그림>을 통해 2011 ~ 2020년 동안 부정수급 1건당 부정수급액이 1백만 원 초과인 해는 총 8개년임을 확인할 수 있다.(<그림>에서 검은색 점이 흰색 점보다 위에 있는 해를 확인한다)

② ○ 지출액은 '유가보조금/지출액 대비 유가보조금 비중'으로 비교할 수 있다. 2015년 66/12.9, 2016년 63/13.0을 비교하면 분모가 12.9 → 13.0으로 증가한 상황에서 분자(66 → 63) 감소율이 3 % 이상이므로 지출액은 3 % 이상 감소하였음을 알 수 있다.

③ ○ <표>의 '지출액 대비 유가보조금 비중'과 '명목소득 대비 유가보조금 비중'을 통해 '지출액 : 명목소득 = $\frac{1}{12.7} : \frac{1}{30.2}$ = 30.2 : 12.7'임을 알 수 있다. 각주 1)을 통해 지출액 : 명목소득이 30.2 : 12.7인 경우 운송수입은 42.9(= 30.2 + 12.7)임을 알 수 있다. 42.9 < 30.2 × 1.5이므로 옳다.

④ × 먼저, 2018년 '운송수입 - 지출액'은 250, '실질소득 대비 유가보조금 비중'은 40 %이므로 $\frac{\text{유가보조금}}{250-\text{유가보조금}}=0.4$라는 수식을 얻을 수 있다. 이 수식을 풀면, 2018년 유가보조금은 $\frac{100}{1.4}$(= 71.4)이다. 다음으로 2019년에는 $\frac{\text{유가보조금}}{300-\text{유가보조금}}=0.5$라는 수식을 얻을 수 있다. 2019년 유가보조금은 100이다. 따라서, 2019년 유가보조금의 전년대비 증가폭은 30만 원 미만(= 28.6 = 100 - 71.4)이다.

⑤ ○ <표>의 2020년 비중을 통해 지출액 : 명목소득 = 21.3 : 12.7이고, 명목소득 : 실질소득 = 27.1 : 21.3임을 알 수 있다. 이를 활용하면, 명목소득 27.1은 실질소득의 1.2배인 21.3 × 1.2(약 25)보다 크고, 지출액 21.3은 명목소득의 1.6배인 12.7 × 1.6(13 × 1.6 = 20.8이다)보다 크므로 옳다.

문 39 유형: 일반(표) 정답: ④

① ○ 2017년 전체 기능사 취득 건수 합계에서 병사 합계가 차지하는 비중은 12,455/18,072이다. 12,000/18,000이 66.7 %이고, 이 분수의 분모에 72, 분자에 455를 각각 더하면, 분수 값은 반드시 66.7 %보다 커지므로 옳다.(분수의 이해)

② ○ 2018년 장교의 기능사 취득 건수의 전년대비 감소율은 육군이 약 12.5 %(800 → 700의 감소율로 어림산)이고, 공군이 약 20 %이므로 옳다.(300 → 240의 감소율로 어림산)

③ ○ <표 2>에서 2018년 고민유형이 이성인 상담 건수가 0건인 신분은 군무원이다. 군무원은 2017년 해군 기능사 취득 건수가 174건이고, 산업 기사 취득 건수가 15건으로 12배 미만이다.(15 × 12 = 180 > 174)

④ × 반대해석을 활용한다. 부적응과 정신건강 각각에 대해 전체 대비 장교, 부사관, 군무원 상담건수 비율이 2 % 미만인지 확인한다. 부적응은 전체 22,777의 2 %가 약 450이고, 장교, 부사관, 군무원의 합은 약 420으로 2 % 미만이다. 반면, 정신건강은 전체 1,613의 2 %가 약 32이고, 장교, 부사관, 군무원의 합은 48로 2 % 이상이므로 반례이다.

⑤ ○ 2018년 공군의 산업 기사 취득 건수 1건당 기능사 취득 건수가 가장 높은 신분은 장교 혹은 병사이다.(두 신분이 약 6건이다) 정확하게 비교하면, 240/36 vs 2,371/375는 전자의 분모, 분자에 각각 10을 곱하면, 2,400/360으로 전자가 후자에 비해 분자는 크고, 분모는 작으므로 분수 값이 더 크다. 2018년 장교는 2018년 고민유형이 가정인 상담 건수가 0건이므로 옳다.

문 40 유형: 일반(차트) 정답: ①

ㄱ. ○ 2011년 대비 2016년 어린이 교통사고 사망자 수 감소율은 50 % 이하(140 < 71 × 2)이고, 2016년 대비 2021년 어린이 교통사고 사망자 수 감소율은 66.7 % 이상(71 > 23 × 3)이므로 둘의 차이는 15 %p 이상이다.

ㄴ. × 2021년 이륜차 운전자 교통사고 사망자 수의 2016년 대비 감소율은 $\frac{157(=614-457)}{614}$로 25.6 %이므로 25 % 이상이다.(614 < 628(=157 × 4))

ㄷ. ○ 2011년, 2016년, 2021년 교통사고 사망자 수 합은 고령자가 5,632명으로 이륜차 운전자(1,918명)의 3배인 5,754명보다 적다.

ㄹ. × 먼저, 3개년 연평균 감소율을 통해 원리를 설명한다. 2011 ~ 2013년 동안 연평균 감소율이 5 %면, 2011년 값에 0.95를 2번 곱하면 2013년 값이 된다. 이 때, 2011년 값을 100으로 두면 2013년 값은 90보다 큰 값이 나옴을 알 수 있다.(100 × 0.95 × 0.95 = 95 × 0.95 > 90) 이에 따르면, <그림>에서 2011년 대비 2021년 고령자 교통사고 사망자 감소율이 정확히 50 %이므로 2011 ~ 2021년 동안 고령자 교통사고 사망자 수의 연평균 감소율은 5 % 이상이어야만 한다.

제 2회

1	2	3	4	5	6	7	8	9	10
③	④	③	⑤	①	⑤	①	⑤	②	③
11	12	13	14	15	16	17	18	19	20
③	①	③	⑤	④	②	③	④	③	④
21	22	23	24	25	26	27	28	29	30
②	④	④	①	⑤	③	②	③	③	③
31	32	33	34	35	36	37	38	39	40
①	②	⑤	⑤	①	①	⑤	②	②	②

문 1 유형: 일반(표) 정답: ③

ㄱ. × 국어는 3반의 평균 점수가 66.7점(80과 60의 1 : 2 가중평균)이고, 2반의 평균 점수가 63.75점(65와 60의 3 : 1 가중평균)이므로 옳지 않다.

ㄴ. ○ 3개 과목 전체 평균의 경우 차이값을 활용한 소거법으로 대소를 확인한다. 1반, 2반은 각각 여학생이 남학생에 비해 합산값이 5점 높으므로 옳다. 한편, 3반은 남학생이 여학생에 비해 합산값이 35점이 높으므로 평균은 $\frac{35}{3}$(= 11.67)점 더 높다.

ㄷ. ○ 전체 여학생의 평균 점수는 2 : 1 : 2 가중평균으로 도출한다. 국어 66점, 영어 59점, 수학 82점이므로 옳다.

ㄹ. × 과목별 남, 여의 가중평균(가중치 = 학생 수)을 비교한다. 1반과 2반은 수학, 국어, 영어 순으로 높다. 3반은 수학, 영어, 국어 순이다.

문 2 유형: 일반(표) 정답: ④

ㄱ. ○ 2012 ~ 2014년 1분기 지진발생횟수는 50회이고, 2015 ~ 2017년 1분기 지진발생횟수는 56회이므로 옳다.

ㄴ. ○ 2012 ~ 2021년 1, 4분기 지진발생횟수(366회)가 2, 3분기 지진발생횟수(346회)보다 많으므로 옳다.

ㄷ. × 2012 ~ 2021년 동안 4분기 지진발생횟수가 1분기에 비해 증가한 연도 수는 2012년, 2015년, 2016년으로 총 '3개년'이다.

ㄹ. ○ 2017 ~ 2020년 1, 2분기 지진발생횟수(186회)는 2018 ~ 2021년 2, 3분기 지진발생횟수(170회)보다 10회 이상 더 많다. 공통항목인 2018 ~ 2020년 2분기 지진발생횟수를 제외한 후(아래 표 참조), 나머지 값에 대해서 차이값을 <표>에 기재하여 정오를 판단하여도 좋다.

연도 \ 분기/월	1분기			2분기			3분기		
	1	2	3	4	5	6	7	8	9
2017	15	11	6	12	2	2	1	4	5
2018	7	7	10	3	3	4	5	6	8
2019	9	5	7	5	16	11	10	9	4
2020	12	10	8	6	7	8	4	22	2
2021	6	6	11	7	12	8	3	5	2

문 3 유형: 일반(표) 정답: ③

ㄱ. × 상위 10위 영화 중 장르가 드라마인 영화는 E, G, H이다. 각 영화의 좌석점유율은 E가 9.5 %(= $\frac{72,167}{9,451 \times 16 \times 5}$), G가 10.4 %(= $\frac{23,400}{4,510 \times 10 \times 5}$), H가 12.7 %(= $\frac{15,139}{3,600 \times 11 \times 3}$)이므로 세 영화의 평균 좌석점유율은 9.5 % 초과이다. 각 영화의 좌석점유율이 어림산으로 대략 10 %임을 추론하면 가볍게 해결할 수 있다.

ㄴ. ○ 반대해석을 활용한다. 전체 관객수에서 상위 10위 영화 관객수 합계가 차지하는 비중은 1,089/1,268로 85.9 %이고, 전체 좌석수에서 상위 10위 영화 관객수 합계가 차지하는 비중은 134/148로 90.8 %이다. 따라서, 11위 이하 합계 비중은 관객수가 좌석수에 비해 크다.

ㄷ. ○ 상위 10위 영화 중 총상영횟수가 두 번째로 높은 영화는 A로 112회(= 14 × 8)이고, 가장 낮은 영화는 J로 30회(= 15 × 2)이다. 두 영화의 총상영횟수 차이는 82회이므로 옳다.

ㄹ. × 상위 10위 영화 중 좌석점유율이 가장 높은 영화는 D(24.4 %)이고, 좌석수 1개당 관객수는 C(10명↑)이다.

문 4 유형: 빈 칸 정답: ⑤

ㄱ. ○ 2018년 각주 1)에 따라 수용정원이 47,820(= 54,744 - 6,924)이므로 각주 2)에 따라 수용률은 114.5 %(= 54,744/47,820)이다. 2019년은 수용률은 113.8 %(= 54,624/47,990)이다. 2020년 각주 1), 2)에 따라 수용률은 110.9 %(= (48,600 + 5,273)/48,600)이므로 옳다.

ㄴ. ○ '수용률' 대신 각주를 변형하여 '초과인원/수용정원'을 이용하여 대소 비교한다. 이 값은 2016년 9,545/46,950이고, 2017년 9,478/(57,298 - 9,478) 이다. 분모 증가, 분자 감소이므로 2017년 수용률은 전년대비 감소한다.

ㄷ. ○ 형집행률 90 % 이상 가석방 허가 인원이 가장 많은 연도는 <그림>에서 2019년(막대 길이 가장 높음)이고, 2019년에 해당 인원은 3,759명 이다.(= 8,139(<표 2> 가석방 허가 인원) - 4,380(<그림>의 90 % 미만 수치))(형집행률 90 % 미만과 90 % 이상의 합이 전체 가석방 허가 인원이다)

ㄹ. × 7,126 > 7,000(= 350 × 20, 크게보기) > 348 × 19(허가 : 불허가 = 19 : 1일때 불허가 비율이 5 %)이므로 '2016년'이 '반례'이다.

문 5 유형: 빈 칸 정답: ①

ㄱ. ○ <표 1>에서 1971년, 1981년, 2021년 '농업소득 × 3 < 농업 외 소득'이므로 옳다.

ㄴ. ○ <표 2>에서 비농가의 가구당 인구수는 비농가의 $\frac{\text{가구당 소득}}{\text{1인당 소득}}$으로 추론한다. 이 값은 1991년에 약 4, 2001년에 약 3.5, 2011년에 약 3.85이다. 따라서, 비농가의 가구당 인구수는 1991년이 2001년보다 많고, 2001년이 2011년보다 적다.

ㄷ. × 2011년에 반례가 존재한다. 농가의 가구당 인구수는 $\frac{1,177}{322}$이고, 비농가의 가구당 인구수는 $\frac{2,012}{523}$이다. 분자 증가율은 약 2배이나 분모 증가율은 2배에 크게 못미친다. 따라서 가구당 인구수가 더 많다.

ㄹ. X 가중평균의 개념을 활용한다.

풀이 1) 1,900 - 1,475 < 2,558 -1,900이므로 가구수는 농가 > 비농가 이고, 598 - 465 > 676 -598이므로 인구수는 농가 < 비농가이므로 가구당 인구수는 가구당 인구수는 비농가 > 농가이다. 즉, 가구당 인구수는 비농가 > 전체 > 농가이므로 옳지 않다.

풀이 2) 전체 가구의 가구당 인구수인 $\frac{1,900}{598}$(=3.177)과 농가의 가구당 인구수인 $\frac{1,475}{465}$(=3.172)을 직접 비교하는 것은 수치적으로 까다롭다. 따라서, $\frac{1,475}{465}$과 비농가의 가구당 인구수인 $\frac{2,558}{676}$를 비교하면, 전자는 약 3.2, 후자는 약 3.8이므로 수치 비교가 수월하고 비농가 > 전체 > 농가인 결과를 얻을 수 있다.

문 6 유형: 일반(차트) 정답: ⑤

ㄱ. X 하수도보급률의 변동이 작으므로 증가폭을 활용한다. 증가폭이 전년대비 동일하거나 작은 경우에는 증가율이 반드시 감소하므로 증가폭이 전년대비 커지는 2017년과 2019년만 검토한다. 해당 2개 연도는 증가율이 전년대비 커지므로 모두 '반례'이다.

ㄴ. ○ 만약 2020년 한국의 '하수도 처리구역 내 인구'(분자)가 전년 대비 0.2 % 증가한다면, <표>에서 2020년 '하수도보급률'(분모)의 전년대비 증가율이 0.2 % 이상이므로 2020년 한국의 '총인구'(분수)는 전년대비 감소한다.

ㄷ. ○ 한국의 하수처리시설용량 전년대비 증가율은 2015년(24,999 → 25,298)에 1 % 이상이고, 2017년(25,001 → 26,107)에 5 % 미만이므로 차이값은 4 %p 미만이다.

ㄹ. ○ 만약 2020년 주요 7개국 총인구가 모두 동일하다면, 주요 7개국 평균 하수도보급률은 <그림>의 7개 수치를 산술평균한 값이다. 따라서, <표>의 한국의 하수도보급률인 94.5 %를 가평균으로 보아 편차 합의 부호를 구하면 음수이므로 주요 7개국의 평균 하수도보급률은 94.5 %보다 낮다. 실제로 계산한 수치는 93.9 %이다.

문 7 유형: 보고서 정답: ①

ㄱ. ○ <보고서> 2단락 내용이다. 수입액은 2억 원 이상(238,413천 원)으로 후원금의 1.3배 이상이다.(180,000 × 1.3 = 234,000 < 238,413) 지출액은 사업비가 2.9억 원이고, 인건비와 운영비의 합이 약 1.4억 원이므로 '사업비 > 인건비와 운영비의 합 × 2'이다. 따라서, 사업비 비중은 66.7 % 이상이다.

ㄴ. X <보고서> 4단락 내용이다. 사업비 상위 3개 자치구인 A, D, G의 사업비 합은 1,240(= 720 + 360 + 160)백만 원이다. 그리고, 12개 자치구 전체 사업비인 2,010(선지의 수치를 직접 합산한 값)에서 A, D, G의 사업비 합인 1,240이 차지하는 비중은 61.7 %이다.

ㄷ. X <보고서> 1단락 내용이다. 센터 수는 인력/(센터당 인력)이다. <보고서>에서 제주의 센터 수는 2개라고 작성되어 있으나, 선지에 따르면 제주의 센터 수는 3개(=9/3)이다.(반례)

ㄹ. X <보고서> 3단락 내용이다. 수입액은 경상보조금은 3억 원 이상(310,000천 원)으로 수입액에서 차지하는 비중이 82 % 이상이다. (경상보조금 > 후원금 × 5이고, 5/6은 83.3 %이다) 지출액은 인건비가 2억 원 이상(205,600천 원)이다. 지출액에서 인건비가 차지하는 비중은 80 % '이하'이다.(인건비 < 운영비와 사업비의 합 × 4)

문 8 유형: 일반(표) 정답: ⑤

ㄱ. ○ 임목축적이 소유주체별로 1.5배씩 증가하면, 전체 산림의 임목축적도 1.5배가 증가하여 6,100 × 1.5가 된다. 이를 3으로 나눈 값인 전체 산림의 평균 임목축적은 3,050백만 m^3이다.

ㄴ. ○ 산림면적당 임목축적은 국유림이 5.34(=1,600/300)이고, 공유림이 5(=500/100)이므로 국유림이 공유림에 비해 6 % 이상 많다.

ㄷ. X 사유림의 임목축적이 600백만 m^3 증가하고, 산림면적이 100천 ha 증가하면, $\frac{600}{100}(=6) < \frac{4,600}{750} < \frac{4,000}{650}(=6\uparrow)$의 관계가 성립하므로 옳지 않다.

ㄹ. ○ 산림면적이 소유주체별로 50천 ha씩 감소하면, 전체 산림 면적은 150천 ha가 감소하여 900천 ha가 된다. 따라서, 전체 산림의 평균 산림면적은 30만 ha(=900천 ha/3)가 된다.

문 9 유형: 빈 칸 정답: ②

구분 / 연도	직전연도말 출국금지 인원	당해연도 신규 출국금지 인원	당해연도 신규 출국금지 해제인원	당해연도말 출국금지 인원
2013	2,557	1,149	1,008	2,698
2014	2,698	1,007	738	2,967
2015	2,967	1,518	889	3,596
2016	3,596	4,499	1,983	6,112
2017	6,112	5,651	2,811	8,952
2018	8,952	6,660	3,600	12,012
2019	12,012	2,395	6,692	7,715
2020	7,715	1,876	2,192	7,399
2021	7,399	500	1,874	6,025

문제의 빈칸을 채우면 위 표가 완성된다.

① X 2018년 당해연도 말 출금금지 인원은 12,012명(=8,952 + 6,660 - 3,600)이다.

② ○ 각주를 해석하여 빈 칸을 정확히 채우지 않는 풀이가 가능하다. 2014년 직전연도 말 출금금지인원이 전년에 비해 약 140명 증가하고, 당해연도 신규출국금지 인원이 약 140명 감소하고, 당해연도 말 출국금지 인원이 약 300명 증가하므로 2014년 당해연도 신규 출국금지 인원은 전년에 비해 300명 가량 감소한다.(정확한 수치 판단보다는 부호만 판단하면 더욱 좋다) 2015년도 마찬가지로 검토하면 당해연도 신규 출국금지 인원은 전년에 비해 증가한다.

③ X 2013 ~ 2017년 동안 직전연도 말 출금금지 인원 대비 당해연도 말 출국금지 인원 증가율이 가장 높은 연도는 2016년으로 증가율은 70.0 %이고, 가장 낮은 연도는 2013년으로 증가율은 5.5 %이므로 그 차이는 55 %p 이상이다.

④ X 2016 ~ 2020년 동안 당해연도 신규 출국금지 인원과 당해연도 신규 출국금지 해제인원의 차이값이 두 번째로 큰 연도는 2018년(3,060명)이다. (가장 큰 연도는 4,297명으로 2019년이다) 2018년 당해연도 신규 출국금지 인원 대비 당해연도 신규 출국금지 해제인원 비율은 55 % 이하이다.(6,660 × 0.55 = 3,330 + 333 = 3,663 > 3,600)

⑤ X 만약 2021년 당해연도 신규 출국금지 인원이 500명이라면, 각주에 따라 당해 연도 신규 출국금지 해제인원은 1,874명이다.

문 10 유형: 빈 칸 정답: ③

ㄱ. × 총매출액이 식료품 매출액의 1.25배 이상인 마트는 <표>에서 식료품 매출액 비율이 80 % 이하이다. 이는 C, 웰빙(70.9 % = $\frac{51.9}{73.2}$), 동서(70.5 % = $\frac{48.6}{68.9}$), 행운, 중앙, 럭키로 총 '6개'다.

ㄴ. ○ 중앙은 "식료품 매출액의 전년 대비 증가율 > 총매출액의 전년 대비 증가율"이므로 "분자 증가율 > 분모 증가율"이다. 즉, 중앙의 식료품 매출액 비율(분수)은 '2015년 < 2016년'이다.

반대로 럭키는 "식료품 매출액의 전년 대비 증가율 < 총매출액의 전년 대비 증가율"이므로 "분자 증가율 < 분모 증가율"이다. 즉, 럭키의 식료품 매출액 비율(분수)은 '2015년 > 2016년'이다.

따라서, 중앙과 럭키의 식료품 매출액 비율의 차이값은 2016년에 8.2(= 67 - 58.8)이고, 2015년에 8.2↑(= 67↑ - 58.8↓)이다. 따라서, 중앙과 럭키의 식료품 매출액 비율의 차이값은 전년 대비 감소하였다.

ㄷ. ○ A, B, C를 식료품 매출액의 전년대비 증가폭이 높은 마트부터 순서 대로 나열하면, A(8.8), C(6.5), B(4.0)이다.

ㄹ. × 식료품 매출액 비율(분수)이 전년대비 증가하기 위해서는 <표>에서 '식료품 매출액의 전년 대비 증가율 > 총매출액의 전년 대비 증가율' 이어야 한다.(분자 증가율 > 분모 증가율)

이에 따라 식료품 매출액 비율이 전년대비 증가한 마트 수는 6개(A, B, C, D, 동서, 중앙)이고, 감소한 마트 수 4개(행복, 웰빙, 행운, 럭키)이므로 옳지 않다.

문 11 유형: 매칭 정답: ③

조건 1: 2016년 1위 품목 매출액이 2위 품목 매출액의 10배 이상인 마트는 A, B, D이고, 2위 매출액이 3위 매출액의 2.5배 이상인 마트는 B, D이다. (D는 2.52배로 수치 계산이 까다롭지만, 5배의 절반을 활용하면 가볍게 해결할 수 있다)

따라서, B, D는 '탑' or '엘'이다.

조건 3: 2위와 3위 품목 매출액 비율의 차이가 3 %p 이상인 마트는 2015년에 A, C, D이고, 2016년에 B, C, D이다.

따라서, C, D는 '제이' or '탑'이다. 조건1과 결합하면, 정답이 도출된다.

∴ A: 하나, B: 엘, C: 제이, D: 탑

문 12 유형: 추가로 필요한 자료 정답: ①

ㄱ. ○ 첫 번째 단락 마지막 문장 작성을 위해 필요하다.

ㄴ. × <보고서> 3번째 단락 2번째 문장에 2020년 정부기관 3년 미만 일자리 중 1년 미만 일자리 비중이 언급되어 있지만, 이는 <표 2>에서 반대해석(3년 미만 중 1년 미만 비중 = 100 % - 1년 이상 2년 미만 비중 - 2년 이상 3년 미만 비중)을 통해 추론할 수 있다.

ㄷ. ○ <보고서> 두 번째 단락 작성을 위해 필요하다.

ㄹ. × <보고서>에서 언급되지 않은 자료이다.

문 13 유형: 일반(표) 정답: ③

ㄱ. ○ 2013년 이후 사망자수의 전년대비 감소폭이 가장 큰 연도는 2019년(432명)이다. 2019년 사망자수의 전년대비 감소율은 10 %이상이므로 옳다.(3,781 × 0.1 < 432)

ㄴ. × 자동차수는 2018년 217,148/0.7, 2019년 229,600/0.6이므로 2019년 자동차수는 전년대비 증가하였다. 인구수는 2018년 3,781/7.3, 2019년 3,349/6.7이다. 분자 증가율(3,349 → 3,781)은 10 % 이상, 분모 증가율(6.7 → 7.3)은 10 % 미만이므로 2018년이 2019년보다 더 크다. 따라서 2018년 대비 2019년 인구수는 감소하였다.

ㄷ. × 사상자수에서 사망자수가 차지하는 비중이 가장 높은 연도는 2012년 이다.(상대비인 사망자수/부상자수가 가장 높은 연도를 찾는다) 2012년 사상자수는 349,957명(= 344,565 + 5,392)으로 35만 명 '이하'이다.

ㄹ. ○ 2021년 자동차수($\frac{203,130}{0.5}$ ≒ 400,000백 대)는 약 4천만 대이고, 인구수($\frac{2,916}{5.6}$ ≒ 520(10만 명))는 약 5.2천만 명이므로 인구 1명당 자동차수는 약 0.77대이다. 따라서, 인구 100명당 자동차수는 약 77대이다.

문 14 유형: 빈 칸 정답: ⑤

① × <표>에서 스위스의 과학기술혁신역량지수는 14.6점으로 이를 통해 <그림>에서 스위스의 GDP 대비 R&D 예산 비중이 4 % 미만임을 알 수 있다. 또한, <표>에서 이스라엘의 과학기술혁신역량지수는 12.5점이고, <그림>에서 12점과 14점 사이에 5개 국가(룩셈부르크, 이스라엘, 독일, 일본, 네덜란드)가 있으며, 이중 이스라엘의 과학기술혁신역량지수가 두 번째로 낮으므로 이스라엘의 GDP 대비 R&D 예산 비중은 <그림>에서 4 % 초과임을 알 수 있다. 따라서, GDP 대비 R&D 예산 비중은 스위스가 이스라엘에 비해 낮다.

② × 과학기술 발전 예상지수는 <그림>에서 면적을 의미하고, <그림>에서 스웨덴의 면적은 OECD 평균 교차하는 위치상 면적에 비해 더 넓으므로 스웨덴이 제외되면, OECD 평균 예상지수는 낮아진다.

③ × <그림>에서 OECD 평균선이 십자로 교차하는 점을 원점으로 보면, 1사분면의 국가들은 반드시 과학기술 발전 예상지수가 OECD 평균에 비해 높다. (예상지수는 <그림>에서 면적을 의미한다) 1사분면의 점 개수만 보더라도 이미 12개이며, 2사분면과 4사분면에도 OECD 평균보다 과학기술 발전 예상지수가 높은 국가가 존재한다. 옳지 않다.

④ × <그림>에서 OECD 평균 선이 십자로 교차하는 점을 원점으로 보면, 과학기술혁신역량지수가 OECD 평균보다 낮은 국가가 있는 영역은 2, 3사분면이고, GDP 대비 R&D 예산 비중이 OECD 평균보다 낮은 국가가 있는 영역은 3, 4사분면이므로 국가 수의 차이는 2사분면의 점 개수(8개)와 4사분면의 점 개수(5개)의 차이와 동일하다. 따라서, 과학기술혁신역량지수가 OECD 평균보다 낮은 국가 수는 GDP 대비 R&D 예산 비중이 OECD 평균보다 낮은 국가 수보다 3개국 더 많다.

⑤ ○ <그림>의 면적비교로 과학기술 발전 예상지수가 가장 높은 국가는 '스위스'이고('미국'이 아님에 주의한다), 가장 낮은 국가는 '슬로바키아'임을 알 수 있다. 이에 따라 <그림>에서 과학기술혁신역량지수의 차이값은 10점 이상이고, GDP 대비 R&D 예산 비중 차이값은 1.5 %p '이상'임을 알 수 있다.(축값을 통해 확인한다)

문 15 유형: 매칭 정답: ④

조건 2: 2013년 대비 2017년 외환보유액 감소율이 가장 큰 국가는 B(감소율이 19.7 %)이므로 B는 러시아이다.

조건 3: D의 2019년 대비 2021년 외환보유액 증가율은 6.2 %이고, 2017년 대비 2019년 외환보유액 증가율은 2.0 %이므로 D가 대만이다. 증가폭의 추이로 계산없이 확인할 수 있다.

조건 1: 2015년 스위스와 인도의 외환보유액 차이값은 스위스와 D(대만)의 외환 보유액 차이값에 비해 크므로 A가 스위스이고, C가 인도이다. (반대의 경우 조건이 성립하지 않는다)

∴ A: 스위스, B: 러시아, C: 인도, D: 대만

① × 5월 러시아(B)의 기준금리는 0보다 크다.

② × 7월 스위스(A)의 기준금리는 전월과 동일하나, 7월 대만(D)의 기준금리는 전월에 비해 증가한다.

③ × 8월 대만(D)의 기준금리는 스위스(A)에 비해 1.75 %p 높다.

④ ○ 9월 러시아(B)와 인도(C) 기준금리의 합은 10 % 이상이다.(7.5 + 5.4 = 12.9 > 10)

⑤ × 10월 인도(C)의 기준금리는 전월에 비해 증가한다.

문 16 유형: 일반(표) 정답: ②

ㄱ. ○ 운수 수출액이 가장 높은 연도는 2021년이고, 2021년 운수 수입액은 300.8(= 455.1 - 154.3)로 2020년 수입액인 228.3(= 239.3 - 11.0)에 비해 25 % 이상 증가하였다.(300.8 > 285.4 = 228.3 × 1.25)

ㄴ. × 운수 수출액 대비 해운 수출액 비율은 2015년 80.2 %, 2021년 81.6 %로 반례가 존재한다.

ㄷ. × 서비스 수입액이 가장 높은 연도는 2018년(1,330.5(= 1,038.4 + 268.4))이고, 해운 수입액이 가장 높은 연도는 2021년(261.1(= 371.5 - 110.4))으로 서로 다르다.

ㄹ. ○ 2015년과 2016년 부문별 '수입액'을 정리하면 아래 표와 같다. 따라서, 2016년 서비스, 운송, 해운 수입액의 합은 전년 대비 감소하였다.(1647.4 → 1630.2)

		2015년	2016년
서비스	수출액	975	948.1
	수지	-146.3	-173.4
	수입액	1121.3	1121.5
운수	수출액	341.4	274.3
	수지	46.5	-13.3
	수입액	294.9	287.6
해운	수출액	273.7	207.9
	수지	42.5	-13.2
	수입액	231.2	221.1
수입액 합		1647.4	1630.2

문 17 유형: 보고서 정답: ③

ㄱ. ○ <표 1>과 <표 2>에서 리콜명령 건수는 「어린이제품 안전 특별법」상 건수가 「제품안전 기본법」상 건수에 비해 매년 2배 이상이다. 이 때, '<보고서> ㉠선지 앞 문장'에서 '2019년을 제외했음'에 주의하고, 2018년은 정확히 2배임에 주의한다.

ㄴ. × <표 1>에서 2019년 값인 2,513을 가평균으로 두고 편차(<표>의 값 - 가평균) 합을 계산하면 부호가 양(+)이므로 안전성 조사 평균건수는 2019년을 제외할 경우 제외 전에 비해 '상승'한다. 실제 수치는 제외 전이 2,543, 제외 후가 2,551이다.

ㄷ. ○ <그림>에서 조사건수 대비 적발건수 비율은 2021년에 20 % 이상 으로 가장 높다.(18,496 > 90,234 × 0.2)

ㄹ. × <그림>에서 2017 ~ 2021년 동안 조사건수 합계에서 2019년 조사 건수가 차지하는 비중은 $\frac{116,658}{373,293}$로 31 %이다.

문 18 유형: 해보기 정답: ④

문제에 주어진 상황을 정리하면 다음 표와 같다.

특성 / 토지	표준지 가격	도로접면상태			토지용도		
		표준지	개별토지	가중치	표준지	개별토지	가중치
A	200	중로각지	소로각지	0.8	주거	공업	0.8
B	100	광대세각	중로각지	1.1	임야	밭	1.3
C	200	중로각지	세로한면	0.6	공업	상업	1.1
D	150	소로각지	광대세각	1.4	주거	임야	0.4
E	150	세로한면	광대세각	1.6	밭	임야	0.6

따라서, 개별토지가격은 A 128만 원, B 143만 원, C 132만 원, D 84만 원, E 144만 원이므로 A ~ E 중 개별토지가격이 가장 높은 토지(E)와 세 번째로 높은 토지(C)의 개별토지가격의 합 276(= 132 + 144)만 원이다.

문 19 유형: 계산도출해석형 정답: ③

각주에 따라 A, B, C국의 "석유에너지" 양이 서로 동일하므로 세 국가의 1차에너지(분모) 비는 6 : 4 : 3이다.(10, 15, 20의 최소공배수가 60이므로) 다음으로 C, D, E국의 "석탄에너지" 양이 서로 동일하므로 세 국가의 1차 에너지(분모) 비는 4 : 5 : 10이다.(50, 40, 20의 최소공배수가 200이므로)
이를 종합하면, 5국가의 국가별 1차에너지 비중은 24 : 16 : 12 : 15 : 30이다. 이 자체를 그래프로 나타낸 것은 선지 2번(E > A > B > D > C)으로 '오답' 이다.
이제, 해당 비중에 <표>의 원자력 비중을 곱하면, 2021년 A ~ E국 국가별 원자력에너지 비중이다. 따라서, 해당 비중은 24 × 20 : 16 × 35 : 12 × 15 : 15 × 10 : 30 × 10이다. 곱셈을 완료하지 않고 대소만 비교하면, B > A > E > C > D이고, 이를 만족하는 <그래프>는 '3번'뿐이다.

문 20 유형: 보고서 정답: ④

구분 / 부서	승	무	패	득점	실점	승점
A	0	2	2	7	10	2
B	2	0	2	8	8	6
C	2	1	1	8	7	7
D	2	1	1	9	7	7
E	1	2	1	7	7	5

□□사 축구대회 결과를 정리하면 위 표와 같다. 승수와 패수의 합이 동일해야 하고, 득점 합과 실점 합이 동일해야 하며, 승수, 패수, 무승부수를 모두 합하면 20(=4경기 × 5부서)이라는 사실을 활용하면 표를 모두 채울 수 있다.
첫째, '갑' 부서의 승점은 3점 이상므로 A는 '갑'부서가 아니다. 둘째, '갑' 부서의 득점은 8점 이하이므로 D는 '갑'부서가 아니다. 넷째 조건을 먼저보면, '을' 부서는 승점이 홀수이므로 C or D or E이다.
위 조건들과 '셋째 조건'을 결합하면, 'C: 을, D: 갑'은 무승부 수는 1로 동일하나 둘째 조건에 위배된다. 'A: 갑, E: 을'은 무승부 수는 2로 동일하나 첫째 조건에 위배된다. 'C: 갑 D: 을'은 무승부 수가 1로 동일하고, 위 조건에 위배되지 않는다. 따라서, A ~ E 중 '을' 부서는 'D'이다.

문 21 유형: 일반(차트) 정답: ②

ㄱ. ○ 주어진 기간 동안 총에너지에서 신재생에너지가 차지하는 비중은 2017년 2.29 %, 2018년 2.21 %, 2019년 2.23 %, 2020년 2.55 %로 2020년에 가장 높다.

ㄴ. × 2020년 폐가스, 산업폐기물, 대형 도시쓰레기의 신재생에너지 생산량 합은 5,277 × 75.9 %이고, 2020년 전체 신재생에너지 생산량의 50 %는 7,425 × 50 %이므로 곱셈비교를 통해 전자가 후자보다 크다는 것을 알 수 있다.

ㄷ. ○ 2020년 전체 신재생에너지에서 태양열이 차지하는 비중은 9.6 % (= $\frac{715}{7,425}$)이고, 2020년 폐기물 신재생에너지 생산량에서 정제연료유, 폐목재, 생활폐기물의 합이 차지하는 비중은 11.9 %(= 6.5 + 3.3 + 2.1)이므로 옳다.

ㄹ. × 2017년 대비 2020년 신재생에너지 생산량 증가율이 세 번째로 높은 에너지원은 지열(약 50 %)이고(태양열이 가장 높고, 바이오가 두 번째로 높다), 지열은 신재생에너지 생산량이 매년 증가하지 않는다.

문 22 유형: 빈 칸 정답: ④

① × 문화의 경우 2019년(= 86점)이 2016년(= 87점)보다 낮다.

② × 종합 지수는 2017년(=73.1점)이 2016년(=72.1점)에 비해 1점 높다. 즉, 분야별 지수의 합이 2017년이 2016년에 비해 8점 높아야 한다. 문화를 제외한 지수의 합이 2017년이 2016년에 비해 6점 높으므로 2017년 문화 지수는 '89점'(= 2016년 87점 + 2점)이다.

③ × <표>에서 2016년 이후 종합 지수는 2020년에 가장 높다. 다음으로 <그림>에서 종합 지수가 2020년이 2015년에 비해 높음을 시각적으로 확인할 수 있다.(방사형 그래프의 넓이)(<표>의 수치를 비교해도 좋다)

④ ○ 2019년 종합 지수는 2018년에 비해 1.4점이 높다. 만약 2018년과 2019년 경제활동 지수가 서로 바뀐다면, 종합점수(8개 분야별 지수의 합산)의 차이가 2019년이 변경 전에 비해 10점 낮아진다(+5 → -5). 이는 평균점수로 따졌을 때, 1.25점 낮아진 것이므로 변경 전의 격차(=1.4점)가 뒤집어지지 않는다. 실제 수치를 계산해보아도 변경 후 종합 지수는 2018년이 74, 2019년이 74.13이다.

⑤ × 2016년 안전 지수는 67점으로 100점으로 변경된다면 33점 상승하는 것이다. 33점이 상승하면 평균적으로 약 4점(=32/8) 상승하므로 2016년 종합지수는 77점 이하이다.

문 23 유형: 표-차트 전환 정답: ④

① ○ 전체 대비 정부부문 비중과 전체 대비 고등교육부문 비중을 각각 어림산한 후 선지와 비교한다.

② ○ <표 1>의 값와 선지의 값을 곱하여 대략 100이 되는지 확인한다.

③ ○ 소숫점 둘째자리 값이 전체 = 기업부문 + 정부부문 + 고등교육부문이 성립하는지 우선 확인한다.

④ × 헝가리는 0.05 %p, 일본은 -0.05 %p로 반례가 존재한다. <표 2>에서 반대해석을 활용할 경우, 전체와 정부부문을 모두 고려해야함에 주의한다.

⑤ ○ <표 2>에서 정부부문/전체의 비중을 구한 후 반대해석 한다.

문 24 유형: 일반(차트) 정답: ①

<그림>에서 총부양비 - 유년부양비 = 노년부양비이고, 노년부양비/유년부양비 = 노령화지수이다. 이를 정리하면 다음 표와 같다.

	총인구수	총부양비	유년부양비	노년부양비	노령화지수
A	5,000	50	20	30	150
B	7,000	40	20	20	100
C	3,500	75	50	25	50
D	6,800	70	40	30	75
E	6,000	20	14	6	42.85714

다음으로 유년부양비와 노년부양비의 분모가 15 ~ 64세 인구이므로 이를 100으로 두고 0 ~14세 인구와 65세 이상 인구의 상대적 비율을 나타내면 다음 표와 같다.

	0 ~ 14세	15 ~ 64세	65세 이상	전체
A	20	100	30	150
B	20	100	20	140
C	50	100	25	175
D	40	100	30	170
E	14	100	6	120

① × 65세 이상 인구수는 B가 1,000명(= 7,000 × $\frac{20}{140}$), C가 500명(= 7,000 × $\frac{25}{175}$), D가 1,200명(= 6,800 × $\frac{30}{170}$), E가 300명(= 6,000 × $\frac{6}{120}$)이므로 B와 C의 65세 이상 인구수 합은 D와 E의 65세 이상 인구수 합은 동일하다.

② ○ A와 D의 노년부양비는 30 %로 동일하다.

③ ○ 노령화지수는 B(100 %)가 C(50 %)의 2배이다.

④ ○ 노령화지수의 가중치는 0 ~ 14세 인구이다. B의 0 ~ 14세 인구수는 7,000 × $\frac{20}{140}$이고, C의 0 ~ 14세 인구수는 3,500 × $\frac{50}{175}$로 서로 동일하다. 따라서, B와 C의 노령화지수의 가중평균은 75 %(=(100 + 50)/2)이다.

⑤ ○ 총인구에서 15 ~ 64세 인구가 차지하는 비중은 E가 $\frac{100}{120}$이고, C가 $\frac{100}{175}$이다. 120 → 175의 증가율이 1.4배 이상이므로 옳다.(175 > 168(=120 × 1.4))

문 25 유형: 일반(차트) 정답: ⑤

ㄱ. ○ 구인 배수(=구인 건수/구직 건수)가 매년 증가하는 지역은 A지역 1곳이다. A지역의 구인 배수는 0.58 → 0.60 → 0.62로 매년 증가하고, B지역과 C지역의 전년대비 증감방향은 감소, 증가이다.

ㄴ. ○ 취업 건수(=취업률 × 구직 건수)가 매년 감소하는 지역은 A지역, C지역 2곳이다. A지역의 취업 건수(천 명)는 667 → 564 → 478으로 매년 감소하고, C지역의 취업 건수(천 명)는 947 → 796 → 744로 매년 감소한다. B지역의 취업 건수의 전년대비 증감방향은 증가, 증가이다.

ㄷ. ○ 선지 ㄱ, ㄴ을 통해 A지역은 분자인 구인 배수는 매년 감소하고, 분모인 취업 건수는 매년 감소한다. 따라서, A지역은 취업 건수 1건당 구인 배수가 매년 증가한다.

ㄹ. × 2021년 구인 건수 대비 취업 건수 비율은 (취업률 × 구직 건수) /(구인 건수)로 추론할 수 있다. 해당 수치가 가장 높은 지역은 B(= (24.5 × 3,761)/(1,532))이다.

문 26 유형: 빈 칸 정답: ③

① × 여성근로자 중 상용과 일용 비중의 합이 100 %이고, 상용근로자 중 남성과 여성 비중의 합이 100 %이다.

즉, '상용근로자 중 여성 비중'과 '여성 근로자 중 일용 비중'의 차이는 '여성 근로자 상용 비중'과 '상용 근로자 남성 비중'의 차이와 동일하다. 따라서, E가 반례이다.(82.1 - 62.6 < 20)

② × 주어진 자료에서 남성근로자 수를 정확히 알 수 없다.

③ ○ 편차의 가중합을 활용한다. 9.5 %를 가평균으로 하였을 때, 편차는 A -4.2, B -1.3, C 2.9, D 4.1, E 0이다. 편차의 가중합의 부호가 (-4.2) × 2 + (-1.3) × 5 + 2.9 × 4 + 4.1 × 3 + 0 × 6 > 0으로 양(+)이므로 갑국 전체 근로자 중 일용 비중은 9.5 % 이상이다.

④ × 만약 A지역의 남성 근로자 중 일용 비중이 2.5 %라면, <표>에서 여성근로자 중 일용 비중이 11.7 %(=100 - 88.3)이다. 전체 근로자 중 일용 비중이 5.3 %이므로 거리비를 구해보면, 2.8(= 5.3 - 2.5) : 6.4(= 11.7 - 5.3)이다. 6.4/2.8은 2.3이므로 A지역 남성근로자는 여성근로자의 2.5배보다 '적다'

⑤ × <표 1>의 전체 근로자 수와 <표 2>의 '남성 상용' 비중을 곱한 값을 비교한다. D보다 'B', C, E의 '남성 상용' 근로자 수가 더 많다.

문 27 유형: 보고서 정답: ②

ㄱ. ○ <보고서> 5단락 내용이다. 정신요양시설의 인건비가 53,988천 원으로 14개 유형 중 가장 높고, 14개 유형의 인건비 산술평균은 35,412천 원으로 아동 보호전문기관의 인건비인 30,570천 원보다 높다.

실제 풀이 시에는 아동보호전문 기관의 인건비를 가평균으로 두고 편차 (유형별 인건비 - 가평균)의 합(값이 약 60,000)의 부호가 (+)임을 통해 정오를 확인한다.

ㄴ. ○ <보고서> 2단락 내용이다. 정신건강 전문요원 수는 총 1만 6,449명으로 1만 5,000명 이상이다. 간호사는 2급 > 1급 × 1.5이므로 2급 비중은 60 % 이상이고, 사회복지사는 2급 < 1급 × 1.5이므로 2급 비중은 60 % 이하이다.

ㄷ. × <보고서> 3단락 내용이다. 정신건강 전문요원 수의 근무지역별 비중을 살펴보면, 서울이 24.1 %, 경기는 17.8 %, 인천 3.3 %로 그 합은 45.3 %로 '50.0 % 이하'이므로 옳지 않다.('서울, 경기, 인천 < 나머지 합'인지 확인한다) 한편, 인구 10만 명당 전문요원 수가 20명 이상인 지역은 서울, 전남, 광주, 전북, 경북, 대구이다.

ㄹ. × <보고서> 4단락 내용이다. 한국의 인구 10만 명당 정신건강 전문요원 수는 27.2명으로 28명 이하이고, 고소득 국가의 경우 36.9명으로 36명 이상으로 차이값이 8명 이상이다. 그러나, 우리나라 인구 10만 명당 정신건강 간호사 수는 14.7명인데, 고소득 국가는 31.9명이다. 31.9명을 32명으로 크게보면 32의 45 %는 14.4명(=16 - 1.6)이므로 인구 10만 명당 정신건강 간호사 수는 우리나라가 고소득국가의 45 %보다 '많다.'

문 28 유형: 일반(표) 정답: ③

① × 모바일 간편결제 선택 시 고려 요인으로 결제 간편성을 응답한 '비율'이 가장 많은 연령대는 20대 이하이다. 인원은 알 수 없다.

② × 조사대상자 수는 남성 : 여성 = 1.3 : 0.7 = 29.3 - 28.0 : 28.0 - 27.3이다. 응답자 수는 남성 : 여성 = 27.3 × 1.3 : 29.3 × 0.7이므로 결제 인증방식 안전성을 응답한 응답자 수는 여성이 남성의 50 %보다 '많다.'(27.3 × 0.65(남성의 50 %) < 29.3 × 0.7(여성))

③ ○ 먼저, 전체 성별 조사대상자 수는 남성 : 여성 = 2 : 1 = 8.1 - 6.7 : 6.7 - 6.0이다. 선지의 가정에 따라 60대 이상 성별 조사대상자 수는 남성 : 여성 = 2 : 1 = 7.5 - 6.5 : 6.5 - 6.0이다.

전체 성별 조사대상자 수는 2:1, 60대 이상 성별 조사대상자 수 역시 2:1이므로 50대 이하 조사대상자 수의 성별 비율도 남성 : 여성 = 2 : 1임을 알 수 있다.

④ × 반대해석을 활용한다. 사용처 다양성과 통합성 응답률의 합이 두 번째로 높은 연령대가 30대이므로 결제 간편성, 부가혜택, 결제 인증방식 안정성에 대한 응답률 합이 두 번째로 낮은 연령대는 '30대'이다.

⑤ × 모바일 간편결제 선택 시 고려 요인으로 부가혜택을 응답한 60대 '응답률'은 30대에 비해 10 % 이상 많다. 인원은 알 수 없다.

문 29 유형: 계산도출해석형 정답: ③

ㄱ. ○ <정보>의 수식을 해석하면 성별, 체중, 주종, 음주량이 모두 동일할 때, 혈중알코올 농도 추정치는 측정 방식에 관계없이 1시간마다 0.015 %p 감소한다. 따라서, 음주 후 경과한 시간이 1시간일 때에 비해 3시간일 때 0.03 %p 감소한다.

ㄴ. × 병의 수정된 위드마크 방식 혈중알코올농도 최고치는 $\frac{500 \times 20\% \times 0.7}{80000 \times 0.85}$ 이므로 0.103 %이고, 을의 수정된 위드마크 방식 혈중알코올농도 최고치는 $\frac{800 \times 7\% \times 0.7}{50000 \times 0.65}$이므로 0.121 %이다.

ㄷ. ○ 먼저, 위드마크 방식 혈중알코올농도 최고치는 정이 남자일 때, $\frac{300 \times 30\%}{60000 \times 0.7}$ 이므로 0.214 %이고(정의 최솟값), 무가 여자일 때, $\frac{300 \times 20\%}{60000 \times 0.6}$이다. 0.167 %이다.(무의 최댓값.)(max-min 사고정돈) 이 때, 음주 후 경과한 시간이 정이 1시간 더 기므로 ㄱ선지의 결론을 활용하여 정의 추정치를 0.199 %(=0.214 % - 0.015 %)로 볼 때, 무의 추정치는 0.167 %이므로 옳다.

문 30 유형: 계산도출해석형 정답: ③

갑의 수정된 위드마크 방식 주종별 혈중알코올농도 최고치 및 추정치는 다음 표와 같다. 추정치는 최고치에서 0.15 %p(= 0.015 %p × 10시간(= 10.5시간 - 0.5시간))를 뺀 값이다.

주종	소주	막걸리	와인	위스키	보드카
최고치	0.471	0.165	0.282	0.706	0.941
추정치	0.321	0.015	0.132	0.556	0.791

각주에 따라 벌금으로 700만 원이 매겨지려면 추정치가 0.03 % 이상 0.2 % 미만이어야 하고, 이에 해당하는 주종은 와인이다.

문 31 유형: 매칭 정답: ①

각주 1), 2), 3)을 통해 소환인원, 출석자 수, 출석의무자 수, 출석취소 통지자 수 송달 불능자 수를 정리하면 다음과 같다.

	소환인원	출석률	출석자 수	실질 출석률	출석의무자 수	출석취소 통지자 수	송달불능자수
A	160	25%	40	80%	50	50	60
B	150	20%	30	75%	40	42	68
C	60	30%	18	50%	36	15	9
D	16	50%	8	80%	10	5	1
E	35	40%	14	70%	20	10	5

조건 1: 출석자 수는 대구 > 춘천이다. 선지 ④, ⑤번을 소거한다.

조건 2: 선지 ⑤가 조건 2에 위배된다.

조건 3: 선지 ③, ⑤가 조건 3에 위배된다.

조건 4: 선지 ②, ④, ⑤가 조건 4에 위배된다.

∴ A: 부산, B: 광주, C: 대구, D: 춘천, E: 대전

문 32 유형: 일반(차트) 정답: ②

① ○ 전체 조사대상자 중 연령대별 비중이 가장 높은 연령대는 175 + 500(= 2,500 - 2,000) > 559(34 ~ 38세 값)이므로 39 ~ 43세일 수 있으나 55 + 500 < 559이므로 14 ~ 18세일 수는 없다.(무응답 인원 500명을 모두 해당 연령대로 보고 계산한 값과 <표>에서 응답인원 최대값인 559명(34 ~ 38세 값)을 비교한다)

② × 각주에 따라 <그림>의 모수는 <표>의 잠재적위험군이고, 해당 인원은 254명이다.(2,000 × 12.7 %) 스마트폰 셧다운제 도입 '필요성 인정' 응답 비율과 '필요성 부정' 응답 비율의 차이는 51.0 %이므로 254명 × 51.0 %는 130명에 해당한다.

③ ○ 24 ~ 33세 남성 응답인원은 적어도 140명(= 1,158 + 451 + 531 - 2,000)이고, 전체 응답인원에서 차지하는 비중은 적어도 7 %이다(140은 2,000의 7 %)

④ ○ 만약 무응답인원 500명이 모두 여성 일반사용자군으로 응답한다면, 여성 응답인원 중 일반사용자군 비중은 '가중치 842인 87.3 %'와 '가중치 500인 100.0 %'의 가중평균 값이다. 91 %를 가평균으로 두고 편차의 가중합을 계산하면 842 × -3.7 + 500 × 9 > 0이므로 가중평균은 91 % 이상이다.

⑤ ○ 스마트폰 고위험 중독자군 응답인원은 34 ~ 38세가 559 × 1.3 %로 7명이고, 19 ~ 23세 192 × 1.2로 2명이므로 34 ~ 38세가 9 ~ 23세에 비해 5명 더 많다.

문 33 유형: 추가로 필요한 자료 정답: ⑤

ㄱ. × <보고서> 두 번째 문장과 관련 있으나, '연간 보리 소비량'의 연도별 증감방향은 <표>의 '1인당 연간 보리 소비량'의 증가율이 모두 음수이고, 인구 증가율의 경우 양수이나 그 크기가 아주 작으므로 매년 감소한다는 것을 알 수 있다.(연간 보리 소비량 = 1인당 연간 보리 소비량 × 인구)

ㄴ. × <보고서> 세 번째 문장과 관련 있으나, <표>의 소비량을 48로 나눈 후, 단위를 g으로 환산하면 알 수 있다.

ㄷ. ○ ㄷ, ㄹ 해설을 한 번에 서술한다. <보고서> 마지막 문장은 <표>와 각주 1), 2), ㄷ, ㄹ 선지를 통해 작성할 수 있다. 먼저, ㄷ선지의 2014년 '갑'국 총인구와 <표>의 인구 증가율을 알면, 2015 ~ 2020년 연도별 '갑'국 총인구를 알 수 있다.

다음으로 ㄹ선지의 2015 ~ 2020년 연도별 겉보리, 검은보리, 청보리의 연간 소비량을 알면, 해당 소비량을 앞서 도출한 인구로 나누어 겉보리, 검은보리, 청보리의 1인당 연간 소비량을 알 수 있다.

마지막으로 <표>에서 1인당 연간 보리 소비량을 알 수 있고, 각주 2)에 의해 1인당 연간 쌀보리 소비량(쌀보리 = 보리 - 겉보리 - 검은보리 - 청보리)을 알 수 있다. 따라서, 1인당 연간 보리 소비량 중 1인당 연간 쌀보리 소비량이 차지하는 비중도 알 수 있다.

ㄹ. ○ ㄷ선지 해설과 동일하다.

문 34 유형: 일반(차트) 정답: ⑤

강아지 A와 B의 회차별 평균발견시간과 (회차별)발견시간은 아래 표와 같다.

	회차	1	2	3	4	5	6	7	8	9	10
강아지 A	평균발견시간	51	49	48	46	44	41	38	35	32	29
	(회차별) 발견시간	51	47	46	40	36	26	20	14	8	2

	회차	1	2	3	4	5	6	7	8	9	10
강아지 B	평균발견시간	32	31	30	28	26	24	22	20	18	17
	(회차별) 발견시간	32	30	28	22	18	14	10	6	2	8

(N회차 평균발견시간)*N= 1회차 + 2회차 + ... + N회차 발견시간

(N-1회차 평균발견시간)*N-1=1회차 + 2회차 + ... + N-1회차 발견시간

따라서 (회차별) 발견시간은 (진행회차)*(회차별)평균발견시간의 차이를 통해 구할 수 있다.

ㄱ. × B는 10회차(=8초)에서 발견시간이 9회차(=2초)에 비해 증가한다. 이는 <그림 2>에서 9 → 10회차의 기울기가 완만함을 통해 예상할 수 있고, 해당 구간의 반례 검증 필요성이 높다는 것을 의미한다.

ㄴ. ○ A의 6회차 발견시간은 26초(<정보>에서 2, 3회차 발견시간이 주어진 것을 활용하면 더욱 좋다)이고, B의 3회차 발견시간은 28초이므로 옳다.

ㄷ. ○ A는 51 < 29 × 2이고, B는 32 < 17 × 2이므로 옳다.

ㄹ. ○ 7 ~ 10회차 동안 A의 회차별 발견시간은 6회차 26초, 7회차 20초, 8회차 14초, 9회차 8초, 10회차 2차로 직전 회차대비 발견시간의 감소폭은 6초로 매 회차 동일하다.

문 35 유형: 보고서 정답: ①

첫째, 2021년 11 ~ 30위 기업의 집중도 대비 1 ~ 10위 기업의 집중도 비율이 두 번째로 높은 권역은 상위 30대 기업 집중도 대비 상위 10대 기업 집중도 비율이 두 번째로 높은 C이다.(가장 높은 권역은 B이고, 세 번째로 높은 권역은 D이다) 따라서, C는 '병'이다.

둘째, 2021년 31 ~ 50위 기업의 집중도 대비 1 ~ 30위 기업의 집중도 비율이 전년에 비해 증가하는 권역은 상위 50대 집중도 대비 상위 30대 집중도 비율이 전년에 비해 증가하는 D이다. 따라서, D는 '무'이다.

셋째, 2020년 '갑' 권역의 51위 이하 기업 집중도(=100 - 상위 50대 기업 집중도)는 '정' 권역에 비해 1.5배 이상이므로 '정' 권역은 B로 확정되고, '갑' 권역은 A or E이다.

마지막으로 2021년 11 ~ 30위 기업 집중도의 전년대비 감소폭은 E가 1.3 %p로 가장 크므로 E는 '을'이고, '갑' 권역은 A이다.

문 36 유형: 빈 칸 정답: ①

ㄱ. ○ 442.8 → 526.7의 증가율은 18.9 %(= 83.9/442.8)이다. 83.9 < 442.8 × 20 % ≒ 88

ㄴ. ○ 총고정자액 대비 설비투자액 비율이 가장 낮은 해는 총고정투자액 대비 건설투자액 비율이 가장 높은 해를 찾으면 된다. 해당 비율은 2016년에 55.3 %로 가장 높다. 다른 연도들은 총고정투자액이 건설투자액의 2배와 거의 동일하다.

ㄷ. × GDP 대비 설비투자액 비율은 총고정투자율 × (총고정투자액 대비 설비투자액 비율)이다. 이는 2019년에 $29.1 \times \frac{261.5(=526.7-265.2)}{526.7}$ 이고, 2020년에 $30.1 \times \frac{288.6(=552.7-264.1)}{552.7}$ 이다. 분자 증가율 > 분모 증가율이므로 2020년 GDP 대비 설비투자액 비율은 전년대비 '증가' 하였다.

ㄹ. × 만약 2014년 GDP(분모)의 전년대비 증가율이 3 % 라면, 2014년 총고정투자액(분자)의 전년대비 증가율이 3 % 이상(3.3 % = 14.8/442.8)이므로 2014년 총고정투자율(분수)은 전년대비 '증가'한다.

문 37 유형: 보고서 정답: ⑤

ㄱ. × 2022년 종이팩 출고량은 $\frac{32,128}{47.4}$이고, 2014년은 $\frac{16,744}{25.3}$인데, 분모 증가율은 90 % 미만, 분자 증가율은 90 % 이상이므로 2014년 대비 2022년 종이팩 출고량은 증가한다.

ㄴ. ○ 2018년 멸균팩 출고비율은 $\frac{23,075}{71,250}$이고, 2017년 멸균팩 출고비율은 $\frac{20,062}{70,606}$이다. $\frac{23,075}{71,250}$와 $\frac{20,062+70,606\times5\%}{70,606} \fallingdotseq \frac{23,562}{70,606}$ 중 후자가 분모는 작고, 분자는 커 분수값이 더 크므로 옳다.

ㄷ. ○ 2017년 종이팩을 구성하는 PE질량은 70,606 × 86이고, 멸균팩을 구성하는 PE질량은 20,062 × 75이다. $\frac{70,606}{20,062}$가 3.5정도이고, $\frac{86}{75}$가 1.1보다 크므로 $\frac{70,606\times86}{20,062\times75}$는 3.85 이상이다.(3.5 × 1.1 = 3.85)

ㄹ. ○ 주어진 기간 동안 멸균팩 출고량 합은 210,157톤이므로 멸균팩을 구성하는 알루미늄 질량의 합은 약 8,200톤이므로 옳다. 멸균팩 출고량이 25,000톤 일 때, 알루미늄 질량이 정확히 1,000톤이고, 2014 ~ 2022년의 연도 수는 9년으로 멸균팩을 구성하는 알루미늄 질량의 합이 9,000톤 미만임을 어림산 할 수도 있다.

문 38 유형: 해보기 정답: ②

주요 6개 국가 전체 농지율은 각 국가 농지율의 가중평균이다. <표>에서 경지 면적 대비 밭 비율이 주어져 있는데, 각주 3)과 4)를 해석하면, 전체 농지율은 100 %에서 전체 경지 면적 대비 밭 비율을 뺀 값과 동일하다.
다음으로 전체 경지 면적 대비 밭 비율은 국가별 해당 비율을 국가별 경지 면적을 가중치로 하여 가중평균한 결과이다. 즉, 국가별 경지 면적의 비를 알아볼 필요가 있다. 각주 1), 2)를 활용하면, 경지 면적은 (인구 수/인구 밀도) × 경지율이다. 비를 구해보면, A, C, E의 경지 면적이 1일 때, B, D, F의 경지 면적은 3이다. 따라서, A, C, E의 경지 면적 대비 밭 면적 비율의 가중평균은 곧 산술평균(가중치 동일)이므로 15 %이다. B, D, F는 55 %이다. 전체 경지 면적 대비 밭 면적 비율은 15 %와 55 %를 1 : 3으로 가중평균한 결과이므로 45 %이다. 최종적으로 주요 6개 국가 전체 농지율은 55 %(=100 % - 45 %)가 된다.

문 39 유형: 해보기 정답: ②

구분	나이	구매한 이용권	국가유공자 여부	구매가격
할머니	64	성수기 자유이용권	O	17,000
아버지	41	성수기 자유이용권	X	34,000
어머니	43	성수기 자유이용권	X	34,000
甲	15	연간 자유이용권	X	95,000
동생	12	연간 자유이용권	X	75,000

구분	나이	구매한 이용권	국가유공자 여부	구매가격
할아버지	72	비성수기 자유이용권	X	14,500
아버지	45	1일 이용권	X	17,000
어머니	45	1일 이용권	O	0
형	18	1일 이용권	X	13,000
乙	16	비성수기 자유이용권	X	25,000
동생	14	비성수기 자유이용권	X	22,000

구분	나이	구매한 이용권	국가유공자 여부	구매가격
할아버지	77	1일 이용권	X	0
할머니	75	1일 이용권	O	0
아버지	52	연간 자유이용권	O	50,000
어머니	55	연간 자유이용권	X	100,000
丙	22	성수기 자유이용권	O	17,000
동생	19	성수기 자유이용권	O	14,000

ㄱ. × 甲의 가족이 이용권 구매에 지불한 금액은 252,500원(할머니가 국가 유공자이다)이므로 옳지 않다.

ㄴ. ○ 乙의 가족이 이용권 구매에 지불한 금액은 91,500원이고, 乙의 어머니가 국가유공자가 아닐 경우 乙의 가족이 이용권 구매에 지불한 금액은 앞선 금액에 17,000원이 추가되므로 1.1배 이상이다.

ㄷ. × 丙의 가족이 이용권 구매에 지불한 금액(181,000원)에서 丙의 어머니가 구매한 이용권에 지불한 금액(100,000원)이 차지하는 비중은 50 % 이상이다.

문 40 유형: 빈 칸 정답: ②

① ○ 전라북도 4급 이상 공무원 여성 비중과 5급 공무원 여성 비중의 가중평균이 5급 이상 공무원 여성 비중이다. 이때 가중치는 '여성과 남성 공무원 수 합'이다.
전라북도 5급 공무원 수 944명(= 205 + 739)이고, 4급 이상 공무원 수는 353명(= 275 + 1,022 - 944)으로 5급 공무원 수가 2배 이상 이다. 거리비를 활용하면, 전라북도 4급 이상 공무원 여성 비중은 20.2 % 미만이다.(21.7 - 21.2 = 0.5이고, 21.2 - 20.2 = 1.0이다)

② × 4급 이상 여성 공무원 수가 가장 적은 지역은 세종(8명 = 88 - 80)이다. 세종 5급 이상 여성 공무원 중 5급 여성 공무원 비중은 80/88이므로 90 % 이상이다.(88 - 8.8 = 79.2 < 80)

③ ○ 5급 이상 공무원 여성 비중이 가장 높은 지역은 부산(37.4 % = 602 /(602 + 1,007))이다. 부산의 5급 이상 남성 공무원 수가 1,007명이다.

④ ○ 5급 여성 공무원 수 1명당 5급 남성 공무원 수가 가장 많은 지역은 여성 비중이 가장 낮은 지역으로 경상북도이고, 가장 적은 지역은 여성 비중이 가장 높은 지역으로 부산광역시이다. 두 지역의 5급 공무원 여성 비중 차이는 20 %p 이상이다.(36.9 - 15.8 = 21.1 > 20)

⑤ ○ 강원도 4급 이상 공무원 남성 비중은 85 % 미만이려면, 여성 비중이 15 % 이상이면 된다.
강원도 5급 공무원 수 1,094명(= 241 + 853)이고, 4급 이상 공무원 수는 305명(= 292 + 1,107 - 1,094)으로 5급 공무원 수가 4급 이상 공무원 수의 4배보다 적다. 거리비를 활용하면, 강원도 4급 이상 공무원 여성 비중은 15.0 % 이상이다.(22.0 - 20.9 = 1.1이고, 20.9 - 15.0 = 5.9이다)

제 3회

1	2	3	4	5	6	7	8	9	10
⑤	⑤	④	④	④	③	③	④	②	②
11	12	13	14	15	16	17	18	19	20
②	③	⑤	④	④	⑤	①	⑤	⑤	②
21	22	23	24	25	26	27	28	29	30
②	②	⑤	②	①	①	③	④	⑤	③
31	32	33	34	35	36	37	38	39	40
①	①	①	⑤	②	⑤	①	②	⑤	②

문 1 유형: 추가로 필요한 자료 정답: ⑤

ㄱ. × <보고서>에 언급되지 않은 자료이다.

ㄴ. × <보고서>에 언급되지 않은 자료이다.

ㄷ. ○ <보고서> 두 번째 단락 작성을 위해 필요하다.

ㄹ. ○ <보고서> 첫 번째 단락 첫 번째 문장(사망률 상위 5위 사망원인)을 파악하기 위해 필요하다. 주어진 자료는 연령대별 사망률이고 가중평균인 전체 사망률 상위 5개를 알기 위해서는 가중치인 연령대별 인구수를 알아야 한다.

문 2 유형: 일반(표) 정답: ⑤

ㄱ. × 청소년상담사 신규취득자 3급이 2급에 비해 1.5배 이상인 연도는 '2016년', '2017년', '2018년'으로 '3개년'이다. 2017년과 2021년 계산은 쪼갬산을 활용하여도 좋다. 2017년은 1,000 × 1.5 = 1,500이고, 42 × 1.5 = 63으로 두 수의 합은 1,563으로 2급의 1.5배는 1,594(3급)보다 작다. 2021년은 1,500 × 1.5 = 2,250이고, 58 × 1.5 = 87으로 두 수의 합은 2,337로 2급의 1.5배는 2,307(3급)보다 크다.

ㄴ. ○ 784(2018년 3급 지도사 수) × 5 = 3,920이다. 이 값은 3,872(2018년 전체 지도사 수)보다 크므로 옳다.

ㄷ. × 2급 청소년상담사 신규 취득자 1명당 2급 청소년지도사 신규 취득자 수가 가장 높은 연도는 2016년(유일하게 4명↑)이고, 1급 청소년상담사 신규 취득자 1명당 1급 청소년지도사 신규 취득자 수도 가장 높은 연도는 2021년(유일하게 2명↑)이다.

ㄹ. ○ 2016 ~ 2021년 1급 청소년상담사 신규 취득자 합계가 600명↓ 이고, 2018년 1급 청소년상담사 신규 취득자 90명↑이 차지하는 비중은 15 % 이상이다. 정확한 비중 값은 18.6 %(= $\frac{109}{586}$)이다.

문 3 유형: 일반(차트) 정답: ④

① × 2014 ~ 2019년 동안 지방직 소방 인력이 세 번째로 많은 해는 2017년(47,457명)이고, 해당 기간 동안 소방 예산이 세 번째 많은 해는 2016년(10.4 %)이다.

② × 2019 ~ 2021년 소방 예산의 연도별 비중 합이 47.7 %(=14.3 + 16.1 + 17.3)이므로 50 %보다 적다. 따라서, 2014 ~ 2018년 소방 예산의 합은 2019 ~ 2021년 소방 예산의 합보다 많다.

③ × 2018년이 반례이다. 53,000명(= 1,000,000 × 5.3 %) > 52,245명이므로 2018년 전체 공무원 수는 1백만 명 미만이다.

④ ○ 2014 ~ 2017년 동안 소방 인력 중 국가직 비중이 가장 높은 해는 상대비인 '국가직/지방직' 수치가 가장 높은 2015년이다.(2014년과의 분수비교, 2017년과의 분수비교에서 모두 분모, 분자 증가율 10 %를 기준으로 놓고 비교하면 좋다)

2015년 소방인력의 전년 대비 증가율이 5 %이고, 소방 예산의 전년 대비 증가율도 약 2 %이므로 소방 조직규모의 전년 대비 증가율은 5 % 이상이다.

⑤ × 2021년 소방 인력의 2019년 대비 증가율이 10 % 이상(64,768 > 56,649 × 1.1)이고, 2021년 소방 예산의 2019년 대비 증가율이 20 % 이상(17.3 > 14.3 × 1.2)이므로 2021년 소방 조직규모의 2019년 대비 증가율은 30 %(1.3 < 1.32 = 1.1 × 1.2) 이상이다.

문 4 유형: 빈 칸 정답: ④

ㄱ. ○ BIS비율은 2015년에는 A국(5.6 %)이 B국(3.3 %)에 비해 높지만, 2018년에는 A국(2.9 %)이 B국(3.8 %)에 비해 낮다.

ㄴ. ○ 2019년 BIS비율은 B국(5.1 %)이 A국(2.2 %)의 2배 이상이고, 2020년 BIS비율은 B국(5.3 %)이 A국(1.8 %)의 2배 이상이다.

ㄷ. ○ 2017년 A국 자기자본의 전년 대비 증가율은 67,840 > 60,090 × 1.1이므로 10 % 이상이고, 2017년 B국 자기자본은 20,000↑ (500,000의 4.0 %가 20,000)이므로 2017년 B국 자기자본의 전년 대비 증가율도 10 % 이상이다.

ㄹ. × 2021년 위험가중자산은 A국이 134,279/0.8 %이고, B국의 15배는 1,009,152 × 15이다. 134,279와 1,009,152 × 0.8 % × 15를 비교하면, 134,279 > 120,000(= 8,000 × 15)이므로 옳지 않다. 한편, 2021년 A국 위험가중자산은 약 16,780,000억 원이다.

문 5 유형: 일반(차트) 정답: ④

ㄱ. ○ GDP가 가장 높은 국가와 두 번째로 높은 국가는 각각 G와 F이다.(<그림>에서 기울기의 역수로 파악) G와 F의 환경안전분야 매출액 합계는 <표>를 통해 16.875조 원(=16,875십억 원)임을 알 수 있다.

ㄴ. × 기후대응 분야 매출액 대비 대기관리 분야 매출액 비율은 B가 가장 낮고, F가 두 번째로 낮다.(두 국가는 분수값이 1보다 작다) 세 번째로 낮은 국가는 A이다. <그림>에서 A의 GDP 대비 환경산업매출액 비율은 6 % 이상이고, 환경산업매출액은 100,000십억 원 이하이다. 해당 정보와 <표>의 자원순환관리 매출액이 30,000십억 원 이상임을 활용하면, 환경산업매출액 중 자원순환관리 비중이 30 % 이상으로 GDP 대비 자원순환관리 비율은 6 %↑ × 30 %↑ = 1.8 %↑

ㄷ. ○ <그림>에서 환경산업 매출액 하위 3개 국가는 B, C, E이고, 이들 국가의 평균 GDP 대비 환경산업 매출액 비율을 추론할 때, 가중치는 GDP이다. GDP(<그림>에서 기울기의 역수를 의미)의 크기는 E < C < B이다. 따라서, B, C, E의 산술평균을 구하여도 8 % 이하인데(E가 9↓, C가 8↓, B가 7↓), 가중치의 크기가 E < C < B이므로 가중평균은 반드시 8 % 이하임을 추론할 수 있다.

문 6 유형: 일반(차트) 정답: ③

① × 2020년 2월 ~ 2021년 1월 동안 도매가격이 전년 대비 감소하는 월 수는 벼가 6번(5월, 6월, 7월, 8월, 9월, 10월)이고, 건고추가 3번(10월, 12월, "21년 1월")이므로 '2배'이다.

② × 2020년 1월 대비 12월 건고추 도매가격의 증가율은 100 % 미만이다.(26,484 < 13,337 × 2)

③ ○ 건고추 도매가격의 전년동월대비 감소율은 2022년 4월이 25,593→14,851이고, 2022년 3월이 25,527→15,049이므로 전자가 감소율이 더 크다. <그림 1>에서 시각적으로 보아도 ○에서 △로의 감소율이 2022년 4월에 더 크다.(더 큰 수에서 더 작은 수로 감소)

④ × 2020년 1월 ~ 2022년 4월 동안 벼 도매가격이 가장 높은 연월은 2022년 4월(60,328)이고, 가장 낮은 연월은 2020년 10월(43,210원)이므로 두 연월의 벼 도매가격 차이는 약 17,000원이다. 축 값인 60,000 - 45,000이 15,000임을 활용하여도 좋다.

⑤ × 벼 도매가격은 2020년 12월 48,320, 2021년 1월 52,495이므로 증가율은 8.6%이다.

문 7 유형: 일반(표) 정답: ③

ㄱ. ○ 인구는 각주의 정의에 따라 <표>에서 고혈압 환자/고혈압 유병률로 도출이 가능하다. 인구는 2020년에 전년대비 감소하고, 2012년에 전년대비 증가하므로 인구의 전년대비 증가율은 2020년(-)이 2012년(+)보다 작다.

ㄴ. × 성별 인구는 각주의 정의에 따라 <표>에서 가중치의 개념에 해당한다. 이는 거리비 개념을 활용하여 추론할 수 있다. 2011년을 예로 들면, 32.8 - 28.4 = 4.4(남성)이고, 28.4 - 23.6 = 4.8(여성)이므로 남성 인구가 여성 인구보다 더 많다.(가중치인 성별 인구는 거리비에 반비례한다) 주어진 기간 동안 거리비가 매년 남성 < 여성이면 옳지만, 2013년에 남성(5.2) > 여성(5.1)으로 반례가 존재한다.

ㄷ. × 2019년 성별 고혈압 환자 인구는 남성이 4.4 × 31.1(남성 인구 × 남성 유병률)일 때, 여성이 3.9 × 22.8(여성 인구 × 여성 유병률)이다. 3.9 → 4.4의 증가율이 10% 이상이므로 이를 반영하면, 남성 고혈압 인구는 34.2↑, 여성 고혈압 인구는 22.8이 된다. 31.92(= 22.8 × 1.4) < 34.2↑이므로 옳지 않다.

ㄹ. ○ 2017 ~ 2020년 동안 인구는 매년 2,200만 명 이상인지 편하게 확인하기 위해서는 <표>의 고혈압 유병률에 선지의 2,200만 명을 곱한 결과가 고혈압 환자값보다 작으면 된다. 2017년을 예로 들면, 고혈압 유병률인 26.9에 선지의 인구값인 22를 곱한 결과는 크게 보기를 활용해 27 × 22로 보아 594임을 알 수 있다. 실제 고혈압 환자 수인 603보다 적은 결과가 나왔으므로 인구는 2,200만 명 이상이다. 이러한 규칙성이 18, 19, 20년에도 적용되므로 옳다.

문 8 유형: 일반(차트) 정답: ④

① ○ 가격 괴리율이 0% 이하인 달은 <그림>에서 y = x(점선) 아래 위치한 달로 2017년 3월, 8월, 10월, 11월, 12월로 5개다.

② ○ AI 예측가격과 실제가격의 차이값은 y - x의 절대값이므로 y = x(점선)에서 떨어진 정도를 통해 <그림>에서 파악 가능하다. 이 차이값이 두 번째로 큰 연월은 2017년 10월이다.(가장 큰 연월은 2016년 12월, 세 번째로 큰 연월은 2017년 7월이다)

③ ○ 가격괴리율은 4월 50%, 7월이 33.3%이므로 옳다.(4월 값을 정확히 50%라는 것은 몰라도 33.3%보다 크다는 것은 <그림>에서 시각적으로 충분히 파악할 수 있다)

④ × 2017년 가격 괴리율이 전월대비 감소한 달(원점출발 기울기가 전월 대비 감소한 달)은 2017년 1월, 2월, 3월, 5월, 6월, 8월, 10월로 총 7개다.

⑤ ○ 2017년 전월대비 AI 예측가격(x값)이 증가하고, 실제가격(y값)은 감소한 달은 2017년 1월, 3월, 8월, 10월로 총 4개다.

문 9 유형: 계산도출해석형 정답: ②

<표 1>과 <표 2>을 연결하면 A ~ M의 점수를 추론할 수 있다.총점 20점을 기준으로 미표기 개수 1개당 -2점, 틀린 개수 1개당 -3점임을 추론에 활용한다.

구분＼학생	A	B	C	D	E	F	G	H	I	J	K	L	M
맞은 개수	7	8	6	5	8	4	7	10	5	6	7	9	5
미표기 개수	0	2	1	3	0	3	3	0	4	0	2	0	1
틀린 개수	3	0	3	2	2	3	0	0	1	4	1	1	4
점수	11	16	9	8	14	5	14	20	9	8	13	17	6

점수	5	6	8	9	11	13	14	16	17	20
학생 수	1	1	2	2	1	1	2	1	1	1

ㄱ. × 점수가 가장 낮은 학생은 F(5점)로 틀린 개수가 3개이다. J가 8점, M이 6점이므로 5점이 될 수 있는 학생이 F임을 추론한다.

ㄴ. ○ 9점인 학생 수와 14점인 학생 수는 2명으로 동일하다.

ㄷ. × 수학 시험 점수가 중앙값에 해당하는 학생의 점수는 7등(A)인 11점이다. 11점을 가평균으로 두고, <표 2>에서 편차(=점수 - 가평균)의 가중합(편차 × 학생 수(가중치)를 모두 합한 값)을 구하면 그 부호가 양(+)이므로 13명 학생의 평균 점수가 중앙값에 해당하는 학생의 점수(=11점)보다 높다.

문 10 유형: 일반(표) 정답: ②

ㄱ. ○ 2019년 학교급별 교원 1인당 학생수의 2000년 대비 감소율은 초등학교가 49.1%로 가장 높고, 고등학교가 46.7%로 두 번째로 높다. 한편, 두 학교급 감소율 비교는 2019년/2000년 비율의 대소 비교로 대체 가능하다. 28.7/14.6(초등학교)과 19.9/10.6(고등학교)을 비교하면, 분자 증가율이 40%↑, 분모 증가율이 40%↓으로 전자가 더 크다.

ㄴ. × 유치원 학급당 학생수의 직전 조사년도 대비 감소율은 2005년에 두 번째로 높다.

ㄷ. × 2010년 고등학교 학급당 학생수는 33.7명으로 직전 조사년도인 2005년 고등학교 학급당 학생수 32.7명에 비해 증가하였다.(반례)

ㄹ. ○ 학급당 교원수는 (학급당 학생수)/(교원 1인당 학생수)로 도출되므로 해석상 <표 2>/<표 1>이다. 2000년(35.8/28.7)과 2005년(31.8/ 25.1)의 수치가 근접하여 분수비교한다. 분모와 분자 증가율이 모두 10% 초반 수치이므로 아바타를 활용한다. 아바타는 4/3.6 = 1/0.9 = 1.11 이므로 아바타(1.11) < 2000년(1.25) <2005년(1.27)의 관계가 성립한다.

문 11 유형: 매칭 정답: ②

조건 1: 2000년 비정규직 월평균임금은 남성이 여성의 2.5배보다 적다는 것은 각주의 정의에 따라 성비가 40보다 높다는 것이다. 따라서, '라'지역은 A or B이다.

조건 2: 2010년 정규직 남성 월평균임금이 두 번째로 높은 지역은 여성 월평균임금/성비가 두 번째로 높은 지역이다. 분수 비교를 통해 D가 가장 높고, C가 두 번째로 높으므로 '가'지역은 C이다.

조건 3: 2020년 정규직 여성 월평균임금의 10년 전 대비 증가율이 50% 이상인 지역은 D이다.(1,643 × 1.5 = 2,464.5 < 2,476) 따라서, '다'지역은 D이다.

조건 4: A와 B중 남성 월평균임금/성비는 B가 더 크므로 비정규직 여성 월평균 임금이 1,400천 원 이하인 지역은 A이다. 따라서, '라' 지역은 A이다. 조건1과 결합하여 '나'지역은 B이다.

∴ A: 라, B: 나, C: 가, D: 다

성비는 여성 월평균임금/남성 월평균임금이므로 분수비교를 통해 2020년 비정규직 성비를 낮은 지역부터 순서대로 나열하면, C, B, A, D 즉, 가 - 나 - 라 - 다이다.

문 12 유형: 일반(표) 정답: ③

① × 전체 신청자 대비 남자 신청자 비율이 가장 높은 해는 2017년(78.7 %)이고, 전체 인정자 대비 남자 인정자 비율이 가장 높은 해는 2021년(63.9 %)이다.

② × 여자 신청자 대비 여자 인정자 비율이 가장 높은 해는 2021년이고, 2021년 해당 비율은 4.5 %이므로 옳지 않다.

③ ○ 2019년 국적은 러시아 혹은 카자흐스탄이면서 성별은 남자인 신청자는 적어도 153명(=2,830 + 2,236 - 4,913)이고, 2021년 국적은 인정자 상위 5개국 중 하나이면서 성별은 여자인 인정자는 적어도 9명(= 28 + 11 + 6 + 6 + 4 - 46)이다.

④ × 난민 신청자 상위 5개국에 매년 속한 국가는 존재하지 않고, 난민 인정자 상위 5개국에 매년 속한 국가도 존재하지 않는다.

⑤ × 2021년 난민 신청자 상위 5개국과 난민 인정자 상위 5개국에 모두 해당하는 국가는 방글라데시이다. 방글라데시는 전체에서 난민 신청자가 차지하는 비중이 "10 % 이하"(233 < 2,341 × 0.1)이고, 전체에서 난민 인정자가 차지하는 비중이 5 % 이상(80의 5 %가 4)이다.

문 13 유형: 보고서 정답: ⑤

ㄱ. × 2016년 이후 주유소 수는 12,089개(=12,007 + 156 - 229 - 9)로 주유소 수는 매년 감소하고, 전년대비 감소폭은 2016년에 82개로 가장 작고, 2019년에 96개로 두 번째로 작다.

ㄴ. ○ 2021년 전기차 보급 대수는 231,443대로 전년 대비 71.5 % 증가하였고, 수소차 보급 대수는 19,404대로 전년 대비 77.9 % 증가하였다.

ㄷ. ○ 2016년 이후 상대비인 $\frac{완속}{급속}$ 배율이 매년 증가하다가(2016년 약 1, 2017년 약 3, 2018년 약 4, 2019년 약 5, 2020년 약 5.5,) 2021년(약 5)에는 전년대비 감소하므로 옳다.

ㄹ. ○ 수소차 충전소 1개당 수소차 대수는 2016년에 $\frac{88}{4}$=22, 2021년 $\frac{19,404}{118}$이다. 22 × 6.5 = 143이고, $\frac{19,404}{118}$은 약 165이므로 증가율은 550 % 이상이다.

문 14 유형: 일반(차트) 정답: ④

ㄱ. ○ 2011년 대비 2021년 신재생에너지비율의 증가율이 가장 높은 국가는 G(= 16/7)이고, 두 번째로 높은 국가는 H(=13/7)이다. 참고로 E(= 9/5), I(= 18/10)는 공동으로 세 번째로 높다.

ㄴ. ○ I와 F의 총발전량을 비교하기 위해 (신재생에너지 발전량(괄호 값))/(2011년 신재생에너지 비율(x축 값))을 비교한다. 2011년 I의 총발전량은 $\frac{141}{10}$이고, F의 총발전량의 1.2배는 $\frac{102}{8}(=\frac{85 \times 1.2}{8})$이다. 분수 비교를 하면, 분자 증가율은 약 40 %, 분모 증가율은 25 %이므로 옳다.

ㄷ. × C와 H의 2011년 총발전량 비교를 위해 2011년 '신재생에너지 발전량/신재생에너지 비율'을 비교한다. 선지의 가정에 따라 C의 신재생에너지 발전량 : H의 신재생에너지 발전량을 1.4 : 1.0으로 두면, 2011년 '총발전량'은 C는 1.4/10, H는 1.0/7가 되므로 H가 C보다 '많다.'

ㄹ. ○ 선지에 주어진 '총발전량'과 <그림>의 '2011년 신재생에너지비율'을 곱하여 국가별 '2011년 신재생에너지 발전량'을 비교할 수 있다. A, D, E, J의 총발전량은 총발전량$_A$: 총발전량$_D$: 총발전량$_E$: 총발전량$_J$ = 5 : 4 : 3 : 6, 신재생에너지 비율(x축값)은 비율$_A$: 비율$_D$: 비율$_E$: 비율$_J$ = 3 : 6 : 5 : 4이므로 이를 곱한 '신재생에너지 발전량'은 발전량$_A$: 발전량$_D$: 발전량$_E$: 발전량$_J$ = 15 : 24 : 15 : 24이다. 따라서, 2011년 신재생 에너지 발전량은 D가 A의 1.6배(24/15=8/5=1.6)이고, J도 E의 1.6배이다.

문 15 유형: 해보기 정답: ④

<지급조건>과 <표>를 통해 아래와 같은 표로 지급시기별 새싹수당을 정리할 수 있다.

신청 가구	자녀		지급 유형	지급시기별 새싹수당(만 원)				합
	아동	아동월령 (개월)		21년 2월 1일	21년 8월 1일	22년 2월 1일	22년 8월 1일	
가	A	24	일반	25	15	15	10	65
나	B	6	농어촌	35	35	30	30	130
	C	48	농어촌	15	10	10	0	35
다	D	15	장애아동	40	40	35	35	150
	E	50	일반	10	10	0	0	20
라	F	36	다문화	20	15	15	10	60

'가' ~ '라' 가구의 2021년, 2022년분의 새싹수당 합은 460만 원(=65 + 130 + 35 + 150 + 20 + 60)이다.

문 16 유형: 일반(차트) 정답: ⑤

ㄱ. × 만약 2011 ~ 2015년 동안 갑국 전체 항공기사고 발생 건수 대비 착륙 단계 항공기사고 발생 건수 비율과 2016 ~ 2020년 동안 해당 비율의 가중평균은 <표 1>의 2011 ~ 2020년 착륙 단계 사고 비율인 27.3 %이다. 이 가중평균의 가중치는 <그림>에서 2011 ~ 2015년 동안 갑국 전체 항공기사고 발생 건수인 34건과 2016 ~ 2020년 값인 43건이다. 후자의 가중치가 더 크므로 2011 ~ 2015년 착륙 단계 사고 비율이 22.3 %라면, 2016 ~ 2020년 착륙 단계 사고 비율은 32.3 % 미만이다.

ㄴ. ○ 2011 ~ 2020년 동안 상승, 순항, 접근, 착륙 단계 항공기 사고 발생 건수는 68건(= 77 - 9)이고, 2021년에는 10건(=13 - 3)이므로 선지의 비중(= 10/78)은 12.5 %(= 10/80) 이상이다.

ㄷ. ○ 2011 ~ 2019년 동안 순항 단계 항공기사고 발생 건수는 적어도 19건(= 30 - 11)이다. 이는 <그림>의 2020년 사고 발생 건수인 11건이 모두 <표 1>의 2011 ~ 2020년 '순항' 사고 건수 30건에 포함되었을 때를 상정한 값이다.

ㄹ. ○ 선지 ㄷ과 마찬가지 논리로 2012 ~ 2020년 동안 착륙 단계 항공기 사고 발생 건수는 적어도 14건(= 21 - 7)이다. 그러나 해당 선지는 범위가 2021년까지이므로 2012 ~ 2021년 동안 착륙 단계 항공기 사고 발생 건수는 적어도 17건(=14 + 3)이다.

문 17 유형: 빈 칸 정답: ①

① × 지역가입자 1명당 지역가입자 보험료 부과액인 4,609/505,122(2020년)과 4,609/555,632(2021년)를 통해 감소율을 추론한다. 분자가 4,609로 동일하므로 2020년 → 2021년 감소율은 555,632 → 505,122의 감소율과 동일하다. 감소율은 9.1 % (10 % 미만)이다.

② ○ 2018 ~ 2021년 동안 피부양자 직장가입자 수의 전년대비 증감폭은 2019년에 10,739로 가장 크고 2021년에 3,782이므로 두 번째로 크다.

③ ○ 2016 ~ 2020년 동안 급여비의 평균은 7,742억 원이다.

④ ○ 어림산을 통해 <표 2>에서 6,984 → 약 8,100 → 약 8,900 → 약 10,200 → 10,808 임을 확인할 수 있다.

⑤ ○ <표 1>의 빈 칸인 직장가입자 소계는 2017년 약 65만 명, 2019년 약 71만 명이므로 옳다.

문 18 유형: 일반(차트) 정답: ⑤

<그림 2>에 연도를 모두 표기하면 아래와 같다.(운송실적은 <그림 1>에서 면적을 의미하므로 대소비교를 쉽게 할 수 있다)

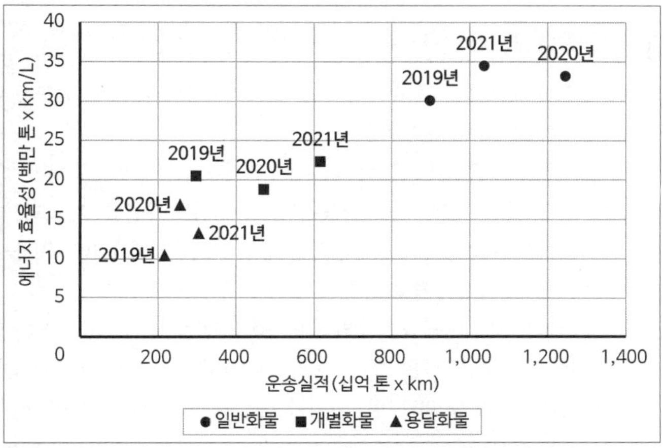

① × 일반화물의 운송실적(<그림 2> x값)은 2019년 < 2021년 < 2020년 순으로 높다.

② × 합차 공식에 따라 (1 + 0.05)(1 - 0.05) < 1이므로 2019년 용달화물 운송실적은 전년 대비 감소한다.

③ × 용달화물 에너지 효율성(<그림 2> y값)이 가장 높은 연도는 2020년이며 용달화물 운송실적이 두 번째로 높은 해이다. 이는 <그림 1>에서 2020년임을 알 수 있다.

④ × 개별화물 에너지 사용량(<그림 2> 기울기 역수)이 가장 낮은 연도는 2019년이고, 2019년 일반화물 운송량은 1백만 톤 이하이다.

⑤ ○ 운송실적이 가장 많은 연도(<그림 1>의 면적)와 에너지 사용량(<그림 2> 기울기 역수)이 가장 높은 연도 모두 2020년이다.

문 19 유형: 해보기 정답: ⑤

산업별 상위 4개 기업의 시장점유율은 다음 표와 같다.

	A	B	C	D	E
1위	50	30	12	30	40
2위	10	26	11	25	20
3위	8	25	10	20	16
4위	7	4	7	9	15

산업별 CR1, CR2, CR3, CR4는 다음 표와 같다.

	A	B	C	D	E
CR1	50	20	18	30	40
CR2	60	56	23	55	60
CR3	68	81	33	75	76
CR4	75	85	40	84	91

① ○ 산업 A는 CR1이 50 % 이상으로 독점 산업으로 평가할 수 있다.

② ○ 산업 B는 CR3이 80 % 이상으로 과점 산업으로 평가할 수 있다.

③ ○ 산업 C는 CR4가 40 % 이하로 경쟁적 산업으로 평가할 수 있다.

④ ○ 산업 D는 CR3가 80 % 미만으로 과점 산업으로 평가할 수 없다.

⑤ × 산업 E는 CR4가 90 % 이상으로 독점적 산업으로 평가할 수 '있다.'

문 20 유형: 해보기 정답: ②

<표>에서 산업 C와 D의 생산액 상위 10위 기업의 시장점유율을 정리 하면 다음과 같다.

	1위	2위	3위	4위	5위	6위	7위	8위	9위	10위	합계
C	12	11	10	7	6	5	4	3	2	1	61
D	30	25	20	9	4	4	2	2	2	2	100

먼저, 산업 C 상위 10위 기업의 점유율을 제곱해서 합하면 505이다. 그리고 상위 11위 이하 기업의 개수를 알 수 없지만, HHI의 값은 상위 11위 이하 기업의 점유율이 모두 1 %(10위 기업과 시장점유율이 동일)일 때 최대이다.(시장점유율 1 %를 제곱한 값이 시장 점유율 0.5 %를 제곱한 값에 2배한 것보다 크다) 이러한 11위 이하 기업 수는 39개(= 100 - 61)가 될 것이다. 따라서, 산업 C의 HHI는 최대 544(= 505 + 39)이다. 따라서, 산업 C는 반드시 '비집중적인 산업'이다.

다음으로 산업 D는 상위 1, 2, 3위 기업의 점유율만 각각 제곱하여 더하여도 1,925이므로 '고도로 집중적인 산업'이다.

문 21 유형: 추가로 필요한 자료 정답: ②

ㄱ. ○ <보고서> 첫 번째 단락 두 번째 문장 작성을 위해 2021년 7월 온라인 쇼핑 거래액 및 모바일쇼핑 거래액이 필요하다.

ㄴ. × <표 1>과 <표 2>를 통해 알 수 있는 자료이다.

ㄷ. ○ <보고서> 3번째 단락 작성을 위해 필요 하다.

ㄹ. × <보고서>에 언급되지 않은 자료이다.

문 22 유형: 일반(차트) 정답: ②

ㄱ. ○ 채권시장 시가총액은 펀드에 투자한 채권 평가액에 비해 매년 10배 이상이려면, 채권비중이 매년 10 % 이하여야 한다. '2017년 이후'에는 매년 채권 비중이 10 % 이하이다.

ㄴ. ○ 만약 2018년 주식시장 시가총액이 채권시장 시가총액의 2배라면, 2018년 펀드에 투자한 채권 평가액은 9.2이고, 펀드에 투자한 주식 평가액은 10.1(=5.05 × 2)이다. 따라서, 선지에서 묻는 비중은 9.2/10.1 (약 90 %)이므로 옳다.

ㄷ. × 2016년 대비 2021년 감소율은 주식비중이 24.1 %, 채권비중이 15.9 % 이므로 옳지 않다.

문 23 유형: 일반(차트) 정답: ⑤

ㄱ. ○ <그림 1>과 <그림 2>모두 솔잎혹파리의 비중 감소폭이 가장 크다.

ㄴ. ○ 만약 2012년 대비 2021년 병해충 종류별 방제 면적 합계의 감소율이 20 %라면, 2021년 참나무시들음병 방제 면적은 5.2(= 6.5 × 0.8)이고, 2012년에 5.4보다 작아진다.

마찬가지로 솔잎혹파리, 기타병해충 역시 방제면적이 감소한다.

ㄷ. ○ 만약 2012년 대비 2021년 병해충 종류별 발생 면적 합계의 증가율이 10 %라면, 2021년 솔잎혹파리 발생 면적은 50.05(= 45.5 × 1.1)이고, 2012년에는 51.5이므로 후자가 더 크기 때문에 2021년 솔잎혹파리 발생 면적은 2012년에 비해 감소한다.

문 24 유형: 일반(표) 정답: ②

ㄱ. ○ 대기업은 40.6 × 1.5 = 60.9 < 62.7이 성립하고, 중소기업은 38.4 × 1.5 = 57.6 < 58.5가 성립하므로 옳다.

ㄴ. × 대기업은 영향력 점수 하위 3개 변화동인이 현재 시점과 미래시점에 모두 인공지능, 자율주행, 가상현실로 동일하고, 중소기업의 하위 3개 변화동인은 현재시점에서는 인공지능, 자율주행, 가상현실이고, 미래시점에는 자율주행, 클라우드, 가상현실로 동일하지 않다.

ㄷ. × 현재 대비 미래 영향력 점수 증가폭이 가장 큰 변화동인은 대기업이 자율주행(= 23.4점), 중소기업이 사물인터넷(= 20.1점)으로 서로 다르다.

ㄹ. ○ 빅데이터의 현재시점 영향력 점수 합은 94.6, 미래시점 영향력 점수 합은 130.3으로 주어진 변화 동인 중 가장 크다. 옳은 선지이다.

문 25 유형: 빈 칸 정답: ①

ㄱ. ○ 조사대상 카페 수의 전년대비 증가폭이 '제공'의 전년대비 증가폭 보다 큰지 확인한다. 옳은 선지이다.

ㄴ. ○ 웹서비스를 자체와 외주 '모두' 제작하는 카페 수는 '자체 + 외주 - 제공'이므로 2019년 5개, 2020년 1개, 2021년 3개, 2022년 2개로 2021년에 두 번째로 많다.

ㄷ. × 웹서비스 외주 제작 방식만을 사용하는 카페 수는 '외주 - (자체& 외주)'이므로 2019년에 43개(= 48 - 5), 2020년에 45개(= 46 - 1)이므로 전년대비 증가율(43 → 45)은 5 % 미만이다.(40 → 42의 증가율이 정확히 5%이다)

ㄹ. × 2022년 웹서비스 외주 제작 방식만을 사용하는 카페 수는 49개(= 51 - 2), 자체 제작 방식만을 사용하는 카페 수 10개(= 12 - 2) 이므로 5배 미만이다.

문 26 유형: 일반(차트) 정답: ①

ㄱ. × A의 매출액이 B의 매출액보다 더 높은 달은 6월, 8월 2번이다.(계산에 앞서 <그림>의 시각적 분석을 통해 6월을 후보로 추릴 수 있다)

ㄴ. × A의 매출액이 가장 높은 달은 6월(5억 원)이고, 6월 B 매출액의 전월대비 감소율은 33.3 %(3 → 2)이다.

ㄷ. × 3 ~ 8월 매출액의 합(8월 누적매출액 - 2월 누적매축액)은 A가 17억 원(=22 - 5), B가 16억 원(=25 - 9)이다. 합이 A가 B보다 1억 원 더 많으므로 평균은 1.67천만 원(=1억 원/6) 더 많다.

ㄹ. ○ 만약 A의 2021년 1 ~ 8월 월평균 매출액(22/8 = 2.75 억 원)이 2021년 전체 월평균 매출액에 비해 2천 5백만 원 더 많다면, 2021년 전체 월평균 매출액은 2.5억 원(=2.75 - 0.25)이다. 따라서, 1 ~ 8월 월평균(2.75)과 9 ~ 12월 월평균은 개월 수(8개월, 4개월)가 가중치(8 : 4 = 2 : 1)이므로 1 ~ 8월 월평균(2.75)와 가중평균(2.50)의 거리가 0.25라면 가준평균(2.50)과 9 ~ 12월 월평균이 떨어진 거리는 2배인 0.50이다. 따라서 9 ~ 12월 매출액은 2억 원이다.

문 27 유형: 빈 칸 정답: ③

① × 16,600의 2.0 %가 332이므로 2019년 민원처리 건수는 16,600건 이상이다.

② × 시정권고 건수 대비 조정합의 건수 비율은 각주 2), 4)에 따라 '합의율/권고율'로 비교할 수 있다. 권고율 증가율(1.1 → 1.5)이 합의율 증가율(13.6 → 13.9)보다 높다. 따라서 시정권고 건수 대비 조정합의 건수 비율은 전년대비 감소하였다.

③ ○ 민원처리 건수 대비 수용 건수 비율은 각주 2), 3)에 따라 '권고수용률 × 권고율'로 비교할 수 있다. 따라서, 2020년과 2021년 민원처리 건수 대비 수용 건수 비율은 각각 1 % 이상이다.(2020년 값인 82.1 × 1.7/100은 약 1.4이고, 2021년 값인 89.2 × 1.3/100은 약 1.2이다)

④ × 시정권고 건수에서 불수용 건수와 미확정 건수가 차지하는 비중은 각주 1), 2)에 따라 '100 - 권고수용률'이다. 해당 값은 2019년(=20.1 %)에 가장 크고, 2018년(=18.5 %)에 두 번째로 크다.

⑤ × 2020년 합의율의 전년대비 감소폭은 2.5 %p 이상이려면, 2020년 합의율은 7.6 %↓여야 한다. 2020년 합의율은 8.3 %(=$\frac{1,519}{18,211}$)이므로 옳지 않다.

문 28 유형: 빈 칸 정답: ④

① ○ 전체 설문조사 대상 가구 수는 40가구이다. 응답률의 차이는 12.5%p 이므로 응답자 수 차이는 4명이다.

② ○ 응답률의 분모인 응답가구 수와 미응답가구 수의 합은 40가구이다. <정보>에서 미응답가구 수는 40 × (100-응답률(%))임을 추론할 수 있다. 따라서, 미응답가구 수는 가계가 7가구, 경제가 8가구, 부채가 10가구, 물가가 5가구이므로 가계 + 경제와 부채 + 물가는 동일하다.

③ ○ 선지 ② 해설에서 미응답가구 수의 합이 30가구임을 알 수 있고, 전체 항목에 대한 응답 + 미응답은 160(= 40가구 × 4항목)이다. 따라서, 미응답률은 30/160으로 20 % 미만, 응답률이 130/160으로 80 % 이상이다.

④ × 조사항목별 CSI는 가계재정이 104.5, 경제가 100, 부채가 93.3, 물가가 91.4로 '긍정'으로 전망하는 항목은 1개뿐이다.(경제는 수 구조가 대칭적이므로 CSI가 정확히 100임을 쉽게 파악할 수 있다)

⑤ ○ 전체에서 매우부정으로 응답한 가구 중 2가구가 매우긍정으로 응답을 변경한다면, 매우긍정과 매우부정 응답수는 동일하고, 다소긍정이 다소부정에 비해 응답수가 1가구 더 많으므로 전체CSI가 100을 초과하여 '전체'에 대한 전망이 '부정'에서 '긍정'으로 변화한다.

문 29 유형: 일반(표) 정답: ⑤

ㄱ. × 숙의 이전 '수능, 수시 균형' 응답자 수 대비 숙의 이후 '수능, 수시 균형' 응답자 수 비율은 $\frac{3.6+8.1+9.2}{20.2+8.1+5.1}=\frac{20.9}{33.4}$으로 약 60 %다.

ㄴ. ○ 숙의 이전 응답자 수는 '확대' 33.5, '유지' 33.0, '축소' 33.5로 '유지'가 가장 적었고(가로 합 비교), 숙의 이후에도 '확대' 31.7, '유지' 29.8, '축소' 38.5로 '유지'가 가장 적었다.(세로 합 비교)

ㄷ. ○ 학생부 종합전형 비율에 관한 공론조사 결과 숙의 이전 '확대', 숙의 이후 '축소'인 응답자 수는 숙의 이전 '유지', 숙의 이후 '축소'인 응답 비율이 1.1 %p 더 높으므로 응답자 수는 8명 더 많다.(750 × 1.1 % = 8.25명 → 8명)

ㄹ. ○ 공론조사 결과 숙의 이전과 숙의 이후 의견이 동일한 응답자 수는 '학생부 종합전형 비율'이 750 × 32.6 %, '대학의 학생 선발전형'이 500 × 34.9 %이다. 전자는 후자의 1.5배 미만이다.

문 30 유형: 보고서 정답: ③

① ○ 2문단 작성을 위해 필요하다.

② ○ 1문단 작성을 위해 필요하다.

③ × 2012 ~ 2021년 연도별 1인당 하루 쌀 소비량 및 1인당 연간 쌀 소비량은 <보고서> 작성을 위해 사용하지 않은 자료이다.

④ ○ 3문단 작성을 위해 필요하다.

⑤ ○ 2문단 작성을 위해 필요하다.

문 31 유형: 매칭 정답: ①

	전체 국민 생활체육참여율	노년층 생활체육참여율	노년층의 상대적 생활체육참여지수
A	31.2	22.7	8.5
B	25.8	16.3	9.5
C	29.2	35.8	-6.6
D	44.9	47.8	-2.9

조건 2: 전체 국민 생활체육참여율이 30 % 이상인 국가는 A, D이다. 따라서, A or D는 미국 or 일본이다.

조건 3: 노년층 응답자 수가 주 2회 이상 체육활동에 참여한다는 노년층 응답자 수의 5배 이상인 것은 노년층 생활체육참여율이 20 % 이하라는 의미이므로 해당 국가는 B이다. 따라서, B는 한국이고, 조건 2와 결합하여 C는 중국이다.

조건 1: 한국(=B)과 일본의 전체 국민 생활체육참여율의 합은 60 % 이상 이므로 이에 해당하는 것은 B와 D이다. 따라서, D는 일본이고, 조건1과 결합하여 A는 미국이다. ∴ A: 미국, B: 한국, C: 중국, D: 일본

문 32 유형: 빈 칸 정답: ①

① × 2020년 인건비 예산현액 중 집행액은 적어도 78,121(= 86,573 - 6,866 - 1,586)이다. 따라서 인건비 예산현액 집행액의 2020년 예산현액 합계 대비 비율(78,121/134,325)의 최솟값은 58.2 % 이다.

② ○ 비교대상의 분모가 예산현액 합계로 동일하므로 매년 '집행액 < 활동비 × 4'인지 확인한다. 옳은 선지이다.

③ ○ 2016 ~ 2018년 동안 감사대상 공공기관 1개당 인원은 1에 가까워 지면서 증가하고, 2019년에는 약 1.1, 2020년에는 약 1.2로 증가한다.

④ ○ 2017년 이후 이월액이 가장 큰 연도는 2019년(3,681)이다. <표 2>를 통해 2019년 감사대상 지방공기업 수는 846개로 전년 대비 감소하였음을 확인할 수 있다. (증감비교를 활용하면 간편하다)

⑤ ○ 2020년 전체 감사대상기관 인원의 2016년 대비 증가율은 1,868 → 2,446으로 증가율이 1/3(= 33.3 %)보다 적다. 또한, 전년대비 증가폭이 143으로 2,303의 1 %가 23이므로 전년대비 증가율은 6 % 이상이다.(143 > 138 = 23 × 6)

문 33 유형: 보고서 정답: ①

ㄱ. ○ 규제 중인 미국 반덤핑 수입규제 건수는 4건(=44 - 9 - 31) 이상이다.

ㄴ. × 전체 수입규제 건수(=199건)에서 철강 반덤핑 수입규제 건수 48건(=94 - 10 - 36)가 차지하는 비중은 24 % 이상이다.(48/200이 정확히 24 %임을 활용한다)

ㄷ. ○ 만약, 규제 중인 국가 수가 총 16개국이라면, ㉢ 규제 중인 국가 중 기타에 속한 국가 수는 7개국(=16 - 9)이다. (태국은 0건이다.)

ㄹ. × 수입규제 조사 중인 국가의 수입규제는 모두 화학 품목에 대한 것이라면, 화학 품목에 대해 조사 중인 건수는 19건이다. 이 때, 조사 중인 국가 수는 최대 9개국(= <표 3>에서 0건인 중국, 파키스탄, 브라질을 제외한 7개국 + 기타에 속한 2건이 서로 다른 2개 국가일 때 2개국)이다.

문 34 유형: 일반(표) 정답: ⑤

ㄱ. ○ 만약 연평균 증가율 R이 6.25 %였다면, 2010년 대비 2014년 판매량 증가율은 25 %(= 6.25 × 4)보다 컸을 것이다. 그러나 <표>의 판매량 지수를 통해 2010년 대비 2014년 판매량 증가율은 정확히 25 %(80 → 100)임을 알 수 있다. 따라서 연평균 증가율은 6.25 % 미만이다.

ㄴ. ○ 2014년 제품별 판매량은 A는 105 × 113, B는 109 × 113, C는 105 × 109이라 할 때, 2017년 제품 A, B, C의 판매량이 105 × 109 × 113으로 동일하다.

2015년 판매량을 비교하면 A는 105 × 113 × 104, B는 109 × 113 × 108, C는 105 × 109 × 108 이다. B가 가장 크다는 것은 간단하게 확인할 수 있으며, C(108 × 109)가 A(104 × 113)보다 더 크다는 사실 역시 곱셈 비교를 통해 알 수 있다. (두 수의 합이 217로 동일하므로 제곱수에 더 가까운 C가 더 크다는 사실을 바로 확인하여도 좋다.)

ㄷ. ○ 2010년 A, B, C의 평균 판매량 지수가 100이라는 정보(가중평균이 100)를 통해 2014년 A 판매량 : 2014년 B 판매량 = 4 : 5임을 알 수 있다.(가중치는 2014년 판매량) 마찬가지로 2018년 A, B, C의 평균 판매량 지수가 105라는 정보를 통해 2014년 B 판매량 : 2014년 C 판매량 = 1 : 2임을 알 수 있다. 따라서 A : B : C = 4 : 5 : 10이므로 2014년 판매량은 C가 A의 2.5배이다.

문 35 유형: 표-차트 전환 정답: ②

① ○ 선지의 수치에 <표>의 선박 여성 기술자 수를 합하여 남성 선박 기술자 수가 나오는지 확인한다.

② × 금속의 경우 16.2 %가 아니라 19.4 %(= 48/248)이다. 이 때, 16.2 %는 전체 대비 여성 비율이고, 19.4 %(= 48/248)는 남성 대비 여성 비율이다.

③ ○ 선지의 수치가 정확한지 <표>와 비교하여 확인한다.

④ ○ 기술사는 수치를 그대로 쓰고, 일반기술자와 숙련기술자는 각각 등급별로 합을 어림산한 후 비중을 비교한다.

⑤ ○ 선지의 수치가 정확한지 <표>와 비교하여 확인한다.

문 36 유형: 해보기 정답: ⑤

	17년	18년	19년	20년	21년	22년
생산 (천만 달러)	75	80	70	80	75	70
환율 (원/달러)	1,400	1,200	1,100	1,400	1,200	1,000
생산 (백억 원)	105	96	77	112	90	70
내수 (백억 원)	98	84	70	102	84	65

실제로는 위 표의 계산을 모두 수행하기보다는 '분포의 해석'을 활용한다. '수출', '수입' 보다는 '생산'과 '환율'의 영향력이 크다는 점을 파악할 수 있다. '환율'이 1,400원으로 높고 '생산'이 많은 2017년과 2020년을 우선 비교한다. 2017년과 2020년 환율은 동일하나 2017년보다 2020년 '생산'이 더 많고 '수출'과 '수입'의 차이는 상대적으로 작음을 통해 2020년 내수 규모가 더 크다는 사실을 알 수 있다. 2020년을 중심으로 남은 연도는 쉽게 비교할 수 있다. 따라서 2020년 내수 규모만 계산을 하여 답을 확정지으면 충분하다.

문 37 유형: 일반(표) 정답: ①

① ○ 육군의 장서 보유량이 2,000권 이하인 도서관 수 대비 2,000권 초과인 도서관 수 비율은 2017년 $\frac{323+264+102}{64+204+542}$, 2018년 $\frac{373+289+118}{37+112+520}$ 이다. 분모는 감소하고, 분자는 증가하므로 옳다. (전체에서 2,000권 초과인 도서관이 차지하는 비중이 증가했음을 확인하면 더 간편하다)

② × 2018년 전체 도서관 1개당 총 장서량은 국직이 14.4천 권이고, 공군이 5.8천 권이므로 옳지 않다. 어림산을 활용하면, 국직이 15↓이고, 공군이 약 6임을 활용하여 해결할 수 있다.

③ × 2018년 공군은 3,000권 초과 5,000권 이하에서 도서관 수가 가장 많다.

④ × 2,000권 초과 3,000권 이하 대비 2,000권 이하 비율이라는 상대비를 활용한다. 해당 비율은 국직이 20/9이고, 공군이 24/24이므로 공군이 국직보다 더 낮다.

⑤ × 반대해석을 활용하여 5,000권 초과인 도서관의 비중이 9% 미만인지 확인한다. 전체 중 5,000권 초과인 비중이 22/243으로 9% 이상이므로 5,000권 이하인 비중은 91% 미만이다.

문 38 유형: 일반(차트) 정답: ②

ㄱ. ○ 총 식품손실량과 사업계 식품손실량 모두 2015년으로 동일하다.

ㄴ. × 2018년은 외식산업 식품손실량이 감소하였으나 식품산업 식품손실량은 전년대비 증가하였다.

ㄷ. ○ 주어진 기간 동안 매년 가정계 식품손실량(검은 막대의 길이)이 나머지 부분의 식품손실량의 합(나머지 막대의 길이 합)보다 많은 해는 없었는지 확인한다. 옳은 선지이다.

ㄹ. × 2019년 사업계 식품손실량은 103 + 64 + 14 + 128 = 309이다. 각주 4)에 따라 2020년 사업계 목표 식품손실량은 276(2018년 가정계)이고, 외식산업, 식품소매업, 식품 제조업의 식품손실량(103 + 64 + 128 = 295)이 10% 감소한다면 2020년 사업계 식품손실량은 2019년 309대비 29.5만큼 감소하게 된다. 309 - 29.5 > 276(2020년 사업계 목표 식품손실량) 이므로, 옳지 않은 선지이다.

문 39 유형: 표-차트 전환 정답: ⑤

ㄱ. × 인구 중 15세 이상 인구 비중은 조혼인률/일반혼인률 = 조이혼률/일반이혼률을 통해 파악할 수 있다. 15세 이상 인구 비중이 가장 낮은 국가가 A, E, F, H가 맞는지 파악한 후 15세 이상 인구 비중을 확인한다. 이를 100%에서 빼면 15세 미만 비율을 알 수 있다. 15세 이상 인구 비중 하위 4개 국가는 E, F, H, I이다. 따라서 옳지 않은 선지이다.

ㄴ. × C는 2.1건이 아닌 1.9건(2건 미만)이며, D는 2.4건이 아닌 2.2건, G는 2.9건이 아닌 1.9건이다. 조혼인률/조이혼률 혹은 일반혼인률/일반이혼률을 활용한다. 옳지 않은 선지이다.

ㄷ. × <표>의 2021년 출생아 수와 전년대비 증가율을 통해 2020년 출생아 수와 순위를 알 수 있다. 2020년 출생아 수는 G가 C보다 많다. 따라서 2020년 순위는 2021년과 C와 G의 순위만 서로 역전된다. 2020년 C는 6위, G는 5위이다. 옳지 않은 선지이다.

문 40 유형: 정답: ②

'총인구'는 <표>의 '출생아 수/인구 100명당 출생아수'를 통해 비교할 수 있다. 따라서 '이혼건수'는 '조이혼률 × 출생아 수/인구 100명당 출생아 수'를 통해 A ~ D국을 비교할 수 있다. 이를 비교하면 D가 가장 크다는 사실을 확인할 수 있다. (조인혼률 × 출생아 수를 중심으로 비교하면 간편하다)

D의 정확한 값을 구해보면 우선 '총인구'는 (45.9만 명/0.51) × 100명이다. 이는 9천 만 명이다. 여기에 조이혼율 '인구 천 명당 2.00건'을 곱하면 9만 × 2건 = 18만 건이다.

제 4회

1	2	3	4	5	6	7	8	9	10
③	③	⑤	①	②	⑤	①	②	②	③
11	12	13	14	15	16	17	18	19	20
②	③	②	⑤	①	⑤	④	④	③	④
21	22	23	24	25	26	27	28	29	30
②	③	⑤	①	④	②	③	④	⑤	①
31	32	33	34	35	36	37	38	39	40
⑤	③	④	③	①	②	④	④	④	②

문 1 유형: 표-차트 전환 정답: ③

① ○ (각주 1) 비수도권 인구는 '전국 - 수도권'이다. <표>의 '수도권'에 그래프의 '비수도권'을 합한 값이 <표>의 '전국'인지 확인한다.

② ○ <표>의 $\frac{주택}{인구}$에 1,000을 곱한 값을 확인한다. 어림산을 통해 배율부터 확인한다.

③ × <표>의 2020년 $\frac{인구}{주택}$에 1000을 곱한 값을 확인한다. 선지의 그래프상 수치는 1,000을 곱한 값이 아니 100을 곱한 값이다. 단위가 잘못되었으므로 옳지 않은 선지이다.

④ ○ <표>에 주어진 '서울'과 '인천'의 합이 전국의 50.0 %, 49.4 %, 49.0 %인지 반대해석 한다. 50 %를 기준으로 작은 정도를 간단히 어림한다.

⑤ ○ <표>의 인구수 변화를 확인한다. 숫자가 작더라도 10 % 단위 비교와 마찬가지로 쉽게 확인할 수 있다.

문 2 유형: 일반(표) 정답: ③

ㄱ. ○ 총부양비는 (노인인구 + 유소년인구)/생산가능인구이다. <표>의 유소년 인구 비중과 노인인구 비중의 합이 매년 증가하였는지를 통해 간단하게 확인할 수 있다. 반대해석을 활용해 <표>의 생산가능인구 비중이 매년 감소하였는지 확인하면 더욱 간단하다.

ㄴ. × 노령화지수가 가장 높은 연도는 2070년, 가장 낮은 연도는 2020년이다. 2070년 노령화지수는 670 %↓이고(46.4 < 50.25 = 7.5 × 6.7), 2020년 노령화지수는 120 %↑(15.7 > 14.64 = 12.2 × 1.2)이므로 두 연도의 노령화지수 차이값은 550 %p 미만이다.

ㄷ. ○ 2080년 생산가능인구 비중이 5 %p 감소하면, 2080년 총부양비는 $\frac{58.9}{41.1}$이다. 2070년 총부양비는 $\frac{53.9}{46.1}$이므로 총부양비는 20 % 이상 증가한다. (분모 증가율, 분자 증가율을 통해 쉽게 확인할 수 있다)

문 3 유형: 추가로 필요한 자료 정답: ⑤

ㄱ. × <보고서>에 언급되지 않은 자료이다.

ㄴ. ○ <보고서> 첫 번째 단락 마지막 문장 작성을 위해 필요하다.

ㄷ. ○ <보고서> 두 번째 단락 마지막 문장 작성을 위해 필요하다.

ㄹ. ○ <보고서> 세 번째 단락 마지막 문장 중 '전년 대비' 평균 결혼생활의 작성을 위해 '2016년' 출산순위별 부모의 평균 결혼생활 기간 필요하다.

문 4 유형: 일반(차트) 정답: ①

① × 생활권 도시림 면적 대비 도시림 면적 비율(기울기의 역수)이 가장 높은 도시는 A이다. A의 도시림 면적을 추론하기 위해 먼저 A의 인구를 추론한다. A의 인구는 1인당 생활권 도시림 면적은 <그림>에서 대략 7 ~ 8이므로 A의 인구는 6,685/7으로 1,000명 미만이다. <그림>에서 A의 1인당 도시림 면적은 2,500 m^2 미만이므로 A의 도시림 면적은 2,500,000 m^2(=1,000 × 2,500) 미만이다.

② ○ 1인당 생활권 도시림 면적(y좌표)이 가장 높은 도시는 L이고, 가장 낮은 도시는 A이므로 두 도시의 1인당 도시림 면적(x좌표)의 차이는 1,500 m^2 이상이다.(A는 2,000 ↑, L은 500 ↓)

③ ○ 인구는 (생활권 도시림 면적/1인당 생활권 도시림 면적)인데, 분자인 생활권 도시림 면적은 D(3,021)가 E(1,658)의 2배 정도이다. 분모(y값)는 거의 유사하므로 인구는 D가 E에 비해 많다.

④ ○ 먼저, B의 인구는 (생활권 도시림 면적/1인당 생활권 도시림 면적)를 활용하면 300↑(=4,500↑/15↓)임을 알 수 있다. B의 1인당 도시림 면적이 1,000↑이므로 도시림 면적은 300,000 m^2(=1,000 × 300) 이상이다.

⑤ ○ 1인당 도시림 면적(x값) 상위 3개 지역은 A, C, I이고, 1인당 생활권 도시림 면적(y값) 상위 3개 지역은 I, L, M이다. I는 중복이므로 A와 C의 합과 L과 M의 합만 비교해도 된다. L과 M의 합은 6,000 미만으로 A보다 작다. 옳은 선지이다.

문 5 유형: 보고서 정답: ②

① ○ <보고서> 4단락의 내용이다. 일조시간의 전월대비 증가율은 9월이 50 % 이상(120 → 180의 증가율이 정확히 50 %)이고, 5월이 50 % 이하(180 → 270의 증가율이 정확히 50 %)이므로 옳다.

② × <보고서> 3단락의 내용이다. 평균풍속은 매월 최대풍속의 25 % 이하려면, 매월 (평균풍속 × 4) < (최대풍속)이 성립해야 한다. '5월' 평균풍속은 1.7, 최대풍속은 6.7인데, 6.8(= 1.7 × 4) > 6.7이므로 '반례'이다.

한편, 최대풍속은 매월 '순간 최대풍속'의 50 % 이상이려면, (최대풍속 × 2) > (순간 최대풍속)이 성립해야 한다. 매월 성립한다.

③ ○ <보고서> 2단락의 내용이다. '최고기온과 최저기온의 평균'이 '평균기온'보다 매월 더 높으려면 (평균기온) < ($\frac{최고기온 + 최저기온}{2}$)이 매월 성립해야 한다. 즉, (최고기온 + 최저기온) > (평균기온 × 2)가 매월 성립하는지 확인한다. 이는 매월 성립한다.

한편, 평균기온을 가평균으로 두고, 편차의 합(=(가평균 - 최고기온) + (최저기온 - 가평균))을 구해 부호가 매월 음수인지 확인하여도 좋다. 이는 매월 성립한다.

④ ○ <보고서> 1단락의 내용이다. 맑음인 날의 비중은 약 34 %, 안개 또는 서리인 날의 비중은 20 %를 초과한다. 상대비를 활용하여 맑음의 2배가 나머지의 합보다 큰지, 안개 또는 서리인 날의 4배가 나머지보다 큰지 확인하면 간단히 해결할 수 있다.

⑤ ○ <보고서> 5단락의 내용이다. A시 하천수 합계는 260개이고, 연장 합계는 665.1 km로 A시 하천수 1개당 연장은 2.56 km로 2.8 km 이하이다.

문 6 유형: 매칭 정답: ⑤

조건 3: 셋째주 甲사가 조사한 시청률과 乙사가 조사한 시청률의 차이는 'x-y'의 절대값이다. 해당 절대값의 크기는 시각적으로 y=x(원점출발직선) 그래프와 셋째주 값(<그림>에서 ■)이 가까울수록 작다. '다'의 좌표가 약 (2.5, 2.5)로 다섯 좌표 중 y=x와 가장 가깝다. 따라서, '다'는 '드라마'이다.

조건 1: 선지 구성에 의해 풀지 않아도 되는 조건이다. 그럼에도 풀이를 한다면 다음과 같다. 甲사(증가, 감소)와 乙사(감소, 증가)가 조사한 시청률의 전주대비 증감방향이 서로 반대인 프로그램은 '다', '마'이므로 '마'는 뉴스이다.

조건 2: 선지 구성에 의해 풀지 않아도 되는 조건이다. 그럼에도 풀이를 한다면 다음과 같다. 둘째주, 셋째주, 넷째주 모두 甲사가 조사한 시청률이 乙사가 조사한 시청률에 비해 높은 프로그램은 y=x(원점출발직선) 그래프의 하단에 둘째주, 셋째주, 넷째주 값이 모두 위치한 '나'이므로 '나'는 오디션이다.

조건 4: 甲사와 乙사가 조사한 시청률의 전주대비 증감방향(감소, 증가)이 서로 동일한 프로그램은 '나', '라'이므로 '가'는 개그이다. 한편, 조건 4와 조건 2를 결합하면, '라'는 예능임을 추론할 수 있다.

학습을 위해 조건3과 조건4만 풀어도 정답이 도출됨을 확인하여도 좋다. (조건 2도 조건 3과 동일하게 TV 프로그램 하나가 확정되는 조건이지만, 부분 매칭인 상황에서 조건 2의 '오디션'은 선지에서 한 번만 등장하기 때문에 조건3을 먼저 보는 것이 유리할 수 있다)

∴ 가: 개그, 나: 오디션, 다: 드라마, 라: 예능, 마: 뉴스

문 7 유형: 일반(차트) 정답: ①

ㄱ. ○ 구성비의 합이 100 %이므로 구성비의 차이값은 <그림 1>에서 수치로 표현되어 있는 비임금근로자 구성비가 가장 낮을 때(2021년) 차이값은 가장 크고, 비임금근로자 구성비가 가장 높을 때(2014년) 차이값은 가장 낮다.

임금근로자 구성비와 비임금근로자 구성비의 차이값은 2021년에 58.8 %p(= 79.4 % - 20.6 %)로 가장 크고, 2014년에 50.8 %p(= 75.4 % - 24.6 %)로 가장 작으므로 그 차이는 8.0 %p이다.

한편, 2014년 대비 2021년 비임금근로자 구성비의 감소폭이 4.0 %p이므로 반대로 임금근로자 구성비의 증가폭은 4.0 %p임을 추론할 수 있다. 이를 통해 구성비의 차이값은 8.0 %p임을 추론할 수 있다.

ㄴ. × 여성취업자 중 일용근로자 구성비가 매년 감소하고, 여성취업자 중 임금근로자 구성비가 매년 증가한다는 것은 <그림 2>의 막대의 길이를 통해 시각적으로 확인할 수 있다. 따라서, 임금근로자 중 일용근로자 구성비가 가장 낮은 연도는 2021년이다.

2021년 비임금근로자 중 무급가족종사자 구성비도 '상대비'인 무급/자영업주로 보면, 막대 길이를 통해 시각적으로 해당 비율이 전년대비 '증가'한다는 것을 알 수 있다.

ㄷ. × <그림 1>에서 여성취업자 임금근로자 구성비가 매년 증가하였음을 알고 있고, 따라서, 여성취업자 중 임시근로자 비중이 전년대비 증가한 2015년과 2021년만이 임금근로자 대비 임시근로자 비율이 전년 대비 증가할 가능성이 있다.

'2015년' 임금근로자 대비 임시근로자 비율은 분자의 전년대비 증가폭이 1.1 %p(= 28.5 - 27.4), 분모의 전년대비 증가폭이 1.0 %p 이므로 분수인 임금근로자 대비 임시근로자 비율은 '증가'한다. '2021년' 분자의 증가폭은 0.7 %p(= 24.4 - 23.7), 분모의 증가폭은 1.1 %p 이므로 분수인 임금근로자 대비 임시근로자 비율은 '증가'한다.

문 8 유형: 보고서 정답: ②

첫째, A정당은 광고후 선택정당 응답인원에서 광고전과 광고후 선택정당이 동일한 응답인원이 차지하는 비중이 $\frac{140}{169}$(= 82.8 %)로 80 % 이상이므로 '갑' 정당이 아니다. 둘째, 광고매체로 TV를 본 경우 광고전 선택정당 응답 인원에서 광고전과 광고후 선택정당이 다른 응답인원이 차지하는 비중이 30 % 이상이려면, 광고전과 광고후가 동일한 정당의 비중이 70 % 이하여야 한다.(반대해석) 해당 비중은 B 65.2 %(= $\frac{45}{69}$), C 64.4 %(= $\frac{65}{101}$), D 82.3 %(= $\frac{70}{85}$), E 76.9 %(= $\frac{90}{117}$)이다. 따라서, D, E는 모두 '갑' 정당이 아니다. 셋째, '갑' 정당은 광고전 선택정당 응답인원과 광고후 선택정당 응답인원의 차이가 6명 이상이므로 C는 '갑' 정당이 아니다. ∴ '갑' 정당은 B이다.

정당	광고전 선택정당	광고후 선택정당	차이
B	124	136(= 67 + 69)	12
C	184	186(= 85 + 101)	2

문 9 유형: 계산도출해석형 정답: ②

성격차지수의 성질을 활용하여 연도별 여성소득을 도출한다.

A는 <표 1>에서 남성소득이 100일 때, 여성소득이 101이고(100 : 101 비례관계), <표 2>에서 두 소득의 합이 201이므로 남성소득은 100, 여성소득은 "101"이다. B는 <표 1>에서 남성 : 여성소득의 비례관계가 100 : 98임을 파악할 수 있고, <표 2>의 두 소득의 합이 99이므로 남성소득은 50(=100/2), 여성소득은 "49"(=98/2)임을 알 수 있다.

같은 방식으로 계속 풀면, C는 100 : 97의 비례관계와 실제 수치의 합이 394라는 사실로부터 남성소득은 200, 여성소득은 "194"임을 알 수 있다. D는 100 : 95의 비례관계와 실제 수치의 합이 39라는 사실로부터 남성소득은 20, 여성소득은 "19"임을 알 수 있다.

E는 100 : 120의 비례관계와 실제 수치의 합이 88라는 사실로부터 남성소득은 40, 여성소득은 "48"임을 알 수 있다.

F는 100 : 115의 비례관계와 실제 수치의 합이 394라는 사실로부터 남성소득은 60, 여성소득은 "69"임을 알 수 있다.

이를 정리하면 다음과 같다.(여성 = 남성 × 지수 ÷ 100)

	A	B	C	D	E	F
지수	101	98	97	95	120	115
남성	100	50	200	20	40	60
여성	101	49	194	19	48	69
합	201	99	394	39	88	129

따라서, 지역별 여성소득은 A: 101, B: 49, C: 194, D: 19, E: 48, F: 69이므로 A ~ F지역의 지역별 여성소득 중 가장 큰 값과 가장 작은 값을 합한 값은 194(C지역) + 19(D지역) = 213백만 달러이다.

※ 실전 tip. 남성소득과 여성소득의 격차가 크지 않으나(0.97배~1.2배), 소득의 합은 차이가 많이 난다. 따라서 소득의 합이 가장 큰 C지역, 가장 적은 D지역을 후보로 추린 후 계산하는 것도 좋다.

문 10 유형: 보고서 정답: ③

ㄱ. ○ <표 3>을 보면 전체 사고에서 10세 미만 사고 건수가 차지하는 비중은 $\frac{282}{772}$로 36.5 %이므로 옳고, 10세 미만 사고 건수 중 7세 미만 사고 건수의 비중은 $\frac{248}{282}$ = 87.9 %이므로 옳다.

ㄴ. ○ 2019 ~ 2020년에 호텔에서 발생한 안전사고는 65건(=292 - 227) 이상, 292건(292와 545 중 작은 수) 이하이고, 2020 ~ 2021년에 물리적 충격으로 인한 안전사고는 156건(=474 - 318) 이상, 454건(454(= 227 + 227)와 474 중 작은 수) 이하이다.

ㄷ. × 2019 ~ 2021년 전체에서 10세 이하 안전사고가 차지하는 비중은 10세 이상 20세 미만의 값이 모두 10세일 경우 최대이다. 비중의 최댓값을 계산하면, 64.3 %(= $\frac{282+214}{772}=\frac{496}{772}$)이다. 따라서, '2019 ~ 2021년 전체에서 10세 이하 안전사고가 차지하는 비중은 60 % 이하이다.'는 틀린 표현이다.

문 11 유형: 해보기 정답: ②

<표 1>, <표 2>, 각주를 종합하여 아래 표와 같이 정리할 수 있다.

구분 / 가구	가구원수	거주지역	현재 지급 중인 임대료	대소	기준임대료
A	7인	서울	610,000	<	621,000
B	8인	대구광역시	400,000	<	379,000 × 1.1
C	4인	경기	380,000	<	391,000
D	6인	대전광역시	350,000	<	379,000
E	5인	경상북도	250,000	<	262,000
F	1인	강원도	180,000	>	163,000
G	2인	부산광역시	250,000	>	224,000
H	10인	인천	550,000	<	478,000 × 1.21

위 표에서 현재 지급 중인 임대료가 기준임대료보다 높은 가구는 F, G로 A ~ H 중 임차급여 지급대상이 '아닌' 가구수는 2가구이다.

문 12 유형: 일반(표) 정답: ③

ㄱ. × 총 무역규모는 '가'국이 6,326, '사'국이 5,537로 '가'국이 '사'국에 비해 '크다.'

ㄴ. ○ '라'국은 '가', '다', '마', '바'국에 대해 수출액이 수입액보다 크므로 무역수지가 흑자인 국가 수는 '4개국'이다.

ㄷ. × '마'국의 '바'국에 대한 무역특화지수는 (611 - 187)/(611 + 187)로 424/798이므로 0.5 '이상'이다.

ㄹ. ○ '나'국의 '라'국에 대한 무역특화지수는 (822 - 526)/(822 + 526)로 296/1,348이고, '나'국의 '가'국에 대한 무역특화지수는 (531 - 324)/(531 + 324)로 207/855이다. $\frac{296}{1,348}$과 $\frac{207}{855}$을 비교하면, 분자 증가율은 50 %↓(200 → 300이 정확히 50 %)이고, 분모 증가율은 50 %↑ (900 → 1,350이 정확히 50 %) 이다. 따라서, '가'국에 대한 무역특화지수가 '라'국에 대한 무역특화지수보다 높다.

문 13 유형: 일반(표) 정답: ②

ㄱ. ○ 이직 횟수가 1회인 경우, 현직장이 민간 의료기관인 의사 중 직전 직장이 공공 의료기관인 비중은 32/158(=20 %↑)이고, 직전직장이 민간 의료기관인 의사 중 현직장이 공공 의료기관인 비중은 21/117 (=20 %↓)이므로 옳다.

ㄴ. × 이직 횟수가 '2회'인 의사 중 직전직장이 대학이고, 현직장이 공공 의료기관인 의사는 8명이다. 해당 8명의 이직 경로는 (　　) → 대학 → 공공 의료기관인데 주어진 자료만으로는 전전직장인 (　　)을 추론할 수 없다.

ㄷ. ○ 이직횟수별로 볼 때, 직전직장과 현직장 유형이 동일한 의사 수는 '1회'가 119명(=25 + 8 + 86)이고, '2회'가 35명(=7 + 4 + 24)이므로 '1회'는 '2회'의 3배 이상이다. 또한, '3회 이상'은 최대 22명(=5 + 4 + 13)이므로 '2회' 이상은 '3회 이상'의 1.5배 이상이다. (35 > 22 × 1.5)

ㄹ. × 이직 경험 '없음' 대비 2회 이상의 비율은 민간 의료기관이 $\frac{64}{456}$(= $\frac{51+13}{456}$)이고, 대학이 $\frac{21}{211}$(= $\frac{16+5}{211}$)이다. 전자가 약 15 % 이고, 후자가 약 10 %이므로 옳지 않다.

문 14 유형: 보고서 정답: ⑤

A: <그림 1>과 <그림 2> 중 하나를 선택하며 9명 중 과목별로 편차의 값이 가장 큰 학생이 해당 과목에서 최곳값, 가장 적은 학생이 해당 과목에서 최젓값에 해당한다. 다음으로 <그림 2>에서 편차값이 0인 학생이 해당 과목에서 중위값에 해당한다.(시각적으로 '막대가 없음'을 의미한다. 실제로 라정은 물리, 수학 막대가 없고, 아영은 화학 막대가 없다) 이를 정리하면 다음 표와 같이 정리할 수 있다. 따라서, 빈도 수가 2 이상인 학생은 라정, 바람, 아영 3명이므로 'A는 3'이다.

구분 / 과목	물리	화학	수학
최곳값	아영	바람	가진
최젓값	마음	다희	바람
중위값	라정	아영	라정

B: <그림 1>에서 편차의 합이 세 번째로 높은 학생이 물리, 화학, 수학 점수의 합이 세 번째로 높다. 나리, 마음이 편차의 합이 11로 공동 1위이고, 가진이 편차의 합이 8로 3위이므로 'B는 가진'이다.(<그림 2>에서도 동일한 논리 적용을 통한 풀이가 가능하다)

C: 물리, 화학, 수학 점수의 합이 물리, 화학, 수학 중위값의 합에 비해 낮은 학생은 <그림 2>에서 편차의 합이 0보다 적다. 이에 해당하는 학생은 라정(-7), 바람(-3), 자연(-7)으로 3명이므로 'C는 3'이다.

D: <그림 1>과 <그림 2> 중 어느 것을 선택하여 풀어도 좋다. A를 구하는 과정에서 <그림 1>에서 물리의 최곳값은 아영, 화학의 최곳값은 바람임을 알 수 있고, 두 학생의 평균값 기준 편차는 각각 14점, 19점으로 바람이 5점 더 높다. <보고서>에서 실제 최곳값은 물리가 화학에 비해 2점 더 낮다고 하였으므로 평균값은 물리가 화학에 비해 3점 더 높다는 것을 알 수 있으므로 'D는 3'이다.

예시를 통해 부연하면 다음과 같다. 물리 평균값이 50점, 화학 평균값이 47점이라고 해보자. 그렇다면, 아영의 물리 점수는 64점(= 50 + 14), 바람의 화학 점수는 66점(= 47 + 19)이다. 이 경우 <보고서>의 가정처럼 물리의 최곳값이 화학의 최곳값에 비해 2점 낮다.

E: <그림 2>에서 '사랑'의 중위값 기준 편차는 화학이 12점, 수학이 -5점이다. 두 값의 차이값은 17점이고, 수학의 중위값이 화학의 중위값에 비해 3점 더 높으므로 사랑의 화학 점수는 수학 점수에 비해 14점(=17 - 3) 더 높다.

예시를 통해 부연하면 다음과 같다. 수학 중위값이 50점, 화학 중위값이 47점이라 해보자. 그렇다면, 사랑의 수학 점수는 45점(= 50 - 5), 화학 점수는 59점(= 47 + 12)으로 점수 차이는 14점이다.

문 15 유형: 계산도출해석형 정답: ①

먼저, 물리는 <그림 1>의 값이 <그림 2>에 비해 4점 낮고, 화학은 1점 낮고 수학은 동일하다. 즉, 수학은 평균값와 중위값이 동일한 것이고, 물리는 평균값이 중위값에 비해 4점 높고, 화학은 1점 높은 것이다.(어느 학생에 적용하든 동일하다) 따라서, 과목별로 평균값에서 중위값을 뺀 값을 모두 합한 값은 '+5점'이다.

이를 수식적으로 보면 <그림 1>의 편차는 (과목점수 - 평균값)이고, <그림 2> 편차는 (과목점수 - 중위값)이다. 위 해설에서 <그림 1> - <그림 2>를 하였으므로 동일하게 적용해보면 (중위값 - 평균값)이 된다. 물리는 이 값이 -4, 화학 -1, 수학 0이므로 문제에서 묻는 과목별 (평균값 - 중위값)의 합은 '+5점'이다.

문 16 유형: 일반(표) 정답: ⑤

A국에 대한 B국의 X품목 상대수출성과지수 수식을 다시 정리하면, {(B국 수출액 비율/A국 수출액 비율) - 1} × 100이다. 그리고 B국에 대한 A국의 X품목 상대수출성과지수 수식도 {(A국 수출액 비율/B국 수출액 비율) - 1} × 100임을 추론할 수 있다.

① × B국에 대한 A국의 원유 상대수출성과지수는 $(\frac{15.1}{14.2}-1)\times100$는 약 6.3(= $\frac{0.9}{14.2}\times100$)이므로 옳지 않다.

② × A국에 대한 B국의 석탄 상대수출성과지수는 $(\frac{9.8}{4.6}-1)\times100$은 약 113(= $\frac{5.2}{4.6}\times100$)이므로 옳지 않다.

③ × A국에 대한 B국의 상대수출성과지수는 정밀화학원료가 $(\frac{1.9}{5.1}-1)\times100$으로 음수(-)이고, 석유제품 $(\frac{7.5}{3.8}-1)\times100$으로 양수(+)이다.따라서, A국에 대한 B국 상대수출성과지수는 정밀화학원료가 석유제품보다 '작다.'

④ × 선지의 가정을 적용하면, A국에 대한 B국의 반도체 장비 상대수출성과지수는 2010년에 $(\frac{13.8}{6.6}-1)\times100$으로 약 109.1(= $\frac{7.2}{6.6}\times100$), 2009년에 $(\frac{8.8}{3.6}-1)\times100$으로 약 144.4(= $\frac{5.2}{3.6}\times100$)이므로 전년대비 '감소'하였다.

⑤ ○ <표>에서 B국 수출액 상위 10위 품목에 '의류'가 없다. 선지의 가정에 따라 B국 의류 수출액을 추론해본다.

먼저, B국에 대한 A국의 의류 상대수출성과지수가 800이라면, $(\frac{8.1}{0.9}-1)\times100=800$이므로 B국의 총 수출액 대비 의류 수출액 비율은 0.9 %이다.

다음으로 B국 총 수출액인 3,895를 4,000으로 크게 보아도 4,000의 0.9 %는 36이므로 B국의 의류 수출액은 36억 달러 이하이다.(실제 값은 약 35.1억 달러)

문 17 유형: 일반(차트) 정답: ④

① ○ 2014 ~ 2021년 동안 민어 포획량의 합은 1,750마리이고, 쏘가리 포획량의 합은 168마리이므로 옳다.

② ○ 쏘가리의 2016년 방류량은 $\frac{26}{1.3}=\frac{\text{2021년 포획량}}{\text{2021년 회귀율}}$이고, 민어의 2016년 방류량은 $\frac{250}{2.5}=\frac{\text{2018년 포획량}}{\text{2018년 회귀율}}$이다. 즉, 전자의 값은 20, 후자의 값은 100이므로 옳다.

③ ○ <그림 1>과 <그림 2>에서 2014 ~ 2021년 동안 쏘가리의 포획량/포획률 값은 2014년이 25(=30/1.2)로 가장 크므로 쏘가리의 방류량은 2009년에 가장 많다.

④ × 2015년 쏘가리의 방류량은 $\frac{24}{1.8\%}=\frac{\text{2020년 포획량}}{\text{2020년 회귀율}}$이고, 민어의 방류량은 $\frac{220}{3.3\%}=\frac{\text{2017년 포획량}}{\text{2017년 회귀율}}$이다. 이를 자릿수와 단위를 고려하여 계산하면, 전자의 값은 1,333.333 백 마리, 후자의 값은 6666.666 백 마리이므로 두 값의 합은 약 8,000 백 마리 즉, 약 80 만 마리이다.

⑤ ○ 2019년 민어 방류량은 $\frac{260}{2.8}=\frac{\text{2021년 포획량}}{\text{2021년 회귀율}}$이고, 2012년 민어 방류량은 $\frac{200}{1.5}=\frac{\text{2014년 포획량}}{\text{2014년 회귀율}}$이다. 2012년 민어 방류량에 0.75를 곱하면 150/1.5이고, 이를 2019년 민어 방류량과 비교하면, 260/2.8 < 100(=150 /1.5)이다. 따라서, 선지에서 묻는 감소율은 25 % 이상이다.

문 18 유형: 빈 칸 정답: ④

ㄱ. × 이동평균의 전월 대비 증감방향을 판단하는 논리의 예시로써 2021년 8월 이동평균의 전월 대비 증감방향을 판단하여 본다. 8월 이동평균에는 7월 이동평균에 포함된 1월 방문객이 포함되어 있지 않고, 7월 방문객이 새롭게 포함된다. 이 때, <표>에서 1월 방문객(= 229) < 7월 방문객(= 337)이므로 7월 이동평균은 전월대비 증가한다.

같은 논리로 2021년 8 ~ 12월 동안 이동평균은 2021년 8월, 9월, 12월에 전월대비 증가하고, 2021년 10월, 11월, 2022년 1월에 전월대비 감소하므로 2021년 8월 ~ 2022년 1월 동안 이동평균이 전월대비 증가하는 달 수와 감소하는 달 수는 동일하다.

ㄴ. ○ 2021년 6월과 7월 이동평균을 통해 2020년 12월 방문객 수를 추론할 수 있다.

먼저, 7월 이동평균 - 6월 이동평균 = $\frac{\text{21년 6월 방문객} - \text{20년 12월 방문객}}{6}$ = 5.2(= 300.2 - 295.0)이다.

다음으로 <표>에서 2021년 6월 방문객 수가 242이므로 2020년 12월 방문객 수는 210.8천 명(= 242 - 31.2(=5.2 × 6))이다.

따라서, 2021년 12월 방문객 수 232천 명은 전년동월 대비 15천 명 이상 증가하였다.(232 > 210.8 + 15)

ㄷ. × 2020년 12월 방문객 수는 212천 명(보기 ㄴ 해설)이다. 2020년 11월 방문객 수를 구하면, 2020년 11월 ~ 2021년 4월의 방문객 수 평균은 301.5, 2020년 12월 ~ 2021년 5월의 방문객 수 평균은 295.0이므로 2020년 11월보다 2021년 5월 방문객 수는 6.5×6 = 39 낮음을 알 수 있다. 2021년 5월 방문객수는 301이므로 2020년 11월 방문객 수는 340이다. 따라서 2020년 11월 → 2020년 12월 방문객 수 변화는 340 → 212이다. 2021년 11월 → 2021년 12월 방문객 수 변화는 350 → 232이므로 전월대비 감소율은 2021년 12월이 2020년 12월 보다 작다.

ㄹ. ○ 2021년 1월과 2월 이동평균을 통해 2020년 7월 방문객 수를 추론할 수 있다. $\frac{\text{20년 7월 방문객} - \text{21년 1월 방문객}}{6}$ = 1월 이동평균 - 2월 이동평균 = 31.8이므로 2020년 7월 방문객 수는 2021년 1월 방문객 수인 229천 명에 189천 명(= 31.5 × 6)을 더한 값이다. 즉, 2021년 1월 방문객 수의 2020년 7월 방문객 수 대비 감소폭은 200천 명 미만이다.

문 19 유형: 일반(표) 정답: ③

ㄱ. × 경상도 국가지정문화재로 '천연기념물'만 10건을 추가 지정한다면, 전체 경상도 국가지정문화재 중 '천연 기념물'과 '보물'이 차지하는 비중의 차이는 $\frac{117-67}{266(=256+10)}=\frac{50}{266}<0.2$이므로 20 %p 이하이다.

ㄴ. ○ 전체 경상남도 국가지정문화재(127)보다 전체 경상북도 국가지정문화재(129)는 약 2 % 크다. 분류별로 경상남도 지정 현황(건) 대비 경상북도 지정 현황(건)이 129/127보다 큰 분류를 찾으면 '국보', '명승', '천연기념물' 3가지 분류이다.

ㄷ. ○ 국가지정문화재 중 경상북도의 비율은 '명승'이 62.5 %로 가장 높다. 두 번째로 높은 분류는 '국보'인데, '명승'과의 대소비교는 아바타를 이용하면 편하다.$(\frac{13}{22}<\frac{15}{24}(=\frac{5}{8})<\frac{2(=15-13)}{2(=24-22)}=1)$

ㄹ. × 각 분류의 국가지정문화재에서 3건씩 지정을 취소한다면, 취소 전 '국보' 비중은 $\frac{22}{256}$이고, 취소 후 '국보' 비중은 $\frac{19}{238}(=\frac{22-3}{256-18})$이다. 두 분수를 비교하면, 분자 증가율은 10 % 이상, 분모 증가율은 10 % 미만으로 취소 전 '국보' 비중이 취소 후 '국보' 비중에 비해 더 크다. 따라서, 전체 경상도 국가지정문화재 중 '국보'가 차지하는 비중은 감소한다.

문 20 유형: 일반(차트) 정답: ④

① × G는 y = x 직선상에 위치(x, y 좌표가 (3, 3)으로 동일)하므로 정확도가 10점이다.

② × 소믈리에 평점이 일반인 평점보다 높은 와인은 <그림>에서 y < x의 영역에 위치한 좌표로 C, D, E, J이다. C, D, E, J 중 소믈리에 정확도는 J가 가장 '낮다'. 정확도는 <그림>에서 y = x 직선과 가까운 정도를 의미한다.

③ × 일반인 평점이 8점 이하인 와인(y값이 8점 이하) C, D, E, G, I, J 중에서 소믈리에 평점과 일반인 평점의 합이 두 번째로 큰 와인은 C이다. 평점의 합은 기울기가 -1인 직선의 위치로 비교할 수 있다.

④ ○ 일반인 평점이 5점 이상인 와인(y값이 5점 이상) A, B, C, D, F, H, I 중에서 y = x 직선과 가장 가까이 위치한 점인 C가 소믈리에 정확도가 가장 높다.

⑤ × 와인 H는 현재에 비해 일반인 평점이 3점 감소(H의 위치가 y축 기준 아래쪽으로 3칸 이동)하면, H는 약 <그림>에서 대략 좌표(6.6, 5.8)에 위치하여 y=x 직선과 가까워지므로 소믈리에 정확도가 현재에 비해 높아진다.

문 21 유형: 표-차트 전환 정답: ②

ㄱ. ○ <표>의 아산 공급량의 변화를 확인한다.

ㄴ. ○ <표>의 비례관계, 대소관계와 선지의 비례관계, 대소관계가 일치하는지 어림산으로 확인한다.

ㄷ. × <표>에서 울산의 2021년 합계는 289,081이다. 울산의 공급량 합이 250,000에 미치지 못하므로 옳지 않음을 알 수 있다.

ㄹ. × 대불은 -12.9 %이다. 부호가 잘못되었다.

문 22 유형: 일반(표) 정답: ③

ㄱ. ○ 2017 ~ 2020년 동안 전체에서 수목원 수가 차지하는 비중이 매년 증가하는 수목원은 사립수목원뿐이다. 국립수목원은 2018년에만 증가하고, 공립수목원과 학교수목원은 매년 감소한다.

ㄴ. × 2021년 전체 수목원 조성규모 합의 최댓값은 9,832 ha(= 5 × 1,000 + 44 × 100 + 28 × 15 + 3 × 4), 최솟값은 552 ha(= 5 × 10 + 44 × 10 + 28 × 2 + 3 × 2)이므로 그 차이는 9,500 ha 이하다.

ㄷ. × 2017 ~ 2021년 동안 국립수목원 조성규모 총합은 최소 200 ha이고, 학교수목원 조성규모 총합은 최대 60 ha이다. 200/60이 3.33이므로 선지의 '3.5배 이상'이 항상 성립하지는 않는다.

ㄹ. ○ 공립수목원 조성규모 합은 매년 최소 440 ha(= 44 × 10)이고, 사립수목원 조성규모 합은 2017년 최대 345 ha(= 23 × 15), 2018년 최대 360 ha(= 24 × 15), 2019년 최대 405 ha(= 27 × 15), 2020년 최대 435 ha(= 29 × 15), 2021년 최대 420 ha(= 28 × 15)이다. 따라서, 공립수목원 조성규모 합은 사립수목원 조성규모 합에 비해 매년 크다.

문 23 유형: 추가로 필요한 자료 정답: ⑤

ㄱ. ○ <보고서> 첫 번째 단락의 2020년 10월 수도권 소비자물가지수와 2022년 10월 수도권 소비자물가지수의 비교를 위해 필요한 자료이다.

ㄴ. × 주어진 <표>를 통해 2022년 10월 서울, 인천, 경기의 2022년 10월 '전월대비' 상승폭은 0.3 % 또는 0.4 %임을알 수 있다. 따라서 수도권 '전월대비' 상승폭은 0.3 %를 초과한다. 서울, 인천, 경기 모두 '전년동월대비' 상승폭은 각각 5.0 %, 5.5 %, 5.5 %로 전국 5.6 %보다 모두 낮다. 이는 서울, 인천, 경기를 제외한 비수도권의 '전년동월대비' 상승폭은 5.6 %를 초과함을 의미한다. 주어진 자료만으로 <보고서> 작성에 필요한 정보를 추론할 수 있으므로 <보기> ㄴ은 추가로 필요한 자료가 아니다.

ㄷ. ○ <보고서> 두 번째 단락의 작성을 위해 추가로 필요한 자료이다.

문 24 유형: 빈 칸 정답: ①

ㄱ. ○ <표>에서 2000년 빙상장의 수도권 집중률은 $\frac{16}{22}$이므로 어림산으로 70 % 이상임을 알 수 있다. <그림>에서 수영장의 수도권 집중률이 74.2 %이다. 대소를 확실히 판별하기 위해 $\frac{16}{22}$과 $\frac{431}{581}$를 분수비교한다. $\frac{16}{22}$를 $\frac{320}{440}$으로 스케일을 키워(분모, 분자 20배) 아바타를 활용하면, $\frac{320}{440}$과 $\frac{111}{141}(=\frac{431-320}{581-440})$(아바타)의 분수비교가 된다. 이번에는 후자의 스케일을 $\frac{333}{423}$으로 키우면(분모, 분자 3배), 아바타 분수값이 빙상장 분수값에 비해 분자는 크고, 분모는 작다.(구체적인 분수비교는 각자 편한방식을 활용하면 좋다) 따라서, 수도권 집중률은 빙상장보다 수영장이 크다. 2000년 수도권 집중률이 가장 높은 업종은 수영장이다.

ㄴ. ○ <표>에서 수도권 골프연습장 수가 990이고, <그림>에서 골프연습장 수도권 집중률은 55.5 %이다. <그림>의 각주 수식에 따라 전국 골프연습장 수는 990/0.555이다. 990/0.55가 정확히 1,800이므로 990/0.555는 1,800보다 작다.

ㄷ. × 2020년 수도권 승마장 수는 144 × 22.2 %이므로 32개(=28.8 + 3(2.88을 3으로 크게보기) + 0.3 = 32.1)이므로 옳지 않다.

한편, 2020년 수도권 당구장 수는 15,845 × 33.6 %(= $\frac{1}{3}$ ↑)이므로 5,000개 이상이다.

ㄹ. × 2020년 비수도권 신고체육시설업 수가 수도권 신고체육 시설업 수에 비해 1.5배 이상이면, 2020년 수도권 집중률이 40 %이하이다.

<그림>에서 수도권 집중률이 40 % 이하인 업종은 빙상장(빈 칸), 당구장(33.6 %), 승마장(22.2 %), 골프연습장(31.0 %)으로 총 4개다. 이 중 빙상장은 <그림>의 수치가 빈칸인데, <표>에서 수도권 집중률이 $\frac{13}{35}$이므로 40 % 이하이다.($\frac{14}{35}$가 정확히 40 %이다)

문 25 유형: 빈 칸 정답: ④

① ○ 2017년 국고지원액은 약 48,700억 원(= 443,005 × 11 %)으로 50,000 억 원 이하이다. 다음으로 국고지원액이 50,000 이하이고, 실제 보험료 수입이 502,433이므로 실제 국고지원율은 10 % 이하이다.

② ○ 예상 보험료 수입 대비 실제 보험료 수입 비율은 <표 1>의 $\frac{\text{예상 국고지원율}}{\text{실제 국고지원율}}$을 통해 비교할 수 있다. 해당 비율이 1보다 큰 2019년($\frac{10.3}{10.1}$)과 2021년($\frac{11.5}{11.0}$)을 비교하면 2021년이 더 크다. 따라서 예상 보험료 수입 대비 실제 보험료 수입 비율이 가장 높은 해는 2021년이다.

③ ○ 2021년 예상 보험료 수입은 630,000억 원이라면, 2021년 기금지원액은 630,000 × 11.5 %이다. 11.5 %를 크게 보아 12 %를 곱한 값은 75,600으로 <표>의 국고 지원액인 76,423보다 적다. 따라서, 2021년 예상 보험료 수입은 630,000억 원 이상이다.

④ × 선지에서 묻는 실제 보험료 수입 대비 담배 부담금 수입 비율은 <표>에서 $\frac{\text{실제 대비 기금지원율}}{\text{담배 대비 기금지원율}}$와 동일하다. 이 값이 매년 5 % 이상이려면 '담배 부담금 수입 대비 기금 지원율' < '실제 보험료 수입 대비 기금 지원율 × 20'이 매년 성립해야 한다. 2019년은 '담배 부담금 수입 대비 기금 지원율'(= 64.3) > '실제 보험료 수입 대비 기금 지원율 × 20'(= 64.0)이므로 반례이다.

⑤ ○ 2021년 실제 보험료 수입 대비 기금 지원율은 3 %↓로 전년 대비 감소하였고, 담배 부담금 수입 대비 기금 지원율은 66.7 %↑로 전년 대비 증가하였다.

문 26 유형: 매칭 정답: ②

조건 2: 2020년 전체에서 여성 가구주 가구 수가 차지하는 비중이 35 % 이상인 지역은 성비가 180인 D뿐이다.($\frac{100}{100+180}=\frac{5}{14}>0.35$) 따라서 D는 '다' 지역이다.(성비가 200인 C는 해당 비중이 $\frac{1}{3}$임.)

조건 3: 2021년 인구수는 전년 대비 감소하였으나, 인구 성비는 증가한 지역은 B와 D이다. 조건2와 결합하여 B는 '가' 지역이다.

조건 1: 2019년 남성 가구주 가구 수는 '마' 지역은 B에 비해 적고, '나' 지역은 B에 비해 많다. 우선, '나' 지역은 E로 확정된다.(E의 가구수가 월등히 크기 때문에 쉽게 추론가능하다) 다음으로 '마' 지역은 A와 C 모두 가능하기 때문에 다른 조건을 살펴본다.

조건 4: 앞선 조건들을 통해 A or C는 라 or 마이므로 인구수가 월등히 많은 C가 '라' 지역이고, A는 '마' 지역으로 확정된다.

∴ A: 마, B: 가, C: 라, D: 다, E: 나

문 27 유형: 일반(표) 정답: ③

① × 2021년 시가총액 최고치 대비 감소율과 최저치 대비 감소율의 차이가 가장 큰 가상화폐는 G이다. 그러나 실제 2021년 시가총액 최고치와 최저치의 차이는 2021년 12월 시가총액을 '알 수 없어' 정확히 추론할 수 없다.

② × J의 2021년 12월 시가총액을 X라 하면, J의 2021년 최고치는 X/(1 - 0.778) = X/0.222이고, J의 2021년 최저치는 X/1.606이다. 최고치 : 최저치 = 1.606 : 0.222이므로 J의 2021년 최고치 대비 최저치 감소율은 80 % '이상'이다.(0.222/1.606은 약 12.5 %임을 활용)

③ ○ 2021년 12월 시가총액을 정확히 알 수는 없으나, <표>의 순위를 통해 시가총액의 대소관계는 A > B > C임은 알 수 있다. 나아가, 2021년 11월 시가총액의 대소관계는 A/(100 - 82.2) > B/(100 - 61.2) > C/(100 - 38.4)이므로 옳다.

④ × I의 2021년 12월 시가총액을 Y라 하면, I의 2021년 최고치는 Y/(1 - 0.439) = Y/0.561이고, J의 2021년 최저치는 Y/1.296이다. 최고치 : 최저치 = 1.296 : 0.561이므로 I의 2021년 최저치는 최고치의 50 %보다 '작다.'(0.648(= 1.296/2) > 0.561)

⑤ × D의 2021년 12월 시가총액을 Z라 하면, D의 2021년 11월 시가총액은 Z/(1 - 0.639) = Y/0.361이고, D의 2021년 최저치는 Z/1.322이다. 11월 : 최저치 = 1.322 : 0.361이고, 1.322 < 1.444(= 0.361 × 4)이므로 D는 2021년 11월 시가총액의 최저치 대비 증가율은 300 % '미만'이다.

문 28 유형: 보고서 정답: ④

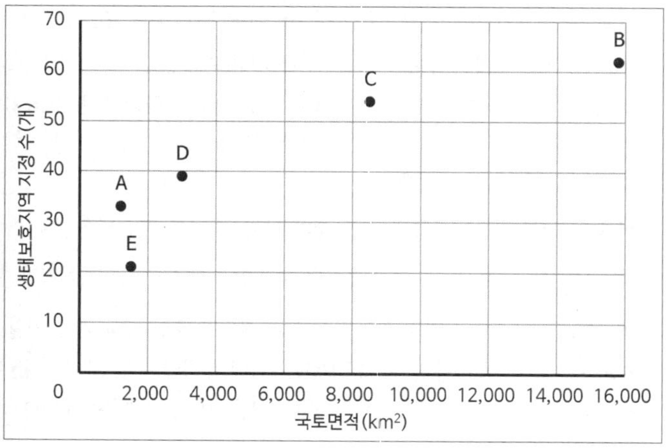

국토면적 값을 통해 <그림>에 국가를 표시하면 위 <그림>과 같다. 첫째, E는 2018년 비율의 전년대비 증가율(28.6 → 29.1)은 1.75 %로 2 % 미만이므로 '갑'이 아니다.

둘째, A는 주어진 기간 동안 2016년 생태보호 지역 비율이 가장 높으므로 2016년 값 제외 시 산술평균이 감소한다. 따라서, A는 '갑'이 아니다. 셋째, 2019년 생태보호지역 지정 수는 60개 이하이므로 위 그림에 따라 B는 '갑'이 아니다. 마지막으로 2016년 생태 보호지역을 제외한 면적이 생태보호지역 면적의 4배 미만이면 생태보호 지역 비율이 20 % 이상이므로 C는 '갑'이 아니다. 따라서, D가 '갑'이다.

문 29 유형: 빈 칸 정답: ⑤

ㄱ. ○ 각주의 수리적 의미를 해석하여 해결한다.(방정식으로 풀어도 좋지만 계산이 조금 편해질 수 있다) 국어 원점수의 경우 바람이 가을에 비해 5점, 별에 비해 15점 높다. 각주에서 $\frac{20}{\text{표준편차}(=10)}$는 상수(= 2)이고, 평균은 모두에게 60점으로 동일하므로 국어 표준점수는 바람이 가을에 비해 10점(=5점 × 2) 높고, 별에 비해 30점(=15점 × 2) 높다.

ㄴ. ○ ㄱ선지와 마찬지로 각주의 수리적 의미를 해석하여 해결한다. 영어 표준점수의 경우 바람이 가을에 비해 60점, 별에 비해 80점 낮다. 각주에서 20/표준편차는 상수(= 4)이므로 영어 원점수는 바람이 가을에 비해 15점(=60점/4) 낮고, 별에 비해 20점(=80점/4) 낮다.

ㄷ. ○ 만약 수학 원점수는 바람이 가을의 1.5배 이상이라면, 바람의 수학 원점수는 90점 이상이다. 다음으로 별의 수학 표준점수가 0점이므로 응시자 전체 수학 원점수 평균(<표>에서 빈 칸의 값)과 별의 수학 원점수는 '70점'으로 동일하다. 따라서, 각주의 수식을 활용하면 바람의 수학 표준점수는 40점 이상(= $\frac{90\uparrow-70}{10}\times 20$)이다.

문 30 유형: 보고서 정답: ①

ㄱ. ○ <그림>에서 전체 퇴직공무원 수 대비 신규임용 퇴직 공무원 수 비율은 2019년 16.7 % 2020년 19.6 %, 2021년 23.9 %이므로 옳다.

ㄴ. × '2021년'의 경우 재직기간이 '1년 미만'인 경우가 분포상 비율이 가장 높아 반례이다.

ㄷ. ○ 4년 이상 '(각주)5년 미만'이 9 % 이하인지 확인하는 반대해석을 활용한다. 9 %는 10 % - 1 %로 확인한다. 2018년 567 - 56.7 > 504, 2019년 666 - 67 > 516, 2020년 926 - 92.6 > 816, 2021년 1,069 - 107 > 812이므로 모두 9 % 이하이다. 옳다.

ㄹ. × 재직기간이 2년 이하인 비율은 2021년에 최소 $\frac{2,625+2,575}{10,693}=\frac{5,200}{10,693}$으로 50 %↓이다. 2017년에 최대 $\frac{731+1,144+872}{5,181}=\frac{2,747}{5,181}$으로 50 %↑이다. 21년 최소 > 17년 최대여야 옳으므로 옳지 않다.

문 31 유형: 해보기 정답: ⑤

우선 <그림>의 수치정보와 <정보 1>의 산식을 활용한다. 산식1을 우선 활용하면 '상권2'로부터 '균형'까지 거리를 x라고 할 경우, $BP_{상권1}$ = 2,000/(12-x)², $BP_{상권2}$ = 4,500/(12-x)²이다. 균형에서 유인비율이 1이라는 사실은 $BP_{상권1} = BP_{상권2}$임을 의미하므로 2차 방정식을 풀어 x값을 구할 수 있다. 그러나 계산이 복잡할 것으로 예상되므로 산식2를 함께 검토한다.

산식2를 활용하면 '상권2'과 '균형'과의 거리(km)는 $\frac{12}{1+(2,000/4,500)^{1/2}}$ = 7.2임을 간편히 구할 수 있다. (산식 2의 분모를 정리하면 5/3이다)

문 32 유형: 해보기 정답: ③

乙의 소매지역 이론에 따를 때, 상권1의 시장점유율과 상권2의 시장점유율의 비는 분모가 서로 동일하므로 두 점유율의 비는 $BP_{상권1}$, $BP_{상권2}$의 비다. 문23에서 $x = 4.8$을 도출하였으므로 그대로 활용한다. $BP_{상권1} = 2{,}000/(4.8 \times 4.8)$, $BP_{상권2} = 4{,}500/(7.2 \times 7.2)$이므로 $BP_{상권1} : BP_{상권2} = 1 : 1$이다. (7.2는 4.8의 1.5배, 1.5의 제곱은 2.25임을 활용하면 간편하게 확인할 수 있다.) 따라서, X는 1이다.

丙의 이론에 따를 때, 상권1의 구매지향비율 $= \dfrac{\text{상권1 인구}}{(\text{도시A와 상권1 사이의 거리})^2} \div \dfrac{\text{상권2 인구}}{(\text{도시A와 상권2 사이의 거리})^2} = \dfrac{1{,}000}{4.8 \times 4.8} \div \dfrac{9{,}000}{7.2 \times 7.2} = \dfrac{1}{4}$이다. 따라서 상권2의 구매지향비율 $\dfrac{3}{4}$이다. ∴ Y는 3이다.

문 33 유형: 일반(차트) 정답: ④

① × 2021년 주택매매가격지수가 가장 높은 국가를 확인하면 된다. 2015년 대비 2021년 주택매매가격 증가율이 가장 큰 국가는 미국(57.7 %)이다.

② × 한국과 영국의 주택매매가격 차이는 2015년에 가장 작다.(4 = 94.2 - 90.2) 2016년 이후에는 차이값이 모두 2015년보다 크다. 예를 들어, 2016년 차이값은 107.0 ×0. 942와 101.6 × 0.902인데 이는 약 9이다. 이러한 차이는 2017년 이후 더욱 커진다.

③ × 2016년 이후 주택매매가격의 증감방향이 프랑스와 동일한 국가(매년 증가)는 독일, 영국, 일본, 미국으로 4개국이다.

④ ○ 2021년 주택매매가격의 전년대비 증가폭은 미국이 22.4(=157.7 - 135.3)이고, 독일은 15.7(=153.9 - 138.2) × 0.928로 약 14.3이므로 1.4배 이상이다.

⑤ × 2020년 주택매매가격 하위 3개국은 이탈리아, 일본, 한국으로 옳지만, 상위 3개국은 독일, 미국, '영국'이다. 2020년 주택매매가격은 영국이 119.9 × 94.2이고, 프랑스가 116.8 × 95.6이므로 영국이 더 높다.

문 34 유형: 일반(차트) 정답: ③

학생	인기도 점수	내향성 점수	관계 점수
가영	3	1	2
나리	3	3	0
다래	4	1	3
라희	3	1	2
마음	2	1	1
바다	2	0	2

<그림>, <표>, <정보>를 종합하면, 학생별 인기도 점수는 <그림>에서 ↔와 →(상대방으로부터 본인을 향하는 화살표) 개수의 합을 의미하고, 내향성 점수는 <그림>에서 →(상대방으로부터 본인을 향하는 화살표)의 개수를 의미한다. ∴ 6명 학생의 관계 점수 합은 '10점'이다.

문 35 유형: 빈 칸 정답: ①

① × <표 1>, <표 2>, <표 3>에서 빈 칸인 2022년 3분기 전년 동분기 대비 증가율을 추론해야 한다. 이를 위해 먼저 2021년 3분기 값을 알아야 하고, 이는 2021년 4분기 값을 2021년 4분기의 직전분기 대비 증가율을 활용하여 추론한다. 구인인원을 예로 들면, 2021년 3분기 구인인원은 352,465/1.1이므로 2022년 3분기 구인인원의 전년 동분기 대비 증가율은 352,465 → 342,656 × 1.1의 증가율이다. 해당 증가율은 10 % 미만이다.

이를 구직인원과 취업건수에도 동일한 방식으로 적용하면, 2022년 3분기 전년 동분기 대비 증가율은 구직인원이 10 % 미만(525,684 → 472,489 × 1.2)이고, "취업건수"는 10 % 이상(158,965 → 184,564 × 0.98(=대략 180,000))으로 가장 높다.

② ○ 2020년 4분기 구인인원을 x라고 가정한다. <표 1>의 2020 ~ 2022년 4분기 구인인원은 x(2020년) → 352,465(2021년) → 324,565(2022년)와 같이 감소하였고 이 때 감소율은 각각 -8.9 %(2020년 → 2021년)와 -7.9 %(2021년 → 2022년)이다. 선지에서 묻는 2022년 4분기의 전년 동분기 대비 감소폭은 352,465 × 7.9 %이고, 2021년 4분기의 전년 동분기 대비 감소폭은 x × 8.9 %이므로 전자가 더 작다.(x > 352,465임을 적극 활용한 것이다)

③ ○ 2021년 4분기 구직인원은 525,684명이다. 2021년 3분기 구직인원 × 1.2 = 2020년 4분기 구직인원 × 0.93 = 525,684(2021년 4분기 구직인원)이므로 2021년 3분기 구직인원 = 2020년 4분기 구직인원 × 0.93/1.2이다. 0.93/1.2 > 0.9/1.2(=0.75)이므로 2021년 3분기 구직인원의 2020년 4분기 대비 감소율은 25 % 미만이다.

④ ○ 2021년 3분기 취업건수가 160,000건이고, 2021년 4분기 취업건수의 직전분기 대비 증가율이 -2 %일 때, 2021년 4분기 취업건수는 156,800건이다. 실제 <표>에서 2021년 4분기 취업건수는 158,965건이므로 2021년 3분기 취업건수는 160,000건 이상이다.

⑤ ○ <그림>을 통해 구직인원 대비 취업건수 비율이 '2022년 3분기', '2022년 4분기'에 감소함을 알 수 있다. 그리고, '2021년 4분기'의 경우 <표 2>와 <표 3>의 직전분기 대비 증가율을 통해 추론한다. <표 2>에서 2021년 4분기 구직인원의 직전분기 대비 증가율이 20 %이고, <표 3>에서 2021년 4분기 취업건수의 직전분기 대비 증가율이 -2 %이므로 구직인원 대비 취업건수는 직전분기 대비 감소한다. 옳다.

문 36 유형: 일반(차트) 정답: ②

ㄱ. × 2017년 2월 가축분뇨 발생량의 2016년 12월 대비 증가율은 (1 - 1.2 %)(1 + 1.2 %)이므로 증감방향 부호는 음(-)이다. 마찬가지로 2017년 5월 가축분뇨 발생량의 2017년 3월 대비 증가율은 (1 + 1.6 %)(1 - 1.6 %)이므로 증감방향 부호는 음(-)이다.

ㄴ. ○ 2017년 2월 발생량을 100, 2017년 3월 발생량을 101.5로 가정하면, 2016년 2월과 3월 가축분뇨발생량의 비교는 $\frac{100}{108.8}$(2월)과 $\frac{101.5}{109.5}$(3월)의 비교이므로 후자가 더 크다.

ㄷ. ○ 3,800천 톤 × 1.1 = 4,180천 톤 > 4,172천 톤이므로 2016년 1월 가축분뇨 발생량은 380만 톤 미만이다.

ㄹ. × 2017년 1월 가축분뇨 발생량을 A라 두면 다음 표와 같이 월별 가축분뇨 발생량을 추론할 수 있다. 증감률 누적과 어림산을 활용하면 1월과 6월은 거의 동일(정확히는 1월 < 6월)하고, 2월 < 5월이고, 3월 < 4월이므로 2017년 2분기 월평균 가축분뇨 발생량은 직전 분기 월평균 가축분뇨 발생량에 비해 증가한다.

1월	A	
2월	A × 101.2	+1.2 %
3월	A × 101.2 × 101.5	+1.2 +1.5 %
4월	A × 101.2 × 101.5 × 101.6	+1.2 +1.5 +1.6 %
5월	A × 101.2 × 101.5 × 101.6 × 98.4	+1.2 +1.5 +1.6 % - 1.6 %
6월	A × 101.2 × 101.5 × 101.6 × 98.4 × 97.6	+1.2 +1.5 +1.6 % - 1.6 % - 2.4 %

문 37 유형: 일반(표) 정답: ④

① × 2021년 전체 매출액 대비 일반통상 매출액 비율은 35.1%(= $\frac{946,574}{2,699,753}$) 이므로 옳지 않다.

② × 2019년 일반통상 우편물 물량에서 무료와 인터넷 우편물 물량의 합이 차지하는 비중이 0.34%로 0.5%보다 작다. 따라서, 보통 우편물의 비중은 99.5% 이상이다.

③ × 특수통상 우편물의 1통당 매출액(<표 1>/<표 2>)이 매년 증가(분모 감소, 분자 증가 활용)하므로 반대로 '1원당 물량'은 매년 '감소'한다.

④ ○ 일반통상 인터넷 우편물의 1통당 매출액은 2019년에 35/8,761이고, 2020년에 51/8,054이다. 분자인 35→51의 증가율이 약 45%인데, 분모인 8,054→8,761의 증가율이 약 10%이다.(이 단계에서 정오는 판별된다) 최종적으로 2020년 일반통상 인터넷 우편물의 1통당 매출액의 전년대비 증가율은 약 32%(= 1.45/1.1)이다.

⑤ × 보통소포 1통당 매출액은 2020년 3,203/1,166(=약 2.74)에서 2021년 2,789/1,001(=약 2.78)로 증가하였고, 등기소포 1통당 매출액이 886,854/317,625에서 2021년 947,216/332,198로 증가하였다.

문 38 유형: 일반(표) 정답: ④

ㄱ. ○ 종합소득세 과세표준 총액이 6,000만원이라면, 과세표준구간별 과세표준액은 1구간 1,200만원, 2구간 2,400만원, 3구간 2,400만원이 되어 구간별 과세표준액의 비율이 1 : 2 : 2이다. 따라서 이를 가중치로 하여 구간별 기본세율 6, 15, 24를 가중평균한 평균세율(6+30+48/5)에 6,000만원을 곱하면 (6+30+48) % × 1200 만원 = 84 % × 1,200 만원 = 1008 만원이므로 옳은 선지임을 알 수 있다. (단순히 1,200의 6 % + 2,400의 15 % + 2,400의 24 %를 계산하여 확인해도 좋다)

ㄴ. ○ 2017년과 비교해 3 ~ 5억원에 해당하는 2억원에 대한 기본세율이 2 %p 상승하였다. 따라서 종합소득세 총액은 400만원이다.

ㄷ. ○ <표 2>에서 1 ~ 3구간의 세율 변화를 확인한다. 2008 ~ 2010년 동안 각 구간의 기본세율은 매년 전년대비 감소하거나 전년과 동일하므로 소득이 일정한 사람의 종합소득세 총액은 같은 기간 매년 감소하였다.

ㄹ. × 종합소득세 과세표준 총액이 10억원인 경우 2012년 종합소득세 총액이 3억 5천만원 미만인지 확인한다. 만약 10억 전부에 38 %세율(6구간 기본세율)이 적용된다면 종합소득세 총액은 3억 8천만 원일 것이다.
그러나 1 ~ 5구간에 해당하는 기본세율은 38 %보다 낮으므로 3억 8천만 원을 기준으로 이보다 덜 납세하는 금액이 얼마인지 묶음산을 활용해 확인하면 다음과 같다.

- 38 %보다 3 %p 만큼 낮은 세율이 적용되는 3억원(5구간 과세표준 최고액)에 해당하는 종합소득세: 3억원 × 3 %p = 900만원
- 35 %보다 11 %p 만큼 낮은 세율이 적용되는 7,800만원(3구간 과세표준 최고액)에 해당하는 종합소득세: 7,800만원 × 11 %p = 858만원
- 24 %보다 9 %p 만큼 낮은 세율이 적용되는 3,600만원(2구간 과세표준 최고액)에 해당하는 종합소득세: 3,600만원 × 9 %p = 324만원
- 15 %보다 9 %p 만큼 낮은 세율이 적용되는 1,200만원(1구간 과세표준 최고액)에 해당하는 종합소득세: 1,200만원 × 9 %p = 108만원

덜 납세하는 금액의 합 900 + 858 + 324 + 108은 3천만원 미만이므로 종합소득세 과세표준 총액이 10억원인 사람의 종합소득세 총액은 3억 5천만원보다 많다. 따라서 종합소득세 총액이 정확히 3억 5천만원인 사람의 과세표준 총액은 10억원 미만임을 알 수 있다.

문 39 유형: 계산도출해석형 정답: ④

ㄱ. × <그림 2>를 통해 2010년 친족의 범위에 대한 인식변화 조사에서 가장 높은 응답률을 기록한 항목은 '4촌까지'임을 알 수 있다. 그러나 '4촌 까지'의 의미는 1촌, 2촌, 3촌, 4촌을 모두 친족으로 인식한다는 의미이다. 따라서 조사대상자 중 친족으로 인식한 조사대상자의 비율은 4촌보다 3촌이, 3촌보다 1촌이 더 높다.

ㄴ. ○ 조카는 3촌이다. <그림 2>의 2021년 응답률은 '3촌까지(약 35 %)', '4촌까지(30 % 이상)', '6촌까지(20 % 이상)'만 더하더라도 80 %를 초과한다. 따라서 옳은 선지임을 알 수 있다.

ㄷ. × '기타(약 15 %)'에는 경제적 이해관계를 맺을 의향이 있는 친족의 범위에 '3촌'은 포함하지 않으나 '2촌'은 포함하는 응답자가 있을 수 있다. 이를 감안하면 '형제, 자매'와 경제적 이해관계를 맺을 의향이 없는 응답자 비율은 최소 약 55 %(1촌까지), 최대 약 70 %(1촌까지 + 기타)이다. 이는 경제적 이해관계를 맺을 의향이 없는 응답자 비율은 최소 30 %, 최대 45% 임을 의미한다. 따라서 옳지 않은 선지이다.

ㄹ. ○ <그림 2>를 통해 2021년 조사대상자 중 5촌을 친족으로 인식하는 조사대상자의 비율은 최소 약 20 %(6촌까지의 응답률)임을 알 수 있다. <그림 3>을 통해 5촌과 경제적 이해관계를 맺을 의향이 있는 조사대상자의 비율은 최대 17 %(6촌까지 + 기타)로 20% 미만임을 알 수 있다. 따라서 옳은 선지이다.

문 40 유형: 빈 칸 정답: ②

① × <표>를 통해 30대 남성 조사대상자 중 정책 B를 선호하는 사람의 비중은 100 - 52.8 = 47.2 %, 30대 여성 조사대상자 중 정책 B를 선호하는 사람의 비중은 50.2 %임을 알 수 있다. 전체 30대 조사대상자 중 정책 B를 선호하는 사람의 비중은 양자(47.2 %, 49.8 %)의 가중평균이다. 그러나 가중치인 조사대상자 수를 알 수 없으므로 정확한 비율은 알 수 없다. (선지의 값은 성별 응답률의 산술평균이다)

② ○ 20대 이하 조사대상자 중 정책 B를 선호하는 사람의 비중은 남성 41.3 %, 여성 58.0 %이다. 따라서 양자(41.3 %, 58.0 %)의 가중평균인 20대 이하 전체 조사대상자 중 정책 B를 선호하는 사람의 비중은 58.0 %보다 낮다. (이하가 아닌 미만임에 유의하자)

③ × 70대 이상 남성 선호비율(72.5 %)과 여성 선호비율(67.8 %)을 통해 70대 이상 조사대상자 중 정책 A를 선호하는 사람의 비중은 67.8 % 초과 72.5 % 미만임을 알 수 있다. 따라서 70대 이상 조사대상자 중 정책 B를 선호하는 사람의 비중은 27.5 % 초과 32.2 % 미만이다. 따라서 30 % 이상이라고 확정적으로 말할 수 없다.

④ × 60대 남성과 여성의 선호비율(63.2 %, 66.0 %)이 60대 전체 선호비율(63.9 %)와 떨어진 거리비를 통해 60대 남성 조사대상자 수 : 60대 여성 조사대상자 수 = 21 : 7 즉 3 : 1 임을 알 수 있다. 'A를 선호한다고 응답한 사람의 수'는 '조사대상자 수 × 선호비율'로 비교할 수 있으며 '조사대상자 수'는 남성이 여성의 정확히 3배이나 선호비율은 남성(63.2 %)이 여성(66.0 %)보다 작아 'A를 선호한다고 응답한 사람의 수'는 남성이 여성의 3배 보다 작음을 알 수 있다. 옳지 않다.

⑤ × 연령대별 전체 조사대상자 중 남성 조사대상자의 비중은 가중평균의 특성을 활용하여 여성 조사대상자 대비 남성 조사대상자의 비중을 통해 간편하게 비교할 수 있다. '남성/여성'은 50대(23/26)가 40대(5/5)보다 작다.

제 5회

1	2	3	4	5	6	7	8	9	10
⑤	①	②	⑤	①	②	②	④	③	④
11	**12**	**13**	**14**	**15**	**16**	**17**	**18**	**19**	**20**
④	④	②	③	①	⑤	③	⑤	④	②
21	**22**	**23**	**24**	**25**	**26**	**27**	**28**	**29**	**30**
③	③	④	③	③	②	⑤	②	③	⑤
31	**32**	**33**	**34**	**35**	**36**	**37**	**38**	**39**	**40**
①	①	②	②	④	①	③	④	②	②

문 1 유형: 일반(표) 정답: ⑤

ㄱ. × 주어진 기간 동안 매년 '주의'인 지역은 충북, 충남 '2곳'이다. 한편, 주의할 지역은 제주는 2012년에 '보통'이고, 강원, 전북은 2021년에 '위험'이다.

ㄴ. ○ 세종을 제외하고, 2012년 대비 2021년 지방소멸위험지수의 감소율이 가장 높은 지역은 53.9 %로 울산이다. 울산만이 감소율이 50 %를 넘으므로 '2012년 값 > 2021년 값 × 2'가 성립한다. 나머지 지역은 부호가 반대이다.

ㄷ. ○ 2012년 '소멸저위험' 지역은 서울, 인천, 광주, 대전, 울산, 경기 6곳 중 2013년에도 '소멸저위험'인 지역은 인천, 대전, 울산, 경기 4곳으로 비중은 66.7 %(= $\frac{4}{6}$)이다.

2013년 '소멸저위험' 지역은 인천, 대전, 울산, 경기 4곳 중 2014년에도 '소멸저위험'인 지역은 울산 1곳으로 비중은 25 %(= $\frac{1}{4}$)이다.

ㄹ. ○ 2021년 '위험'인 지역은 강원(= 0.48), 전북(= 0.47), 전남(= 0.39), 경북(= 0.44) 4곳이다. 만약 2022년 각 지역의 지방소멸위험지수가 전년대비 10 %씩 감소한다면, 경남이 '위험' 지역으로 1곳이 추가된다.(0.55 × 0.9 = 0.495)

한편, 주의 지역 수 변화는 경남과 제주를 세심하게 검토한다. 경남은 2021년 '주의', 2022년 '위험'이고, 세종은 2021년 지방소멸위험지수가 1.09로 '보통', 2022년에는 0.981(= 1.09 × 0.9)로 '주의'가 되므로 주의 지역 수는 변함이 없다.

문 2 유형: 일반(차트) 정답: ①

ㄱ. ○ 자연재난 사망자 1명당 피해액은 2013년 $\frac{10,892}{16}$, 2014년 $\frac{1,921}{4}$이다.

이는 2014년 분수값의 분모와 분자를 각각 1로 두고 2013년 분수값의 분모와 분자를 표현하며, 2013년 값은 $\frac{5\uparrow}{4}$(= 1.25↑)이 되고, 2014년 값은 1이 된다. 따라서, 전년대비 감소율은 20 % 이상이다.

ㄴ. ○ 2021년의 경우, (5,178 > 1,468 × 3)이므로 밀집시설화재의 비율이 75 % 이상이고, 2020년의 경우, (722 × 3 < 2,532)이므로 밀집시설화재의 비율이 25 % 이하이다.

ㄷ. × 2013 ~ 2021년 동안 자연재난 사망자와 피해액의 전년대비 증감방향을 정리하면 다음과 같다.

	13	14	15	16	17	18	19	20	21
사망자	감소	감소	감소	증가	감소	증가	감소	증가	감소
피해액	증가	감소	감소	증가	감소	감소	증가	증가	감소

따라서, 증감방향이 서로 반대인 연도는 2013년, 2018년, 2019년으로 '3개년'이다.

ㄹ. × 2013 ~ 2021년 동안 자연재난 사망자의 전년대비 증감폭이 가장 큰 연도는 2013년 62(= 78 - 16)이고, 2013년 자연재난 피해액의 전년대비 증감률은 25 % 이상이다.(8,000 → 10,000의 증가율이 정확히 25 % 임을 활용)

문 3 유형: 일반(차트) 정답: ②

ㄱ. ○ 정부지출 중 농업지출 비율과 GDP 중 농업부가가치 비율의 전년대비 증감방향은 증가(+), 증가(+), 감소(-), 감소(-), 증가(+), 증가(+)이다.

ㄴ. × 선지의 가정에 따라 2015년 농업지향지수가 전년과 동일하므로 2014년 농업지향지수는 $\frac{1.83}{3.72}$이다. 그리고, 2015년 정부지출 중 농업지출 비율의 전년대비 증가율이 10 % 이상이므로 2014년 정부지출 중 농업지출 비율은 $3.72 \times \frac{10}{11}$이다.

따라서, 2014년 GDP 중 농업부가가치 비율은 $\frac{1.83}{3.72} \times 3.72 \times \frac{10}{11}$(각주 수식 활용)이므로 1.66 %이다.

ㄷ. × (GDP 중 농업부가가치 비율)/(정부지출 중 농업지출 비율)을 정리하면 다음과 같다.

2015	2016	2017	2018	2019	2020	2021
0.492	0.501	0.497	0.513	0.511	0.489	0.481

'정부지출 중 농업지출 비율 > GDP 중 농업부가가치 비율 × 2'인 연도 수를 카운트하면 4개년이므로 0.5미만인 연도 수가 더 많다.

ㄹ. ○ 2022년 정부지출 중 농업지출 비율과 GDP 중 농업부가가치 비율이 각각 전년대비 0.2 %p 증가한다면, 농업지향지수는 2.49/4.96으로 0.5 이상이다. 반면, 2017년 농업지향지수는 2.07/4.13으로 0.5 미만이므로 옳다.

문 4 유형: 빈 칸 정답: ⑤

① × 간호사를 제외한 나머지 직종 인력 수 합이 25만 명을 넘으므로 전체 에서 간호사의 비중은 50 % 미만이다.

② × 2022년 사회복지사 수는 2020년에 비해 감소하여 반례이다.

③ × 2012년 전체 인력 수는 약 30만 명이다. 그리고, 2014년 간호사 인력 수의 2012년 대비 증가폭(큰 값을 본 것)은 2.7만 명이고, <표>의 수치가 모두 증가하고 있으므로 전체 증가폭은 2.7만 명↑이다.(증가율은 9 %↑) 따라서, 2014년 전체 인력 수의 2년 전 대비 증가율은 7 % '이상'이다.

④ × 인력 수 상위 3개 직종은 간호사, 의사, 약사이다. 이 3개 직종의 인력 수 합은 30만 명↑이고, 나머지 직종의 인력 수 합은 10만 명↓이므로 선지의 비율은 75 % 이상이다.

⑤ ○ 전체에서 물리치료사가 차지하는 비중은 2018년 8.6 %이고, 2022년 9.3 %이다. 10 %에서 1 %를 빼서 확인한다.

문 5 유형: 빈 칸 정답: ①

① ○ 각주 1)에 따라 '미처리 건수'는 (신고 - 처리)이고, 각주 2)에 따라 '금고 건수'는 (처리 - 벌금)이다. 연도별로 계산해보면, 미처리 건수가 금고 건수에 비해 매년 약 100건 정도 더 많다.

구분			2019년	2020년	2021년	2022년
디지털 범죄	처리		6,565	7,535	8,648	9,898
		금고	1,241	1,321	1,543	1,642
		벌금	5,324	6,214	7,105	8,256
	미처리		1,358	1,465	1,642	1,759
	신고		7,923	9,000	10,290	11,657

② × 2022년 성범죄 처리 건수 대비 벌금 건수 비율이 $\frac{1,105}{1,661}$로 66.5 %이므로 금고율이 30 % 이상이다.

③ × 성범죄 신고 건수는 처리 건수와 미처리 건수의 합으로 2020년 2,135건, 2021년 2,078건으로 감소하여 2021년이 반례이다.

④ × 빈 칸을 채우지 않고 처리 건수 대비 벌금 건수 비율의 2019년과 2022년 차이값이 1 %p 미만인지 확인한다. $\frac{5,389}{6,565}$ $(=\frac{5,324+65(=1\%p)}{6,565})$와 $\frac{8,256}{9,898}$를 비교하는 것은 $\frac{5,389}{6,565}$와 $\frac{2,867}{3,333}$ $(=\frac{8,256-5,389}{9,898-6,565})$을 비교하는 것과 같다.(아바타 활용) 분모 증가율은 약 2배, 분자 증가율은 확실히 2배 미만이므로 분모 증가율이 더 높아 $\frac{5,389}{6,565} < \frac{2,867}{3,333}$이고, $\frac{5,389}{6,565} < \frac{8,256}{9,898}$이다. 따라서, 차이값은 1 %p '이상'이다.

⑤ × 신고율의 상대비로 $\frac{처리}{미처리}$를 활용한다. 2019년 (처리 건수 < 미처리 건수 × 1.5)이므로 처리율은 60 % 이하이나, 2022년 (처리 건수 > 미처리 건수 × 3)이므로 처리율은 75 % 이상이다.

문 6 유형: 일반(차트) 정답: ②

ㄱ. ○ 이산화탄소 배출량 상위 4개 국가는 B, C, E, F이고, 이 국가의 배출량 합은 83.8(= 16.2 + 41.1 + 18.2 + 8.3)이다. 상위 1위 국가의 배출량은 41.1이므로 선지의 비율은 41.1/83.8이므로 50 % 이하이다.

ㄴ. × 이산화질소 배출량과 이산화황 배출량 합에서 이산화질소가 차지하는 비중이 60 % 이상인 국가를 찾기 위해서는 (이산화질소 > 이산화황 × 1.5)인 국가를 찾는다. A, D, F가 이에 해당한다. 구체적인 수치는 A는 62.2 %, D는 61.2 %, F는 65.1 %이다.

ㄷ. ○ 먼저 <그림 1>/<그림 2>를 활용해 E국과 H국의 인구를 도출하면, 각각 1.66$(=\frac{18.2}{11.0})$, 0.74$(=\frac{6.0}{8.1})$이다. 1인당 이산화질소 배출량은 E국이 $\frac{88.1}{1.66}$이고, H국은 $\frac{45.6}{0.74}$이다. 분자 증가율은 2배↓이고, 분모 증가율은 2배↑이므로 분수 값은 E국이 H국에 비해 적다.

ㄹ. × 먼저 <그림 1>/<그림 2>를 활용해 A국과 B국의 인구의 상대적 크기를 구하면, 각각 0.21$(=\frac{2.6}{12.6})$, 1.82$(=\frac{16.2}{8.9})$이다. 따라서 A국과 B국의 1인당 이산화황 배출량의 상대적 크기는 A: 14.8/0.21, B: 28.8/1.82이다. B가 더 작음을 알 수 있다.

문 7 유형: 일반(차트) 정답: ②

① × 송금건수와 신고건수의 차이는 <그림>에서 y>x일 때 y=x+m을 통해 파악 가능하며 y<x일 때 y=x-m을 통해 파악 가능하다. 가장 큰 업종은 C이고, 가장 작은 업종은 H이므로 두 업종의 신고건수 차이(y축 확인)는 2,000건 미만이다.

② ○ <그림>에서 y = -x + 4,000를 그려보면, (2,000, 2000)을 지나는 기울기 -1인 직선이다. 이 직선의 상방에 존재하는 A, C, E, F, G는 투자규모가 4,000건 이상이다. F와 G의 평균 송금건수가 약 4,500건인데, A, C, E의 송금건수는 모두 4,500건 미만이므로 해당 업종들의 평균 송금건수는 4,500건 이하이다.

③ × <그림>에서 y = 0.25x를 그려보면, C가 해당 직선 아래에 있으므로 송금건수가 신고건수에 비해 4배 이상인 업종이 존재한다.

④ × 송금건수 1회당 신고건수는 <그림>에서 y = ax를 그렸을 때 그 기울기다. 이 값이 세 번째로 큰 업종은 H이고, 가장 작은 업종은 C이므로 신고건수 차이는 1,500회 미만이다.

⑤ × 투자규모는 <그림>에서 y = -x + k를 그려 확인할 수 있다. 투자규모가 가장 큰 업종인 G의 신고금액은 1,157이고, 투자규모 하위 3개 업종은 B, D, H이다. B, D, H의 신고금액 합은 913(= 705 + 120 + 88)이고, 1,157/913 = 1.27이므로 옳지 않다.

문 8 유형: 빈 칸 정답: ④

ㄱ. ○ 학생 수가 적은 2반의 독서 권수를 구해보면 8권이다.(= (13 + 6 + 9 + 5 + 7)/5) 8권을 가평균으로 두고 1반의 편차의 합을 구하면 음수가 나오므로 옳다. 실제 1반 평균은 5.4권이다.

ㄴ. × 1반과 2반 학생의 읽은 책 수 합계 78권에서 취미가 운동인 학생의 읽은 책 수 14권(= 3 + 4 + 2 + 5)이 차지하는 비중은 18.0 %로 15 % 이상이다.($\frac{12}{80}$이 15 %임을 활용하면 좋다)

ㄷ. ○ 2반 여학생의 독서 권수는 I가 남학생일 때 9권$(=\frac{13+5}{2})$이고, 여학생일 때 8권$(=\frac{13+6+5}{3})$이다. 1반 여학생의 독서 권수는 F가 남학생일 때 8권$(=\frac{12+4}{2})$이고, 여학생일 때 6.7권$(=\frac{12+4+4}{3})$이다.

ㄹ. ○ 취미가 독서인 학생 수와 취미가 음악인 학생 수가 4명으로 동일하다. 전자의 읽은 책 수는 8 + 12 + 13 + 9이고, 후자는 4 + 5 + 6 + 7로 전자가 20권 더 많으므로 평균은 5권$(=\frac{20권}{4명})$ 더 많다.

문 9 유형: 추가로 필요한 자료 정답: ③

ㄱ. ○ <보고서> 3번째 단락의 '2017년 이후 도루묵 총허용어획량소진율의 전년대비 감소폭'을 작성하기 위해서는 2016년 도루묵 총허용어획량 소진율을 알아야 한다. 이를 위해 ㄱ선지의 2016 ~ 2021년 어종별 총허용어획량과 ㄴ선지의 2016 ~ 2021년 어종별 실제어획량이 추가로 필요하다. 참고로 <보고서> 2번째 단락 첫 번째 문장에서 실제 어획량과 총허용어획량의 관계를 서술하는데, 이는 <표>의 정보만을 이용하여 추론할 수 있다.

ㄴ. ○ ㄱ선지 해설과 동일하다.

ㄷ. ○ <보고서> 2번째 단락 두 번째 문장 서술을 위해 필요하다.

ㄹ. × <보고서> 첫 번째 단락 바지락의 총허용어획량소진율에 관한 서술은 <표>의 정보만을 이용하여도 추론할 수 있다.

문 10 유형: 매칭 정답: ④

조건2: D는 2020년 2분기 → 2021년 2분기 감소폭이 269이나, 2021년 2분기 → 2022년 2분기 감소폭이 51로 감소폭이 감소한다. 따라서, D가 '부탄'임을 추론할 수 있다. A, B, C 감소폭은 조건2에 부합한다.

	A	B	C	D
2020년 2분기 → 2021년 2분기 감소폭	80	27	50	269
2021년 2분기 → 2022년 2분기 감소폭	160	223	294	51

조건1: A, B, C, D 모두 5, 6월 거래량 1L당 거래가격이 동일하다. 따라서, 2분기 가격과 4월 가격의 차이, 5월 혹은 6월 가격과 2분기 거래가격의 차이를 거리비로 활용하여 2022년 2분기 거래량에서 4월 거래량이 차지하는 비중을 추론한다. A는 거리비가 1 : 1이므로 비중이 정확히 50 %이다. B는 거리비가 14 : 19이므로 비중이 50 % 이상이다. 따라서, C or D는 중유 or 부탄이다. 조건1과 결합하여 C는 중유이다.

조건3: A는 2021년 5, 6월 가격이 2021년 2분기 거래가격보다 낮으므로 4월 가격이 2분기 거래가격인 1,622보다 높다. 같은 논리로 B의 4월 거래가격은 2분기 거래가격인 1,314보다 낮다. 따라서, A는 휘발유, B는 경유이다. ∴ A: 휘발유, B: 경유, C: 중유, D: 부탄

문 11 유형: 표-차트 전환 정답: ④

① ○ 함경남도 산불 피해면적의 합인 221정보를 도출(각주 2)에 따라 분모인 임야면적이 변한 적이 없으므로 단순합하여도 된다)한 후 10 %, 15 %, 20 %, 30 % 등을 기준으로 어림산 한다.

② ○ 1922년은 25배, 1926년은 20배, 나머지 연도는 40배를 기준으로 어림산 한다.

③ ○ 각주 1)에 따르면, 1만 정보 = 1 m^2이므로 10만 정보 = 10 m^2이다. <표>의 정보는 1만 정보당 피해면적인데, 선지에서는 10 m^2당 피해면적을 요구하고 있고, 이는 10만 정보당 피해면적을 의미한다. 따라서, <표>의 값에 각각 10배를 해야한다.

④ × 먼저, 각주 2)(임야 면적 변한 적 없음), 4)(임야 면적의 비를 알 수 있음)를 통해 가중치인 임야 면적을 알 수 있으므로 정확한 값을 도출할 수 있다.

하지만, 1926년 북한의 데이터를 보면 1만 정보당 산불 피해면적이 40.00정보이다. <표>에서 북한 산불면적은 황해도 19정보, 평안남도 35정보, 평안북도 14정보, 함경남도 40정보이므로 평균의 결과가 40정보일 수 없다.(14정보 초과, 40정보 미만)

⑤ ○ 평안북도 화전은 40 % 기준, 함경남도 산불은 50 % 기준, 평안북도 산불, 함경남도 화전은 10 % 기준 어림산한다.

문 12 유형: 일반(표) 정답: ④

ㄱ. × 1인당 위스키 판매량(위스키 판매량의 지역별 비율/인구비율)이 가장 많은 지역은 '라'이다.

그러나, 업체별 위스키 판매량의 지역별 비율의 모수인 '업체별 전체 위스키 판매량'을 알 수 없으므로 위스키 판매량의 대소 비교를 정확히 할 수 없다.

ㄴ. ○ <표>에서 (위스키 판매량의 지역별 비율)은 A, B, C업체 위스키 판매량의 지역별 비율의 가중평균이다. 따라서, C업체 위스키 판매량의 지역별 비율은 '라'지역은 반드시 25 % 초과(가중평균이 25 %, A가 20 %, B가 25 %이므로)이고, '다'지역은 반드시 15 % 미만(가중평균이 15 %, A가 20 %, B가 15 %이므로)이므로 '라'지역은 '다'지역에 비해 10 %p 이상 높다.

ㄷ. ○ C업체 위스키 판매량 비율은 '라'지역은 25 % 이상이다. (위스키 판매량 비율은 업체별 위스키판매량 비율의 가중평균이다. 20 %, 25 %, C의 가중평균이 25 %라는 사실은 C가 25 %보다 크다는 것을 의미한다. 같은 원리로 '다'지역의 C업체 위스키 판매량 비율은 15 %보다 작다. 옳은 선지이다.

문 13 유형: 보고서 정답: ②

첫째, 교육비, 주거비, 식비 순으로 많은 사람은 <그림>에서 엔젤계수 > 슈바베계수> 엥겔계수이다. '을'은 E이다.

둘째, 교육비와 식비의 차이가 동일한 사람은 A(= 1,200 × 5 %(= 25 % - 20 %)), B(= 1,000 × 6 %(= 23 % - 7 %)), C(= 2,000 × 3 %(= 13 % - 10 %))로 그 차이값은 60으로 동일하다. 따라서, '갑', '정'은 A or B or C이다.

셋째, '병'과 '무'의 주거비 합은 300만 원 이하인데, 주거비는 A: 180만 원, B: 270만 원, C: 400만 원, D: 120만 원으로 '병', '무'는 A or D이다. 따라서, '갑', '정'은 B or C이다.

마지막으로 A ~ E의 총소비지출 합(= 7,500)에서 자신의 총소비지출이 차지하는 비중은 20 % 이상인 사람은 C, D, E이므로 '정'은 C이고, '갑'은 B이다.

문 14 유형: 일반(표) 정답: ③

ㄱ. ○ <표>의 각 호 중 '4호'를 위반한 14건의 사례만이 다른 호의 사유들을 위반하였다면, 제90조를 위반한 사례 수는 최솟값이 되며 그 값은 14건이다.

ㄴ. ○ 우선 제90조를 위반한 사례 수의 최댓값은 49건(= 10 + 12 + 5 + 14 + 8)이다. 이는 모든 위반 사례가 각각 다른 사유에 해당되는 경우이다. 그리고, 제117조를 위반한 사례 수의 최댓값은 16건(= 6 + 8 + 2)이다. 따라서, 제90조와 제117조를 모두 위반한 사례 수는 최댓값은 16건(두 값 중 작은 값)이다.

ㄷ. × 각 조 제1호를 위반한 사례는 모두 제2호를 위반하였다면, 제90조를 위반한 사례 수의 최댓값은 39건(= 10 + 2 + 5 + 14 + 8)이다.(1호의 10건이 모두 2호와 중복되므로 2호의 나머지 2건이 다른 사유와 중복되지 않도록 해야 최댓값이 된다) 제109조를 위반한 사례 수의 최댓값은 9건(= 4 + 3 + 1 + 1)이다. 제117조를 위반한 사례 수의 최댓값은 10건(= 6 + 2 + 2)이다. 따라서, 제90조, 제109조, 제107조를 모두 위반한 사례 수의 최댓값은 9건(세 값 중 가장 작은 값)이다.

문 15 유형: 일반(표) 정답: ①

① ○ 선지를 수식으로 표현하면, (전체 자동차 수)/(인구 만 명당 자동차 수) > 5,000이고, 이는 (전체 자동차 수 × 2 × $\frac{1}{10,000}$) > (인구 만 명당 자동차 수)로 표현할 수 있다. 따라서, 전체 자동차 수에 2를 곱해 인구 만 명당 자동차 수보다 큰지 확인한다.(자동차 수 단위가 '만 대'이므로 $\frac{1}{10,000}$와 함께 소거한다)

2013 ~ 2018년 동안 (인구 만 명당 자동차 수 > 전체 자동차 수 × 2)가 성립하고, 2019, 2020년 동안 그 반대이다. 따라서, 2013년 이후 인구가 5,000만 명 이상인 연도 수는 2번이고, 5,000만 명 미만인 연도 수는 6번이므로 옳다.

② × 전체 자동차 수 대비 승합차 수와 화물차 수 합 비율은 2012년 22.4 %, 2020년 18.1 %이므로 옳지 않다.

③ × $\frac{2,099}{4,250} < \frac{2,180}{4,400} < \frac{81}{150}$ (= 50% ↑)이므로 2016년 인구(전체 자동차 수/인구 만 명당 자동차 수)는 전년대비 증가하였다.

④ × 승용차를 제외한 전체 자동차 수 대비 화물차 수 비율은 2019년 359/449이고, 2017년 354/449이므로 분모가 동일하므로 분자가 더 큰 2019년이 비율값이 더 크다.

⑤ × <표>에서 '승용차 수/전체 자동차 수'는 $\frac{1,986}{2,436}$이다. 따라서 (4,850 × $\frac{1,986}{2,436}$) < 3,500인지 확인한다. 4,850 × 1,986 > 3,500 × 2,436이므로 옳지 않다.

문 16 유형: 일반(차트) 정답: ⑤

구분	A	B	C
0 ~ 14세 비율	25 %	20 %	20 %
15 ~ 64세 비율	50 %	80 %	40 %
65세 이상 비율	25 %	0	40 %

구분 \ 국가	A	B	C	전체
유소년 부양비	50 %	25 %	50 %	42.3 %
유소년 비율	25 %	20 %	20 %	22 %
노년 부양비	50 %	0 %	100 %	50 %

문항 <그림>의 자료를 통해 위 표를 도출할 수 있다. 이 때, 각주 4)의 인구비가 A : B : C = 2 : 1 : 2이다. '유소년 부양비'와 '노년 부양비'는 가중치인 분모가 15 ~ 64세 인구비(= 전체 인구비 × 15 ~ 64세 비율)는 5 : 4 : 4(= 100 : 80 : 80)이다. 그리고, 유소년비율은 가중치인 분모가 전체 인구비인 2 : 1 : 2임에 주의한다.

① × 갑국 전체 유소년부양비는 42.3 %이다. 선지의 40 %를 가평균으로 두고 편차의 가중합을 활용한다.

② × 갑국 전체 유소년 비율은 22 %이다.

③ × 전체 인구 대비 65세 이상 인구 비율은 C, A, B 순으로 높다.

④ × A 지역은 노년 부양비와 유소년부양비가 동일하고, C 지역은 유소년 부양비가 노년 부양비의 50 % 이하이다.

⑤ ○ 50 %를 가평균으로 두고 편차의 가중합을 구하면 그 값이 0이므로 갑국 전체 노년부양비는 정확히 50 %이다.

문 17 유형: 일반(표) 정답: ③

ㄱ. × <표 1>에서 전체에서 국가부담금이 차지하는 비중은 2017년에 전년대비 감소하고, 2018년에 전년대비 증가하므로 옳지 않다.

ㄴ. ○ <표 1>에서 2013년 기여금의 전년대비 증가율은 약 20 %이다. 나머지 연도의 증가율은 5~10 % 정도임을 가벼운 스캔을 통해 확인할 수 있다.

ㄷ. ○ <표 2>에서 2017년과 2018년 전체 지출액 중 기타 비중은 분자가 3으로 동일하다. 따라서, 해당 비중의 전년대비 감소율은 32,207 → 30,660의 감소율과 동일하다. 감소폭이 1,600↓이므로 감소율은 5 %(32,000의 5 %가 정확히 1,600) 미만이다.

ㄹ. × 전체 수입액보다 전체 지출액이 지출액이 많은 연도는 2009년, 2010년, 2015년이다. 이중 2015년에는 국가보전금이 1.3431조 원을 반례이다.

문 18 유형: 일반(차트) 정답: ⑤

ㄱ. × <표>의 상대지수를 활용한다. 세제 투입량이 40 g일 때, 오염물질 세척률은 A가 B의 85 % 이상(<표>의 수치가 100/114.3 > 0.85인데, 100/115 > 85/100 = 0.85임을 활용)이고, C가 A의 85 % 이상(C의 상대지수가 85.7)이다.

ㄴ. ○ <그림>을 시각적으로 활용한다. 오염물질 세척률의 차이값은 B, A, C 순으로 크다.

ㄷ. ○ 먼저, <표>에서 세제 투입량이 80 g일 때, A와 C의 오염물질 상대지수 차이값은 30.2이다. 다음으로 <그림>에서 B의 오염물질 세척률이 51이다. <표>와 <그림>은 같은 자료를 다르게 표현한 것으로 비례관계가 성립하므로 $51 \times \frac{30.2}{118.6} < 15$인지 확인한다.

좌변의 분모인 118.6을 우변으로 넘겨 곱셈비교를 하면, 우변이 크다는 것을 확인할 수 있으므로 오염물질 세척률 차이값은 15 %p 이하이다.

ㄹ. ○ 세제 투입량이 70 g일 때 B와 C의 오염물질 세척률 차이값 대비 세제 투입량이 30 g일 때 B와 C의 오염물질 세척률 차이값 비율은 $\frac{(112.9-87.1)\times 35/112.9}{(114.0-74.4)\times 49/114.0} < \frac{25.8\times 35}{39.6\times 49} < \frac{3}{5}$이므로 옳다.

문 19 유형: 표-차트 전환 정답: ④

국가별 습도와 풍속을 정리하면 다음과 같다.

	A	B	C	D	E	F	G	H
습도	65	80	55	90	75	45	50	70
풍속	16	10	6	18	14	22	4	8

① × A국 습도는 65 %, E국 풍속은 14 m/s, H국 습도는 70 %, 풍속은 8 m/s이다.(반례)

② × B국 습도는 80 %, 풍속은 10 m/s, F국 습도는 45 %, 풍속은 22 m/s, G국 풍속은 4 m/s이다.(반례)

③ × C국 풍속은 6 m/s, D국 습도는 90 %, G국 습도는 50 %이다.(반례)

④ ○ 위 표에 부합하는 그래프이다.

⑤ × A국 풍속은 16 m/s, E국 습도는 75 %, 풍속은 14 m/s, H국 습도는 70 %, 풍속은 8 m/s이다.(반례)

문 20 유형: 해보기 정답: ②

A ~ H국 중 현재에 비해 습도가 5 %p 증가할 때, 여름철 체감온도의 증가폭이 1 ℃ 이하인 국가는 B, C, D, E, G이고, 현재에 비해 풍속이 2 m/s 감소할 때, 겨울철 체감온도의 증가폭이 2 ℃ 이하인 국가는 A, D, E, F이므로 두 조건 모두에 해당하는 국가는 D, E 2개국이다.

문 21 유형: 빈 칸 정답: ③

ㄱ. ○ 2018년 이후 중앙행정기관 소관 위원회에서 남성 위원 대비 여성 위원 비율이 가장 높은 연도는 여성비율이 가장 높은 연도인 2019년이다. 2019년 남성 위원 수는 대략 5,250명(= 3,522 × 1.5)이다.

ㄴ. × 중앙행정기관 소관 위원회 수 1개당 총 위원수는 (여성 위원수/여성비율) ÷ (위원회 수)이다. 이를 정리하면, 여성 위원수/(여성비율 × 위원회 수)이다.

해당 값은 2017년 $\frac{3,028}{38.3\% \times 436}$, 2021년 $\frac{3,765}{39.8\% \times 565}$이다. 이 때, 분모 증가율은 30 % 이상(436 → 565 × 1.04(= 39.8/38.3)), 분자 증가율은 약 25 %(3,028 → 3,765)로 2021년에는 2017년에 비해 감소한다.

ㄷ. × 지방자치단체 소관 위원회에서 남성 위원이 가장 많은 연도는 119,998명(= 201,243 - 81,245)으로 2021년이다. 2021년 여성비율이 40.4 %로 남성 위원이 여성 위원에 비해 1.5배 미만이다.

ㄹ. ○ 중앙행정기관 소관 위원회와 지방자치단체 소관 위원회 여성비율의 차이가 가장 큰 해는 2017년이다. 2018년에 이 차이가 1.2 %p이므로 2017년 지자체 소관 위원회 여성비율이 37.1 %(= 38.3 - 1.2) 이하인지 확인한다.(실제 2017년 지자체 여성비율은 33.8 %(= $\frac{59,514}{175,895}$)이다)

또한, 중앙행정기관 소관 위원회 수 1개당 지방자치단체 소관 위원회 수는 2017년에만 40개 이상(= $\frac{17,575}{436}$)으로 가장 많다.

문 22 유형: 빈 칸 정답: ③

ㄱ. × 4년 전 출소자 중 1년 이내 재복역자수와 2년 이내 재복역자수의 차이가 가장 큰 해는 2021년(3,377명 = 30,702 × 11 %)이고 1년 재범률과 2년 재범률의 차이가 가장 큰 해는 2019년(11.5 %p = 19.3 - 7.8)이다.

ㄴ. ○ 2020년과 2021년 평균 1년 재범률의 가중치는 4년 전 출소자 수이므로 평균 1년 재범률은 7.0 % 이하이다.(30,702(2021년 가중치) > 27,917(2020년 가중치))

ㄷ. × 4년 전 출소자 중 3년 이내 재복역자수가 가장 많은 해는 2021년(7,553명 = 30,702 × 24.6 %)이고, 3년 재범률은 2019년(26.6 %)에 가장 높다.

ㄹ. ○ 2017년 4년 전 출소자 중 3년 이내 재복역자수는 각주에 따라 22,121 × 24.7 %이다. 22,121 × 25.0 %가 5,530명이므로 2017년 4년 전 출소자 중 3년 이내 재복역자수는 6,000명 이하이다.

문 23 유형: 일반(표) 정답: ④

ㄱ. ○ 선지의 기간이 전체 기간(2012 ~ 2021년)이 아닌 2012 ~ 2020년이므로 <표 1>에서 반례가 존재하지 않는다.

ㄴ. ○ 한국의 명목자산 중 금융자산 비중은 매년 20 % 이상이려면, (명목자산 < 금융자산 × 5)인지 혹은 (실물자산 < 금융자산 × 4)이어야 한다. 반례가 존재하지 않는다.

ㄷ. ○ 한국의 처분가능소득이 가장 높은 연도는 115.5(= $\frac{40,411}{350}$)로 2021년 이다. <표 2>에서 2021년 미국의 실질순자산비율 602 %이므로 처분가능소득은 실질순자산의 약 16.7 %이므로 옳다.

ㄹ. × 독일은 실질순자산 대비 처분가능소득 비율이 매년 20 % 이상이려면, 실질순자산비율이 매년 500 % 이하여야 한다. 2021년이 반례이다.

문 24 유형: 계산도출해석형 정답: ③

2021년 2분기 개발팀 A ~ D의 전체 매출액이 50억 원(선지 ①), 100억 원(선지 ②)일 때는 C, D, B, A 순으로 연간 매출액이 많고, 200억 원(선지 ④), 250억 원(선지 ⑤)일 때는 C, B, A, D 순으로 연간 매출액이 많다. 150억 원(선지 ③)일 때 C, B, D, A 순으로 많다. 50을 1로 두고, 100을 2, 150을 3, 200을 4로 두고 계산하면 좀 더 쉽게 계산이 가능하다. 수에 대한 감각을 동원한다면, 선지 1, 2번은 A, B의 값이 작게 나올 것이고, 선지 4, 5번은 A, B의 값이 크게 나올 것임을 예측하여 검토하는 선지 수를 줄일 수 있을 것이다.

문 25 유형: 해보기 정답: ③

① × C의 고객평가 점수는 최대 6점이고(6점일 때 평가점수가 33점), H의 고객평가 점수는 최대 3점이다(3점일 때 평가점수가 24점). 두 점수의 합은 최대 9점이다.

② × 상관평가 점수 하위 3명은 D(4점), G(3점), I(4점)이고, 이들의 평가점수는 D 37점, G 24점, I 29점으로 2022년 성과급은 D 110만 원, G 102만 원, I 63만 원으로 그 합이 275만 원이다.

③ ○ E의 상관평가 점수가 2점, 동료평가 점수가 1점 현재에 비해 감소한다면, E의 평가점수는 34점으로 2022년 성과급은 63만 원이 된다. 현재 <표>에서 E의 평가점수는 39점으로 2022년 성과급은 66만 원이어야 하나, <평가점수와 성과급 결정방식>의 단서에 따라 성과급은 69만 원이다. 따라서, E의 2022년 성과급은 현재에 비해 '6만 원' 감소한다.

④ × B의 고객평가 점수가 만점으로 변경되면 평가점수가 기존 28점에서 36점으로 변경되어 2022년 성과급이 154만 원으로 변경된다.

⑤ × F의 상관평가 점수가 5점 상승한다면, F의 평가점수는 38점으로 2022년 성과급은 2021년 성과급의 110 %인 132만 원이 된다. 그리고 <평가점수와 성과급 결정방식>의 단서에 따라 상관평가 점수과 1위가 된 F는 2021년 성과급의 5 %인 6만 원을 추가로 지급받는다. 따라서, 2022년 성과급의 전년 대비 증가폭은 '18만 원'(= 132 + 6 - 120)이다.

문 26 유형: 빈 칸 정답: ②

ㄱ. ○ 2016 ~ 2022년 동안 이의신청 이월 건수는 15, 17, 19, 9, 4, 14, 20이다. 따라서 두 번째로 높은 연도는 2018년도이다.

ㄴ. × 2016 ~ 2021년 동안 매년 '(기각 + 각하) × 1.5 < (일부인용 + 인용)'이 성립하는지 확인한다. 2021년에 46.5(=31 × 1.5) > 43이므로 반례이다.

ㄷ. ○ 2016 ~ 2021년 동안 취하 건수가 가장 높은 연도는 2021년(5건) 이다.(2017년은 4건) 2021년 처리결과 건수 합계 대비 취하 건수 비율이 5/79이다. 5/80이 6.25 %이므로 5/79는 6 % 이상이다.

ㄹ. × 2016년 처리결과 건수 합계의 전년대비 증가율이 40 %라면, 2015년 처리결과 건수 합계는 50건이다.(50 × 1.4 = 70) 2016년 이월 건수가 15건이므로 각주 2)에 따라 2015년 이의신청 건수 합계는 65건(= 50 + 15)이다. 따라서, 2016년 이의신청 건수 합계의 전년대비 증가율(65 → 87)은 30% 이상이다.

문 27 유형: 일반(차트) 정답: ⑤

① ○ 11,510 → 12,568의 증가율은 10 % 미만(분모, 어린이집 수)이고, 578,196 → 664,106의 증가율은 10 % 이상(분자, 보육아동 수)이므로 2020년 민간 어린이집 1개당 보육아동 수는 전년대비 감소한다.

② ○ 2019년 사회복지법인 어린이집의 보육아동 수는 664,106명 × $\frac{7.6}{66.1}$이므로 75,000명 이상이다.(해당 곱셈연산을 개념전환을 통해 7.6 × 10,000↑으로 파악하면 좀 더 편하다)

③ ○ 어린이집 보육아동 수의 설립유형별 비중의 순위는 민간, 국공립, 사회복지법인, 직장으로 매년 동일하다.

④ ○ 만약 2022년 민간 어린이집 수의 전년대비 감소율이 2021년과 동일하다면, 해당 감소율은 7 % 미만이다.(11,510 - 10,803 = 707) 따라서, 2022년 민간 어린이집 수는 10,000개 이상이다.(10,803 - 770(10,803을 크게 본 11,000의 7 %) > 10,000)

⑤ × 2019년 국공립 어린이집 보육아동 수는 전년대비 감소하므로 반례이다. <그림 1>에서 2019년 국공립 어린이집 보육아동 수의 비중은 증가하지만(약 1.5 %), <그림 2>에서 보육아동 수가 6 %이상 감소한다. 또한, 민간 어린이집 보육아동 수의 비중의 증가는 국공립 어린이집 보육아동 수의 입장에서 감소요인이다.

문 28 유형: 빈 칸 정답: ②

각주의 정의에 따라 비율의 남성합과 여성합이 각각 100 %임을 활용해 빈 칸을 모두 채우면 다음과 같다.

체질량 지수 \ 성별/운동빈도	구분	남성 주 2회 이하	남성 주 3회	남성 주 4회 이상	여성 주 2회 이하	여성 주 3회	여성 주 4회 이상
25 kg/m² 이상	인원	120	80	60	100	25	25
	비율	6	4	3	8	2	2
23 kg/m² 이상 25 kg/m² 미만	인원	320	540	160	75	250	150
	비율	16	27	8	6	20	12
23 kg/m² 미만	인원	300	240	180	500	50	75
	비율	15	12	9	40	4	6
합계	인원	740	860	400	675	325	250
	비율	37	43	20	54	26	20

ㄱ. × 체질량 지수가 23 kg/m² 이상 25 kg/m² 미만인 남성은 운동빈도가 주 3회인 참가자 수(540명)가 운동빈도가 주 2회 이하인 참가자 수(320명)에 비해 220명 더 많다.

ㄴ. ○ 남성 참가자 중 운동 빈도가 주 4회 이상이면서 체질량 지수가 23 kg/m^2 미만인 비율은 9 %이고, 여성 참가자 중 운동 빈도가 주 3회이면서 체질량 지수가 25 kg/m^2 이상인 비율은 2 % 이므로 전자가 후자에 비해 4배 이상이다.

ㄷ. × 체질량지수가 23 kg/m^2 이상 25 kg/m^2 미만인 남성 참가율은 51 %이고, 체질량지수가 25 kg/m^2 이상인 남성 참가율은 13 %이므로 옳고(51 < 13 × 4), 체질량지수가 23 kg/m^2 이상 25 kg/m^2 미만인 여성 참가율은 38 %이고, 체질량지수가 25 kg/m^2 이상인 여성 참가율은 12 %이므로 옳지 않다.(38 > 12 × 3)

ㄹ. ○ 남성 참가자 수(2,000명) 대비 여성 참가자 수(1,250명) 비율은 62.5 % 이상이다. 남성 참가자 수는 $\frac{120}{6\%}=2,000$, 여성 참가자수는 $\frac{100}{8\%}=1,250$로 간단하게 도출할 수 있다.

문 29 유형: 추가로 필요한 자료 정답: ③

ㄱ. × <보고서> 첫 번째 단락 두 번째 문장에서 2013년 하역능력이 전년대비 감소하였으므로 2012년 하역능력을 알아야 하는데, <표>와 각주에 따라 2013년 시설소요와 2013년 시설확보율을 통해 추론할 수 있다.

ㄴ. × 2012년 시설소요가 직접 필요한 부분이 <보고서>에 언급되어 있지 않고, ㄷ선지의 2012년 시설확보율과 결합하여 2011년 하역능력을 추론할 수 있지만 이 또한 <보고서>에 언급되어 있지 않으므로 추가로 이용한 자료가 아니다.

ㄷ. × 2012년 시설확보율이 직접 필요한 부분이 <보고서>에 언급되어 있지 않고, ㄴ선지의 해설에 따라 2011년 하역능력과 관계된 부분 또한 고려할 필요가 없다. 따라서, 2012년 시설확보율은 <보고서> 작성에 추가로 이용한 자료가 아니다.

ㄹ. ○ <보고서> 두 번째 단락 두 번째 문장에서 2023년 '을'국 시설 확보율을 알아야 한다. 이를 서술하기 위해서는 2022년 하역 능력과 2023년 시설 소요를 알아야 한다. 따라서, <보기> ㄹ과 ㅁ이 추가로 이용한 자료이다.

ㅁ. ○ <보고서> 두 번째 단락 두 번째 문장의 작성을 위해 <보기> ㄹ과 ㅁ이 함께 필요하다.

문 30 유형: 매칭 정답: ⑤

조건 3: A와 D의 기술수준 지수가 분야별로 높은 순으로 나열하면, 시스템 > 인공지능 > 신소재 > 전자 > 에너지로 동일하다. 따라서, A or D는 한국 or 중국이다.

조건 2: D는 전자 분야에서 기술수준 독일의 90 %보다 높다.(82.2 > 86.4 × 0.9) 따라서, A가 한국이고, 조건3과 결합하여 D는 중국이다.

조건 1: E는 한국(A)에 비해 기술수준 지수가 모든 분야에서 더 낮으므로 조건 2, 3과 결합하여 E는 호주이다.

조건 4: B와 C 중 B의 시스템 분야 기술수준 지수가 더 높으므로 B가 일본, C가 프랑스이다. ∴ A: 한국, C: 프랑스, E: 호주(B: 일본, D: 중국)

문 31 유형: 표-차트 전환 정답: ①

ㄱ. ○ 기간이 3월 ~ 11월로 제한되어 있음에 주의한다.(단순확인)

ㄴ. × 분모는 12월 누적값인 1,511십억 원으로 고정이고, 당월 신규 지원액은 당월 누적 지원액과 직전월 누적 지원액의 차이값이다. 월별 신규 지원액/1,511의 비중을 확인하면 옳지 않은 선지임을 쉽게 확인할 수 있다.

ㄷ. × <표>에서 12월 신규 지원액이 143십억 원이고, 각주 2)에 의해 분모는 1,900십억 원이므로 12월 신규 집행률은 7.5 %이다.(반례) 또한 12월 누적 집행률은 1,511/1,900으로 79.5 %이다.(반례)

ㄹ. × 당월 신규 사업장 수는 당월 누적 사업장 수와 직전월 누적 사업장 수의 차이값이고, 당월 신규 지원인원은 당월 누적 지원인원과 직전월 누적 지원인원의 차이값이다. 이를 통해 2023년 하반기 월별 신규 사업장 1개소당 신규 지원인원을 구해보면, 8월은 5.2명(=23,090/4,411)이고, 11월은 5.0명(=11,442/2,275)으로 반례이다.

문 32 유형: 해보기 정답: ①

선지가 5개이므로 정답률 20 %일 때, 정답 선택자 수가 36명이고, 1 %에 1.8명임을 활용하여 문제별 정답 선택지를 찾는다.

1번	2번	3번	4번	5번	6번	7번	8번
②	①	③	④	⑤	①	②	④

따라서, 문제별로 정답 선택지를 선택한 학생 수를 모두 합하면 326명이고, 총합이 1,440(= 180 × 8)이므로 오답 선택지를 선택한 학생 수를 모두 합하면 1,114명이다.

문 33 유형: 보고서 정답: ②

첫째, 2016 ~ 2019년 동안 조세부담률이 전년에 비해 변화가 없는 해가 존재하는 국가는 A, B, D, E이므로 C는 '갑'국에 해당하지 않는다. 둘째, 2019년 사회보장기여금의 전년대비 증가율은 5 % 이상인 국가는 A(7.4 %)이므로 A는 '갑'국에 해당하지 않는다. 셋째, 2017년 조세부담률의 전년대비 감소율은 10 % 이상인 국가는 E(= $\frac{3}{29.6}$)이므로 E는 '갑'국에 해당하지 않는다. 마지막으로 2018년 GDP가 소득세의 11배 미만인 국가는 D(9.5배 = $\frac{100}{10.5}$)이므로 D는 '갑'국에 해당하지 않는다. 따라서, A ~ E 중 '갑'국에 해당하는 국가는 B이다.

문 34 유형: 일반(차트) 정답: ②

① ○ 계절별 강수량 합이 가장 높은 연도는 2012년(<그림 1> 시각적 확인)이고, 2012년 여름 강수량은 780.3 mm로 1,000 mm 이하이다.

② × 2018년 봄 강수량 비중은 30 %↓이다.(2018년 계절별 강수량 합계 y값이 1,400↑인데, 봄 강수량은 420↓이므로) 2017년 봄 강수량 비중은 10 %↑이다.(2017년 계절별 강수량 합계 y값이 1,000↓인데, 봄 강수량은 100↑이므로) 2018년 봄 강수량 비중의 2017년대비 증가폭은 20 %p 미만이다.

③ ○ 2020년 가을 강수량 비중은 <그림 1>에서 시각적으로 감소하였음을 확인할 수 있고(2019년에 비해 2020년에 전체 막대길이↑, 가을 막대길이↓), 2021년은 <그림 2>에서 수치를 통해 가을 비중의 증가를 확인할 수 있다.

④ ○ <그림 2>에서 여름 강수량 비중이 66.7 %(여름 비중이 2/3일 때, 여름 강수량은 봄, 가을, 겨울 강수량 합의 2배)보다 큰 67.8 %이므로 옳다.

⑤ ○ 2012 ~ 2018년 동안 계절별 강수량 합계의 증감방향과 가을 강수량의 증감방향은 감소, 증가, 감소, 증가, 감소, 증가로 매년 동일하다.

문 35 유형: 빈 칸 정답: ④

① × 여성 기대수명이 중앙값(83.2세)에 해당하는 국가는 노르웨이와 오스트리아이다. 노르웨이는 남성 기대수명(78.8세)이 남성 기대수명 평균값(78.0세)보다 높지만, 오스트리아는 남성 기대수명(77.6세)이 남성 기대수명 평균값(78.0세)보다 낮다.

② × 남성 기대수명이 중앙값(78.3세)에 해당하는 국가는 영국, 캐나다이다. 영국은 여성 기대수명(82.5세)이 여성 기대수명 평균값(83.0세)보다 낮지만, 캐나다는 여성 기대수명(83.0세)이 여성 기대수명 평균값(83.0세)와 같다.

③ × 반대해석을 활용하여 <그림>에서 남성 기대수명이 평균값보다 작은 국가 수 7개국(즉 큰 국가 수는 12(=19 - 7)개국)이고, 여성 기대수명이 평균값보다 작은 국가 수는 8개국(큰 국가 수는 11개국)이므로 옳지 않다.

④ ○ 기대수명이 남성은 평균값보다 낮고 여성은 중앙값보다 높은 국가는 <그림>에서 남성 기대수명 평균값인 점선을 x축, 여성 기대수명 중앙값인 실선을 y축으로 놓았을 때, 2사분면에 위치한 대한민국 뿐이다.

⑤ × 멕시코는 <그림>에서 남성 기대수명이 73세↑이고, 여성 기대수명이 78세↓이므로 그 차이가 5세 이하이다.

문 36 유형: 일반(표) 정답: ①

① × <표 3>에서 2018년 전체 처리 건수 중 부당표시 광고 건수 비중이 10% 이상인 지역은 광주($\frac{48}{360}$), 대전($\frac{32}{267}$)이다. <표 2>에서 광주와 대전 중 대전은 시정조치 > 무혐의이므로 2018년 전체 처리 건수 중 무혐의 건수 비중이 50% 이하이다.

② ○ 2016년 조치유형이 무혐의이고, 위반유형이 불공정 하도급거래인 서울의 처리 건수는 143건(= 522 + 351 - 730) 이상이다.

③ ○ 광주의 처리율은 2016년 $\frac{314}{325}$, 2017년 $\frac{250}{237}$, 2018년 $\frac{360}{356}$이므로 2017년 > 2018년 > 2016년이 성립한다. 1을 기준으로 확인한다.

④ ○ <표 3>에서 대구의 2017년 위반 유형별 처리 건수가 많은 것부터 나열하면, 불공정 하도급거래(93건), 방문판매 행위(33건), 불공정 거래행위(26건), 부당표시 광고(18건), 사업자 단체 금지(15건), 부당공동 행위(9건) 순이다.

⑤ ○ 2018년 처리율은 대전이 $\frac{267}{263}$이고, 광주가 $\frac{360}{356}$이다. 두 분수에서 모두 1을 빼면, 대전은 $\frac{4}{263}$이고, 광주는 $\frac{4}{356}$이므로 처리율은 대전이 광주보다 더 높다.

문 37 유형: 일반(표) 정답: ③

ㄱ. ○ 치료 1건당 이용액은 2008년에 약 1.5로 가장 높고, 2009년에 약 1.3으로 두 번째로 높다. 대략적인 배율만 스캔하여 확인한다.

ㄴ. ○ 2008년 대비 2018년 민간위탁진료 합계의 증가율은 이용액이 50%↓(4,000→6,000의 증가율이 정확히 50%)이고, 이용건수가 500%↑(6배↑)이므로 옳다.

ㄷ. ○ 2011년 약국 이용건수(분모)는 전년대비 10배 증가한다. 이를 <표 2>의 이용액에 반영하면, 2010년 이용건수 1건당 이용액은 4,866, 2011년은 496↑라고 할 수 있다. 486.6(= 4,866 × 0.1) < 496이므로 감소율은 90% 미만이다.

ㄹ. × 2011년에는 현역병 건강보험 이용건수 합계가 증가하지만, 외래는 감소한다.

문 38 유형: 계산도출해석형 정답: ④

과목 \ 구분	이수단위	석차	이수인원	백분율	등급
전자기학	3	22	100	22.0	3
전기기기	(　)	77	80	96.3	9
물성전자	1	35	90	38.9	4
전기회로	2	52	120	43.3	5
전자회로	3	89	140	63.6	6
반도체공학	2	11	300	3.7	1

전기기기를 제외한 5과목의 평균등급을 구하면 $\frac{43}{11}$이 된다. 만약 전기기기의 이수 단위가 1일 때, 6과목의 평균등급은 $\frac{52}{12}$, 2일 때 평균 등급은 $\frac{61}{13}$, 3일 때 평균등급은 $\frac{70}{14}=5$, 4일 때 평균등급은 $\frac{79}{15}$로 5 초과 5.5 미만이다. 5일 때 평균등급은 $\frac{88}{16}=5.5$이다. 평균등급이 1씩 증가할 때 마다 평균등급의 분모, 분자에 각각 1, 9를 더해주며 분수값을 어림산하면 좋다.

문 39 유형: 보고서 정답: ②

월별 매출액은 <그림 1>과 <그림 2>의 곱셈비교를 통해 추론할 수 있다. 2021년 10월 매출액이 두 번째로 높은 업체는 D(=무)(15.1 × 30.5는 약 460)이다.(10월 매출액은 A가 27.2 × 25.1(약 683)로 가장 높고, B가 30.9 × 12.7(약 392)세 번째로 높다) 마찬가지로 곱셈비교를 통해 11월 매출액이 두 번째로 낮은 업체는 E(=병)이고, 12월 매출액이 두 번째로 높은 업체는 C(=을)이라는 것을 알 수 있다. 마지막으로 <그림 2>에서 10월 대비 12월 증가율이 두 번째로 낮은 업체는 A(=정)이다.(<그림 1>의 값은 공통값이므로 고려하지 않는다) 따라서, '갑'에 해당하는 업체는 B이다.

문 40 유형: 일반(차트) 정답: ②

ㄱ. ○ 2020년 4분기 매출액이 2021년 3분기 매출액에 비해 높은 제빵 업체는 A, D 2개이다. A, E 같이 두 증가율의 부호가 모두 음(-)일 때는 더 감소하는 쪽 매출액이 높다. C, D 같이 두 증가율의 부호가 모두 양(+)일 때는 덜 증가하는 쪽 매출액이 높다.

ㄴ. × 만약 2021년 3분기 B의 매출액이 10억 원이라면, 2021년 4분기 B의 매출액은 9억 원↓이고, 2021년 4분기 D의 매출액은 4.5억 원↓이다.

ㄷ. × 2020년 4분기 매출액과 2021년 3분기 매출액의 차이값이 가장 큰 제빵업체는 B이다. <그림 1>에서 B의 값이 가장 큰데, <그림 2>에서 증감방향도 반대(증가율과 감소율 크기도 꽤 큰 편이다)이므로 계산 없이 추론 가능하다.

ㄹ. ○ 만약 2021년 4분기 A의 매출액이 15억 원이라면, 2021년 4분기 C의 매출액은 10억 원↑(C가 A의 $\frac{2}{3}$↑)이 2021년 3분기 C의 매출액은 8억 원 이상이다.

제 6회

1	2	3	4	5	6	7	8	9	10
②	③	④	①	③	③	①	②	③	②
11	12	13	14	15	16	17	18	19	20
①	④	①	⑤	②	⑤	④	③	⑤	④
21	22	23	24	25	26	27	28	29	30
④	⑤	④	①	④	③	⑤	②	③	⑤
31	32	33	34	35	36	37	38	39	40
④	①	①	⑤	②	⑤	⑤	②	③	④

문 1 유형: 일반(차트) 정답: ②

각주 1), 2)와 <그림>을 통해 연도별 · 편의점별 젤리, 사탕, 껌 매출액 합을 정리하면 다음 <표>와 같다.

	2020년	2021년	2022년
A	100	110	121
B	120	132	145.2
C	80	88	96.8

ㄱ. ○ 2020년 젤리 매출액은 A편의점이 100×52, C편의점이 80×56.7 이므로 옳다.

ㄴ. × 2021년 B편의점 젤리 매출액은 C편의점 사탕 매출액의 비교는 $47.2 \times 1.5 > 22.9 \times 3 \leftrightarrow 47.2 > 45.8$이므로 옳지 않다.

ㄷ. ○ 2022년 C편의점 껌 매출액은 $21\% \times 0.968(= 0.8 \times 1.1 \times 1.1)$이고, 2021년 A편의점 껌 매출액은 $17\% \times 1.1$이다. 중복된 수인 1.1을 약분하여 비교하면, $18.48(= 21 \times 0.88) > 17$이므로 옳다.

ㄹ. × 그림의 수치가 □ > ○ > △인지 확인한다. 2022년 C편의점 매출액은 젤리, 껌, 사탕 순(□ > △ > ○)으로 높다.(반례)

문 2 유형: 일반(표) 정답: ③

ㄱ. × 보물(<표 1>), 문화재자료(<표 2>)는 B, A, D, C 순으로 많고, 석물(<표 3>)은 B, A, C, D 순으로 많아 순서가 동일하지 않다,

ㄴ. ○ 시 · 도지정문화재 중 기념물 비중은 B가 $32.9\%(= \frac{169}{513})$로 크다.(C가 29.6 %로 두 번째로 크다) 비지정문화재 중 사찰 비중은 C가 $4.6\%(= \frac{5}{109})$로 두 번째로 작다.(B가 0.9 %로 가장 작다)

ㄷ. ○ 반대해석을 활용한다. 전체 종사자 중 40대 이하가 차지하는 비중이 모든 지역에서 20 % 이상인지 확인한다. 해당 비중은 A가 $\frac{11}{53}$, B가 $\frac{17}{62}$, C가 $\frac{6}{13}$, D가 $\frac{6}{20}$이므로 옳다.

ㄹ. × B지역에서 국가지정문화재 유형 중 국가민속문화재만 10건 추가 지정된다면, 국가지정문화재 중 국가민속 문화재 비중은 추가 지정 전에는 $\frac{8}{118}$로 5 % 이상($118 < 8 \times 20$), 후에는 $\frac{18}{128}$로 15 % '미만' 이다.($\frac{18}{120}$이 정확히 15 %)

문 3 유형: 일반(표) 정답: ④

ㄱ. × 설치 연도가 2010년 이전인 기관(A, D, K, L, M) 중 A와 L은 소재지는 중국으로 동일하므로 반례이다.

ㄴ. ○ 인력이 5명 이상인 기관(A, D, E, G, H, I, J, K, M, N, O) 중 인력 1명당 예산은 I가 $284(= \frac{1,420}{5})$로 가장 높다.(M이 260으로 두 번째로 높다)

ㄷ. × 먼저, 관리기관이 무역투자진흥공사인 기관의 평균 예산은 약 650임을 계산을 통해 도출할 수 있다. 이 650을 가평균으로 두고, 관리기관이 한국연구재단인 기관의 평균 예산이 650보다 큰지 작은지 판단할 수 있다. 편차(= 기관별 예산 - 650)의 합이 부호가 0보다 크므로 옳지 않다. 관리기관이 한국연구재단인 기관의 실제 평균 예산은 약 735이다.

ㄹ. ○ 인력 상위 3개 국가는 미국(= 22명), 중국(= 16명), 베트남(= 10명)이다. 해당 수치의 합은 48명이고, 전체 인력은 86명이므로 옳다.(<표>에서 차이값을 활용하여 값을 소거하여 대소 비교하면 더욱 좋다)

문 4 유형: 일반(표) 정답: ①

ㄱ. ○ 국제 공동 연구개발 비중은 2018년(= 1 %↑)에 가장 높고, 2022년(=0.39 %)에 가장 낮다.

ㄴ. × 비교대상인 분수는 분모가 국제 공동 연구개발과제 합계로 동일하므로 '분자만' 비교하면 된다. 2021년에는 $133(= 38 \times 3.5) > 130$이므로 옳지 않다.

ㄷ. ○ 2019년 주무부처가 산업통상자원부가 아니고, 협력국가가 중국이 아닌 국제 공동 연구개발과제 건수는 적어도 303건이다. $(473 - 143) + (473 - 27) - (473) = 473 - 143 - 27 = 303$

ㄹ. × 2022년 주무부처가 과학기술정보통신부인 국제 공동 연구개발과제 중 협력국가가 미국 혹은 독일인 비중은 8건 이상, 146건 이하이다. $\frac{8}{153}$은 5 % 이상이지만, $\frac{146}{153}(= 95.4\%)$의 값은 95 %보다 크다. 따라서, '2022년 주무부처가 과학기술정보통신부인 국제 공동 연구개발과제 중 협력국가가 미국 혹은 독일인 비중은 5 % 이상, 95 % 이하이다.'라는 선지의 문장은 옳지 않다.('96 % 이하이다.'라면, 옳다.)

문 5 유형: 매칭 정답: ③

조건 2: 2014 ~ 2016년 동안 구매량의 전년대비 증감방향(감소, 증가, 감소)이 아연과 동일한 원자재는 B, C, D이다. 따라서, A는 '알루미늄'으로 확정된다.

조건 3: 먼저, A, B, C, D 원자재 판매량과 전기동 판매량의 차이를 정리 하면 다음과 같다.

A	B	C	D
7,076	15,650	4,483	17,108

이를 통해 2015년 전체 판매량에서 전기동 판매량이 차지하는 비중과 니켈 판매량이 차지하는 비중의 차이값은 A, B, C, D 중 D가 가장 크다는 것을 알 수 있다.(D의 차이값은 실제 36 %이다) 따라서, D는 니켈이다. 조건 2와 결합하여 B or C는 납 or 주석이다.

조건 4: 2013 ~ 2017년 동안 구매량이 알루미늄의 10 %보다 매년 적은 원자재는 B와 C 중 C이다.(구매량이 매년 B > C임만 확인하면 된다) 따라서, C가 주석이고, B가 납이다.

∴ A: 알루미늄, B: 납, C: 주석, D: 니켈

문 6 유형: 일반(차트) 정답: ③

ㄱ. × <표>의 합계(260건)와 <그림>의 전기 비중(45.7%)를 활용하면, 약 120건(= 260 × 45.7 %)의 화재발생이 전기를 원인으로 한다. 이 때, 2020년에 발생한 화재건수 65건이 모두 전기를 원인으로 하였다면, 나머지 55건(= 120 - 65)이 모두 2016년에 발생할 수 있다. 따라서, 2016 ~ 2020년 동안 적어도 '2개년도'에서 전기를 원인으로 한 화재발생이 존재한다.

ㄴ. ○ <그림>에서 기타의 비중이 12.5 %이다. 선지에서 제시된 33건에 8을 곱하면(1/12.5 % = 8), 전체 값을 추론할 수 있다. 33 × 8 = 264 > 260이므로 2016 ~ 2020년 동안 원인이 기타인 화재발생 건수는 33건 이하이다.

ㄷ. ○ 인명피해자 수 1명당 재산피해액은 2016년(48/6), 2019년(77/12), 2017년(2/1), 2020년(2.8/3), 2018년(1.2/2) 순으로 높다.

문 7 유형: 보고서 정답: ①

ㄱ. ○ <보고서> 1단락 내용이다. 2000년 대비 2005년 한국 인구 1인당 화훼 소비액 증가율(13,861 → 20,870)은 50% 이상(14,000 → 21,000의 증가율이 정확히 50 %(증가폭이 7,000)임을 활용하여 확인)이다.
2010년 이후 한국 인구 1인당 화훼 소비액의 5년 전 대비 감소율은 매 5년마다 감소한다. 2005년 대비 2010년 감소율은 22.9 %, 2010년 대비 2015년 감소율은 17.3 %, 2015년 대비 2020년 감소율은 12.3 %이다.

ㄴ. ○ <보고서> 3단락 내용이다. 농가 수와 면적의 연도별 증감방향은 매년 동일하고(감소, 감소, 증가, 감소), 2021년 화훼 면적 1 ha당 판매액은 전년대비 증가하였다.(분모 감소, 분자 증가로 계산 없이 확인 가능)

ㄷ. × 인구 1인당 화훼 소비액은 한국이 네덜란드의 10 %보다 낮다.(12.6 × 0.1 > 1.2)
미국이 프랑스의 50 %보다 '낮으므로' 옳지 않다.(5.5 × 2 < 11.8)
스페인이 일본의 45 %보다 낮다.(4.5 < 10.3 × 0.45)

ㄹ. × <보고서> 1단락 내용이다. 2000년 대비 2010년 수출액 증가율(3,184 → 10,306) 은 210 % 이상(실제 수치는 224 %)이고, 수입액 증가율 (2,068 → 4,474)은 105 % 이상(실제 수치는 116 %)이다.
그리고 2010년 대비 2020년 수출액 감소율(10,306 → 1,185)은 90 % '미만'(실제 수치는 88.5 %)이므로 옳지 않다.(10,306 × 0.1 < 1,185)
수입액 증가율(4,474 → 10,525)은 150 % 미만(실제 수치는 135 %)이다.

문 8 유형: 빈 칸 정답: ②

ㄱ. ○ 1회차에 B를 투여하였으나 2회차에 B를 투여하지 않은 사람 수는 153명(=181 - 28)이고, 2회차에 B를 투여하였으나 1회차에 B를 투여하지 않은 사람 수는 145명(=173 - 28)이므로 1.05배 이상($\frac{153}{145}$ > 1.05)이다.

ㄴ. × 1회차에 가장 많이 투여한 투여약은 F(= 200명)이고, 2회차에도 가장 많이 투여한 투여약은 D(= 215명)이다.

ㄷ. ○ 1, 2회차에 투여한 투여약이 동일한 사람 수는 222명(대각선 합) 이므로 1, 2회차에 투여한 투여약이 동일하지 않은 사람 수는 1,078명 (=1,300 - 222)이다. 1,078 > 999(= 222 × 4.5)이므로 옳다.

ㄹ. × 2회차에 G 혹은 H 혹은 I를 투여한 사람 수는 338명(= 148 + 107 + 83)이다. 1회차에 A 혹은 B 혹은 C를 투여한 사람 수는 475명(= 121 + 181 + 173)이다.
전체 조사대상자 수 대비 2회차에 G 혹은 H 혹은 I를 투여한 사람 수 비율은 26 %(= $\frac{338}{1,300}$)이고, 전체 조사대상자 수 대비 1회차에 A 혹은 B 혹은 C를 투여한 사람 수 비율은 36.5 %(= $\frac{475}{1,300}$)이므로 전자의 비율은 후자의 비율에 비해 10 %p 이상 더 낮다. 분모는 전체 조사대상자 수로 두 비율이 모두 1,300명으로 동일하고, $\frac{137(=475-338)}{1,300}$이 10 %보다 크기 때문에 차이는 10 %p 이상이라고 판단해도 좋다.

문 9 유형: 일반(차트) 정답: ③

ㄱ. × 전체인구 대비 경제활동인구 비율이 50 % 이상인지 확인한다. 이는 각주 1)과 각주 2)를 활용하여 $\frac{\text{조화실업률}}{\text{실업률}}$로 구할 수 있으며, <그림 1>에서 원점에서 출발하는 직선의 기울기인 $\frac{Y}{X}$를 의미한다. <그림 1>에서 기울기가 1인 직선보다 모든 지역이 아래에 있으므로 전체 인구 대비 경제활동 인구 비율은 50 % 이하이며, 모든 지역의 전체인구 대비 비경제활동인구 비율은 50 % 이상이다.

ㄴ. ○ 청년실업률이 실업률보다 높은 지역은 <그림 2>에서 y = x보다 위에 있는 지역들로 B, E, F, G, J가 이에 해당한다.
<그림 1>에서 B, E, F, J의 조화실업률(y값)은 5 %↓이지만, G의 조화실업률은 5 %↑이므로 옳다.

ㄷ. ○ 각주 2), 각주 4)를 통해 실업률을 (실업자 수)/(실업자 수 + 취업자 수)로 해석할 수 있다. 상대비를 활용하면, 취업자 수가 실업자 수에 비해 19배 이하인 지역은 실업률이 5 % 이상(= $\frac{1}{1+19\downarrow} = \frac{1}{20\downarrow}$)이다.
<그림 1>을 보면, 실업률이 5 % 이상인 지역은 B, C, D, F, G, H, I이고, 이 중 조화실업률이 4 % 이하인 지역은 B, F, I로 3곳이다.

ㄹ. × 먼저, 15세 이상 29세 이하 경제활동인구가 15세 이상 29세 이하 실업자에 비해 25배 이상인 지역은 <그림 2>에서 청년실업률이 4 % 이하인 A, E, H이다. 25배 미만인 지역은 그 외 나머지 지역이다.
다음으로, <그림 1>에서 A, E, H의 평균 조화실업률의 범위는 1 ~ 4.x % 이고, 그 외 나머지 지역의 평균 조화실업률의 범위는 3 ~ 6.x %로 대소 관계를 확정할 수 없다.
참고로 ㄹ선지에서 평균 청년실업률의 비교를 물었다고 가정해본다. 그렇다면, <그림 2>에서 A, E, H의 평균 청년실업률은 3 %↓이고, 그 외 나머지 지역의 평균 청년실업률은 4 %↑이므로 대소비교 가능하다.

문 10 유형: 일반(차트) 정답: ②

i) 각주 2), 5)를 통해 <그림 2>에서 다음과 같은 관계를 파악할 수 있다.

$$\frac{\text{실업률}}{\text{청년실업률}} = \frac{\text{실업자}}{\text{15세 이상 29세 이하 실업자}} \times \frac{\text{15세 이상 29세 이하 경제활동인구}}{\text{경제활동인구}}$$

ii) <그림 2>에서 $\frac{\text{실업률}}{\text{청년실업률}}$ 값은 A가 2이고, F는 $\frac{2}{3}$이다.

iii) 발문에서 A와 F의 실업자 대비 15세 이상 29세 이하 실업자 비율이 20 %라고 하였으므로 A와 F의 $\frac{\text{실업자}}{\text{15세 이상 29세 이하 실업자}}$는 각각 5이다.

iv) 위 해설을 종합하여 수식을 정돈하면, $\frac{\text{15세 이상 29세 이하 경제활동인구}}{\text{경제활동인구}}$는 A가 $\frac{2}{5}$, F가 $\frac{2}{15}$이다. 두 값의 차이값은 $\frac{4}{15}$로 26.7 %이므로 이 값이 속한 범위는 '25 % 이상, 30 %' 미만이다.

문 11 유형: 일반(차트) 정답: ①

ㄱ. ○ 먼저, 메모리 반도체 점유율의 한국과 한국 외 국가의 차이가 20 %p 이상인 연도는 <그림>에서 한국 메모리 반도체 점유율이 60 % 이상인 연도이다.(한국 외 점유율이 40 % 이하일 것이므로) 해당 연도는 2017년과 2018년이다.

다음으로, 전세계 시스템 반도체 매출액이 한국 시스템 반도체 매출액의 33배 이상이려면, 점유율이 3.03 % 이하여야 한다.($\frac{100}{33}$이 3.03이다)

2017년과 2018년 시스템 반도체 점유율은 각각 3.4 %, 3.1 %이므로 전세계 시스템 반도체 매출액이 한국 시스템 반도체 매출액의 33배 이상인 연도가 없다.

ㄴ. ○ 2017 ~ 2021년 동안 한국 메모리 반도체 점유율 대비 시스템 반도체 점유율 비율은 감소, 증가, 감소, 증가로 증감을 반복한다.

이 때, 2018년은 분모 증가, 분자 감소, 2019년은 분모 감소, 분자 증가이므로 계산하지 않아도 된다. 2020년과 2021년은 분자 증가율 10 %를 기준으로 분모 증가율도 어림산한다.

ㄷ. × 한국 메모리 반도체와 시스템 반도체의 점유율의 차이가 가장 큰 연도는 2018년(= 58.6 %p = 61.7 % - 3.1 %)이다.

2018년 한국 메모리 반도체 점유율의 전년대비 증가율은 $\frac{1}{60.7}$로 1.65 %이므로 옳지 않다. 참고로 $\frac{1}{66.7}=\frac{1}{200/3}=\frac{3}{200}=0.15<\frac{1}{60.7}$ 임을 사후적으로 생각해보아도 좋다.

ㄹ. × $\frac{\text{시스템 반도체 점유율}}{\text{메모리 반도체 점유율}}$(각주 1), 2) 참조)

$=\frac{\text{한국 시스템 반도체 매출액}}{\text{전세계 시스템 반도체 매출액}}\times\frac{\text{전세계 메모리 반도체 매출액}}{\text{한국 메모리 반도체 매출액}}$

$=$ ‘$\frac{\text{한국 시스템 반도체 매출액}}{\text{한국 메모리 반도체 매출액}}\times\frac{1}{2}$’(각주 3) 참조)

따라서, $\frac{\text{한국 시스템 반도체 매출액}}{\text{한국 메모리 반도체 매출액}}=\frac{\text{시스템 반도체 점유율}\times 2}{\text{메모리 반도체 점유율}}$가 성립한다.

<그림>에서 $\frac{\text{시스템 반도체 점유율}\times 2}{\text{메모리 반도체 점유율}}$의 값은 매년 10 % 이상이지만, 2022년 해당 비율은 $\frac{8.6}{55.5}$로 15.5 %이므로 옳지 않다. ‘55.5 × 15 %’는 ‘7.5 + 0.75 + 0.075(= 8.325)’으로 8.6보다 크기가 적다.

문 12 유형: 보고서 정답: ④

① × <그림>에서 2016년을 제외한 연도에서 상대비의 분모(외국인투수)는 감소하고, 분자(국내투수)는 증가하므로 비율이 증가함을 쉽게 파악할 수 있다. 그러나, 2016년의 경우, (분모 증가율 > 분자 증가율)이므로 반례이다.

② × 승리 횟수 상위 10위 투수들의 승리 횟수를 합한 값은 2017년 154승이고, 2018년에는 135승이다.

③ × 승리 횟수 상위 10위 투수 중 국내투수 수는 2017년 4명이고, 2018년 6명이다.

④ ○ 2018년 승리 횟수 10위안의 국내투수 승수의 합의 국내투수 승수 총합에서 차지하는 비중은 $\frac{77}{300}$로 25 % 이상이다.($\frac{75}{300}$이 정확히 25 %)

⑤ × 2017년 승리 횟수 10위 외국인투수의 승리 횟수를 합한 값이 2017년 외국인투수 승리 횟수 총합에서 차지하는 비중은 $\frac{92}{380}$이므로 25 % ‘미만’이다.(380 > 92 × 4)

문 13 유형: 표-차트 전환 정답: ①

ㄱ. ○ 선지의 수치와 <표>의 ‘2수준’ 수치를 합하여 ‘3수준 이상’ 수치가 나오는지 확인한다.

ㄴ. × 2018년 고등학교 2학년 수학 학업성취수준의 ‘3수준 이상’ 대비 ‘1수준’ 비율은 14.8 %로 반례이다.

ㄷ. × 2018년 수학 고등학교 2학년 학업성취수준 비율에서 중학교 3학년 학업성취수준 비율을 뺀 값은 -7.4 %p이다.

ㄹ. × 2021년 국어 2수준 이하 학업성취수준 비율은 중학교 3학년이 25.6 %, 고등학교 2학년이 35.7 %이다.

문 14 유형: 계산도출해석형 정답: ⑤

<표>에서 연비와 이동거리 1 km당 연료비를 활용해 1 L당 연료비를 도출하고, 이와 연료사용량 1L당 이산화탄소 실제발생량을 활용해 이산화 탄소 실제발생량 1 g당 연료비를 도출할 수 있다. 이제, 발문의 가정에 따라 차량별 이산화탄소 실제발생량을 도출할 수 있고, 각주를 활용하여 차량별 이산화탄소 발생량을 도출할 수 있다. 이를 다음과 같은 표로 정리할 수 있다.

구분 \ 차량	A	B	C	D	E
연비(km/L)	15	10	14	14	8
이동거리1 km당 연료비(원/km)	240	220	200	100	200
연료사용량 1L당 연료비(원/L)	3,600	2,200	2,800	1,400	1,600
연료사용량 1L당 이산화탄소 실제발생량(g/L)	9	11	7	7	10
이산화탄소 실제발생량 1 g당 연료비(원/g)	400	200	400	200	160
연료비(원)	80,000	80,000	80,000	80,000	80,000
이산화탄소 실제발생량(g)	200	400	200	400	500
이산화탄소 절감장치 설치여부	설치	비설치	비설치	설치	설치
이산화탄소 발생량(g)	500	400	200	1000	1250

따라서, 차량 A ~ E의 이산화탄소 발생량 합은 3.35 kg이다.

문 15 유형: 보고서 정답: ②

첫째, ‘갑’국의 근로시간 1시간당 임금은 ‘고등학교’가 ‘중학교 이하’에 비해 높다. C국은 $\frac{66}{90}>\frac{73}{105}$(분자 증가율 10 % 정도, 분모 증가율 10 % 이상) 이므로 근로시간 1시간당 임금이 ‘고등학교(= $\frac{73}{105}$)’가 ‘중학교 이하(= $\frac{66}{90}$)’에 비해 낮다. C국은 ‘갑’국이 아니다.

둘째, ‘갑’국은 ‘대학원 이상’의 임금지수가 근로시간지수의 1.3배보다 적다. D국은 ‘갑’국이 아니다. 152(임금지수) > 143 = 110(근로시간지수) × 1.3

셋째, ‘갑’국은 최종학력이 높을수록 임금이 높다. A국의 임금지수는 고등학교가 88, 전문대학교가 85로 반례가 존재한다. A국은 ‘갑’국이 아니다.

마지막으로 ‘갑’국은 ‘중학교 이하’ 임금이 ‘대학원 이상’ 임금의 50 %보다 적다. E국은 161 × 0.5 < 82이므로 ‘갑’국이 아니다.

∴ ‘갑’국은 B국이다.

문 16 유형: 빈 칸 정답: ⑤

<표>에서 개념상 '2018년 당해연도말 수용자' = '2019년 전년도말 수용자'이다.

ㄱ. ○ 각주의 수식을 활용하면, 2019년 당해연도 입소자는 장교 21명(= 25 - 18 + 14), 부사관 28명(= 42 - 27 + 13), 병 59명(= 4 - 22 + 77), 군무원 8명(= 5 - 2 + 5)으로 전년대비 증가폭은 장교가 6명(= 21 - 15)으로 가장 높다.

ㄴ. ○ 2018년 출소자 합계 대비 출소사유가 형기종류인 출소자 비율은 '병'이 9/75이다. '군무원'은 1/2이다. 9/75 < (1/2) × 0.25이므로 옳다.

ㄷ. × 2019년 부사관 출소자들의 출소사유 종류는 형기종료, 집행유예, 가석방, 구속취소, 이송, 기타로 6가지이다.

2018년도 출소사유 종류는 6가지로 보이지만, 기타에 해당하는 출소자가 2명이므로 출소사유 종류가 6가지일수도 있고, 7가지 일수도 있다.

ㄹ. ○ 2017년 당해연도말 수용자는 2018년 전년도말 수용자와 동일하므로 장교 14명, 부사관 21명, 병 41명, 군무원 0명이다.

이에 따라 2017 ~ 2019년 동안 당해연도말 수용자가 매년 증가한 신분은 '장교', '부사관', '군무원'이다.

이 중 2018년 당해연도 입소자 대비 2018년 당해 연도말 수용자 비율은 장교 $\frac{18}{15}$, 부사관 $\frac{27}{24}$, 군무원 $\frac{2}{4}$ 중 장교가 가장 높다. 장교와 부사관의 분수비교는 아바타를 활용해도 좋다.($\frac{18}{15} > \frac{27}{24} > 1(=\frac{3}{3})$)

문 17 유형: 일반(차트) 정답: ④

ㄱ. × 영업기간 5년 이상 10년 미만인 고급 일식당 총 종업원 수의 최솟값은 94명(= 1명 × 8개 + 2명 × 14개 + 3명 × 11개 + 5명 × 5개)이다. 영업 기간 10년 이상 20년 미만인 고급 일식당 총 종업원 수의 최댓값은 52명(= 1명 × 17개 + 3명 × 9개 + 4명 × 2개)이다. → '94 < 52 + 45'이므로 옳지 않다.

ㄴ. ○ 강원도 철원산 와사비 사용 이유로 '2가지 이상'을 응답한 식당 수가 최소가 되기 위해서는 응답 이유로 '5가지'를 꼽은 식당 수가 최대한 많으면 된다.

현재 <그림> 응답 수 합이 232개이다. 이 경우 8개 식당이 5개 이유에 모두 응답하고, 나머지 192개(= 200 -8) 식당이 1개 이유에만 응답하면, 응답수 합은 232개(=8 × 5 + 192)이므로 옳다.

ㄷ. × 종업원규모 2명 이상 3명 이하인 고급 일식당 평균 영업기간의 최솟값은 2.5년(= (56 × 0년 + 14 × 5년 + 9 × 10년 + 2 × 20년)/81)이다.

종업원규모 2명 이상 3명 이하이고 영업기간이 5년 이상인 고급 일식당 평균 영업 기간의 최솟값은 8년(= (14 × 5년 + 9 × 10년 + 2 × 20년)/25)이므로 옳지 않다.

ㄹ. ○ 종업원규모 5명 이상인 식당 15개 모두가 국내산 재료 사용 이유에 '신선도'라고 응답했다고 가정하더라도 여전히 '신선도'에 응답한 식당 수는 142개(=157 - 15)가 남는다.

이는 모두 4명 이하인 식당일 수밖에 없으므로 '신선도'라고 응답한 '4명 이하'인 식당 수의 최솟값은 142개이다. 따라서, 선지에서 묻는 비율은 $\frac{142}{185(=200-15)}$로 75 %(=$\frac{150}{200}$) 이상이다.

문 18 유형: 빈 칸 정답: ③

① × 수형자 상위 3위 죄명은 2018 ~ 2021년에 매년 사기, 살인, 마약이다. 그러나, 2017년 수형자 상위 3위 죄명은 사기(= 98), 강도(= 93), 살인(= 212)이다.(마약은 86명으로 4위이다)(반례)

② × 2021년 수형자 남성비율이 $\frac{1,173}{1,232}$(= 95.2 %)에서 $\frac{1,275}{1,386}$(= 92.0 %)으로 감소하였으므로 반대해석을 활용하여 수형자 여성비율은 전년대비 증가하였다.

2021년 미결수용자 여성비율이 $\frac{97}{896}$(= 10.8 %)에서 $\frac{139}{991}$(= 14.0 %)로 증가하였으므로 성비도 전년대비 증가하였다.

③ ○ 2019년 죄명이 마약인 남자 수형자는 13명(= 1,224 + 127 - 1,338 = 127 - 114)이다. 2019년 남자 수형자 중 죄명이 마약인 남자 수형자 비중은 $\frac{13}{1,224}$로 1 % 이상이다.

④ × 각주 1), 2)에 따라 2017년 수형자 성비는 $\frac{\text{여자수형자수}}{734}$이고, 수형자 여성비율 $\frac{\text{여자수형자수}}{769}$로 분자가 동일하다.

734 → 769의 증가폭은 35로 증가율이 5 % 미만(700 → 735의 증가율이 정확히 5 %)이므로 옳지 않다.

⑤ × 전체 수용자 수가 가장 많은 연도는 2,389명(= 1,338 + 1,051)으로 2019년이고, 수형자 수가 가장 많은 연도는 1,386명으로 2021년이다.

문 19 유형: 일반(차트) 정답: ⑤

ㄱ. ○ 출판 이익에서 베스트셀러 이익이 차지하는 비중과 베스트셀러 외 이익이 차지하는 비중의 차이가 가장 큰 연도는 2019년으로 차이값은 42.4 %p(=71.2 % - 28.8 %)이다.(두 비중의 합이 100 %이므로 베스트 셀러 이익률이 가장 높은 연도를 <그림 2>에서 찾으면 된다)

2019년에 출판 이익에서 베스트셀러 외 이익이 차지하는 비중은 28.8 %(= 100 % - 71.2 %)로 29 % 이하이다.

ㄴ. ○ 각주 2)에 따라 '베스트 셀러 외 매출액 = 베스트셀러 외 이익 + 베스트 셀러 외 비용'이다. <그림 2>에서 2018년 베스트셀러 외 마진률이 19.7 %로 20 % 이하이다.

이를 활용하면, 베스트셀러 외에서 이익 : 비용 = 1 : 4↑임을 알 수 있다. 즉, 2018년 베스트셀러 외 비용은 2,231백만 원 × 4↑이므로 8,500백만 원 이상이다.

ㄷ. ○ 각주 3)과 각주4)를 활용하면, 출판 이익 대비 베스트 셀러 매출액 비율은 (베스트셀러 이익률)/(베스트셀러 마진률)로 해석할 수 있다. <그림 2>에서 (베스트셀러 이익률)/(베스트셀러 마진률)이 가장 낮은 연도는 2020년(= $\frac{68}{33.7}$)이다.(분모 값이 가장 크고, 분자 값이 가장 적음을 활용하면 계산하지 않아도 된다)

문 20 유형: 빈 칸 정답: ④

① × 정확한 수치를 구하기보다는 <그림>에서 이산화탄소 배출량 전년대비 증가율이 음수인 A, C, G, H 중 감소율이 A(= 3.6 %)가 가장 크고, 동시에 2020년 이산화탄소 배출량이 A(= 727)가 가장 크므로 감소폭이 가장 크다는 것을 추론할 수 있다. 참고로 정확한 수치를 살펴보면, 2021년 이산화탄소 배출량의 전년대비 감소폭이 가장 큰 국가는 A(26 = 727 - 701)이다. C(11 = 456 - 445)는 두 번째로 큰 국가이다.

② × <그림>에서 y = x보다 위쪽에 있는 국가인 C, D, E, G 4개국만 2021년 인구가 전년대비 감소한다.(y > x여야 1인당 배출량 증가율 > 배출량 증가율이고, 인구(= $\frac{\text{배출량}}{\text{1인당 배출량}}$)가 감소한다.)

③ × <그림>에서 2021년 이산화탄소 배출량이 전년대비 증가한 국가는 B, D, E, F이다. 2020년 B, D, E, F의 이산화탄소 배출량 합 2,540(= 522 + 812 + 991 + 215)이므로 2021년 B, D, E, F의 이산화탄소 배출량 합은 반드시 2,540백만 톤↑이다.

④ ○ 2021년 인구의 전년대비 감소한 국가는 선지 ②에서 C, D, E, G임을 파악하였다. 이중 y = x에 멀리 떨어진 C와 E가 인구 감소율이 비교적 크다는 것을 추론할 수 있다.
나아가 E는 2022년 인구도 82로 4개 국가 중 가장 크므로 감소폭이 가장 크다고 추론할 수 있다. 한편, 2021년 인구 전년대비 감소폭의 실제 수치는 'C: 2, D: 1, E: 3, G: 0.5'이다.

⑤ × <그림>에서 2021년 1인당 이산화탄소 배출량이 전년대비 감소한 국가는 A, B, F, H이다. 2021년 A ~ H국 인구 합은 435.5이고, A, B, F, H의 인구 합은 198(= 51 + 33 + 40 + 74)이므로 비중은 50 % 미만이다.

문 21 유형: 보고서 정답: ④

ㄱ. ○ 모욕이 57.3 %로 가장 많고, 폭행이 11.0 %, 혐오감 일으키는 행위가 9.5 %, 정당한 교육활동에 대한 간섭이 4.4 % 순으로 많았다.

ㄴ. ○ 2019년에는 출석정지, 교육 이수, 교내봉사, 사회봉사, 퇴학처분, 전학처분 순으로 많고, 2020년과 2021년에는 매년 출석정지, 교내봉사, 교육이수, 전학처분, 사회봉사, 퇴학처분 순으로 많다.

ㄷ. × 전체 건수 중 병가와 휴직 건수 합이 차지하는 비중은 2019년에는 16.1 %($=\frac{452(=232+192+15+13)}{2,807}$)로 15 %↑이다.(반례)

ㄹ. ○ 2019 ~ 2021년 동안 병가 중 일반 병가의 비중이 가장 높은 연도는 2021년이다.(일반/공무상 상대비로 확인한다) 2021년 해당 비중은 66.7 % 이상이다.(일반 > 공무상 × 2)

문 22 유형: 빈 칸 정답: ⑤

ㄱ. × 선지의 125천 원을 가평균으로 하여 <표>에서 A ~ J의 재래시장 거래액의 편차의 합의 부호를 확인한다. 부호가 양수이면 옳고, 음수이면 옳지 않다. 편차의 합은 -40이므로 옳지 않다. 정확한 재래시장 평균 거래액은 121천 원이다.

ㄴ. ○ F의 전체 거래액 중 재래시장 거래액 비중($=\frac{37}{1,155}$)이 3.5 % 이하인지 확인한다. 1,155의 3 %는 약 33이고, 0.5 %는 17이다. 51(= 33 + 17) > 37이므로 옳다. 실제 수치는 3.2 %이다.

ㄷ. ○ 만약 I의 모바일 쇼핑 거래액만 현재에 비해 4배가 되면, I의 모바일 쇼핑 거래액은 888이므로 666 증가한 값이다. 이는 평균의 관점에서 66.6(= 666/10)이 증가한 것이다. 따라서, 모바일쇼핑 평균 거래액은 649.6천 원(= 583 + 66.6)이 된다.

ㄹ. ○ A ~ J 중 재래시장 거래액과 온라인쇼핑 거래액의 차이가 두 번째로 큰 인원은 D(1,548 = 1,680 - 132)이다.(A가 1,657로 가장 크다)

D의 온라인쇼핑 거래액 대비 재래시장 거래액 비율($=\frac{132}{1,680}$)은 7.85 %로 7.5 % 이상이다.

비율 계산의 경우, 쪼갬산과 이쁜 수를 활용할 수도 있다. 1,600의 7.5 %가 120(1,600의 3/4가 1,200이고 이 값을 10으로 나눈다)이므로 80의 7.5 %와 12(=132 - 120)를 대소 비교한다. 80의 3/4가 60이므로 80의 7.5 %는 6이되어 12보다 작다. 따라서, 132는 1,680의 7.5 %보다 크다.

문 23 유형: 일반(차트) 정답: ④

ㄱ. × 광고 취급액이 뉴미디어, 4대 매체, 옥외 및 기타순으로 높은 연도는 2014년, 2019년, 2020년이다.

2014년에는 'TV 취급액 > 라디오, 신문, 잡지 취급액의 합'이므로 4대 매체 광고 취급액 중 TV의 비중이 50 % '이상'이다.(반례)

ㄴ. ○ 신문과 잡지는 '2020년 광고 취급액 × 2 < 2012년 광고 취급액'이므로 감소율이 50 % 이상이다.

ㄷ. ○ 2019년 옥외 및 기타 광고 취급액의 전년 대비 감소율(81,457 → 21,223)은 81,457 < 21,223 × 4이므로 75 % 미만이다.

ㄹ. × 2012 ~ 2020년 동안 광고 취급액의 합은 뉴미디어가 482,460이고, 옥외 및 기타가 391,627이므로 전자가 후자에 비해 '크다.'

문 24 유형: 빈 칸 정답: ①

ㄱ. ○ 2021년 생산액 대비 부가가치 비율이 35.7 %(2019년)보다 낮은지 확인한다. 2021년 생산액 대비 부가가치 비율은 32.9 %이므로 옳다.

ㄴ. ○ GDP 대비 생산액 비율($=\frac{GDP\text{ 대비 부가가치 비율}}{\text{생산액 대비 부가가치 비율}}$) 분수비교는 다음과 같이 해볼 수 있다. 분모 증가율은 35.7 → 42.4로 20 % 미만이고, 분자 증가율은 0.17 → 0.21로 20 % 이상이므로 2019년 GDP 대비 어업 생산액 비율은 2013년에 비해 감소하였다.

ㄷ. × GDP는 $\frac{\text{부가가치}}{GDP\text{ 대비 부가가치 비율}}$이다. 분자 증가율은 2,990 → 3,298로 10 % 이상, 분모 증가율도 0.17 → 0.19로 10 % 이상이다. 이 때, 분자 증가율은 10.3 %, 분모 증가율은 11.8 %이므로 2019년 GDP는 전년대비 '증가'하였다.

ㄹ. × 2012 ~ 2020년 동안 생산액 대비 부가가치 비율이 가장 낮은 해는 2019년(= 35.7 %)이고, 생산액과 부가가치의 차이가 가장 큰 해는 2020년(= 5,392 = 8,833 - 3,441) 참고로 2019년 생산액과 부가가치의 차이는 5,376으로 두 번째로 크다.

문 25 유형: 매칭 정답: ④

조건 1: 2019년 5급 이상 공무원 여성 비율이 20 % 이하인 지역은 A~D 중 여성/남성 비율이 낮은 두 개 지역을 찾으면 되므로 B, C이다. 따라서, B or C는 광주 or 부산이다.

조건 3: 2020년 전체 공무원 여성 비율이 50 % 이하이고 2021년 전체 공무원 여성 비율이 50 % 이상인 지역은 2020년에는 남성 > 여성이면서 2021년에는 남성 < 여성인 지역이다. 이는 C와 D이므로 C or D는 광주 or 인천이다. 조건 1과 결합하여 B는 부산, C는 광주, D는 인천이 결정되고 그에 따라 A는 대구이다.

참고로 A는 2020년 5급 이하 공무원 여성 비율이 54.7 %로 가장 높아 대구이다.(조건 2)

∴ A: 대구, B: 부산, C: 광주, D: 인천

문 26 유형: 해보기 정답: ③

발문에서 묻는 값인 A ~ E학교의 교원 수 합계를 구하려면, <표>에서 남학생 수, 여학생 비율 값과 각주를 활용(남학생 비율과 여학생 비율의 합은 100 %)하여 남학생 수와 여학생 수의 합(= 남학생 수/남학생 비율)을 먼저 구해야 한다. 그 후 해당 값에 교원 1인당 학생 수를 나누면 교원 수를 구할 수 있다. 이를 <표>로 정리하면 다음과 같다.

구분 \ 학교	A	B	C	D	E
남학생 수	240	333	450	1,100	325
남학생 비율	48.0	60.0	22.5	55.0	65.0
남학생 수 + 여학생 수	500	555	2,000	2,000	500
교원 1인당 학생 수	20	22.2	40	25	25
교원 수	25	25	50	80	20

따라서 A ~ E학교의 교원 수 합계는 200명(=25 + 25 + 50 + 80 + 20)이다.

문 27 유형: 일반(차트) 정답: ⑤

ㄱ. × 민간 대비 공무원 보수 비율은 2016년에 82.9 %로 가장 낮고, 반대로 공무원 대비 민간 보수 배율은 2016년에 100/82.9로 가장 크다.

82.9를 83으로 크게 보아도 83 × 1.2 = 99.6 < 100이므로 2016년 보수는 공무원 보수의 1.2배보다 크다.(반례)

ㄴ. ○ 먼저, 2014, 2015, 2016, 2018, 2021년에는 민간 대비 공무원 보수 비율이 전년대비 감소하였다.

해당 연도에 공무원 보수 전년대비 증가율이 모두 양수이므로 공무원 보수가 전년대비 증가하였다. 따라서, 민간 대비 공무원 보수 비율이 전년대비 감소하기 위해서는 민간 보수가 전년대비 증가하여야 한다.

나머지 2017, 2019, 2020년은 민간 대비 공무원 보수 비율이 증가하였으므로 민간 보수는 전년대비 증가할 수도 감소할 수도 있다. 따라서, 2013 ~ 2021년 동안 민간 보수가 전년대비 증가한 해는 5번 이상이다.

ㄷ. ○ <그림>에서 공무원 보수 전년대비 증가율 수치를 모두 합하면 25.4 %이므로 2022년 공무원 보수는 2012년에 비해 1.254배 이상 증가하였다.

ㄹ. ○ 2022년 민간 대비 공무원 보수 비율이 2021년과 동일하므로 2022년 공무원 보수 전년대비 증가율과 2022년 민간 보수 전년 대비 증가율은 2.4 %로 동일하여야 한다.

문 28 유형: 보고서 정답: ②

① ○ 5문단 작성을 위해 필요하다.

② × 3문단에 지역별 가동률이 언급되어 있으나, 지역별 취수장 수는 <보고서> 작성을 위한 근거로 사용되지 않았다.

③ ○ 1문단 작성을 위해 필요하다.

④ ○ 4문단 작성을 위해 필요하다.

⑤ ○ 2문단 작성을 위해 필요하다.

문 29 유형: 일반(차트) 정답: ③

① ○ <표 3>을 통해 농가 1가구당 연간 건강보험료 평균지원액과 농업 안전보험 가입률의 연도별 증감방향은 증가, 증가, 증가, 감소, 감소, 증가로 매년 동일함을 알 수 있다.

② ○ <표 2>에서 2014년 대비 2020년 증가율은 농가부채(36.4 %)가 농가자산(30.7 %)보다 높음을 알 수 있다.

③ × 용도는 농업용이고 차입처는 금융기관인 농가부채는 <표 2>에서 (농업용 - 개인)으로 도출할 수 있다. 해당 농가부채가 1천만 원(= 10,000천 원) 이상인 연도는 2018, 2019년으로 '2개년'이다.

④ ○ <그림>을 통해 전국 의료기관 수(= 농촌지역 의료기관 수/의료기관 비율)과 전국 보육시설 수(= 농촌지역 보육시설 수/보육시설 비율)를 정리하면 다음과 같다.

	전국 의료기관 수	전국 보육시설 수
2014	636	510
2015	542	504
2016	559	411
2017	573	402
2018	587	392
2019	597	393
2020	704	354

⑤ ○ 65세 미만 농가인구가 65세 이상 농가인구에 비해 1.5배 이상이려면 <표 1>에서 65세 이상 비중이 40 % 이하이면 된다. 따라서, 해당 연도는 2014, 2015년으로 2개년이다.

문 30 유형: 추가로 필요한 자료 정답: ⑤

ㄱ. × <표 1>에서 도출 가능한 정보이고, 2013년 총가구 및 총인구 자료는 <보고서> 작성에 필요하지 않다.

ㄴ. × <표 3>에서 알 수 있는 정보이고, 2013년 농업안전보험 가입률은 <보고서> 작성에 필요하지 않다.

ㄷ. ○ 두 번째 단락 첫 번째 문장의 2013년 '농가부채 중 비농업용 비중'을 작성하기 위해 필요하다.

ㄹ. ○ 세 번째 단락 첫 번째 문장 '하수도보급률' 작성을 위해 필요하다.

ㅁ. ○ 두 번째 단락 마지막 문장 "2014년 이후 농가자산의 '전년대비' 증가율이 5 % 이상인 연도 수는 5개년이다." 작성을 위해 필요하다.

문 31 유형: 일반(차트) 정답: ④

ㄱ. ○ 2022년 강수량과 2014 ~ 2023년 연도별 강수량의 평균의 대소 비교는 <그림 2>의 각주 1)과 2)를 통해 가능하다. 각주 2)/각주 1)인 평년비/전년비는 (2022년 강수량)/(2014 ~ 2023년 연도별 강수량의 평균)을 의미하고, 이는 <그림 2>에서 그린 원점출발 직선의 기울기의 역수를($\frac{X}{Y}$) 의미하기도 한다.

1월부터 12월까지 모든 좌표가 Y = X보다 상방에 있으므로 Y > X이다. (즉, $\frac{X}{Y} < 1$) 따라서, 2022년 강수량은 2014 ~ 2023년 연도별 강수량의 평균보다 매월 적다.

ㄴ. × 먼저 2022년 8월 강수량은 (2023년 8월 강수량)/(2023년 8월 전년비) 이며, 그 값은 $\frac{2,269}{120}$ 이다. 마찬가지 방식으로 2022년 7월 강수량은 $\frac{1,428}{160}$ 이다. 다음으로 2022년 8월 강수량 대비 7월 강수량 비율은 $\frac{120}{2,269} \times \frac{1,428}{160}$ 이다. 이 값은 47.2 %로 50 % '이하'이다.

ㄷ. ○ 먼저, 2023년 강수량과 2014 ~ 2022년 연도별 강수량의 평균을 가중평균하면(가중치는 연도수이다) 2014 ~ 2023년 연도별 강수량의 평균이 도출된다.
<그림 2>에서 평년비가 100 미만인 3, 4, 8, 9, 10, 11 12월 '7개월'은 각주 2)에 따라 2023년 강수량이 2014 ~ 2023년 연도별 강수량의 평균보다 적으므로 가중평균의 원리에 따라 2014 ~ 2022년 연도별 강수량의 평균보다도 적다.

ㄹ. ○ 먼저, 2022년 강수량과 2014 ~ 2021년 연도별 강수량의 평균을 가중평균하면, 2014 ~ 2022년 연도별 강수량의 평균이 된다. 이를 다시 2023년 강수량과 가중평균하면 2014 ~ 2023년 연도별 강수량의 평균이 된다.
5월의 경우, 평년비가 100이므로 2023년 강수량, 2014 ~ 2023년 연도별 강수량의 평균이 동일하다. 이를 통해 2014 ~ 2022년 연도별 강수량의 평균도 두 값과 같음을 추론할 수 있다.
또한, 5월 전년비가 120이므로 2022년 강수량은 위 3개 항목의 값들보다 그 값이 작다. 즉, 2022년 강수량 < 2014 ~ 2022년 연도별 강수량의 평균 < 2014 ~ 2021년 연도별 강수량의 평균이 성립한다.

문 32 유형: 빈 칸 정답: ①

① ○ 각주에 따라 주택보급률은 2030년이 120 %($\frac{78}{65}=1.2$)이고, 2030년이 140 %($\frac{77}{55}=1.4$)이므로 옳다.

② × 2040년 온실가스 배출목표량의 2030년 대비 감소율은 1,050 → 980으로 6.7 %이다.(1,000 → 930의 감소율이 7 %임을 활용해도 좋다)

③ × 인구 1인당 초등학교 수는 2030년 $\frac{31}{170}$이고, 2040년 $\frac{23}{130}$이다. 아바타를 활용하면, $\frac{23}{130}<\frac{31}{170}<\frac{8}{40}=0.2$임을 알 수 있다.

④ × 2030년과 2040년 상하수도보급률의 평균을 구할 때 가중치는 2030년 인구와 2040년 인구이다. 상수도보급률의 경우 2030년 인구가 2040년에 비해 많으므로 평균값은 91 % 이하이다.
그러나, 하수도보급률의 경우 편차의 가중합을 활용하면, 4 × 17 - 3 × 13 > 0이므로 하수도보급률의 평균은 91 % 이상이다.

⑤ × 병상 1개당 의사수는 2030년에 정확히 0.5인데, 2040년에 0.2↓이므로 감소폭은 0.3명 이상이다.

문 33 유형: 표-차트 전환 정답: ①

① × 주종의 경우 <표 2>에서 기타까지 포함하여 100 %가 되어야 한다. 즉, 선지 1번에 기타 항목이 없어 옳지 않다.

② ○ <표 1>의 수치와 동일한지 확인한다.

③ ○ <표 1>에서 증가율을 어림산한 후 비교한다.

④ ○ 분모가 <표 2>의 국산 주류 출고량이 아니라 <표 1>의 전체 값임에 주의한다.

⑤ ○ <표 2>의 수치와 동일한지 확인한다.

문 34 유형: 정답: ⑤

각주 1), 2), 3)을 활용하여 건축 면적과 층수를 정리하면 다음과 같다. 층수가 두 번째로 높은 건물(X)은 F이며, 두 번째로 낮은 건물(Y)는 D이다.

건물	건폐율	대지 면적	건축 면적	연면적	층수
A	80	250	200	5,000	25
B	75	300	225	3,375	15
C	60	400	240	2,880	12
D	60	550	330	3,630	11
E	50	666	333	3,330	10
F	40	650	260	5,200	20

문 35 유형: 정답: ②

ㄱ. ○ 2007년부터 2018년 동안 매년 전년대비 증가율이 양수이므로 옳다. 2006년 전년대비 증가율인 - 10 %는 2005년 → 2006년의 변화를 나타내는 자료이므로 고려하지 않는다.

ㄴ. ○ 2017년 대비 2019년 증가율은 -1 %이다.((1+0.1)(1-0.1)=0.99이므로) 즉, 2019년 대비 2021년 증가율도 -1 %이다. 그런데, 전자의 모수는 1이고, 후자의 모수는 0.99이므로 2017년 대비 2021년 증가율은 -2 % 이상이다. 정확히 계산하면, 2021년 A국 흑연 생산량은 9,801톤이다.

ㄷ. × 만약 2006년 A국 흑연 생산량이 9,999톤이라면, 전년대비 증가율이 - 10 %이므로 2005년 A국 흑연 생산량은 9,999톤/0.9이다. 따라서, 그 수치는 11,110톤이다.

ㄹ. × A국 흑연 생산량의 2012년 대비 2014년 증가율은 1.02 × 1.04이고, 2015년 대비 2017년 증가율은 1.01 × 1.05이므로 전자가 후자에 비해 '높다.' 전자와 후자의 어림산은 모두 1.06이지만, 어림산을 하면서 생략하는 곱 부분은 전자가 8(정확히는 0.0008)이고, 후자가 5(정확히는 0.0005)이다.

문 36 유형: 일반(표) 정답: ⑤

① × 2018년 1월과 2019년 1월에 모두 10위 안에 해당하는 국가는 일본, 미국, 한국, 프랑스, 독일, 대만, 중국, 캐나다로 모두 '8개' 국가이다.

② × 2018년 1월 10위 안에 해당하는 국가 중 2019년 1월 점수가 전년 동월대비 하락하는 국가는 일본, 한국, 프랑스, 러시아, 영국으로 '5개' 국가이다. 기준이 2018년 1월임에 주의하고, 러시아와 영국의 경우 순위가 2019년 1월 상위 10위 밖이므로 호주(2019년 1월 10위)의 점수인 1,902점보다 점수가 낮을 것이다.

③ × 2019년 1월 10위 안에 해당하는 국가 중 전년 동월대비 순위가 상승하지 않는 국가는 4개국(일본, 프랑스, 한국, 대만)이며, 이중 전월대비 점수가 상승한 국가는 대만(1,942 → 1,962)이다.

④ × 총합이 500점 이상 더 높으려면 한 국가당 50점 이상 더 높은 분포가 <표>에서 나타나면 된다. 그러나, <표>에서 2019년 1월과 2018년 1월의 점수분포에 큰 차이가 없다. 실제로 2019년 1월 10위 안 국가들의 점수 총합은 19,873점이고, 2018년 1월은 19,814점이다.

⑤ ○ 2017년 12월에 독일의 순위는 4위로 확정된다.(1위 미국, 2위 프랑스, 3위 한국) 그리고 2018년 12월 독일의 순위는 2위로 확정된다.(1위 미국) 따라서, 독일의 2018년 12월 순위는 전년 동월대비 2위 상승한다.

문 37 유형: 보고서 정답: ⑤

첫째, '갑'지역은 2010년과 2020년 초등학교 교원 1인당 학생수 평균이 18명 이하인데, D지역의 경우 평균 수치가 20.1과 20.2사이여야 하므로 '갑'지역이 아니다.

둘째, 학생수 대비 교원수 비율이 5 % 이상이려면, 교원 1인당 학생수가 20명 이하여야 한다. 따라서, B지역은 모든 학교급에서 학생수 대비 교원수 비율이 5 % 이상이므로 '을'지역이므로 '갑'지역이 아니다.

셋째, 2010년과 2020년 각각 학교급이 높아질수록 교원 1인당 학생수가 감소하는 지역은 C지역이다. 따라서, C지역은 '병'지역이므로 '갑'지역이 아니다.

마지막으로 A는 2010년 대비 2020년 유치원 교원 1인당 학생수의 감소율은 40 % 이상이므로 '갑'지역이 아니다.(A지역의 감소율은 43.2 %이고, E는 29.6 %이다) A ~ E 중 A의 감소율이 가장 크므로 이를 근거로 A를 제거하여도 된다.

따라서, '갑'지역은 E이다.

문 38 유형: 빈 칸 정답: ②

<정보>와 <표>를 바탕으로 H청년임대주택의 연도별 입주민 현황을 모두 기입하면 다음과 같다. (대각선을 따라 누적 퇴거율을 반영하면 된다)

입주기간 / 연도	1년 이하	1년 초과 2년 이하	2년 초과 3년 이하	3년 초과 4년 이하	4년 초과 5년 이하	5년 초과	합
2014	80						
2015	300	72					
2016	50	270	64				
2017	100	45	240	48			
2018	150	90	40	180	40	0	500
2019	200	135	80	30	150	16	611
2020	300	180	120	60	25	60	745
2021	500	270	160	90	50	10	1,080
2022	500	450	240	120	75	20	1,405

따라서, 2020년 대비 2022년 H청년 임대주택 입주민 합계의 증가폭은 '660명'(= 1,405 - 745)이다.

문 39 유형: 빈 칸 정답: ③

① × 2020년에는 성폭력 발생건수 대비 검거건수 비율이 90 % 미만이다. (9,287 - 928 = 8,359(>8,284))

② × 2018년과 2021년에는 검거건수의 전년대비 증가율이 20 %를 넘는다. 2017년에는 검거건수의 전년대비 증가율이 20 % 미만이고, 세 번째로 높은 연도이다.

③ ○ 만약 2016년과 2021년 시정요구 건수가 서로 동일하다면, 2021년 시정요구 건수는 3,617건이 된다. 이는 <표 2>의 2021년 1~7월 수치인 2,253건에 비해 1,364건 많은 수치이다. 이 수치가 모두 접속차단 건수가 많아진 것이라면, 삭제 건수의 경우 기존 수치인 97건에서 변함이 없을 것이다. 이 경우에 2021년 삭제 건수는 2016년에 비해 18건(= 97 - 79) 많고, 1,364건 중 삭제 건수에 해당하는 건수만큼 차이값은 더욱 커질 것이다.

④ × 2019년 심의 건수의 전년대비 감소율은 1,800/4,900이고, 2019년 접속차단 건수의 전년대비 감소율은 1,890/4,550이다. 따라서, 감소율은 분자가 작고, 분모가 큰 전자(심의)가 후자(접속차단)보다 낮다.

⑤ × 만약 2021년 8 ~ 12월 시정요구 건수가 2021년 1 ~ 7월 시정 요구 건수와 동일하다면, 2021년 시정요구 건수는 4,506건(=2,253 × 2)이다. 2020년 심의건수를 4,500건이라 가정하면, 2020년 시정요구 건수는 4,050건(=4,500 - 450)이므로 2020년 심의건수는 4,500건 미만이다. 따라서, 2020년 심의건수는 2021년 시정 요구 건수보다 적다.

문 40 유형: 보고서 정답: ④

ㄱ. ○ 2016년 대비 2021년 교정자문위원의 수의 감소율은 남성이 82.5 %(206 → 36), 여성 80.8 %(120 → 23)보다 높다. 정확한 감소율 계산도 좋지만, 남성의 경우 36이 206의 18 %보다 낮고, 여성의 경우 23이 120의 20 % 아주 근접하다는 사실을 통해 추론해도 좋다.

ㄴ. ○ 2016 ~ 2018년 동안 50대 교정 자문위원 수의 감소율은 2017년 12.6 %, 2018년 8 %로 매년 감소하고, 2019~ 2021년 동안 교정자문위원 수의 감소율은 2020년 11.1 %, 2021년 16.7 %로 매년 증가한다.

ㄷ. × 2021년 직업분야가 교육계 혹은 법조계인 60대 이하 남성 교정자문위원은 적어도 11명(= 36 + 2 + 9 + 20 + 25 + 22 + 15 - 59 - 59 = 22 + 15 - 3 - 23)이다.

ㄹ. ○ 2016년 교육계 60대 이하 교정자문위원은 72명 이상(= 102 - 30)이다. 2016년 교육계 교정자문 위원 중 60대 이하 교정자문위원 비중은 $\frac{72}{102}$로, 70% 이상이다.($70\% = \frac{70}{100} < \frac{72}{102}$)

2024년 국가공무원 5급 공채·국립 외교원·7급 지역인재 등 PSAT 대비

| 자료해석영역 |

2 교시

문제책형
준

응시번호
성명

응시자 주의사항

1. **시험시작 전에 시험문제를 열람하는 행위나 시험종료 후에 답안을 작성하는 행위를 한 사람**은 「공무원임용시험령」 제51조에 의거 **부정행위자**로 처리됩니다.
2. **답안지 책형 표기**는 **시험시작 전** 감독관의 지시에 따라 **문제책 앞면에 인쇄된 문제책형을 확인**한 후, **답안지 책형란에 해당 책형(1개)**을 '●'로 **표기**하여야 합니다.
3. 시험이 시작되면 문제를 주의 깊게 읽은 후, **문항의 취지에 가장 적합한 하나의 정답만을 고르며,** 문제내용에 관한 질문은 할 수 없습니다.
4. **답안을 잘못 표기하였을 경우**에는 **답안지를 교체하여 작성**하거나 **수정할 수 있으며**, 표기한 답안을 수정할 때는 **응시자 본인이 가져온 수정테이프만을 사용**하여 해당 부분을 완전히 지우고 부착된 수정테이프가 떨어지지 않도록 손으로 눌러주어야 합니다. **(수정액 또는 수정스티커 등은 사용 불가)**
   ■ **불량한 수정테이프의 사용과 불완전한 수정처리**로 발생하는 **모든 문제는 응시자 본인에게 책임**이 있습니다.
5. **시험시간 관리의 책임은 응시자 본인에게 있습니다.**
   ※ 시험지는 시험종료 후 가지고 갈 수 있습니다.

정답공개 및 이의제기 안내

1. **빠른 채점** 및 **성적분석** 서비스 (나의 위치 확인 및 통계 분석 결과 확인)
   ■ **시험지 뒷면** 및 **해설지**의 **QR코드** 확인 : https://labstandard.kr/eas
2. **답안지(OMR 카드) & 정오표** 다운로드, 문항 관련 문의
   ■ 랩스탠다드 홈페이지(https://labstandard.kr) "학습지원센터 - 자료실 & 정오표" 게시판 확인
   ■ 문항 관련 문의 : "학습지원센터 - 1:1 문의" 게시판 또는 이메일(labstandard@naver.com)

1. 다음 <표>는 2015 ~ 2021년 주요 영화산업국가별 자국영화 점유율에 대한 자료이다. 이와 <조건>을 근거로 'A' ~ 'D'에 해당하는 국가를 바르게 나열한 것은?

<표> 주요 영화산업국가별 자국영화 점유율

(단위: 명, %)

국가 \ 연도	2015	2016	2017	2018	2019	2020	2021
A	85.5	85.0	93.1	89.8	87.9	96.4	96.2
미국	88.8	93.6	92.1	92.9	92.5	92.9	88.6
일본	55.4	63.1	54.9	54.8	54.4	76.3	80.3
B	61.6	58.3	53.8	62.2	64.1	83.7	84.5
한국	52.0	53.7	51.8	50.9	51.0	68.0	30.1
C	35.5	35.8	37.4	39.5	34.8	44.9	40.6
영국	44.5	34.9	37.4	44.8	42.1	41.5	41.0
독일	27.5	22.7	23.9	23.5	21.5	35.1	21.7
D	21.3	29.1	18.3	23.2	21.6	55.6	22.5
스페인	19.2	18.5	17.0	17.6	15.1	25.2	15.7

※ 1) 자국영화 점유율(%) $= \frac{\text{해당 국가 자국영화 관객수}}{\text{해당 국가 총 영화 관객수}} \times 100$

2) 자국영화 점유율(%) = 100 − 타국영화 점유율(%)

<조 건>

○ 2016년 이후 자국영화 점유율이 전년대비 감소한 연도 수가 증가한 연도 수보다 많은 국가는 영국, 독일, 인도, 스페인이다.

○ 2015 ~ 2019년 동안 자국영화점유율과 타국영화점유율의 차이가 매년 20 %p 이상인 국가는 스페인, 프랑스, 독일, 이탈리아이다.

○ 2016년 독일, 프랑스, 스페인의 자국영화 점유율 평균은 30 % 이상이다.

○ 2021년 총 영화 관객수가 자국영화 관객수의 1.25배보다 적은 국가는 일본, 중국, 인도, 미국이다.

	A	B	C	D
①	중국	인도	이탈리아	프랑스
②	중국	인도	프랑스	이탈리아
③	인도	중국	프랑스	이탈리아
④	인도	중국	이탈리아	프랑스
⑤	인도	이탈리아	중국	프랑스

2. 다음 <표>는 2017 ~ 2021년 중고차 매매업 현황에 관한 자료이다. 이에 대한 설명으로 옳지 않은 것은?

<표> 2017 ~ 2021년 중고차 매매업 현황

(단위: 개, 명, 천 대)

연도 \ 구분	중고차 매매업		거래형태별 중고차 거래		
	사업체 수	종사자 수	매매업자와 거래	당사자 간 거래	전체
2017	5,722	38,116	( )	1,389	3,658
2018	5,811	37,626	2,159	( )	3,692
2019	5,964	38,096	2,314	1,299	( )
2020	6,213	36,713	2,489	( )	3,873
2021	6,301	35,913	( )	1,299	3,871

① 2021년 당사자 간 중고차 거래 대수의 2017년 대비 감소율은 8 % 미만이다.

② 주어진 기간 동안 매년 매매업자와 중고차 거래는 당사자 간 중고차 거래의 1.5배 이상이다.

③ 2018년 이후 중고차 매매업 사업체 수의 전년대비 증가율은 2020년에 가장 높다.

④ 2017 ~ 2019년 동안 사업체 수 1개당 종사자 수는 매년 6명 이상이고, 2020 ~ 2021년 동안 사업체 수 1개당 종사자 수는 매년 6명 이하이다.

⑤ 만약 2022년 중고차 매매업 종사자 수의 전년대비 감소율이 2021년과 동일하다면, 2022년 중고차 매매업 종사자 수는 35,000명 이상이다.

3. 다음은 2019년 우리나라의 사회지표 현황에 관한 <보고서>이다. 이를 작성하기 위해 사용하지 않은 자료는?

<보고서>

2018년 소득수준별 연간 주택임대료는 하위 360만 원, 중위 480만 원, 상위 720만 원이다. 2019년 우리나라 전체 소득 대비 주택임대료 비율은 15.5%로 전년대비 -1.5%p 감소하였으며, 2014년 이후 매년 감소하였다.

2011 ~ 2019년 동안 자산, 부채, 순자산, 소비자물가, 생활물가는 매년 증가하였다. 특히 같은 기간 동안 소비자물가 상승률과 생활물가상승률은 2011년에 각각 4.4%, 3.9%로 가장 높다.

2019년 연령대별·소득수준별 자녀 필요성 인식 조사에 따르면, 연령대가 높을수록 필요하다고 응답한 비율이 높았으며, 소득수준이 높을수록 필요하다고 응답한 비율이 낮다. 특히 60대 이상의 경우 필요하다고 응답한 비율이 필요하지 않다고 응답한 비율에 비해 75%p 이상 높다.

2019년 첫 자녀 출산 모(母)의 연령대별 구성비는 30세 미만이 30.8%, 30세 이상 40세 미만이 44.6%이고, 첫 자녀 출산 모(母)의 평균연령은 31.9세이다.

주택유형 중 연립주택은 2020년 1인당 주거면적이 30.0 m^2로 2005년 대비 30% 이상 증가하였다. 한편, 2019년 최저 주거기준 미달 가구 비율은 면적 기준 3.8%, 시설 기준 3.0%, 침실 기준 0.3%이다.

① 2019년 연령대별 자산, 부채 및 순자산

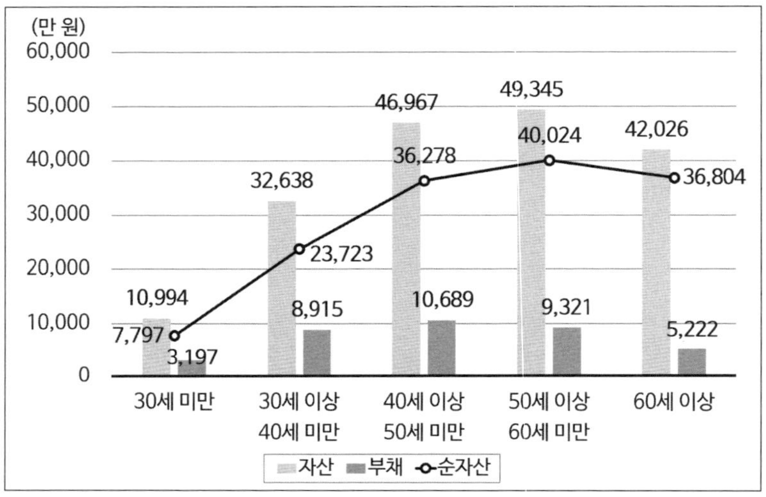

② 주택유형별 1인당 주거면적

(단위: m^2)

유형 \ 연도		2005	2010	2015	2016	2017	2018
전체		23.1	25.0	26.9	27.3	27.9	28.5
	단독주택	23.8	26.2	30.2	31.4	32.6	33.9
	아파트	22.8	24.6	26.3	26.4	26.8	27.3
	연립주택	22.5	25.1	25.5	25.9	26.4	27.0
	다세대주택	20.2	21.6	19.9	20.1	20.4	20.8
	비거주용 건물 내 주택	25.1	26.5	28.7	29.5	30.6	31.5
	오피스텔	29.1	30.4	26.0	26.4	26.3	26.7

③ 연도별 소비자물가상승률, 생활물가상승률

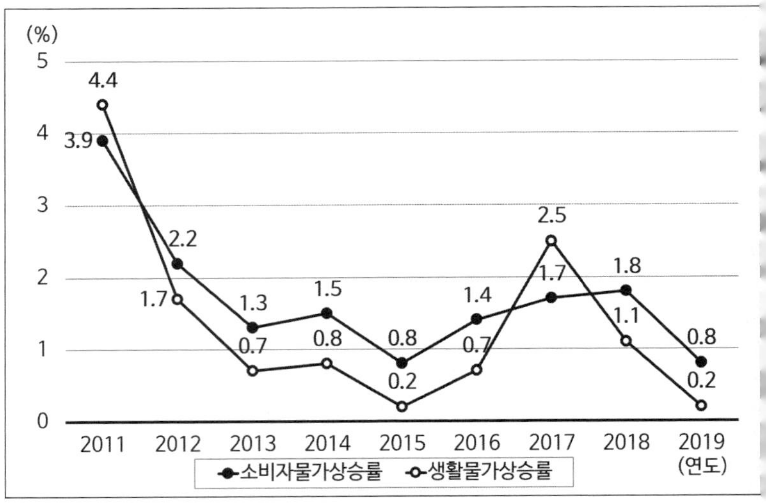

※ 상승률은 전년대비 상승률을 의미함.

④ 2019년 연령대별·소득수준별 자녀 필요성 인식 조사

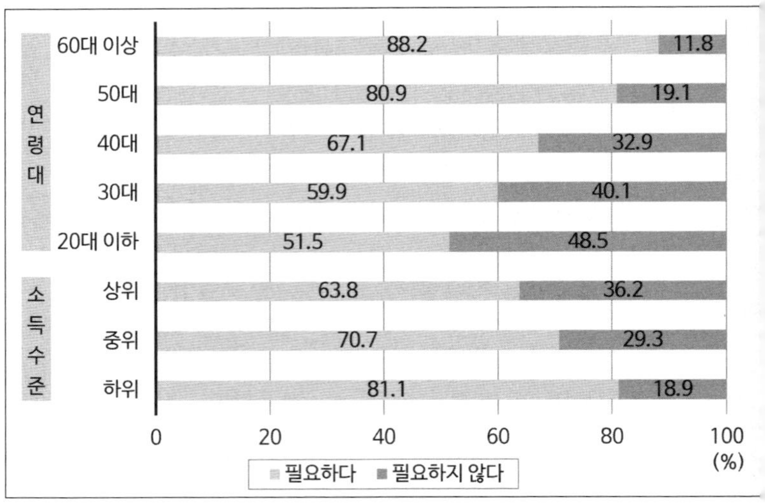

⑤ 지역별·소득수준별 소득 대비 주택임대료 비율

(단위: %)

구분 \ 연도		2012	2014	2016	2018	2019
전체		19.8	20.3	18.1	17.0	15.5
지역별	수도권	23.3	21.6	17.9	18.4	18.6
	광역시	16.8	16.6	15.4	15.3	16.3
	시·도	14.5	15.8	14.2	15.0	15.0
소득수준별	하위	21.8	29.0	23.1	22.2	20.3
	중위	17.3	17.0	14.9	15.7	16.7
	상위	22.6	21.6	19.0	20.3	18.3

4. 다음 <그림>과 <표>는 A ~ D 원두의 로스팅 전 항목별 평가 결과와 로스팅 방식별 효과에 관한 자료이다. 이에 대한 설명 중 옳지 않은 것은?

<그림> A ~ D 원두의 로스팅 전 항목별 평가

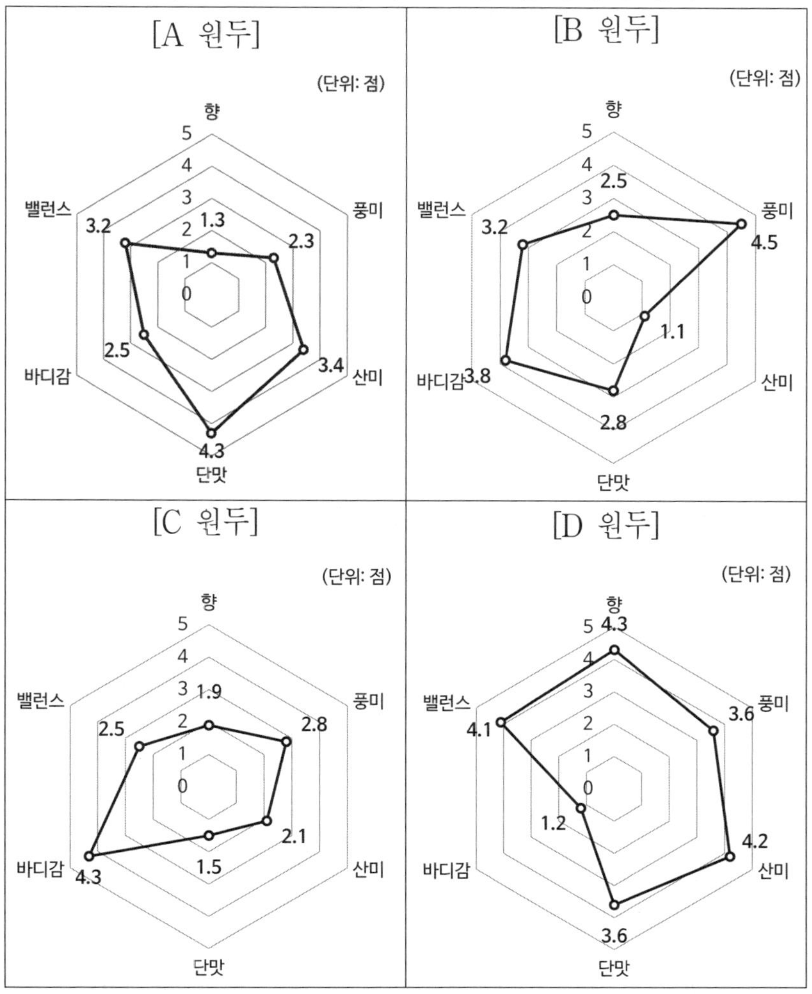

※ 1) A ~ D 원두는 모두 로스팅 전이며, 로스팅은 원두를 볶는 것을 의미함.
2) 항목별 점수의 합을 종합점수라고 함. 예를 들어 A 원두의 로스팅 전 종합점수는 17점(=1.3 + 2.3 + 3.4 + 4.3 + 2.5 + 3.2)임.

<표> 방식별 로스팅 후 효과

로스팅 방식	효과
라이트	향 점수 10% 증가, 밸런스 점수 20% 증가
미디움	단맛 점수 10% 증가, 산미 점수 10% 증가
다크	바디감 점수 10% 증가

① 로스팅 전 종합점수 대비 라이트 로스팅 후 종합점수의 증가폭이 가장 큰 원두는 D이다.
② 로스팅 전 종합점수 대비 다크 로스팅 후 종합점수의 증가폭이 가장 큰 원두는 C이다.
③ 원두 A는 로스팅 전 종합점수 대비 미디움 로스팅 후 종합점수의 증가율이 5% 이상이다.
④ 로스팅 전 종합점수가 가장 높은 원두는 D이다.
⑤ 다크 로스팅 후 종합점수는 A 원두가 C 원두에 비해 높다.

5. 다음 <표>는 가정친화정책에 대한 성별·연령별 찬반 응답 비율에 관한 설문조사 결과이다. 이에 대한 <보기>의 설명 중 옳은 것만을 모두 고르면?

<표> 가정친화정책에 대한 성별·연령별 찬반 응답 비율

(단위 : 명, %)

찬성 여부	구분 \ 연령·성별	30세 미만 남성	30세 미만 여성	30세 이상 남성	30세 이상 여성
찬성	인원	( )	1,050	( )	( )
	비율	20	( )	15	30
반대	인원	900	600	( )	( )
	비율	( )	30	( )	5

※ 비율(%)은 연령 및 성별에 따른 찬성(반대) 응답자 수를 전체 찬성(반대) 응답자 수로 나눈 값에 100을 곱한 것임. 예를 들어 찬성 응답자 중 30세 미만 남성의 비율은 20%임.

<보 기>

ㄱ. 30세 이상 찬성 응답자 수는 30세 미만 여성 찬성 응답자 수의 1.3배 미만이다.
ㄴ. 30세 이상 남성 반대 비율은 30세 이상 남성 찬성 비율에 비해 5%p 높다.
ㄷ. '30세 미만 남성 반대 응답자 수'는 '30세 이상 반대 응답자 수'에 비해 400명 더 많다.
ㄹ. 찬성 응답자 수는 반대 응답자 수의 2배이다.

① ㄱ, ㄷ ② ㄴ, ㄹ
③ ㄱ, ㄴ, ㄷ ④ ㄱ, ㄴ, ㄹ
⑤ ㄴ, ㄷ, ㄹ

6. 다음 <표>와 <그림>은 2021년 1분기 정유사 A ~ E의 원유 수입량과 수입량 증감계수에 관한 자료이다. 2021년 4사분기의 원유 수입량이 가장 많은 정유사는?

<표> 2021년 1분기 정유사 A ~ E의 원유 수입량

(단위: 천만 L)

정유사	A	B	C	D	E
수입량	2	4	5	6	8

<그림> 정유사 A ~ E의 분기별 원유 수입량 증감계수

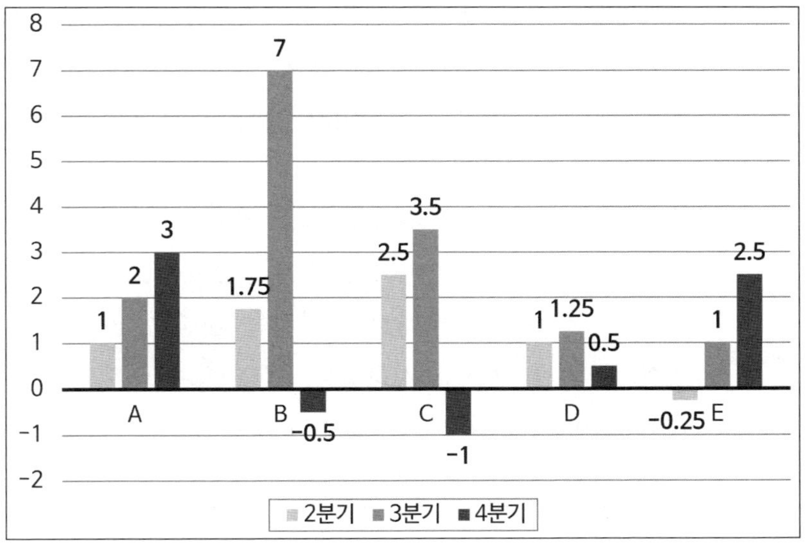

※ $\text{해당 분기 수입량 증감계수} = \frac{\text{해당 분기 수입량} - \text{직전 분기 수입량}}{\text{직전 분기 수입량}}$

① A ② B
③ C ④ D
⑤ E

7. 다음 <표>는 2010 ~ 2020년 고령자의 인식변화를 매 2년마다 조사한 자료이다. 제시된 <표> 이외에 <보고서>를 작성하기 위해 추가로 필요한 자료만을 <보기>에서 모두 고르면?

<표 1> 고령자의 전반적인 가족관계 및 배우자와의 관계에 대한 견해

(단위: %)

구분		전반적인 가족관계			배우자와의 관계		
		만족	보통	불만족	만족	보통	불만족
전체	2010	47.7	47.2	5.1	59.3	33.9	6.8
	2012	48.6	46.5	4.9	57.3	35.1	7.6
	2014	47.8	46.9	5.3	58.8	33.5	7.7
	2016	49.3	46.3	4.4	59.0	34.2	6.8
	2018	48.1	47.5	4.4	60.8	32.2	7.0
	2020	51.3	44.8	3.9	61.9	31.3	6.8
남자	2010	49.2	47.0	3.8	63.2	32.0	4.8
	2020	52.4	43.6	4.0	68.8	27.4	3.8
여자	2010	46.7	47.4	5.9	53.8	36.5	9.7
	2020	50.5	45.7	3.8	52.5	36.7	10.8

<표 2> 고령자의 결혼에 대한 견해

(단위: %)

구분		해야 한다	해도 좋고 하지 않아도 좋다	하지 말아야 한다	잘 모르겠다
전체	2010	83.5	13.1	2.3	1.1
	2012	82.9	14.8	1.1	1.2
	2014	77.7	18.8	1.5	2.0
	2016	75.0	21.8	1.5	1.7
	2018	73.2	23.2	1.8	1.8
	2020	75.9	19.2	2.6	2.3
남자	2010	86.2	11.6	1.4	0.8
	2020	81.0	15.7	1.7	1.6
여자	2010	81.7	14.2	2.8	1.3
	2020	72.1	21.8	3.2	2.9

<보고서>

2020년 고령자 중 전반적인 가족관계에 만족하는 비중은 51.3%로 10년 전에 비해 3.6%p 증가하였고, 2년 전에 비해 3.2%p 증가하였다. 2020년 고령자 중 배우자와의 관계에 대해 만족하는 비중은 61.9%로 10년 전에 비해 남자는 5.6%p 증가하였고, 여자는 1.3%p 감소하였다. 2020년 고령자 중 자녀와의 관계에 만족하는 비중은 70.4%로 10년 전에 비해 7.5%p 증가하였다. 한편, 2020년 고령자 중 전반적인 가족관계에 만족하는 비중은 남자가 여자보다 더 높았으나, 2018년에는 남자가 여자보다 더 낮았다.

2020년 고령자 중 결혼을 해야 한다고 생각하는 비중은 75.9%로 10년 전에 비해 7.6%p 감소하였고, 결혼은 해도 좋고 하지 않아도 좋다고 생각하는 비중은 19.2%로 10년 전에 비해 6.1%p 증가하였다. 2020년 고령자 중 이혼은 하지 말아야 한다고 생각하는 비중은 55.6%로 10년 전에 비해 25.3%p 감소하였다.

<보 기>

ㄱ. 2010년과 2020년 고령자의 자녀와의 관계에 대한 견해
ㄴ. 2010 ~ 2020년 매 2년마다 조사한 성별 고령자의 전반적인 가족관계에 대한 견해
ㄷ. 2010년과 2020년 부모 부양에 대한 견해
ㄹ. 2010년과 2020년 고령자의 이혼에 대한 견해

① ㄱ, ㄴ ② ㄱ, ㄷ
③ ㄱ, ㄹ ④ ㄴ, ㄷ
⑤ ㄱ, ㄴ, ㄹ

8. 다음 <표>는 필라테스 센터의 입장료 및 기구 A 유무에 따른 예상 이용객 수와 선호도 조사 결과이다. <표>와 <정보>를 이용하여 이용객 선호도가 두 번째로 높은 조합(X)과 이윤이 두 번째로 높은 조합(Y)을 바르게 나열한 것은?

<표 1> 입장료별 예상 이용객 수 및 선호도 조사 결과

입장료	예상 이용객 수	선호도
10,000원	450명	4.3점
15,000원	300명	3.6점
30,000원	150명	1.9점

<표 2> 기구 A 유무에 따른 예상 이용객 수 증가폭 및 선호도 조사 결과

기구 A	예상 이용객 수 증가폭	설치 비용	선호도
유	100명	800,000원	3.7점
무	0명	0원	1.8점

<정 보>

○ 이용객 선호도 = 입장료 선호도 + 기구 A 유무 선호도
○ 이윤 = (입장료 × 예상 이용객 수) − 기구 A 설치비용
○ 필라테스 센터에 기구 A가 있을 경우, <표 1>의 '예상 이용객 수'에 <표 2>의 '예상 이용객 수 증가폭'을 합산해 예상 이용객 수를 산정한다.

방안	입장료	기구 A 유무
A	10,000원	유
B	10,000원	무
C	15,000원	유
D	15,000원	무
E	30,000원	유
F	30,000원	무

	X	Y
①	A	A
②	A	C
③	B	E
④	C	A
⑤	C	C

9. 다음 <표>와 <그림>은 2012～2016년 광물별 광업권 등록 건수에 관한 자료이다. 이에 대한 <보기>의 설명 중 옳은 것만을 모두 고르면?

<표> 광물별 광업권 등록 건수

(단위: 건)

광물 \ 연도	2012	2013	2014	2015	2016
전체	5,645	5,359	5,035	4,797	4,782
금속광	1,316	1,221	1,131	1,035	965
귀금속	904	856	787	730	676
철	118	114	105	96	85
우라늄	69	41	39	37	(　)
기타	225	210	200	172	(　)
비금속광	4,329	4,138	3,904	3,762	3,817
석탄	96	100	104	100	(　)
규석	998	929	817	749	736
석회석	1,452	1,397	1,381	1,399	1,447
규조토	1,200	1,126	1,078	1,058	1,037
납석	104	107	107	101	99
활석	53	50	46	49	49
운모	172	166	129	116	117
규사	128	123	122	119	116
기타	126	140	120	113	(　)

<그림> 2016년 금속광물별 광업권 등록 건수 비중

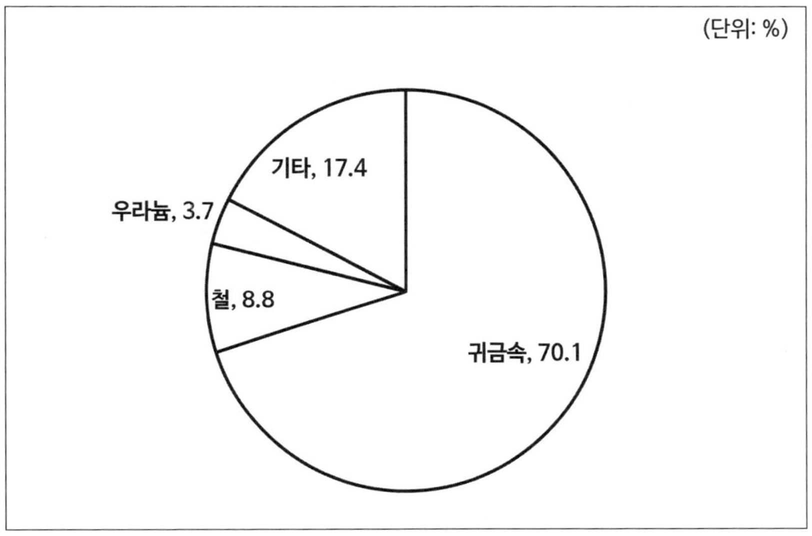

<그림 2> 2016년 비금속광물별 광업권 등록 건수 비중

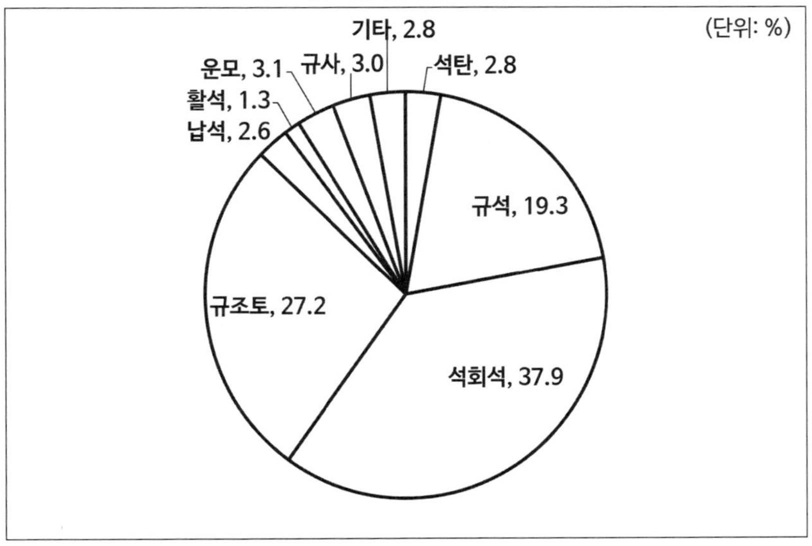

<보 기>

ㄱ. 기타를 제외하고, 금속광 중 2012년 대비 2016년 등록 건수 감소율이 가장 큰 광물은 우라늄이다.

ㄴ. 기타를 제외하고, 비금속광 중 2016년 등록 건수의 전년대비 증가율이 가장 큰 광물은 석회석이다.

ㄷ. 기타를 하나의 광물로 볼 때, 2012～2015년 동안 등록 건수가 매년 감소한 광물은 8가지이다.

ㄹ. 전체 등록 건수 중 비금속광 비중이 가장 높은 연도에 납석 등록 건수의 전년대비 감소율은 2% 이상이다.

① ㄱ, ㄴ　② ㄱ, ㄷ
③ ㄱ, ㄹ　④ ㄴ, ㄷ
⑤ ㄴ, ㄷ, ㄹ

10. 다음 <표>는 2015～2022년 리츠 설립 현황에 관한 자료이다. 이에 대한 <보기>의 설명 중 옳은 것만을 모두 고르면?

<표> 연도별 리츠 설립 현황

(단위: 개, 조 원)

연도 \ 구분	리츠 수				자산 규모
		신규	해산	취소	
2015	125	41	11	3	18
2016	169	(　)	(　)	0	25
2017	193	36	11	(　)	34
2018	219	38	11	(　)	43
2019	248	50	20	1	51
2020	282	61	26	(　)	61
2021	315	62	28	1	75
2022	352	73	32	(　)	79

※ 1) 리츠란 「부동산투자회사법」에 따라 다수 투자자로부터 자금을 모아 부동산에 투자·운용하고 수익을 배당하는 간접투자기구를 말함.

2) (당해연도)리츠 수＝(직전년도)리츠 수＋(당해연도)신규 리츠 수－(당해연도)해산 리츠 수 －(당해연도)취소 리츠 수

<보 기>

ㄱ. 2016년 신규 리츠 수와 해산 리츠 수의 차이값은 2015년 신규 리츠 수에 비해 3개 더 많다.

ㄴ. 2014년 대비 2022년 리츠 수 증가율은 250% 이상이다.

ㄷ. 2017～2021년 동안 취소 리츠 수의 합은 2022년 취소 리츠 수에 비해 1개 더 많다.

ㄹ. 2015년과 2022년 리츠 수 1개당 자산규모 차이는 1,000억 원 이상이다.

① ㄱ
② ㄱ, ㄷ
③ ㄴ, ㄷ
④ ㄱ, ㄴ, ㄷ
⑤ ㄴ, ㄷ, ㄹ

11. 다음 <표>와 <그림>은 갑국의 2021년 기준 재산총액 상위 10위 고위공직자(A ~ J) 현황 및 순위 변화폭에 관한 자료이다. 이에 대한 설명으로 옳은 것은?

<표> 2021년 기준 재산총액 상위 10위 고위공직자 현황

(단위: 억 원)

고위공직자 \ 연도	2020	전년대비 증가율(%)	2021
A	375	25	409
B	312	( )	313
C	185	1	187
D	186	3	184
E	149	( )	151
F	140	( )	137
G	150	( )	132
H	126	20	124
I	110	10	118
J	109	( )	106

<그림 1> 2020년 대비 2021년 재산총액 상위 10위 고위공직자 순위 변화폭

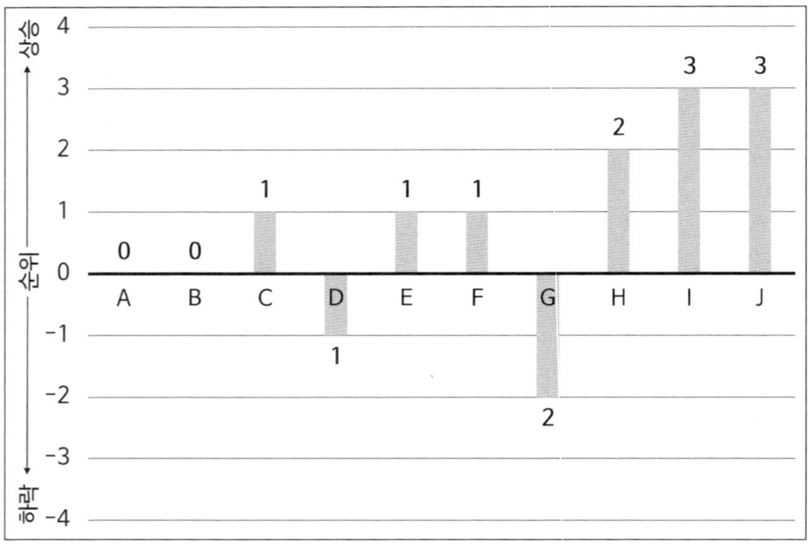

<그림 2> 2019년 대비 2020년 재산총액 상위 10위 고위공직자 순위 변화폭

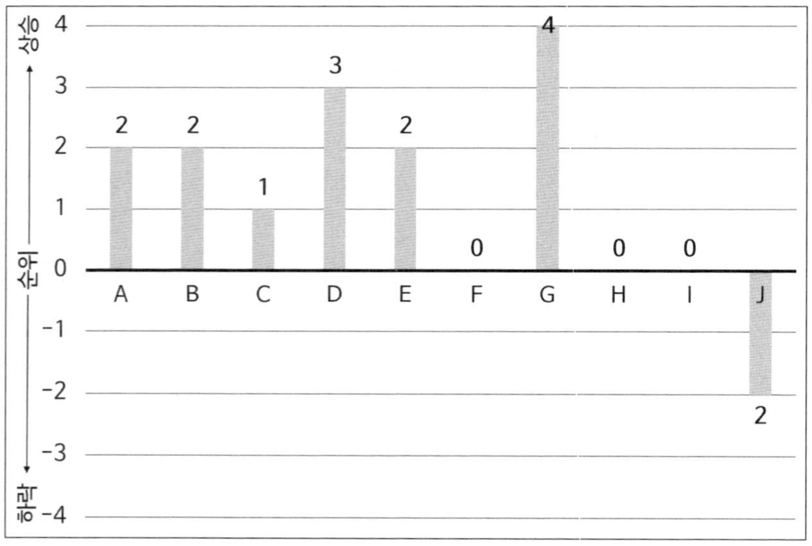

① A ~ J 중 2021년 재산총액 순위가 2019년 대비 3위 이상 상승한 고위공직자는 1명이다.
② 2020년 B의 재산총액의 전년대비 증가율은 4% 미만이다.
③ J의 2020년 전년대비 재산총액 증가 폭은 4억 원 초과, 9억 원 미만이다.
④ A ~ J 중 2021년 재산총액이 전년대비 하락한 고위공직자 가운데 2020년 재산총액 순위가 전년대비 하락하지 않은 고위공직자는 3명이다.
⑤ 2020년 C와 D의 재산총액 합은 전년대비 2% 이상 증가하였다.

12. 다음 <표>는 2016 ~ 2020년 4월 예비군 훈련 참석 현황에 관한 자료이다. 이에 대한 <보기>의 설명 중 옳은 것만을 모두 고르면?

<표> 예비군 훈련 참석 현황

(단위: 만 명, %)

구분 \ 연도	2016	2017	2018	2019	2020 1 ~ 4월
대상자	3,584	2,922	( )	2,827	2,747
동원훈련	432	( )	403	399	389
동미참훈련	382	405	406	401	400
기본훈련	1,010	986	969	955	935
작계훈련	1,760	1,125	1,105	( )	1,023
참석자	3,346	2,737	2,700	2,695	602
불참석자	238	185	183	132	–
참석률	93.4	93.7	( )	( )	–

※ 1) 당해연도 훈련 대상자는 직전연도 12월에 확정되며, 2020년은 코로나19로 인해 4월 이후 예비군 훈련이 중단됨. 2020년 참석자 수는 1 ~ 4월 동안 참석자임.
2) 대상자 = 참석자 + 불참석자
3) 참석률(%) $= \frac{\text{참석자 수}}{\text{대상자 수}} \times 100$

<보 기>

ㄱ. 2017 ~ 2019년 동안 훈련 대상자 중 작계훈련 대상자 비중은 매년 40% 이하이다.
ㄴ. 2017년 이후 기본훈련 대상자와 작계훈련 대상자의 전년대비 증감방향은 매년 동일하다.
ㄷ. 2019년 참석률은 전년대비 감소한다.
ㄹ. 만약 2020년에 코로나19로 인한 예비군 훈련 중단이 없어 5 ~ 12월 참석자가 1 ~ 4월 참석자의 3.5배라면, 2020년 참석률의 2016년 대비 증가폭은 4%p 미만이다.

① ㄱ, ㄴ
② ㄴ, ㄷ
③ ㄷ, ㄹ
④ ㄱ, ㄴ, ㄹ
⑤ ㄴ, ㄷ, ㄹ

13. 다음 <표>는 2020년 A국의 반도체 수출액 상위 10개국과 2016 ~ 2020년 A국의 반도체 수출액 현황에 대한 자료이다. 이에 대한 설명으로 옳지 않은 것은?

<표 1> 2020년 A국의 반도체 수출액 상위 10개국 현황

(단위 : 억 달러, %)

순위 \ 구분	국가	반도체	메모리	시스템	전년대비 증가율
1	중국	224.9	152.3	72.6	11.2
2	홍콩	113.8	80.2	33.6	11.3
3	베트남	63.6	43.1	20.5	−9.2
4	미국	28.4	10.9	17.5	−5.0
5	대만	21.1	12.1	9.0	4.2
6	프랑스	18.2	10.3	7.9	15.2
7	독일	17.5	7.7	9.8	20.1
8	영국	17.1	6.9	10.2	14.3
9	필리핀	16.6	5.3	11.3	9.8
10	일본	8.2	6.6	1.6	16.1

<표 2> A국의 반도체 수출액 현황

(단위 : 억 달러, %)

구분 \ 연도	2016	2017	2018	2019	2020
반도체	443.7 (5.0)	496.5 (7.6)	522.6 (9.1)	541.5 (10.4)	582.1 (11.0)
메모리	353.7	386.5	382.6	381.5	381.1
시스템	90.0	110.0	140.0	160.0	201.0

※ 괄호 안의 숫자는 A국의 GDP에서 A국의 반도체 수출액이 차지하는 비중임.

① 2019년 A국의 반도체 수출액은 홍콩이 미국의 3배 이상이다.
② A국의 시스템 반도체 수출액의 전년대비 증가율은 2017년이 2019년에 비해 7%p 이상 높다.
③ 2020년 A국의 반도체 수출액 상위 10개국 중 반도체 수출액에서 시스템 반도체가 차지하는 비중은 미국이 두 번째로 높다.
④ 2020년 A국의 GDP는 2016년 이후 매년 감소하였다.
⑤ 2018년 A국의 반도체 수출액 중 메모리 반도체의 비중은 시스템 반도체의 비중에 비해 40%p 이상 크다.

14. 다음 <표>는 2017 ~ 2022년 국내인구이동 통계에 관한 자료이다. 이에 대한 <보기>의 설명 중 옳은 것만을 모두 고르면?

<표 1> 국내인구이동 통계

구분 \ 연도	2017	2018	2019	2020	2021	2022
이동자 수 (천 명)	7,154	7,297	7,104	7,735	7,213	6,388
이동자 성비	104.1	103.7	104.6	103.4	104.7	102.5
이동률(%)	14.0	14.2	13.8	15.1	14.1	12.5
전입신고건수 (천 건)	4,570	4,728	4,734	5,183	5,004	4,610

※ 1) 이동자 성비는 여자 이동자 수를 100으로 하였을 때, 남자 이동자 수의 상대적 비율임.

2) $이동률(\%) = \frac{이동자\ 수}{인구\ 수} \times 100$

<표 2> 권역별 순이동자 수

(단위: 천 명)

구분 \ 연도	2017	2018	2019	2020	2021	2022
수도권	16	60	83	88	56	46
중부권	42	28	11	12	24	34
호남권	−18	−28	−27	−24	−16	−13
영남권	−51	−69	−71	−78	−67	−68
제주권	( )	9	( )	2	( )	( )

※ 전국의 권역은 수도권, 중부권, 호남권, 영남권, 제주권뿐임.

<보 기>

ㄱ. 2017 ~ 2022년 동안 여자 이동자 수의 총합은 2,500만 명 이상이다.
ㄴ. 2022년 이동자 수에서 남자가 차지하는 비중과 여자가 차지하는 비중의 차이는 1.25%p 미만이다.
ㄷ. 2018년 이후 제주권 순이동자 수는 매년 1만 명 이하이다.
ㄹ. 2020년 인구 1명당 전입신고건수는 전년 대비 증가하였다.

① ㄱ, ㄴ
② ㄴ, ㄷ
③ ㄴ, ㄹ
④ ㄱ, ㄷ, ㄹ
⑤ ㄴ, ㄷ, ㄹ

[15 ~ 16] 다음 <그림>과 <표>는 2010 ~ 2018년 형사사법 통계에 관한 자료이다. 이에 대한 물음에 답하시오.

<표> 경찰관, 교도관, 보호관찰관 1인당 담당인구 및 사건 현황

(단위: 명, 건)

연도 \ 구분	경찰관 1인당 인구	보호관찰관 1인당 보호관찰 관리사건	교도관 1인당 교정시설 수용인원
2010	492	133	3.1
2011	501	126	3.0
2012	498	117	2.9
2013	485	107	3.1
2014	469	112	3.1
2015	456	121	3.4
2016	451	142	3.6
2017	444	138	3.6
2018	437	128	3.4

※ 1) 경찰관 1인당 인구 = $\frac{\text{총인구}}{\text{경찰관 수}}$

2) 보호관찰관 1인당 보호관찰 관리사건 = $\frac{\text{보호관찰 관리사건 수}}{\text{보호관찰 공무원 수}}$

3) 교도관 1인당 교정시설 수용인원 = $\frac{\text{교정시설 수용인원}}{\text{교도관 수}}$

4) 주어진 기간 동안 보호관찰 공무원 수는 매년 증가함.

<표> 파출소와 교정시설 현황

(단위: 개, 명, %)

연도 \ 구분	파출소 수	파출소 1개당 인구	교정시설 수용정원	교정시설 수용인원	교정시설 수용률
2010	1,940	25,543	45,930	47,471	103.4
2011	1,945	25,674	45,690	45,845	100.3
2012	1,947	25,783	45,690	45,488	99.6
2013	1,948	25,888	45,690	47,924	104.9
2014	1,953	25,984	46,430	50,128	108.0
2015	1,977	25,804	46,600	53,892	115.6
2016	1,989	25,751	46,600	56,495	121.2
2017	2,004	25,630	47,820	57,298	119.8
2018	2,015	25,611	47,820	54,744	114.5

※ 1) 파출소 1개당 인구 = $\frac{\text{총인구}}{\text{파출소 수}}$

2) 교정시설 수용률(%) = $\frac{\text{교정시설 수용인원}}{\text{교정시설 수용정원}} \times 100$

3) 교정시설 초과분 = 교정시설 수용인원 − 교정시설 수용정원

15. 위 자료의 내용과 부합하는 것만을 <보기>에서 모두 고르면?

<보 기>

ㄱ. 2010년과 2018년 파출소 1개당 경찰관 수

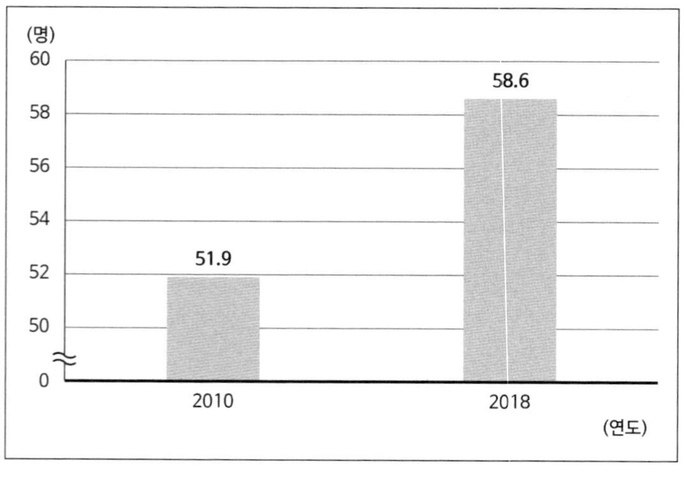

ㄴ. 연도별 총인구

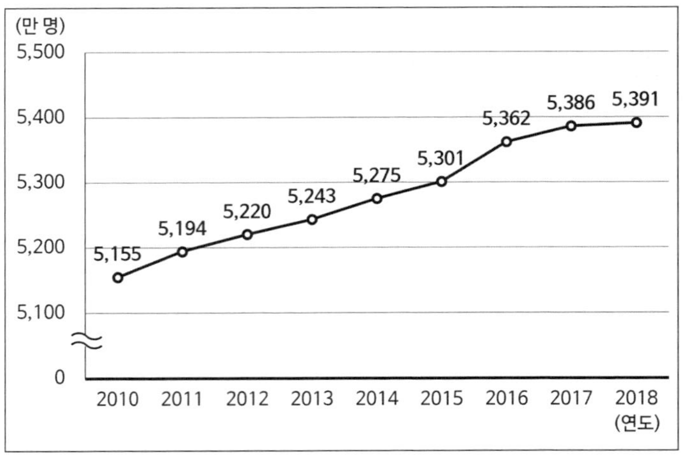

ㄷ. 연도별 교정시설 초과분

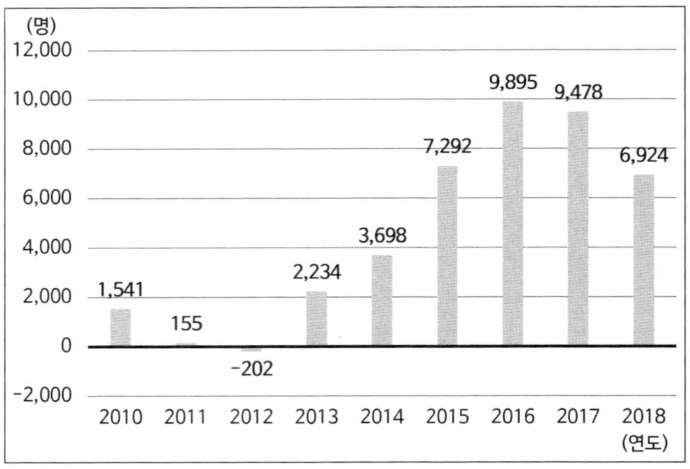

ㄹ. 2016 ~ 2018년 보호관찰 관리사건의 연도별 비중

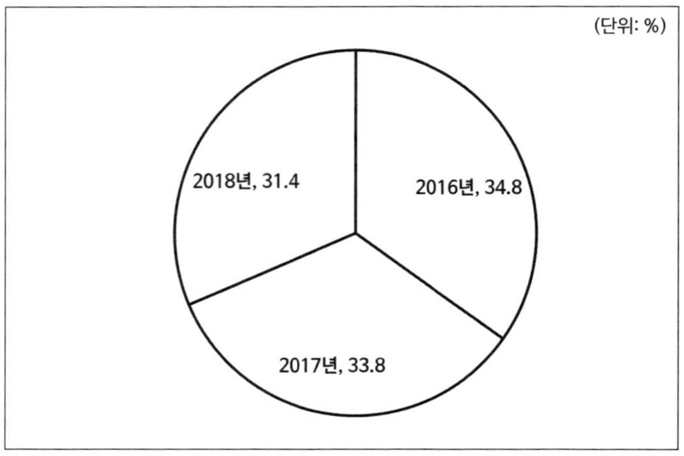

※ 비율은 소수점 둘째 자리에서 반올림하였음.

① ㄱ, ㄷ
② ㄴ, ㄷ
③ ㄷ, ㄹ
④ ㄱ, ㄴ, ㄹ
⑤ ㄴ, ㄷ, ㄹ

16. 위 자료의 내용과 부합하는 것만을 <보기>에서 모두 고르면?

<보 기>

ㄱ. 총인구 대비 경찰관 수 비율은 매년 0.2% 이상이다.
ㄴ. 2018년 경찰관 수는 2010년에 비해 10% 이상 증가하였다.
ㄷ. 2014년 대비 2018년 교도관 1인당 교정시설 수용정원은 감소하였다.

① ㄱ
② ㄴ
③ ㄷ
④ ㄱ, ㄴ
⑤ ㄴ, ㄷ

17. 다음 <그림>은 2016 ~ 2021년 A, B, C국의 GDP 격차지수 및 경제성장률 차이에 관한 자료이다. 이에 대한 설명으로 옳지 않은 것은?

<그림 1> 2016 ~ 2021년 B국, C국의 GDP 격차지수

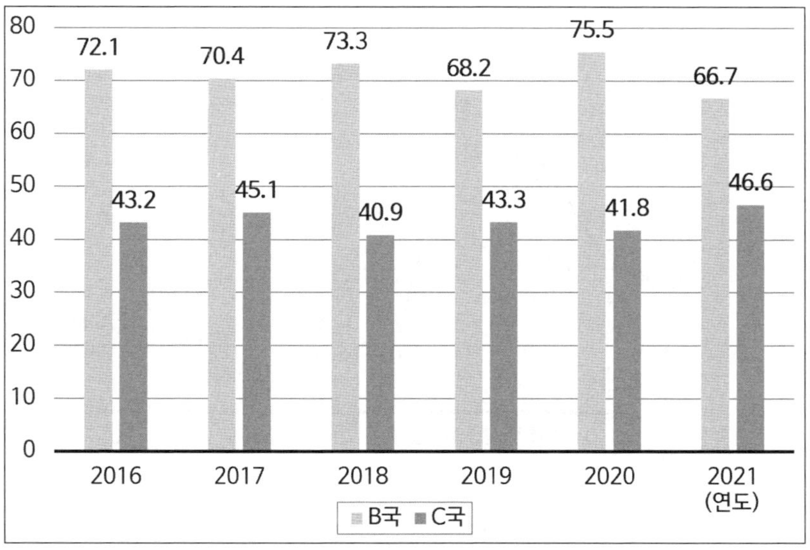

※ GDP 격차지수는 연도별 A국의 GDP를 100으로 하였을 때 국가별 GDP의 상대적 비율임.

<그림 2> 2016 ~ 2021년 B국, C국의 경제성장률 격차지수

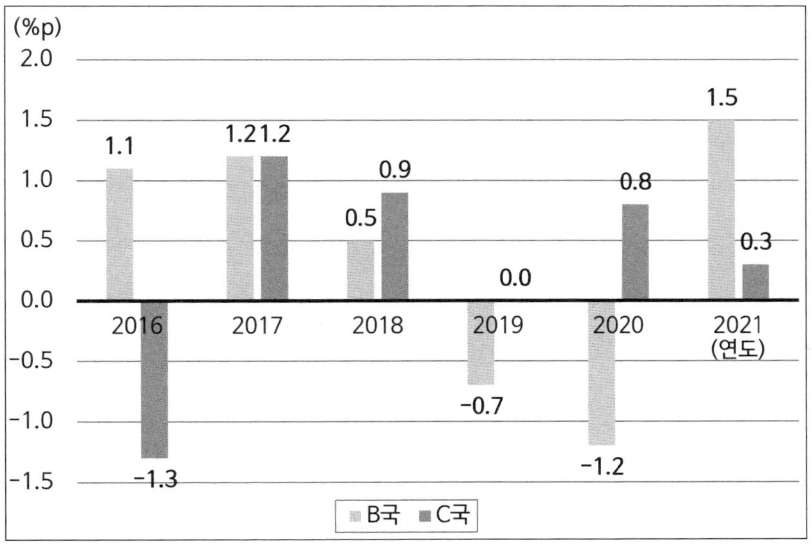

※ 1) 경제성장률 격차지수는 연도별 국가별 경제성장률(%)에서 A국의 경제성장률(%)을 뺀 값임.
 2) A, B, C국의 경제성장률(%)은 GNI로 측정함.

① 2021년 A국의 경제성장률이 전년대비 0.3%p 증가했다면, B국의 경제성장률은 전년대비 3.0%p 증가하였고, C국의 경제성장률은 전년대비 0.2%p 감소하였다.
② 2020년 B국의 경제성장률이 전년대비 0.3%p 감소했다면, A국의 경제성장률은 전년대비 0.2%p 증가하였고, C국의 경제성장률은 전년대비 1.0%p 증가하였다.
③ 만약 2021년 A국 GDP가 전년대비 15% 증가하였다면, B국과 C국의 GDP는 모두 전년대비 증가하였다.
④ A국 GDP는 매년 B국 GDP의 1.5배 이하이고, B국 GDP는 매년 C국 GDP의 1.3배 이상이다.
⑤ 2017 ~ 2020년 동안 B국과 C국의 경제성장률 차이가 전년대비 감소한 해는 1번이다.

18. 다음 <보고서>는 2015 ~ 2021년 '갑'국과 '을'국 황사 발생횟수와 지속일수에 관한 자료이고, <표>는 2015 ~ 2021년 A ~ E국의 황사 발생횟수와 지속일수에 관한 자료이다. <보고서>의 내용을 근거로 판단할 때, A ~ E 중 '갑'국에 해당하는 국가는?

<보고서>

2015 ~ 2021년 '갑'국과 '을'국 황사 발생횟수와 지속일수에 관한 자료을 분석하였고, 그 결과 다음과 같은 사실을 확인하였다.

첫째, 2021년 발생한 황사의 지속일수 최댓값은 '갑'국이 '을'국에 비해 짧다. 둘째, '갑'국에서 발생한 모든 황사의 지속일수가 2일 이상일 수 있는 연도 수는 3개년 이하이다. 셋째, 2015년 '을'국에서 가장 오래 지속된 황사의 지속일수가 6일이었다면, 나머지 황사의 지속일수는 모두 1일이다.

<표> 국가별 · 연도별 황사 발생횟수와 지속일수

(단위: 회, 일)

국가	구분 \ 연도	2015	2016	2017	2018	2019	2020	2021
A	발생횟수	15	8	6	5	7	8	10
	지속일수	24	22	10	9	15	25	16
B	발생횟수	17	18	24	11	15	16	19
	지속일수	22	26	49	32	25	26	27
C	발생횟수	12	9	10	6	5	7	9
	지속일수	22	16	13	14	12	8	22
D	발생횟수	6	10	15	8	9	11	5
	지속일수	11	26	31	26	25	18	7
E	발생횟수	27	8	6	4	3	5	4
	지속일수	33	19	13	10	14	12	11

※ 1) 주어진 기간 동안 황사가 하루에 두 번 이상 발생한 경우는 없다고 가정함.
 2) 지속일수는 해당 연도에 발생한 개별 황사들의 지속일수를 각각 합한 것으로, 날짜 단위로만 고려함. 예를 들어, 1시간 동안 지속된 황사와 2시간 동안 지속된 황사 모두 지속일수가 '1일'인 황사로 봄.

① A
② B
③ C
④ D
⑤ E

19. 다음 <표>는 2012년 A 대학교 자연대학과 공과대학 석사, 박사 과정에 입학한 학생들의 전공별 박사학위 취득 소요 기간에 관한 자료이다. 이에 대한 <보기>의 설명 중 옳은 것만을 모두 고르면?

<표 1> 전공별 석사학위 취득자 현황

전공 \ 구분		2012년 입학생 수(명)	기간별 학위취득자의 누적백분율(%)		
			2년 이내	3년 이내	4년 이내
자연대학	수학	77	70.1	80.5	90.9
	화학	122	66.4	73.8	82.0
	생명	247	63.2	76.5	89.1
	대기과학	89	70.8	78.7	91.0
	물리	45	71.1	77.8	88.9
공과대학	항공우주	111	70.3	81.1	90.1
	화학공학	50	72.0	80.0	92.0
	컴퓨터	315	66.7	79.4	92.7
	신소재	185	64.9	76.2	91.4
	전기	211	66.4	76.8	85.8
	기계	82	68.3	74.4	85.4

※ 1) 누적백분율은 소수점 둘째 자리에서 반올림하였음.
2) 석사과정 입학 후 4년 이내에 석사학위를 취득하지 못하면 제적됨.

<표 2> 전공별 박사학위 취득자 현황

전공 \ 구분		2012년 입학생 수(명)	기간별 학위취득자의 누적백분율(%)					
			5년 이내	6년 이내	7년 이내	8년 이내	9년 이내	10년 이내
자연대학	수학	18	44.4	61.1	72.2	72.2	77.8	77.8
	화학	35	31.4	42.9	51.4	57.1	57.1	57.1
	생명	69	49.3	53.6	56.5	60.9	65.2	65.2
	대기과학	27	40.7	51.9	51.9	55.6	59.3	66.7
	물리	20	35.0	40.0	50.0	55.0	55.0	55.0
공과대학	항공우주	12	41.7	58.3	58.3	66.7	66.7	66.7
	화학공학	8	62.5	62.5	62.5	75.0	75.0	75.0
	컴퓨터	63	34.9	44.4	49.2	55.6	65.1	66.7
	신소재	21	47.6	57.1	57.1	71.4	71.4	71.4
	전기	35	37.1	42.9	57.1	57.1	62.9	65.7
	기계	9	44.4	66.7	66.7	77.8	77.8	77.8

※ 박사과정 입학 후 10년 이내에 박사학위를 취득하지 못하면 제적됨.

<보 기>

ㄱ. 석사학위를 3년 이내 취득한 사람의 수는 대기과학이 물리의 2배이다.
ㄴ. 신소재를 전공하여 석사학위를 취득하지 못하고 제적된 사람 수는 16명이고, 박사학위를 6년 이내 취득한 사람 수는 12명이다.
ㄷ. A 대학교 자연대학과 공과대학에서 박사학위를 8년 이내 취득한 사람의 수 대비 5년 이내 취득한 사람의 수 비율은 생명이 가장 높다.
ㄹ. 자연대학에서 박사학위를 10년 이내 취득한 사람의 수가 두 번째로 많은 전공은 제적된 사람의 수도 두 번째로 많다.

① ㄱ, ㄴ
② ㄱ, ㄷ
③ ㄴ, ㄷ
④ ㄱ, ㄴ, ㄹ
⑤ ㄴ, ㄷ, ㄹ

20. 다음 <그림>은 2010 ~ 2019년 자연재해 피해 환산금액에 관한 자료이다. 이에 대한 <보기>의 설명 중 옳은 것만을 모두 고르면?

<그림> 2010 ~ 2019년 자연재해피해 환산금액

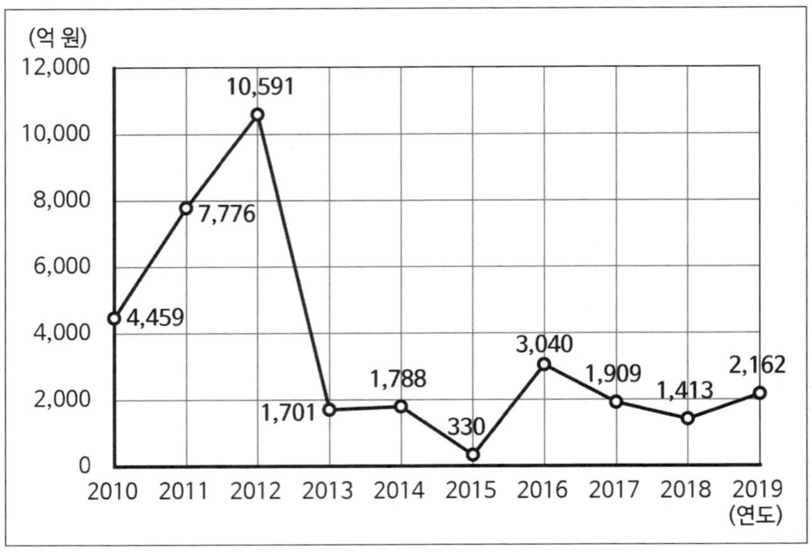

1) 연도별 자연재해피해 환산금액 = $\frac{\text{연도별 자연재해피해 금액}}{\text{연도별 A 물가지수}}$ × 기준년도 A 물가지수
2) <그림>의 환산금액은 2019년을 기준년도로 하여 환산한 금액임.

<보 기>

ㄱ. 자연재해피해 환산금액의 2013년 전년대비 감소액은 2011년 전년대비 증가액의 2배보다 크다.
ㄴ. 2010 ~ 2012년 평균 자연재해피해 환산금액은 2013 ~ 2019년 평균 자연재해피해 환산금액의 4배보다 크다.
ㄷ. 2012년 A 물가지수에 비해 2019년 A 물가지수가 5배 상승하였다면, 자연재해피해 금액은 2019년이 2012년보다 더 크다.

① ㄱ
② ㄴ
③ ㄱ, ㄷ
④ ㄴ, ㄷ
⑤ ㄱ, ㄴ, ㄷ

21. 다음 <표>는 2022년 백신, 세포치료제, 유전자치료제 상위 10위 특허 보유국 현황을 나타낸 자료이다. 이에 대한 <보기>의 설명 중 옳은 것만을 모두 고르면?

<표> 백신, 세포치료제, 유전자치료제 상위 10위 특허 보유국 현황

(단위: 건)

순위	백신		세포치료제		유전자치료제	
	국가	보유	국가	보유	국가	보유
1	미국	11,094	미국	702	미국	135
2	독일	1,552	스위스	352	독일	30
3	스위스	905	일본	35	네덜란드	20
4	벨기에	378	독일	32	이탈리아	15
5	네덜란드	320	영국	31	벨기에	15
6	일본	289	캐나다	30	한국	7
7	영국	250	벨기에	29	영국	6
8	프랑스	216	프랑스	26	캐나다	5
9	캐나다	174	한국	12	프랑스	4
10	한국	125	중국	10	중국	3
	전세계	18,031	전세계	1,395	전세계	245

<보 기>

ㄱ. 백신, 세포치료제, 유전자치료제 분야 모두에서 특허 보유 건수 상위 10위 이내인 국가는 7개국이다.

ㄴ. 백신, 세포치료제, 유전자치료제 모두에서 미국의 특허 보유 건수는 미국을 제외한 나머지 전세계 국가들의 특허 보유 건수의 합보다 크다.

ㄷ. 유전자치료제 특허 보유국 수는 15개국 이하다.

ㄹ. 전세계 특허 건수에서 프랑스의 특허 건수가 차지하는 비중은 유전자치료제, 세포치료제, 백신 순으로 크다.

① ㄱ, ㄴ
② ㄴ, ㄷ
③ ㄱ, ㄴ, ㄷ
④ ㄱ, ㄴ, ㄹ
⑤ ㄴ, ㄷ, ㄹ

22. 다음 <표>는 2019 ~ 2022년 IPU(국제의원연맹) 주요 9개 국가별 여성의원비율 및 순위에 대한 자료이다. <조건>을 근거로 A ~ D에 해당하는 국가를 바르게 나열한 것은?

<표> 국가별 여성의원비율 및 순위

(단위: 명, %)

연도	구분 \ 국가	대만	A	홍콩	B	독일	영국	C	D	일본
2019	순위	7	13	27	31	47	38	103	118	160
	총의원수	349	169	150	183	709	650	428	300	465
	여성의원비율	46.1	41.4	36.0	34.4	30.7	32.0	19.6	17.0	10.1
2020	순위	6	17	40	28	48	39	82	114	159
	총의원수	349	169	150	183	709	650	431	295	464
	여성의원비율	47.0	41.4	33.3	39.3	31.2	33.9	23.4	17.3	9.9
2021	순위	5	14	41	24	49	39	67	111	158
	총의원수	349	169	150	183	709	650	433	300	464
	여성의원비율	47.0	44.4	33.3	39.9	31.5	33.9	27.3	19.0	9.9
2022	순위	12	15	26	25	43	45	72	124	166
	총의원수	349	169	150	183	736	649	433	295	465
	여성의원비율	46.1	45.0	40.7	41.5	34.9	34.4	27.7	18.6	9.7

※ 1) 순위는 여성의원비율이 높을수록 높음.

2) 여성의원비율(%) $= \frac{\text{여성의원수}}{\text{총의원수}} \times 100$

3) 남성의원비율(%) = 100 − 여성의원비율(%)

<조 건>

○ 2021년 영국, 오스트리아, 독일의 평균 남성의원비율은 한국, 일본의 평균 남성의원비율에 비해 10 %p 이상 낮다.

○ 2020년 이후 순위의 전년대비 증감방향이 미국과 매년 동일한 국가는 일본, 한국, 대만, 오스트리아이다.

○ 2022년 여성의원수가 80명 이하인 국가는 일본, 한국, 홍콩, 오스트리아, 노르웨이이다.

	A	B	C	D
①	노르웨이	한국	미국	오스트리아
②	노르웨이	오스트리아	미국	한국
③	한국	미국	오스트리아	노르웨이
④	노르웨이	한국	오스트리아	미국
⑤	미국	오스트리아	노르웨이	한국

23. 다음 <표>는 간암과 위암 환자를 대상으로 한 임상실험결과에 관한 자료이다. 이에 대한 <보기>의 설명 중 옳은 것만을 모두 고르면?

<표> 투여약별 간암과 위암 환자의 생존자 수, 사망자 수

(단위: 명)

구분 \ 투여약	조기 암환자				말기 암환자			
	간암		위암		간암		위암	
	생존자	사망자	생존자	사망자	생존자	사망자	생존자	사망자
A	22	8	13	8	2	7	5	11
B	14	9	24	9	3	6	4	9
C	15	10	16	12	4	4	6	5

※ 1) 생존율(%) $= \frac{\text{생존자 수}}{\text{생존자 수} + \text{사망자 수}} \times 100$

2) 사망률(%) = 100 − 생존율(%)

<보 기>

ㄱ. 조기 간암 환자에 대한 생존율이 가장 높은 투여약과 조기 위암 환자에 대한 생존율이 가장 높은 투여약은 모두 A이다.

ㄴ. C를 투여한 조기 간암 환자와 조기 위암 환자의 평균 생존률은 65 % 미만이다.

ㄷ. B를 투여한 말기 위암 환자에 대한 사망률은 B를 투여한 조기 위암 환자에 대한 사망률에 비해 30 %p 이상 높다.

ㄹ. A를 투여한 조기 암환자와 말기 암환자의 생존율 차이는 간암이 위암에 비해 낮다.

① ㄱ, ㄴ
② ㄴ, ㄷ
③ ㄷ, ㄹ
④ ㄱ, ㄴ, ㄹ
⑤ ㄴ, ㄷ, ㄹ

24. 다음 <표>는 2017 ~ 2021년 고용노동부 지원 직업훈련 인원 및 지원금에 대한 자료이다. 이에 대한 <보기>의 설명 중 옳은 것만을 모두 고르면?

<표 1> 연도별 고용노동부 지원 직업훈련 인원

(단위: 천 명)

구분 \ 연도	2017	2018	2019	2020	2021
실업자	102	117	113	153	304
재직자	2,914	3,576	4,007	4,949	4,243
합계	3,016	3,693	4,120	5,102	4,547

<표 2> 연도별 고용노동부 지원 직업훈련 지원금

(단위: 억 원)

구분 \ 연도	2017	2018	2019	2020	2021
실업자	3,236	3,538	3,402	4,659	4,362
재직자	3,361	4,075	4,891	5,597	4,669
합계	6,597	7,613	8,293	10,256	9,031

<보 기>

ㄱ. 실업자와 재직자 각각 직업훈련 인원과 직업훈련 지원금의 연도별 증감방향이 매년 동일한다.

ㄴ. 2017 ~ 2021년 동안 직업훈련 지원금 합계에서 실업자 직업훈련 지원금 합계가 차지하는 비중은 매년 50 % 미만이다.

ㄷ. 2018년 실업자 직업훈련 인원 1인당 직업훈련 지원금은 전년 대비 증가한다.

ㄹ. 재직자 직업훈련 인원 1인당 직업훈련 지원금이 가장 높은 연도는 2019년이다.

① ㄱ, ㄴ
② ㄱ, ㄷ
③ ㄴ, ㄷ
④ ㄴ, ㄹ
⑤ ㄷ, ㄹ

25. 다음 <그림>은 2012 ~ 2020년 환경오염 분재조정 현황에 관한 자료이다. 이에 대한 설명으로 옳지 않은 것은?

<표> 환경오염 분재조정 현황

(단위: 건)

구분 \ 연도		2012	2013	2014	2015	2016	2017	2018	2019	2020
접수 건수	일조	248	233	260	212	192	256	303	267	271
	일조 외	141	113	141	132	106	113	181	193	178
	합계	389	346	401	344	298	369	484	460	449
피해 원인별 처리 건수	소음	214	154	203	177	122	136	207	196	195
	대기	14	12	5	10	10	3	2	6	3
	수질	6	3	4	2	2	1	5	0	4
	일조	17	19	18	13	25	18	16	40	30
	기타	4	3	7	9	3	2	8	13	13
	합계	255	191	237	211	162	160	238	255	245
피해 내용별 처리 건수	정신적	91	52	66	48	32	32	119	110	109
	건축물	48	45	82	77	78	38	49	31	24
	축산물	32	10	8	12	14	11	5	12	19
	농작물	22	15	16	11	16	11	22	26	22
	기타	62	69	65	63	22	68	43	76	71
	합계	255	191	237	211	162	160	238	255	245

※ 접수 건수는 피해 원인이 일조인 경우와 일조 외인 경우로만 구분함.

① 접수 건수 합계 대비 처리 건수 합계 비율이 가장 낮은 연도는 2017년이다.

② 2020년 일조 외 접수 건수 1건당 일조 외 처리 건수는 전년 대비 10% 이상 증가하였다.

③ 2020년 접수 건수 합계의 2012년 대비 증가율은 15% 이상이다.

④ 2012 ~ 2015년 동안 처리 건수 중 피해 원인이 일조인 비중과 일조 외인 비중의 차이는 매년 80%p 이상이다.

⑤ 2012 ~ 2018년 동안 피해 원인은 소음이고 피해 내용은 건축물인 처리 건수는 매년 존재한다.

26. 다음 <보고서>는 2017 ~ 2021년 '갑' 지역 가구 수, 주택 수, 주택보급률, 주택밀도에 관한 자료이고, <표>와 <그림>은 2017 ~ 2021년 A ~ E 지역의 지역별 가구 수, 주택 수, 주택보급률, 주택밀도에 관한 자료이다. <보고서>의 내용을 근거로 판단할 때, A ~ E 중 '갑'에 해당하는 지역은?

<보고서>

2017 ~ 2021년 '갑' 지역과 '을' 지역 가구 수, 주택 수, 주택보급률, 주택밀도에 관한 자료를 분석하였고, 그 결과 다음과 같은 사실을 확인하였다.

첫째, '갑' 지역 가구 수의 전년대비 증가율이 가장 높은 연도는 2018년이다. 둘째, 2017년 '갑' 지역 주택 수는 가구 수보다 많다. 셋째, 2018년 주택보급률의 2017년 대비 증감폭이 가장 큰 지역은 '을' 지역이다. 마지막으로 2018년 '갑' 지역을 포함한 5개 지역 주택밀도의 평균은 '갑' 지역을 제외한 4개 지역 주택밀도 평균에 비해 낮다.

<표> 연도별 · 지역별 가구 수 및 주택 수

(단위: 천 호, 천 가구)

지역	구분 \ 연도	2017	2018	2019	2020	2021
A	가구 수	917	929	936	948	958
	주택 수	( )	923	966	988	996
B	가구 수	1,022	1,045	1,063	1,080	1,095
	주택 수	( )	1,055	1,073	1,084	1,099
C	가구 수	558	567	569	576	579
	주택 수	( )	565	595	606	617
D	가구 수	573	583	591	598	602
	주택 수	( )	582	601	605	612
E	가구 수	214	220	229	240	249
	주택 수	( )	212	236	253	266

※ $주택보급률(\%) = \frac{주택\ 수}{가구\ 수} \times 100$

<그림> 2017년과 2018년 지역별 주택보급률 및 주택밀도

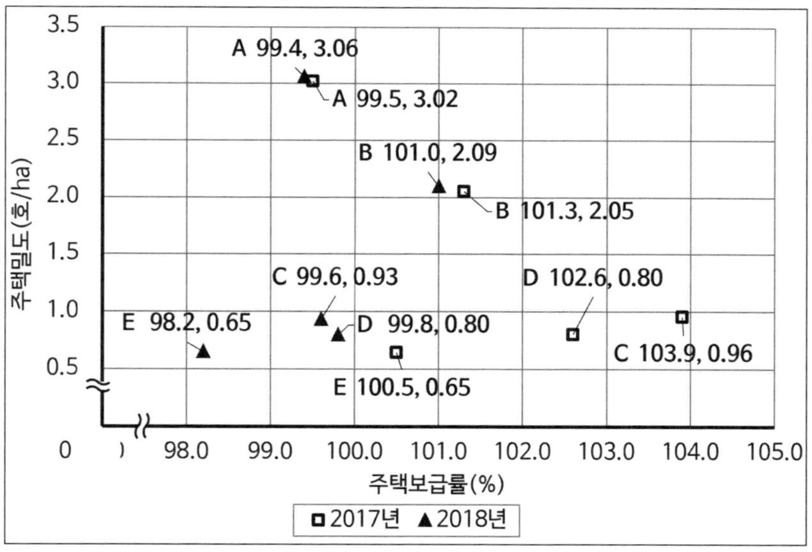

※ 1) <그림>의 좌표는 왼쪽부터 순서대로 주택보급률, 주택밀도임.

2) $주택밀도(호/ha) = \frac{주택\ 수}{지역\ 면적}$

① A ② B

③ C ④ D

⑤ E

27. 다음 <그림>은 2022년 1 ~ 9월 월별·연령대별 고용률에 관한 자료이다. 제시된 <표> 이외에 <보고서>를 작성하기 위해 추가로 필요한 자료만을 <보기>에서 모두 고르면?

<그림> 2022년 1 ~ 9월 월별·연령대별 고용률

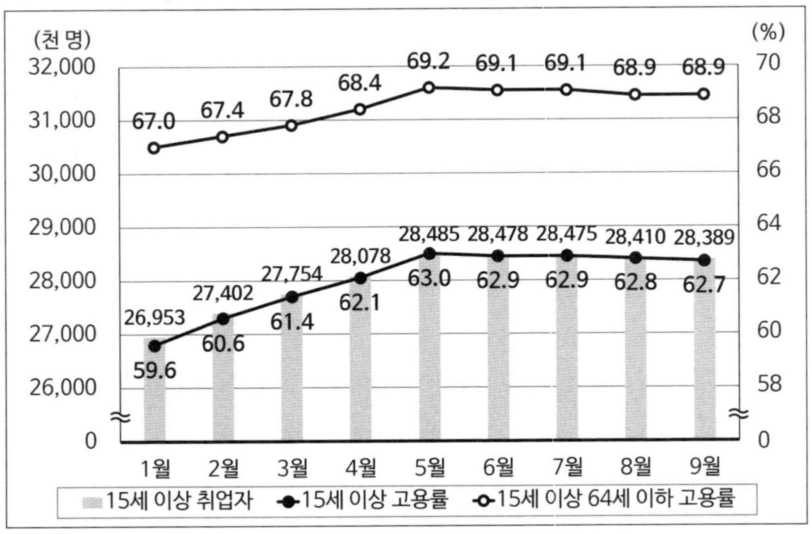

※ (연령대별)고용률(%) = $\frac{\text{(연령대별)취업자 수}}{\text{(연령대별)인구 수}} \times 100$

<보고서>

2022년 1 ~ 9월 동안 15세 이상 고용률은 63.0 %로 5월에 가장 높고, 15세 이상 취업자 수는 28,478명으로 6월에 가장 높으며, 15세 이상 인구 수는 9월에 가장 많다.

15세 이상 64세 이하 고용률은 69.2 %로 5월에 가장 높았으며, 5월 65세 이상 고용률은 34.1 %으로 전월대비 0.8 %p 감소하였다. 반면, 5월 15세 이상 29세 이하 고용률은 46.6 %으로 전월대비 0.2 %p 증가하였다.

<보 기>

ㄱ. 2022년 1 ~ 9월 월별 15세 이상 인구 수
ㄴ. 2022년 1 ~ 9월 월별 15세 이상 64세 이하 인구 수
ㄷ. 2022년 1 ~ 9월 월별 30세 이상 64세 이하 인구 수
ㄹ. 2022년 1 ~ 9월 월별 30세 이상 64세 이하 취업자 수

① ㄱ, ㄷ
② ㄴ, ㄷ
③ ㄷ, ㄹ
④ ㄱ, ㄴ, ㄹ
⑤ ㄴ, ㄷ, ㄹ

28. 다음 <표>는 2016 ~ 2020년 봄감자 재배면적 상위 3개 지역 현황에 관한 자료이다. 이에 대한 <보기>의 설명 중 옳은 것만을 모두 고르면?

<표> 봄감자 재배면적 상위 3개 지역 현황

(단위: ha, %)

구분 \ 연도		2016	2017	2018	2019	2020
경북	재배면적	( )	10,314	( )	( )	( )
	증가율	( )	3.2	10.0	20.0	30.0
강원	재배면적	( )	( )	( )	( )	( )
	증가율	( )	−3.0	30.0	15.0	15.0
전남	재배면적	( )	10,500	( )	( )	( )
	증가율	( )	( )	12.0	30.0	18.0

※ 1) 재배면적 순위는 2016년 기준이며, 재배면적이 넓을수록 순위가 높음. 2016년 재배면적 순위는 경북, 강원, 전남의 순임.
2) 증가율은 전년대비 증가율임.

<보 기>

ㄱ. 경북, 강원, 전남 중 봄감자 재배면적의 2017년 대비 2020년 증가율은 강원, 전남, 경북 순으로 높다.
ㄴ. 경북 봄감자 재배면적의 2017년 대비 2020년 증가율은 70 % 이상이다.
ㄷ. 2017년 강원 봄감자 재배면적은 9,700 ha 미만이고, 2017년 전남 봄감자 재배면적의 전년대비 증가율은 5 % 초과이다.

① ㄴ
② ㄱ, ㄴ
③ ㄱ, ㄷ
④ ㄴ, ㄷ
⑤ ㄱ, ㄴ, ㄷ

29. 다음 <표>는 임차인 갑 ~ 무의 전·월세 전환 재산평가액 현황에 대한 자료이다. 이에 근거하여 '전세 재산평가액'과 '월세 재산평가액'의 차이가 두 번째로 큰 임차인은?

<표> 임차인 갑 ~ 무의 전·월세 전환 및 재산평가액 현황

(단위 : %, 만 원)

구분 \ 임차인	갑	을	병	정	무
전·월세 전환율	8	5	( )	6	4
전세금	30,000	20,000	18,000	( )	( )
월세보증금	( )	8,000	10,000	5,000	25,000
월세	100	( )	100	50	50
전세 재산평가액	9,000	6,000	( )	( )	( )
월세 재산평가액	( )	( )	( )	2,100	( )

※ 1) 전·월세 전환율(%) = $\frac{\text{월세} \times 12}{\text{전세금} - \text{월세보증금}} \times 100$

2) 전세 재산평가액 = 전세금 × 0.3
3) 월세 재산평가액 = (월세보증금 + 월세 × 40) × 0.3

① 갑
② 을
③ 병
④ 정
⑤ 무

30. 다음 <표>는 2020년 1월과 8월 식품유형별 생산액 상위 15위 현황에 관한 자료이다. 이를 이용하여 작성한 <보기>의 자료 중 옳은 것만을 고르면?

<표 1> 1월 식품유형별 생산액 상위 15위 현황

(단위: 억 원, %)

순위	식품유형	생산액	점유율
1	돼지 포장육	59,210	7.9
2	소 포장육	50,535	6.7
3	양념육	41,794	5.8
4	편의식품류	35,163	4.7
5	소스류	27,693	3.7
6	빵류	24,593	3.3
7	닭 포장육	23,664	3.2
8	수산물가공품	23,185	3.1
9	과자	22,480	3.0
10	커피	21,026	2.8
11	유탕면	20,249	2.7
12	유제품	16,481	2.2
13	소주	15,825	2.1
14	탄산음료	15,250	2.0
15	식물성유지류	15,080	2.0
상위 15위 합계		412,228	55.2

<표 2> 8월 식품유형별 생산액 상위 15위 현황

(단위: 억 원, %)

순위	식품유형	생산액	점유율
1	돼지 포장육	72,344	9.2
2	소 포장육	54,585	7.0
3	편의식품류	36,999	4.7
4	양념육	33,454	4.3
5	닭 포장육	29,320	3.7
6	아이스크림류	26,739	3.4
7	소스류	22,715	2.9
8	커피	22,480	2.9
9	빵류	22,354	2.9
10	탄산음료	22,322	2.8
11	유탕면	20,012	2.6
12	탄산음료	16,924	2.2
13	수산물가공품	16,315	2.1
14	김치류	16,051	2.0
15	햄류	13,949	1.8
상위 15위 합계		426,563	54.5

<보 기>

ㄱ. 1월 생산액 상위 10위 식품유형 기준 1월 대비 8월 순위 변동 현황

<table>
<tr><td rowspan="3">변동 없음</td><td colspan="4">변동 있음</td></tr>
<tr><td colspan="2">상승</td><td colspan="2">하락</td></tr>
<tr><td>1 ~ 5위</td><td>6위 이상</td><td>1 ~ 5위</td><td>6위 이상</td></tr>
<tr><td>돼지 포장육, 소 포장육</td><td>편의식품류, 닭 포장육, 커피</td><td>–</td><td>양념육, 소스류, 빵류, 수산물가공품</td><td>과자</td></tr>
</table>

ㄴ. 8월 생산액 상위 10위 식품유형 기준 1월 대비 8월 생산액 증감폭 현황

5천 억 원 미만	5천 억 원 이상 1조 원 미만	1조 원 이상
소 포장육, 편의식품류, 소스류, 커피, 빵류	양념육, 닭 포장육, 탄산음료	돼지 포장육, 아이스크림류

ㄷ. 1월 생산액 상위 15위 식품유형의 생산액 구성비

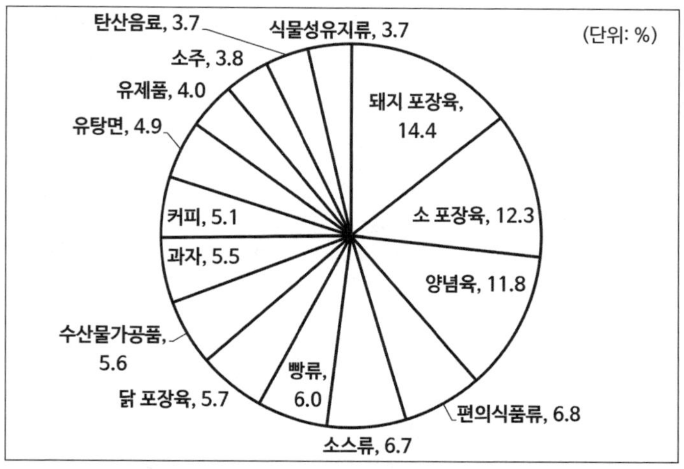

ㄹ. 1월과 8월 '생산액 상위 10위 식품유형'의 월별 점유율 합계

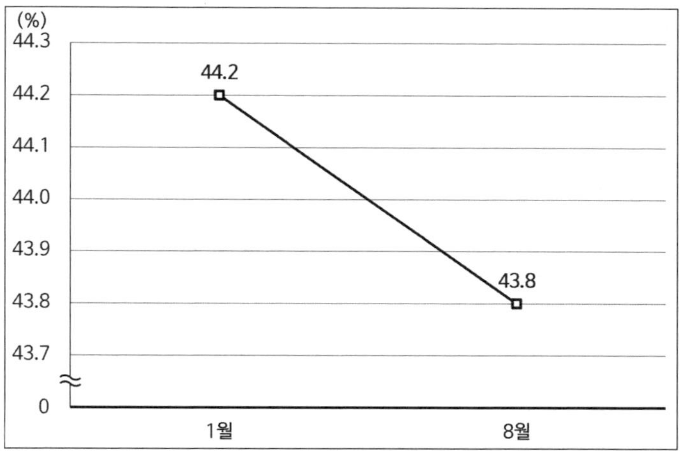

① ㄱ, ㄹ
② ㄴ, ㄹ
③ ㄷ, ㄹ
④ ㄱ, ㄴ, ㄷ
⑤ ㄱ, ㄴ, ㄹ

31. 다음 <표>와 <그림>은 2019년 지역별 인구 분포 현황에 관한 자료이다. 이에 대한 <보기>의 설명 중 옳은 것만을 모두 고르면?

<표> 지역별 인구 분포 현황

(단위: 천 명, %)

지역 \ 구분	총인구	65세 이상 인구	노년 부양비	노령화 지수
전국	51,709	7,685	20.4	119.4
서울	9,662	1,402	19.3	138.3
부산	3,373	591	24.5	160.8
대구	(　　)	368	20.8	124.5
인천	2,944	370	16.8	98.7
광주	1,494	193	17.6	95.1
대전	1,509	193	17.3	99.6
울산	1,147	127	14.8	79.3
세종	331	30	12.6	44.6
경기	13,238	1,590	16.2	87.5
강원	1,517	287	27.2	166.6
충북	1,626	263	22.7	130.4
충남	2,188	372	24.3	130.5
전북	1,803	355	28.9	162.6
전남	1,773	396	34.1	185.6
경북	2,665	527	28.8	170.8
경남	3,350	524	22.0	117.6
제주	660	96	20.5	98.9

※ 1) 노년부양비(%) $= \frac{\text{65세 이상 인구}}{\text{15 ~ 64세 인구}} \times 100$

2) 노령화지수(%) $= \frac{\text{65세 이상 인구}}{\text{0 ~ 14세 인구}} \times 100$

3) 유소년부양비(%) $= \frac{\text{0 ~ 14세 인구}}{\text{15 ~ 64세 인구}} \times 100$

<그림> 지역별 65세 이상 인구 비중

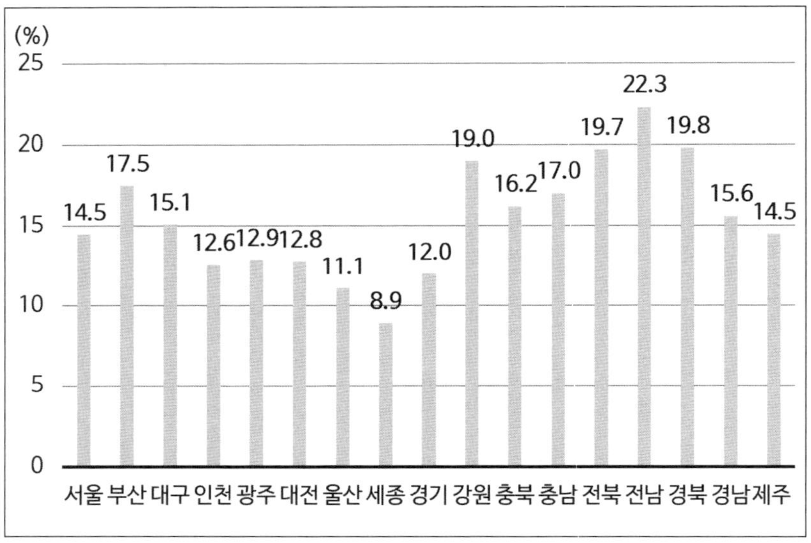

※ 65세 이상 인구 비중(%) $= \frac{\text{65세 이상 인구}}{\text{총인구}} \times 100$

<보 기>

ㄱ. 유소년부양비는 모든 지역에서 25% 미만이다.

ㄴ. 0 ~ 64세 인구 대비 65세 이상 인구 비율이 두 번째로 높은 지역은 경북이고, 두 번째로 낮은 지역은 울산이다.

ㄷ. 서울, 인천, 경기 중 총인구 대비 0 ~ 14세 인구 비율은 경기가 가장 높다.

ㄹ. 65세 이상 인구 비중은 전국이 충남보다 높다.

① ㄱ, ㄷ　② ㄴ, ㄷ

③ ㄴ, ㄹ　④ ㄱ, ㄴ, ㄷ

⑤ ㄴ, ㄷ, ㄹ

32. 다음 <표>와 <그림>은 2015 ~ 2020년 반도체, 디스플레이 산업 생산, 수출, 수입 및 원/달러 환율에 관한 자료이다. 이에 대한 설명으로 옳은 것은?

<표> 반도체, 디스플레이 산업 생산, 수출, 수입 현황

산업	구분 \ 연도	2015	2016	2017	2018	2019	2020
반도체	생산액 (조 원)	68	66	102	143	134	158
	시장점유율 (%)	17.4	16.6	21.5	23.6	18.4	18.4
	수출액 (억 달러)	629	622	979	1,267	939	992
	수입액 (억 달러)	383	366	412	447	470	503
디스플레이	생산액 (조 원)	44	68	79	72	67	75
	시장점유율 (%)	45.1	45.8	45	42.6	40.2	34.8
	수출액 (억 달러)	297	251	274	247	205	180
	수입액 (억 달러)	105	109	121	131	142	102

※ 시장점유율(%)은 반도체(디스플레이) 세계 전체 생산액에서 한국의 반도체(디스플레이) 생산액이 차지하는 비중임.

<그림> 연도별 원/달러 환율

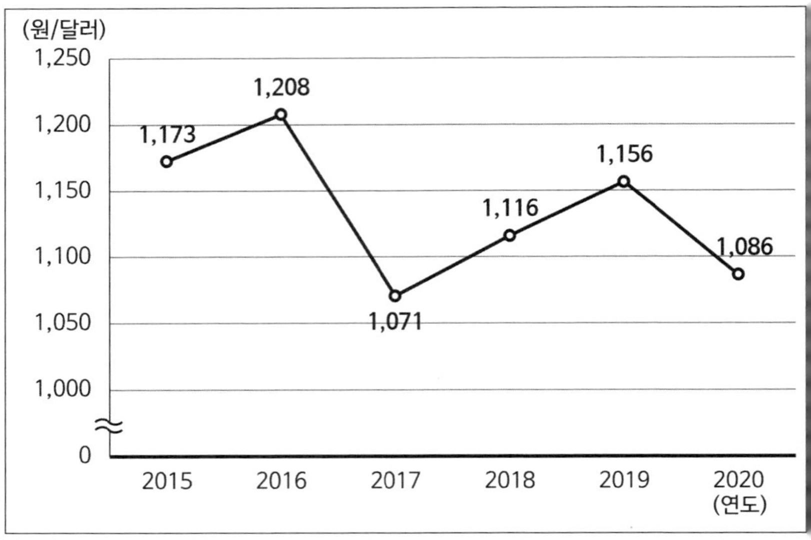

① 2017년 원화 환산 디스플레이 수입액은 전년대비 증가하였다.

② 2020년 산업별 세계 전체 생산액의 2015년 대비 증가율은 반도체, 디스플레이 모두 100% 이상이다.

③ 2018년 원화 환산 반도체 수출액의 전년대비 증가율은 30% 미만이다.

④ 2020년 달러 환산 디스플레이 생산액 대비 달러 환산 반도체 생산액 비율은 전년대비 감소하였다.

⑤ 2016년 반도체 생산액은 원화 환산 반도체 수출액보다 크다.

33. 다음 <표>와 <그림> 연구실 안전관리 실태조사에 참여한 4,035개 연구실 유형별 우수연구실 인증제 및 환경개선지원사업 신청 이력 유무와 미신청 사유 설문조사 결과에 관한 자료이다. 이에 대한 <보고서>의 내용으로 옳지 않은 것은?

<표 1> 연구실 유형별 우수연구실 인증제 신청 이력 유무

(단위: 개, %)

구분 유형	수	신청이력 있음		신청이력 없음	
		수	비율	수	비율
전체	4,035	260	(　)	3,775	(　)
대학	338	59	(　)	279	(　)
연구기관	176	32	(　)	144	(　)
기업부설	3,521	169	(　)	3,352	(　)

<그림 1> 우수연구실 인증제 미신청 사유 설문조사 결과

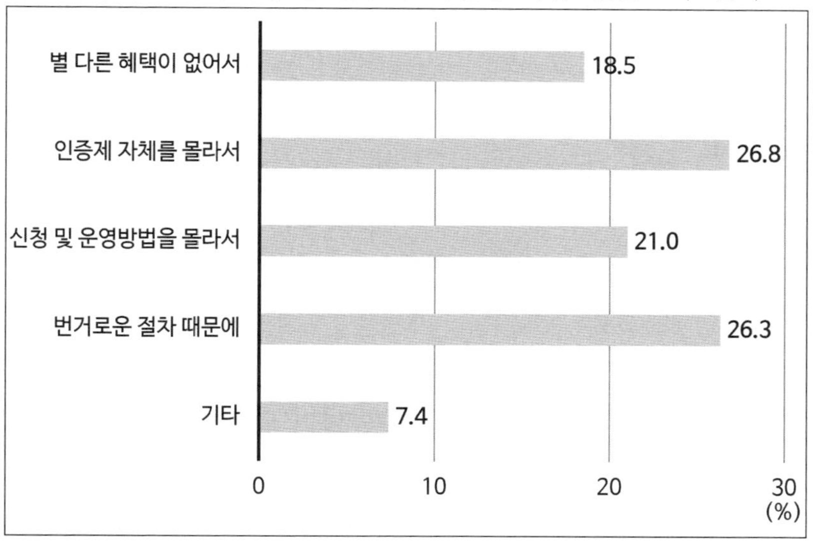

※ 우수연구실 인증제 미신청 사유 설문조사는 <표 1>에서 '신청이력 없음'인 연구실을 대상으로 이루어짐.

<표 2> 연구실 유형별 환경개선지원사업 신청 이력 유무

(단위: 개, %)

구분 유형	수	신청이력 있음		신청이력 없음	
		수	비율	수	비율
전체	4,035	(　)	(　)	3,748	(　)
대학	338	123	(　)	215	(　)
연구기관	176	26	(　)	150	(　)
기업부설	3,521	138	(　)	3,383	(　)

<그림 2> 환경개선지원사업 미신청 사유 설문조사 결과

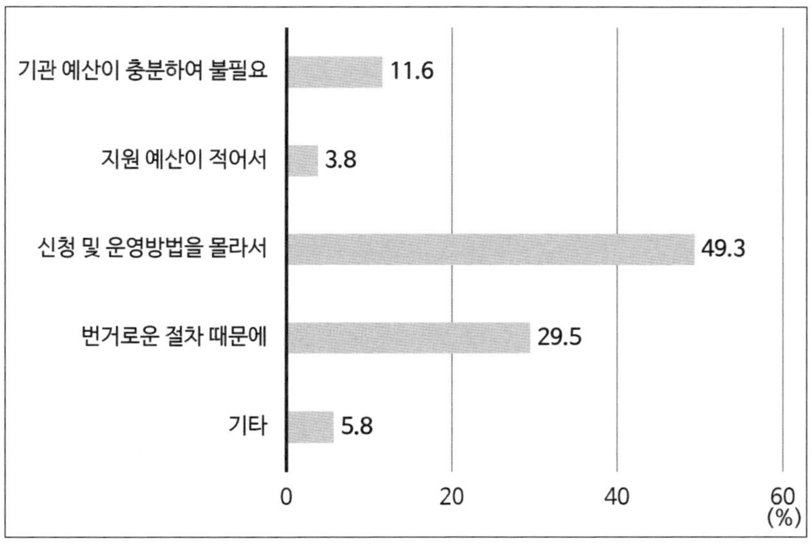

※ 환경개선지원사업 인증제 미신청 사유 설문조사는 <표 2>에서 '신청이력 없음'인 연구실을 대상으로 이루어짐.

<보고서>

우수연구실 인증제는 연구실 안전관리 역량 강화와 표준모델 발굴을 위하여 안전관리 수준이 우수한 연구실에 인증을 부여하는 제도이다. 하지만, 연구실안전관리 실태조사에 참여한 4,035개 연구실 중 우수연구실 인증제 신청 이력이 있는 기관은 260개에 불과하다. ㉠ <u>연구실 중 우수연구실 인증제 신청 이력이 있는 연구실의 비율은 대학과 연구기관은 각각 15% 이상, 기업부설은 5% 이하이다.</u> 우수연구실 인증제의 미신청 사유는 '인증제 자체를 몰라서'와 '번거로운 절차 때문에', '신청 및 운영방법을 몰라서'의 순으로 높게 나타났고, ㉡ <u>해당 3개 사유로 응답한 연구실 수 합은 3,000개 이하이다.</u>

다음으로, 환경개선지원사업은 대학, 연구기관 등이 설치 및 운영 중인 과학기술 분야 연구실에 안전관리 컨설팅 및 인프라 구축 비용을 지원하는 사업이다. 전체 4,035개 연구실 중 ㉢ <u>환경개선지원사업 '신청이력 있음'인 비율은 10% 미만이다.</u> 그리고 ㉣ <u>연구실 유형별로 볼 때, '신청이력 있음' 비율은 연구기관이 두 번째로 높다.</u> 환경개선지원사업 미신청 사유는 ㉤ <u>'신청 및 운영방법을 몰라서'로 응답한 연구실이 1,900개 이상으로 가장 높게 나타났고, 그 다음으로 '번거로운 절차 때문에'로 응답한 연구실이 1,000개 이상으로 높게 나타났다.</u>

① ㄱ　② ㄴ　③ ㄷ　④ ㄹ　⑤ ㅁ

34. 다음 <그림>은 2017 ~ 2021년 국가지정문화재 유형별 지정 건수에 관한 자료이다. 이에 대한 설명으로 옳지 않은 것은?

<그림> 국가지정문화재 유형별 지정 건수

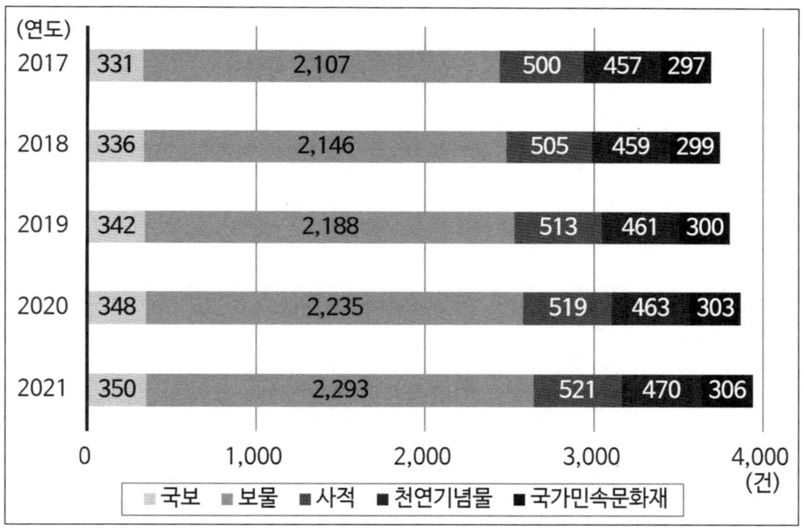

※ 국가지정문화재 유형은 국보, 보물, 사적, 천연기념물, 국가민속문화재 뿐임.

① 국보와 보물 지정 건수의 합은 매년 증가하였다.
② 보물 지정 건수는 국보, 사적, 천연기념물, 국가민속문화재 지정 건수의 합보다 매년 많다.
③ 2018년 이후 사적 지정 건수의 전년대비 증가율과 천연기념물 지정 건수의 전년대비 증가율은 증감방향이 매년 다르다.
④ 2021년 유형별 지정 건수의 전년대비 증가율은 천연기념물이 두 번째로 높다.
⑤ 2021년 사적, 천연기념물, 국가민속문화재 지정 건수 합의 2017년 대비 증가폭은 50건 미만이다.

[35 ~ 36] 다음 <표>는 저작권 상담 현황에 관한 자료이다. <표>를 보고 물음에 답하시오.

<표 1> 2013 ~ 2018년 저작권 상담 현황

(단위: 건)

구분 \ 연도	2013	2014	2015	2016	2017	2018
전체	78,535	85,088	75,698	75,687	181,663	171,050
온라인	62,521	50,233	27,424	27,271	136,817	(　)

※ 전체 저작권 상담은 온라인과 오프라인으로 구분됨.

<표 2> 2018년 월별 저작권 상담 현황

(단위: 건)

월 \ 구분	온라인	오프라인					전체
		전화	대면	서신	기타	소계	
1	13,978	3,672	98	3	39	3,812	17,790
2	9,846	2,959	165	4	117	3,245	13,091
3	10,570	3,561	91	6	181	3,839	14,409
4	9,609	3,610	119	8	193	3,930	13,539
5	8,527	3,679	135	10	157	3,981	12,508
6	9,653	3,104	82	5	178	3,369	13,022
7	8,798	3,518	112	11	199	3,840	12,638
8	8,996	3,908	72	6	147	4,133	13,129
9	10,895	2,914	55	7	120	3,096	13,991
10	14,004	3,807	69	6	146	4,028	18,032
11	10,078	4,284	53	7	136	4,480	14,558
12	10,512	3,624	51	8	148	3,831	14,343
총	(　)	42,640	(　)	(　)	1,761	45,584	171,050

<표 3> 2018년 유형별 저작권 상담 현황

(단위: 건, %)

유형	수	비율
어문	25,403	14.9
음악	9,465	5.5
연극	2,575	1.5
미술	9,790	5.7
건축	1,781	1.0
사진	5,589	3.3
영상	9,695	5.7
도형	1,148	0.7
프로그램	15,372	9.0
편집물	1,020	0.6
데이터베이스	717	0.4
실연	1,233	0.7
음반	1,342	0.8
방송	584	0.3
기타	85,336	49.9
전체	171,050	100.0

35. 위 자료에 대한 다음 설명 중 옳지 않은 것은?

① 2018년 온라인 상담 건수는 135,000건 이상이다.

② 2018년 2월 이후 서신 상담이 전월대비 감소한 달에는 온라인 상담이 전월대비 증가하였다.

③ 2018년 전체 상담 중 유형별 상담 비중은 기타가 프로그램의 5.5배 이상이다.

④ 2013년 전체 상담 중 온라인 상담 비중은 80% 이하이다.

⑤ 2018년 오프라인 상담 중 전화 상담 비중은 전체 상담 중 온라인 상담 비중에 비해 매월 높다.

36. 위 자료를 이용하여 <보고서>를 작성하였다. <보고서>를 작성하기 위해 추가로 필요한 자료만을 <보기>에서 모두 고르면?

<보고서>

2013 ~ 2017년 동안 매년 1월 전체에서 온라인 저작권 상담 건수가 차지하는 비중은 전년 대비 매년 증가하였다. 그리고, 2014 ~ 2017년 동안 전체에서 온라인 저작권 상담 건수가 차지하는 비중의 전년 대비 증가폭은 2015년에 가장 높았다.

2018년 오프라인 저작권 상담의 경우 대면 상담은 총 1,102건이고, 이중 100건을 넘는 달은 모두 4번이다. 그리고 서신 상담은 총 81건이고, 10건을 넘는 경우는 2번이다.

한편, 2018년 월별 자동상담 비율은 1월이 78.6%로 가장 높고, 5월이 68.2%로 가장 낮았다. 유형별 자동상담 비율은 기타를 제외하고, 프로그램이 79.1%로 가장 높았고, 미술이 55.8%로 가장 낮았다.

<보 기>

ㄱ. 2012 ~ 2017년 월별 전체 저작권 상담 건수

ㄴ. 2012 ~ 2017년 월별 오프라인 저작권 상담 건수

ㄷ. 2018년 대면 상담 총 건수 및 서신 상담 총 건수

ㄹ. 2018년 월별·유형별 자동상담 비율

ㅁ. 2017년 월별·유형별 자동상담 비율

① ㄱ, ㄴ

② ㄷ, ㄹ

③ ㄱ, ㄴ, ㄹ

④ ㄱ, ㄴ, ㅁ

⑤ ㄴ, ㄹ, ㅁ

7. 다음 <표>는 2022년 갑국 공동주택 공급량에 관한 자료이다. 이에 대한 <보기>의 설명 중 옳은 것만을 모두 고르면?

<표 1> 종류별 · 연식별 공동주택 공급량

(단위: 만 호)

연식 \ 종류	아파트	연립주택	다세대 주택	합계
10년 미만	3,178	1,089	2,531	6,798
10 ~ 19년	6,432	1,514	3,822	11,768
20 ~ 29년	7,519	1,632	1,435	10,586
30 ~ 39년	5,323	578	289	6,190
40년 이상	3,104	165	123	3,392
전체	25,556	4,978	8,200	38,734

<표 2> 지역별 · 연식별 공동주택 공급량

(단위: 만 호)

연식 \ 지역	수도권	비수도권	합계
10년 미만	1,116	5,682	6,798
10 ~ 19년	7,453	4,315	11,768
20 ~ 29년	6,965	3,621	10,586
30 ~ 39년	4,169	2,021	6,190
40년 이상	2,528	864	3,392
전체	22,231	16,503	38,734

<보 기>

ㄱ. 수도권 아파트 공급량은 10,000만 호 이상이다.

ㄴ. 30 ~ 39년 비수도권 아파트 공급량은 10년 미만 비수도권 아파트 공급량에 비해 적다.

ㄷ. 40년 미만 연립주택의 평균 연식은 20년 이상이다.

① ㄱ

② ㄴ

③ ㄱ, ㄴ

④ ㄴ, ㄷ

⑤ ㄱ, ㄴ, ㄷ

38. 다음 <그림>은 2011 ~ 2020년 유가보조금 부정수급액 및 부정수급 건수와 2015 ~ 2020년 1인당 유가보조금에 관한 자료이다. 이에 대한 설명으로 옳지 않은 것은?

<그림> 2011 ~ 2020년 유가보조금 부정수급액 및 부정수급건수

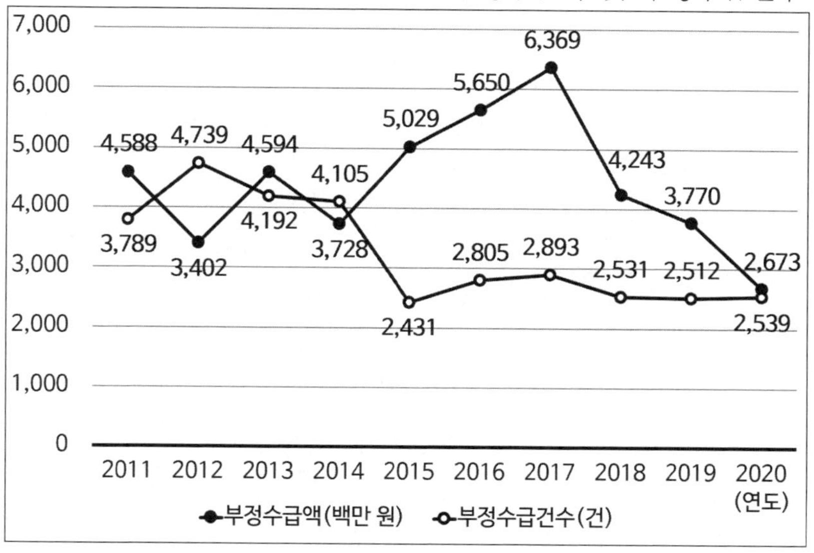

<표> 2015 ~ 2020년 1인당 유가보조금

(단위: 만 원, %)

구분 \ 연도	2015	2016	2017	2018	2019	2020
운송수입	753	737	( )	760	790	( )
지출액	( )	( )	( )	510	490	( )
유가보조금	66	63	65	( )	( )	( )
지출액 대비 유가보조금 비중	12.9	13.0	12.7	( )	( )	12.7
명목소득 대비 유가보조금 비중	27.4	24.9	30.2	( )	( )	21.3
실질소득 대비 유가보조금 비중	37.7	33.2	43.3	40.0	50.0	27.1

※ 1) 명목소득 = 운송수입 − 지출액

2) 실질소득 = 운송수입 − 지출액 − 유가보조금

① 2011 ~ 2020년 동안 부정수급 1건당 부정수급액이 1백만 원을 초과하는 해는 8번이다.

② 2016년 지출액은 전년대비 3% 이상 감소하였다.

③ 2017년 운송수입은 지출액의 1.5배보다 작다.

④ 2019년 유가보조금의 전년대비 증가폭은 30만 원 이상이다.

⑤ 2020년 명목소득은 실질소득의 1.2배 이상이고, 지출액은 명목소득의 1.6배 이상이다.

39. 다음 <표>는 2017년과 2018년 군 신분별 국가기술자격 취득 및 2018년 고민유형별 병영생활 상담 현황에 관한 자료이다. 이에 대한 설명으로 옳지 않은 것은?

<표 1> 2017년과 2018년 군 신분별 국가기술자격 취득 건수

(단위: 건)

신분	자격종류	2017년				2018년			
		합계	육군	해군	공군	합계	육군	해군	공군
장교	산업기사	84	48	4	32	99	58	5	36
	기능사	1,243	793	153	297	1,050	697	113	240
부사관	산업기사	675	111	84	480	648	105	85	458
	기능사	3,533	2,021	715	797	3,248	1,840	718	690
군무원	산업기사	110	63	15	32	98	46	19	33
	기능사	841	455	174	212	691	384	140	167
병사	산업기사	495	218	14	263	771	380	16	375
	기능사	12,455	8,486	1,632	2,337	12,242	8,555	1,316	2,371
전체	산업기사	644	440	117	87	1,616	589	125	902
	기능사	18,072	11,755	2,674	3,643	17,231	11,476	2,287	3,468

<표 2> 2018년 고민유형별 병영생활 상담 건수

(단위: 건)

유형 \ 신분	장교	부사관	군무원	병사	전체
부적응	149	249	18	22,361	22,777
이성	1	5	0	1,523	1,529
진로	12	32	1	2,197	2,242
인권침해	90	165	18	3,333	3,606
정신건강	19	25	4	1,565	1,613
가정	0	5	1	421	427
성	7	14	1	360	382
자살충동	24	18	2	768	812
중독	1	0	0	66	67
부채	0	0	0	44	44

① 2017년 전체 기능사 취득 건수 합계에서 병사 합계가 차지하는 비중은 65% 이상이다.

② 2018년 장교의 기능사 취득 건수의 전년대비 감소율은 육군이 15% 미만이고, 공군이 15% 이상이다.

③ 2018년 고민유형이 이성인 상담 건수가 0건인 신분은 2017년 해군 기능사 취득 건수가 산업 기사 취득 건수의 12배 미만이다.

④ 2018년 고민유형이 부적응인 상담과 정신건강인 상담은 각각 전체 상담 중 병사 상담 비중이 98% 이상이다.

⑤ 2018년 공군의 산업기사 취득 건수 1건당 기능사 취득 건수가 가장 높은 신분은 2018년 고민유형이 가정인 상담 건수가 0건이다.

40. 다음 <그림>은 연도별·주체별 교통사고 사망자 수에 관한 자료이다. 이에 대한 <보기>의 설명 중 옳은 것만을 모두 고르면?

<그림> 연도별·주체별 교통사고 사망자 수

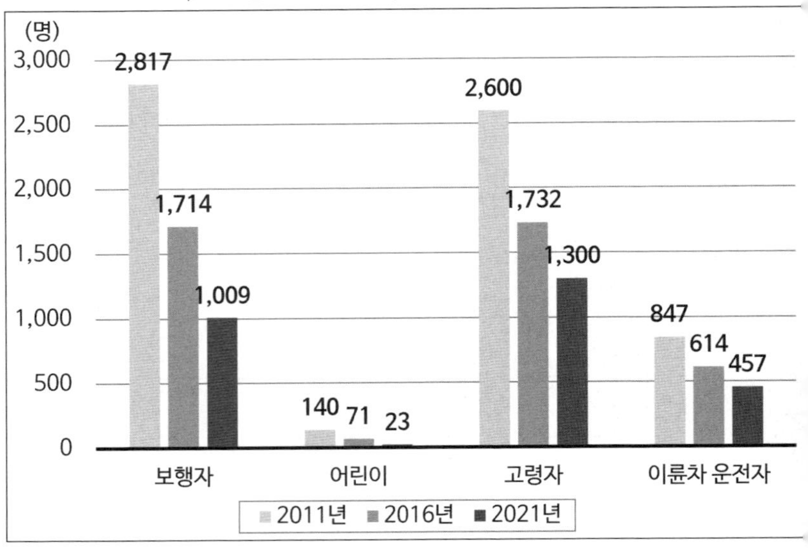

※ T년 ~ T+n년 동안의 연평균감소율은 T년 값을 a, T+n년 값을 b라고 할 때, $a(1-R)^n = b$를 만족하는 R값임.

<보 기>

ㄱ. 2011년 대비 2016년 어린이 교통사고 사망자 수 감소율과 2016년 대비 2021년 어린이 교통사고 사망자 수 감소율의 차이는 15%p 이상이다.

ㄴ. 2021년 이륜차 운전자 교통사고 사망자 수의 2016년 대비 감소율은 25% 미만이다.

ㄷ. 2011년, 2016년, 2021년 교통사고 사망자 수 합은 고령자가 이륜차 운전자의 3배보다 적다.

ㄹ. 2011 ~ 2021년 동안 고령자 교통사고 사망자 수의 연평균 감소율은 5% 이하이다.

① ㄱ, ㄷ
② ㄱ, ㄹ
③ ㄴ, ㄷ
④ ㄴ, ㄹ
⑤ ㄱ, ㄷ, ㄹ

현재 내 위치가 궁금하다면?

빠른 채점 및 성적 분석

https://labstandard.kr/eas

성적분석 서비스 + 통계표 확인

맞은 문제 수 / 푼 문제 수	맞은 문제 수 / 찍은 문제 수
(　　)문제 / (　　)문제	(　　)문제 / (　　)문제

총점: 　　　　점

✓ 전국에 있는 수험생들의 성적과 자신의 성적을 지금 바로 비교해 보세요!

2024년 국가공무원 5급 공채·국립 외교원·7급 지역인재 등 PSAT 대비

| 자료해석영역 |

2 교시

문제책형
기

응시번호

성명

응시자 주의사항

1. **시험시작 전에 시험문제를 열람하는 행위나 시험종료 후에 답안을 작성하는 행위를 한 사람**은 「공무원임용시험령」 제51조에 의거 **부정행위자**로 처리됩니다.
2. **답안지 책형 표기**는 **시험시작 전** 감독관의 지시에 따라 **문제책 앞면에 인쇄된 문제책형을 확인**한 후, **답안지 책형란에 해당 책형(1개)**을 '●'로 **표기**하여야 합니다.
3. 시험이 시작되면 문제를 주의 깊게 읽은 후, **문항의 취지에 가장 적합한 하나의 정답만을 고르며,** 문제내용에 관한 질문은 할 수 없습니다.
4. **답안을 잘못 표기하였을 경우**에는 **답안지를 교체하여 작성**하거나 **수정할 수 있으며,** 표기한 답안을 수정할 때는 **응시자 본인이 가져온 수정테이프만을 사용**하여 해당 부분을 완전히 지우고 부착된 수정테이프가 떨어지지 않도록 손으로 눌러주어야 합니다. **(수정액 또는 수정스티커 등은 사용 불가)**
   ■ **불량한 수정테이프의 사용과 불완전한 수정처리**로 발생하는 **모든 문제는 응시자 본인에게 책임**이 있습니다.
5. **시험시간 관리의 책임은 응시자 본인에게 있습니다.**
   ※ 시험지는 시험종료 후 가지고 갈 수 있습니다.

정답공개 및 이의제기 안내

1. **빠른 채점** 및 **성적분석** 서비스 (나의 위치 확인 및 통계 분석 결과 확인)
   ■ **시험지 뒷면** 및 **해설지**의 **QR코드** 확인 : https://labstandard.kr/eas
2. **답안지(OMR 카드) & 정오표** 다운로드, 문항 관련 문의
   ■ 랩스탠다드 홈페이지(https://labstandard.kr) "학습지원센터 - 자료실 & 정오표" 게시판 확인
   ■ 문항 관련 문의 : "학습지원센터 - 1:1 문의" 게시판 또는 이메일(labstandard@naver.com)

1. 다음 <표>는 A 초등학교 1, 2, 3반의 성별 국어, 영어, 수학 성적에 관한 자료이다. 이에 대한 <보기>의 설명 중 옳은 것만을 모두 고르면?

<표> A 초등학교 1, 2, 3반의 성별 국어, 영어, 수학 성적

(단위: 점)

과목 \ 반 / 성별	1		2		3	
	남학생 (10명)	여학생 (10명)	남학생 (15명)	여학생 (5명)	남학생 (5명)	여학생 (10명)
국어	70	75	65	60	80	60
영어	60	50	50	55	75	70
수학	70	80	85	90	90	80

※ A 초등학교 6학년은 1, 2, 3반 뿐이며, 각 과목의 만점은 100점임.

<보 기>

ㄱ. 국어는 3반의 평균 점수가 2반의 평균 점수에 비해 3점 이상 높다.

ㄴ. 3개 과목 전체 평균의 경우 1반, 2반은 각각 여학생이 남학생에 비해 높고, 3반은 남학생이 여학생에 비해 10점 이상 높다.

ㄷ. 전체 여학생의 평균 점수는 국어가 영어에 비해 5점 이상 높고, 수학이 국어에 비해 15점 이상 높다.

ㄹ. 과목별 평균 점수는 1반, 2반, 3반 모두 수학, 국어, 영어 순으로 높다.

① ㄱ
② ㄱ, ㄴ
③ ㄴ, ㄷ
④ ㄷ, ㄹ
⑤ ㄴ, ㄷ, ㄹ

2. 다음 <표>는 2012 ~ 2021년 A국 월별 지진발생횟수에 관한 자료이다. 이에 대한 <보기>의 설명 중 옳은 것만을 모두 고르면?

<표> 월별 지진발생횟수

(단위: 점)

연도 \ 분기 / 월	1분기			2분기			3분기			4분기			전체
	1	2	3	4	5	6	7	8	9	10	11	12	
2012	5	3	1	4	6	7	9	1	3	4	6	7	56
2013	8	4	5	2	4	9	1	5	3	6	4	5	56
2014	10	11	3	1	5	5	6	3	2	6	3	2	57
2015	8	8	9	9	2	3	1	5	10	11	12	4	82
2016	4	3	4	5	6	7	11	12	3	4	6	2	67
2017	15	11	6	12	2	2	1	4	5	2	7	8	75
2018	7	7	10	3	3	4	5	6	8	7	5	9	74
2019	9	5	7	5	16	11	10	9	4	1	1	1	79
2020	12	10	8	6	7	8	4	22	2	3	8	2	92
2021	6	6	11	7	12	8	3	5	2	4	5	5	74
합계	84	68	64	54	63	64	51	72	42	48	57	45	712

<보 기>

ㄱ. 2012 ~ 2014년 1분기 지진발생횟수는 2015 ~ 2017년 1분기 지진발생횟수보다 적다.

ㄴ. 2012 ~ 2021년 전체 지진발생횟수 대비 1, 4분기 지진발생횟수의 합 비율은 50% 이상이다.

ㄷ. 2012 ~ 2021년 동안 4분기 지진발생횟수가 1분기에 비해 증가한 연도 수는 2개년이다.

ㄹ. 2017 ~ 2020년 1, 2분기 지진발생횟수는 2018 ~ 2021년 2, 3분기 지진발생횟수보다 10회 이상 더 많다.

① ㄱ, ㄴ
② ㄱ, ㄷ
③ ㄷ, ㄹ
④ ㄱ, ㄴ, ㄹ
⑤ ㄴ, ㄷ, ㄹ

3. 다음 <표>는 국내에서 개봉된 7월 첫째주 관객수 기준 상위 10위 영화에 관한 자료이다. 이에 대한 <보기>의 설명 중 옳은 것만을 모두 고르면?

<표> 7월 첫째주 관객수 기준 상위 10위 영화

순위	영화	장르	관객수(명)	좌석수(개)	상영 일수(일)	1일 상영 횟수(회)
1	A	코미디	480,611	60,270	14	8
2	B	SF	262,388	28,734	12	6
3	C	멜로	84,515	8,399	9	8
4	D	액션	83,000	8,500	8	5
5	E	드라마	72,167	9,451	16	5
6	F	액션	51,621	6,500	20	9
7	G	드라마	23,400	4,510	10	5
8	H	드라마	15,139	3,600	11	3
9	I	액션	8,200	2,700	16	3
10	J	SF	7,889	1,512	15	2
상위 10위 합계			1,088,930	134,176	–	–
전체			1,267,892	147,832	–	–

※ 1) 좌석점유율(%) = $\frac{\text{관객수(명)}}{\text{좌석수(개)} \times \text{총 상영횟수(회)}} \times 100$

2) 총 상영횟수(회) = 상영 일수(일) × 1일 상영 횟수(회)

<보 기>

ㄱ. 상위 10위 영화 중 장르가 드라마인 영화의 평균 좌석점유율은 5% 이하이다.

ㄴ. 전체 관객수에서 상위 11위 이하 영화 관객수 합계가 차지하는 비중은 전체 좌석수에서 상위 11위 이하 영화 좌석수 합계가 차지하는 비중보다 크다.

ㄷ. 상위 10위 영화 중 총 상영횟수가 두 번째로 높은 영화와 가장 낮은 영화의 총 상영횟수 차이는 80회 이상이다.

ㄹ. 상위 10위 영화 중 좌석점유율이 가장 높은 영화는 좌석수 1개당 관객수도 가장 많다.

① ㄱ, ㄴ
② ㄱ, ㄷ
③ ㄴ, ㄷ
④ ㄴ, ㄹ
⑤ ㄷ, ㄹ

4. 다음 <표>와 <그림>은 2016~2020년 교정시설 수용 및 가석방 현황에 관한 자료이다. 이에 대한 <보기>의 설명 중 옳은 것만을 모두 고르면?

<표 1> 교정시설 수용 현황

(단위: 명)

구분 \ 연도	2016	2017	2018	2019	2020
수용정원	46,950	( )	( )	47,990	48,600
수용인원	( )	57,298	54,744	54,624	( )
초과인원	9,545	9,478	6,924	( )	5,273
수용률	( )	( )	( )	( )	( )

※ 1) 초과인원 = 수용인원 − 수용정원

2) 수용률(%) = $\frac{\text{수용인원}}{\text{수용정원}} \times 100$

<표 2> 교정시설 가석방 허가 및 불허가 현황

(단위: 건, %)

연도 \ 구분	신청 인원	허가		불허가	
		인원	비율	인원	비율
2016	( )	7,126	( )	348	( )
2017	( )	8,247	( )	550	( )
2018	( )	8,667	( )	717	( )
2019	( )	8,139	( )	3,189	( )
2020	( )	7,876	( )	4,327	( )

<그림> 형집행률별 가석방 허가 현황

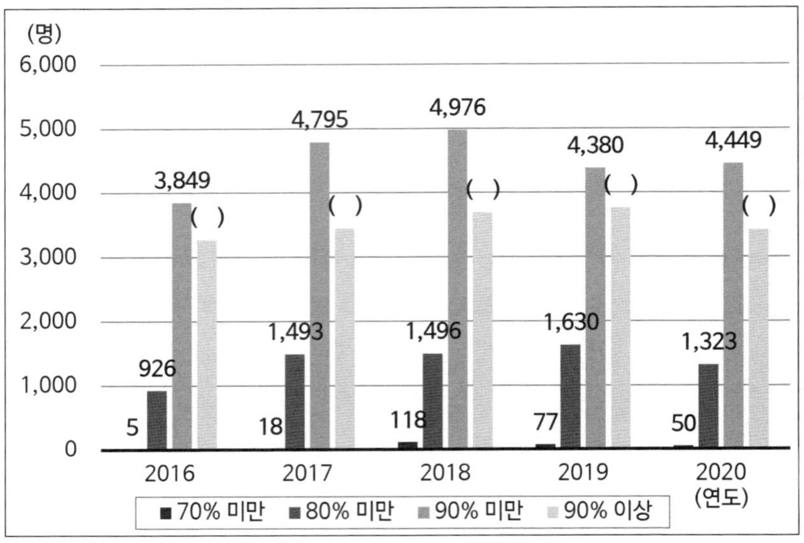

<보 기>

ㄱ. 2018~2020년 동안 수용률은 매년 110% 이상이다.

ㄴ. 2017년 수용률은 전년대비 감소하였다.

ㄷ. 형집행률 90% 이상인 가석방 허가 인원이 가장 많은 연도에 해당 인원은 3,750명 이상이다.

ㄹ. 가석방 불허가 인원 비율은 매년 5% 이상이다.

① ㄱ, ㄴ
② ㄱ, ㄷ
③ ㄴ, ㄹ
④ ㄷ, ㄹ
⑤ ㄱ, ㄴ, ㄷ

5. 다음 <표>는 1971 ~ 2021년 동안 매 10년마다 '갑'국의 농가와 비농가의 소득에 관한 조사 결과이다. 이에 대한 <보기>의 설명 중 옳은 것만을 모두 고르면?

<표 1> 원천별 가구당 농가소득

(단위: 백 달러)

원천 / 연도	농가소득		
		농업소득	농업 외 소득
1971	(　　)	26	79
1981	(　　)	53	170
1991	577	116	461
2001	903	171	732
2011	1,177	251	926
2021	(　　)	343	1,132

※ 농가소득 = 농업소득 + 농업 외 소득

<표 2> 농가와 비농가의 소득

(단위: 백 달러)

구분 / 연도	가구당 소득			1인당 소득		
		농가	비농가		농가	비농가
1971	(　)	105	135	(　)	18	30
1981	(　)	223	319	(　)	45	70
1991	(　)	577	737	(　)	125	181
2001	(　)	903	1,136	(　)	230	321
2011	(　)	1,177	2,012	(　)	322	523
2021	1,900	1,475	2,558	598	465	676

※ 전체 가구 = 농가 + 비농가

<보 기>

ㄱ. 1971년, 1981년, 2021년 농가소득 중 농업 외 소득의 비중은 각각 75% 이상이다.

ㄴ. 비농가의 가구당 인구수는 1991년이 2001년보다 많고, 2001년이 2011년보다 적다.

ㄷ. 1971 ~ 2011년 동안 가구당 인구수는 농가가 비농가에 비해 매 10년마다 더 많다.

ㄹ. 2021년 전체 가구의 가구당 인구수는 농가의 가구당 인구수에 비해 적다.

① ㄱ, ㄴ
② ㄱ, ㄷ
③ ㄴ, ㄷ
④ ㄱ, ㄴ, ㄹ
⑤ ㄴ, ㄷ, ㄹ

6. 다음 <표>와 <그림>은 2012 ~ 2020년 한국의 하수도보급률 및 2020년 주요 7개국의 하수 도보급률에 관한 자료이다. 이에 대한 <보기>의 설명 중 옳은 것만을 모두 고르면?

<표> 2012 ~ 2020년 한국의 하수도보급률

(단위: %, 천 톤/일)

구분 / 연도	하수도보급률	하수처리시설용량
2012	91.6	25,317
2013	92.1	25,327
2014	92.5	24,999
2015	92.9	25,298
2016	93.2	25,001
2017	93.6	26,107
2018	93.9	26,124
2019	94.3	26,360
2020	94.5	26,543

※ 하수도보급률 $= \frac{\text{하수도처리구역 내 인구}}{\text{총인구}} \times 100$

<그림> 2020년 주요 7개국의 하수도보급률

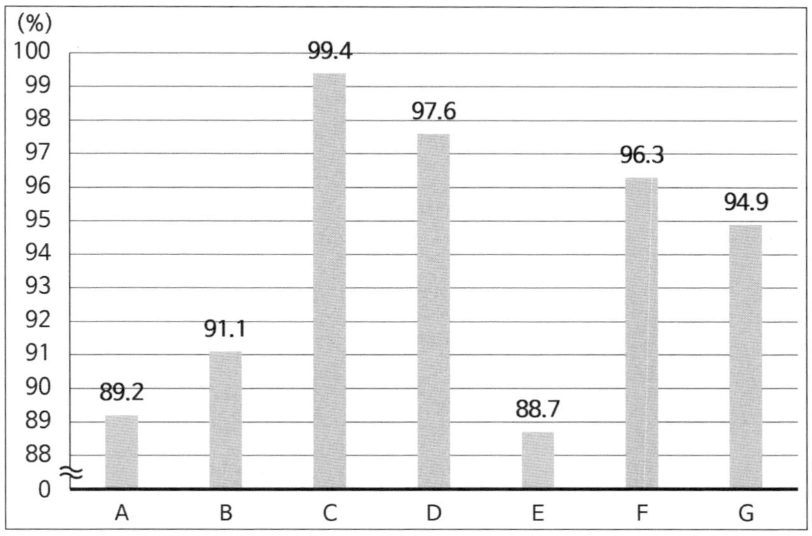

<보 기>

ㄱ. 2013년 이후 한국 하수도보급률의 전년대비 증가율은 매년 감소한다.

ㄴ. 만약 2020년 한국의 하수도 처리구역 내 인구가 전년대비 0.2% 증가한다면, 2020년 한국 총인구는 전년대비 감소한다.

ㄷ. 한국의 하수처리시설용량 전년대비 증가율의 2015년과 2017년 차이값은 4%p 미만이다.

ㄹ. 만약 2020년 주요 7개국 총인구가 모두 동일하다면, 주요 7개국 평균 하수도보급률은 한국 하수도보급률에 비해 낮다.

① ㄱ, ㄴ
② ㄱ, ㄷ
③ ㄱ, ㄹ
④ ㄴ, ㄷ
⑤ ㄴ, ㄷ, ㄹ

7. 다음 <보고서>는 2021년 주거복지센터 현황에 관한 자료이다. <보고서>와 <보기>의 자료가 부합하는 것만을 모두 고르면?

<보고서>

2021년 전국 주거복지센터 수는 42개가 있는 것으로 조사되었다. 지역별로는 서울에 22개, 경기 6개, 대구 3개, 부산, 인천, 제주 각 2개, 광주, 충남, 충북, 전북은 각 1개가 있다.

2021년 A시 주거복지센터의 재정 현황을 살펴보면, 수입액은 2억 원 이상으로 후원금의 1.3배 이상이다. 지출액의 경우 사업비가 2.9억 원으로 사업비가 지출액에서 차지하는 비중은 65 % 이상이다.

2021년 B시 주거복지센터의 재정 현황을 살펴보면, 수입액은 경상보조금은 3억 원 이상으로 수입액에서 차지하는 비중이 82 % 이상이다. 지출액은 인건비가 2억 원 이상으로 지출액에서 차지하는 비중이 80 % 이상이다.

한편, 2021년 국토교통부에서 실시 중인 '주거취약계층 주거상향 지원사업'에 자치구가 참여하는 과정에서 해당 사업비에 대한 재정지원이 이루어지고 있다. 이에 따라 2021년 주거취약계층 주거상향 지원사업 12개 자치구별 사업비를 살펴본다. 사업비 상위 3개 자치구인 A, D, G의 사업비 합은 1,200백만 원 이상이다. 그리고, 12개 자치구 전체 사업비에서 A, D, G의 사업비 합이 차지하는 비중은 70 % 이상이다.

<보 기>

ㄱ. A 시 주거복지센터 재정 현황

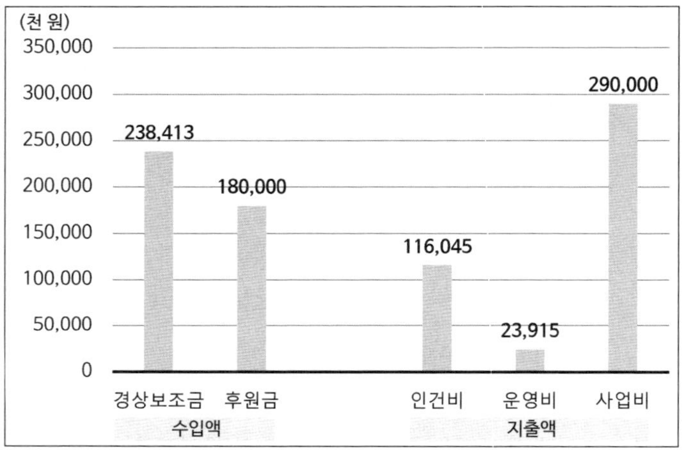

ㄴ. 2021년 주거취약계층 주거상향 지원사업 자치구별 사업비

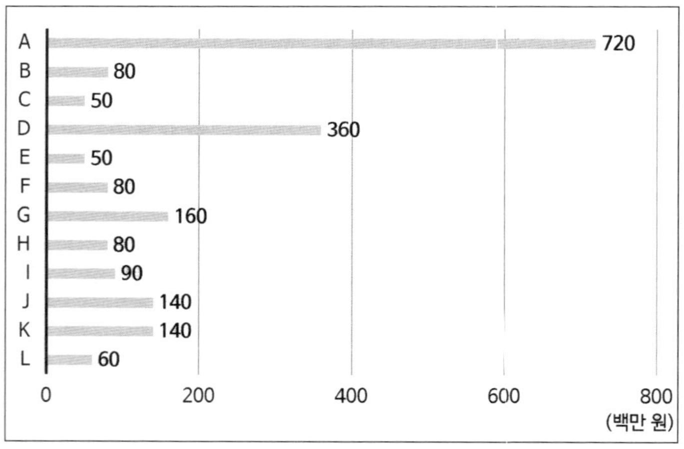

ㄷ. 2021년 지역별 주거복지센터 인력 및 운영예산

(단위: 명, 천 원)

구분 / 지역	인력	센터당 인력	연간 운영예산
서울	132	6	6,354,423
부산	8	4	373,634
대구	6	2	793,407
인천	8	4	500,137
광주	5	5	578,622
경기	18	3	1,781,153
충북	3	3	135,000
충남	3	3	180,000
전북	5	5	300,000
제주	9	3	913,840
전국	197	38	11,910,216

ㄹ. B 시 주거복지센터 재정 현황

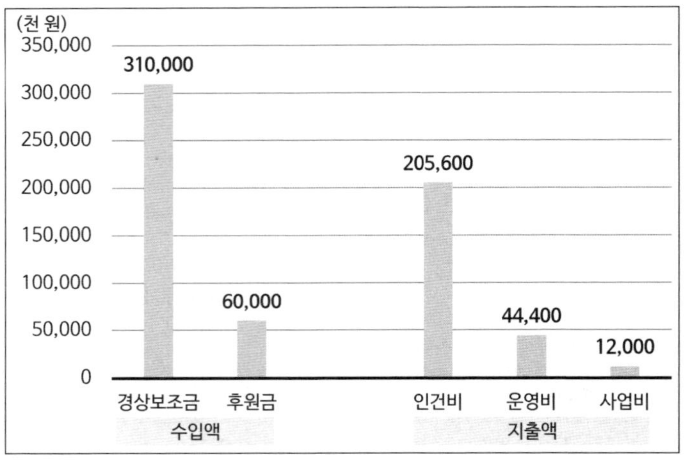

① ㄱ
② ㄱ, ㄴ
③ ㄱ, ㄷ
④ ㄱ, ㄴ, ㄹ
⑤ ㄴ, ㄷ, ㄹ

8. 다음 <표>는 2020년 소유주체별 산림의 임목축적 및 산림 면적에 관한 자료이다. 이에 대한 <보기>의 설명 중 옳은 것만을 모두 고르면?

<표> 소유주체별 산림의 임목축적 및 산림면적

(단위: 백만 m^3, 천 ha)

구분 \ 소유주체	국유림	공유림	사유림	전체
임목축적	1,600	500	4,000	6,100
산림면적	300	100	650	1,050

<보 기>

ㄱ. 국유림, 공유림, 사유림 모두 임목축적이 각각 50% 증가하면, 소유주체별 임목축적의 평균은 3,050 백만 m^3가 된다.

ㄴ. 산림면적당 임목축적은 국유림이 공유림에 비해 6% 이상 많다.

ㄷ. 사유림의 임목축적이 600백만 m^3 증가하고, 산림면적이 100천 ha 증가하면, 사유림의 산림면적당 임목축적은 현재에 비해 증가한다.

ㄹ. 산림면적이 소유주체별로 5만 ha씩 감소하면, 소유주체별 산림면적의 평균은 30만 ha가 된다.

① ㄱ, ㄴ
② ㄱ, ㄹ
③ ㄷ, ㄹ
④ ㄱ, ㄴ, ㄷ
⑤ ㄱ, ㄴ, ㄹ

9. 다음 <표>는 2013 ~ 2021년 고액체납자 출국금지 현황에 관한 자료이다. 이에 대한 설명으로 옳은 것은?

<표> 연도별 고액체납자 출국금지 현황

(단위: 명)

구분 \ 연도	직전연도 말 출국금지 인원	당해연도 신규 출국금지 인원	당해연도 신규 출국금지 해제인원	당해연도 말 출국금지 인원
2013	2,557	1,149	(　)	2,698
2014	2,698	1,007	(　)	2,967
2015	2,967	1,518	(　)	3,596
2016	3,596	4,499	1,983	6,112
2017	6,112	5,651	2,811	8,952
2018	8,952	6,660	3,600	(　)
2019	(　)	2,395	6,692	7,715
2020	7,715	1,876	2,192	7,399
2021	7,399	(　)	(　)	6,025

※ 당해연도 말 출금금지 인원 = 직전연도 말 출금금지 인원 + 당해연도 신규 출국금지 인원 − 당해연도 신규출국금지 해제인원

① 2018년 당해연도 말 출금금지 인원은 12,000명 이하이다.

② 2014년과 2015년 당해연도 신규 출국금지 해제인원의 전년대비 증감방향은 서로 반대이다.

③ 2013 ~ 2017년 동안 직전연도 말 출금금지 인원 대비 당해연도 말 출국금지 인원 증가율이 가장 높은 연도와 가장 낮은 연도의 증가율 차이는 55%p 미만이다.

④ 2016 ~ 2020년 동안 당해연도 신규 출국금지 인원과 당해연도 신규 출국금지 해제인원의 차이값이 두 번째로 큰 연도에 당해연도 신규 출국금지 인원 대비 당해연도 신규 출국금지 해제인원 비율은 55% 이상이다.

⑤ 만약 2021년 당해연도 신규 출국금지 인원이 500명이라면, 당해연도 신규 출국금지 해제인원은 1,900명 이상이다.

[10 ~ 11] 다음 <표>는 2016년 식료품 매출액 상위 10개 마트의 매출액에 관한 자료이다. 이를 보고 물음에 답하시오.

<표> 2016년 식료품 매출액 상위 10개 마트의 매출액

(단위: 억 원, %)

구분 / 마트	식료품 매출액	전년 대비 증가율	총매출액	전년 대비 증가율	식료품 매출액 비율
A	90.1	10.8	99.5	8.8	90.6
B	82.3	5.1	90.1	1.9	91.3
C	71.2	10.1	90.2	9.5	78.9
D	69.4	5.8	77.7	5.5	89.3
행복	65.3	4.3	80.3	5.6	(　　)
웰빙	51.9	3.2	73.2	3.4	(　　)
동서	48.6	8.2	68.9	6.7	(　　)
행운	45.5	7.7	70.4	10.2	64.6
중앙	32.8	11.4	55.8	7.6	58.8
럭키	20.5	4.7	30.6	9.4	67.0

※ 식료품 매출액 비율(%) $= \frac{\text{식료품 매출액}}{\text{총매출액}} \times 100$

10. 위 <표>에 근거하여 <보기>의 설명 중 옳은 것만을 모두 고르면?

<보 기>

ㄱ. 총매출액이 식료품 매출액의 1.25배 이상인 마트는 5개다.

ㄴ. 중앙과 럭키의 식료품 매출액 비율의 차이값은 전년 대비 감소하였다.

ㄷ. A, B, C를 식료품 매출액의 전년대비 증가폭이 높은 마트부터 순서대로 나열하면, A, C, B이다.

ㄹ. 식료품 매출액 비율이 전년대비 증가한 마트 수가 감소한 마트 수에 비해 적다.

① ㄱ, ㄴ
② ㄱ, ㄷ
③ ㄴ, ㄷ
④ ㄴ, ㄹ
⑤ ㄷ, ㄹ

11. 위 <표>, <조건>과 아래 <그림>에 근거하여 A ~ D에 해당하는 마트를 바르게 나열한 것은?

<그림> 2015년과 2016년 A ~ D의 매출액 상위 3위 품목의 매출액 비율

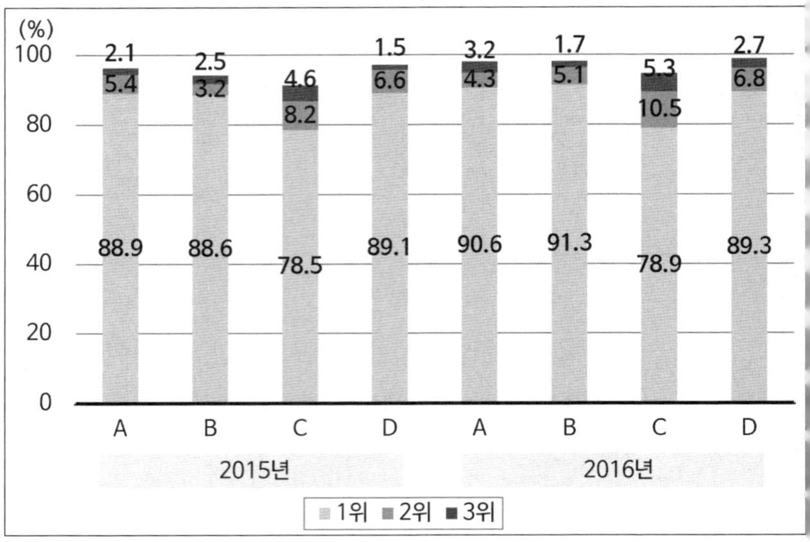

<조 건>

○ 2016년 1위 품목 매출액이 2위 품목 매출액의 10배 이상이고, 2위 품목 매출액이 3위 품목 매출액의 2.5배 이상인 마트는 '탑'과 '엘'이다.

○ 2015년 '제이'와 '엘'은 상위 4위 이하 품목 매출액 비율 합계의 차이값이 3%p 이하이다.

○ 2015년과 2016년 2위와 3위 품목 매출액 비율의 차이가 매년 3%p 이상인 마트는 '탑'과 '제이'이다.

	A	B	C	D
①	하나	엘	탑	제이
②	엘	제이	하나	탑
③	하나	엘	제이	탑
④	하나	엘	탑	제이
⑤	하나	탑	제이	엘

12. 다음 <표>는 2019년과 2020년 정부기관 성별·근속기간별 일자리에 관한 자료이다. 제시된 <표> 이외에 <보고서>를 작성하기 위해 추가로 필요한 자료만을 <보기>에서 모두 고르면?

<표 1> 2019년과 2020년 정부기관 성별 일자리

(단위: 만 개, %)

구분		2019년			2020년		
		전체	공무원	비공무원	전체	공무원	비공무원
합계	수	199.7	135.9	63.7	212.7	139.4	73.3
	비율	100.0	100.0	100.0	100.0	100.0	100.0
남자	수	103.4	80.1	23.3	108.1	81.2	26.9
	비율	51.8	58.9	36.6	50.8	58.2	36.7
여자	수	96.2	55.8	40.4	104.6	58.2	46.4
	비율	48.2	41.1	63.4	49.2	41.8	63.3

<표 2> 2019년과 2020년 정부기관 근속기간별 일자리

(단위: 만 개, %, 년)

구분		2019년			2020년		
		전체	공무원	비공무원	전체	공무원	비공무원
합계	수	199.7	135.9	63.7	212.7	139.4	73.3
	비율	100.0	100.0	100.0	100.0	100.0	100.0
3년 미만	수	59.2	19.9	39.3	64.0	21.6	42.4
	비율	29.6	14.6	61.7	30.1	15.5	57.9
1년 이상 2년 미만	수	25.5	8.3	17.3	19.9	9.0	11.0
	비율	12.8	6.1	27.1	9.4	6.4	15.0
2년 이상 3년 미만	수	16.6	6.7	9.9	18.4	7.8	10.6
	비율	8.3	4.9	15.5	8.7	5.6	14.5
3년 이상 5년 미만	수	19.6	11.6	8.0	23.4	11.6	11.7
	비율	9.8	8.5	12.5	11.0	8.3	16.0
5년 이상 10년 미만	수	28.9	20.2	8.7	32.8	22.2	10.6
	비율	14.5	14.9	13.7	15.4	15.9	14.4
10년 이상 20년 미만	수	44.6	38.1	6.5	45.1	37.9	7.1
	비율	22.3	28.1	10.2	21.2	27.2	9.7
20년 이상	수	47.3	46.1	1.2	47.4	46.1	1.4
	비율	23.7	33.9	1.9	22.3	33.0	1.9
평균근속기간		11.8	15.2	4.3	11.3	15.0	4.2

<보고서>

2020년 정부기관 일자리 중 남자 일자리는 108만 1천 개, 여자 일자리는 104만 6천 개로 성별 비중은 각각 50.8%, 49.2%이다. 2020년 정부기관 성별 일자리의 전년대비 증가폭은 남자가 4만 7천 개 증가하였고, 여자가 8만 3천 개 증가하였다. 이중 공무원 일자리는 남자가 여자의 1.5배 미만, 비공무원 일자리는 여자가 남자의 1.5배 이상이다. 한편, 정부기관 남자 일자리형태의 90% 이상이 지속일자리, 10% 이하가 신규대체 일자리이다.

2020년 정부기관의 일자리는 연령별로 40대 58만 2천 개, 30대 51만 1천 개, 50대 50만 5천 개 등의 순으로 많이 점유한다. 전년에 비해 60세 이상 3만 9천 개, 50대 3만 2천 개 등 모든 연령에서 일자리가 증가한다. 공무원 일자리는 40대, 30대, 50대 순으로 많이 점유하고, 비공무원 일자리는 60세 이상, 50대, 40대 순으로 많이 점유한다.

2020년 정부기관의 일자리는 근속기간 3년 미만은 64만 개, 20년 이상은 47만 4천 개, 10년 이상 20년 미만은 45만 1천 개이다. 그리고 근속기간 3년 미만 일자리 중 1년 미만 일자리 비중은 40% 이상이다. 2019년 평균근속기간은 11.8년으로, 공무원은 15.2년이다.

<보 기>

ㄱ. 2019년과 2020년 정부기관 성별·일자리형태별 일자리
ㄴ. 2019년과 2020년 정부기관 근속기간 1년 미만 일자리
ㄷ. 2019년과 2020년 정부기관 연령별 일자리
ㄹ. 2019년과 2020년 정부기관 근속기간 3년 이상인 공무원의 평균근속기간

① ㄱ, ㄷ ② ㄱ, ㄹ
③ ㄴ, ㄷ ④ ㄴ, ㄹ
⑤ ㄱ, ㄷ, ㄹ

13. 다음 <표>는 2012~2021년 '갑'국 교통사고 사고건수, 사망자수, 부상자 수에 관한 자료이다. 이에 대한 <보기>의 설명 중 옳은 것만을 모두 고르면?

<표> 연도별 교통사고 사고건수, 사망자수, 부상자수

(단위: 건, 명)

구분 \ 연도	사고건수	사망자수	부상자수	자동차 1백 대당 교통사고 건수(건)	인구 10만 명당 교통사고 사망자수(명)
2012	223,656	5,392	344,565	1.2	10.8
2013	215,354	5,092	328,711	1.1	10.1
2014	223,552	4,762	337,497	1.0	9.4
2015	232,035	4,621	350,400	0.9	9.1
2016	220,917	4,292	331,720	0.9	8.5
2017	216,335	4,185	322,829	0.8	8.3
2018	217,148	3,781	323,037	0.7	7.3
2019	229,600	3,349	341,712	0.6	6.7
2020	209,654	3,081	306,194	0.6	5.9
2021	203,130	2,916	291,608	0.5	5.6

※ 사상자수 = 사망자수 + 부상자수

<보 기>

ㄱ. 2013년 이후 사망자수의 전년대비 감소폭이 가장 큰 연도에 사망자수의 전년대비 감소율은 10% 이상이다.
ㄴ. 2019년 자동차수와 인구수는 모두 전년대비 증가하였다.
ㄷ. 사상자수에서 사망자수가 차지하는 비중이 가장 높은 연도에 사상자수는 35만 명 이상이다.
ㄹ. 2021년 인구 100명당 자동차수는 90대 이하이다.

① ㄱ, ㄴ ② ㄱ, ㄷ
③ ㄱ, ㄹ ④ ㄴ, ㄹ
⑤ ㄴ, ㄷ, ㄹ

14. 다음 <표>는 OECD 35개국 과학기술혁신역량지수 및 GDP 대비 R&D 예산 비중 자료이고, <그림>은 <표>의 자료를 그래프로 나타낸 것이다. 이에 대한 설명으로 옳은 것은?

<표> OECD 35개국 과학기술혁신역량지수 및 GDP 대비 R&D 예산 비중

(단위: 점, %)

국가	과학기술 혁신역량지수	GDP 대비 R&D 예산 비중
미국	18.7	2.7
스위스	14.6	(　　)
네덜란드	13.1	2.6
일본	12.9	3.5
독일	12.7	3.7
이스라엘	12.5	(　　)
룩셈부르크	12.2	2.5
한국	11.8	4.3
스웨덴	11.5	3.1
덴마크	11.1	3.8
영국	10.5	3.9
핀란드	10.4	4.2
아일랜드	10.2	3.6
노르웨이	9.9	3.5
캐나다	9.8	3.4
아이슬란드	9.4	3.3
벨기에	9.1	2.9
오스트리아	8.4	2.8
프랑스	8.1	2.3
호주	7.6	3.8
뉴질랜드	7.3	2.4
에스토니아	7.2	3.4
체코	6.5	3.3
칠레	6.4	3.7
스페인	6.2	1.8
이탈리아	5.8	1.6
포르투갈	5.4	2.7
헝가리	5.1	4.2
슬로베니아	4.6	3.5
라트비아	4.3	3.4
그리스	4.1	3.3
폴란드	3.8	2.8
멕시코	3.6	2.9
슬로바키아	3.4	1.9
터키	2.9	3.1
OECD 평균	(　　)	(　　)

※ 1) 과학기술 발전 예상지수(점) = 과학기술혁신역량지수(점) × GDP 대비 R&D 예산 비중(%)

2) OECD 평균은 OECD 35개국 평균 자료임.

<그림> OECD 35개국 과학기술혁신역량지수 및 GDP 대비 R&D 예산 비중

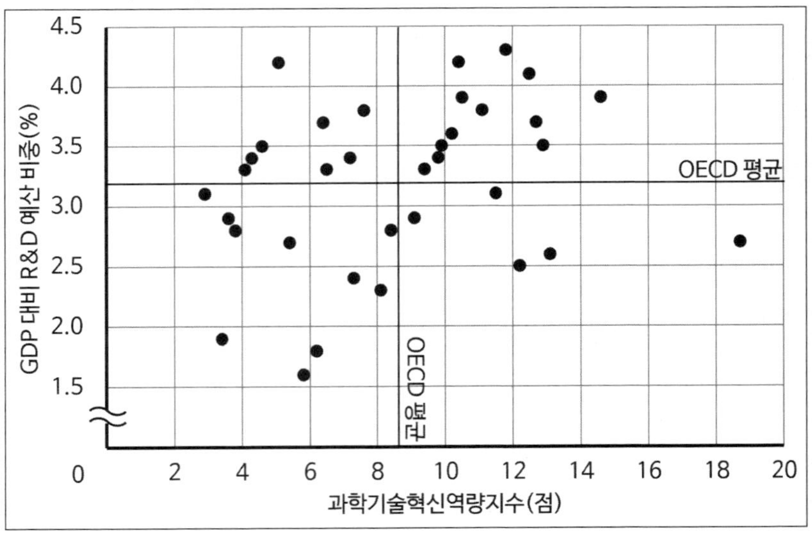

① GDP 대비 R&D 예산 비중은 스위스가 이스라엘에 비해 높다.

② OECD 국가에서 스웨덴을 제외한 OECD 34개국의 평균 과학기술 발전 예상지수는 스웨덴을 제외하기 전보다 높아진다.

③ 과학기술 발전 예상지수가 OECD 평균에 비해 높은 국가 수는 12개국 이하이다.

④ 과학기술혁신역량지수가 OECD 평균보다 낮은 국가 수는 GDP 대비 R&D 예산 비중이 OECD 평균보다 낮은 국가 수보다 2개국이 더 많다.

⑤ 과학기술 발전 예상지수가 가장 높은 국가와 가장 낮은 국가의 과학기술혁신역량지수의 차이값은 10점 이상이고, GDP 대비 R&D 예산 비중 차이값은 1.5%p 이상이다.

15. 다음 <그림>은 2013 ~ 2021년 동안 대만, 인도, 러시아, 스위스의 외환보유액을 2년마다 조사한 자료이다. <그림>과 <조건>을 토대로 국가 A ~ D를 찾아 <표>를 설명한 내용으로 옳은 것은?

<그림> 국가별 외환보유액

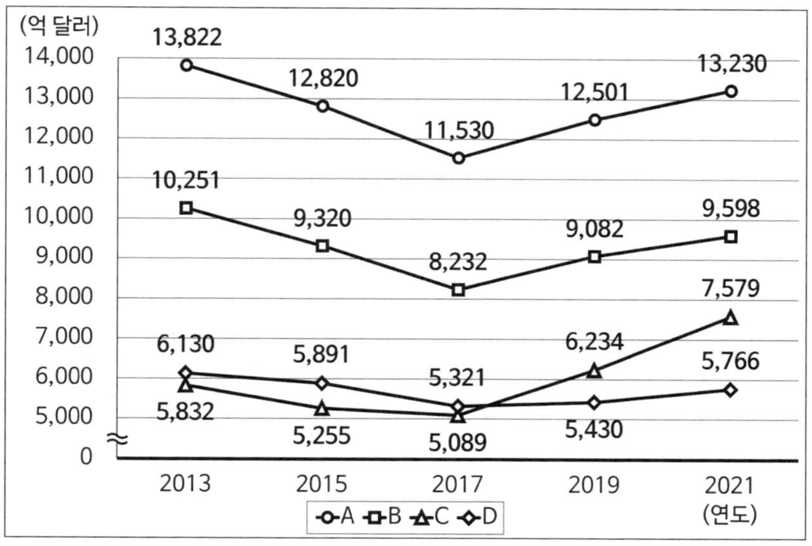

<조 건>

○ 2015년 스위스와 인도의 외환보유액 차이값은 스위스와 대만의 외환보유액 차이값에 비해 크다.

○ 2013년 대비 2017년 외환보유액 감소율이 가장 큰 국가는 러시아이다.

○ 2019년 대비 2021년 외환보유액 증가율이 2017년 대비 2019년 외환보유액 증가율에 비해 큰 국가는 대만뿐이다.

<표> 2022년 5 ~ 10월 국가별 기준금리

(단위: %)

국가 \ 월	5	6	7	8	9	10
A	−0.25	−0.25	−0.25	−0.25	0.5	0.5
B	11.0	9.5	8.0	8.0	7.5	7.0
C	4.4	4.9	4.9	5.4	5.4	5.9
D	1.38	1.38	1.5	1.5	1.62	1.62

① 5월 러시아의 기준금리는 0보다 작다.
② 7월 스위스와 대만의 기준금리는 각각 전월과 동일하다.
③ 8월 대만의 기준금리는 스위스에 비해 2%p 이상 높다.
④ 9월 러시아와 인도 기준금리의 합은 10% 이상이다.
⑤ 10월 인도의 기준금리는 전월에 비해 감소한다.

16. 다음 <표>는 2013 ~ 2021년 부문별 수출액 및 수지에 관한 자료이다. 이에 대한 <보기>의 설명 중 옳은 것만을 모두 고르면?

<표> 서비스 부문, 운수 부문, 해운 부문의 수출액 및 수지

(단위: 억 달러)

연도 \ 구분 \ 부문	서비스		운수		해운	
	수출액	수지	수출액	수지	수출액	수지
2013	1,033.2	−63.3	375.9	73.4	287.2	55.4
2014	1,119.0	−32.9	381.4	61.9	293.6	43.3
2015	975.0	−146.3	341.4	46.5	273.7	42.5
2016	948.1	−173.4	274.3	−13.3	207.9	−13.2
2017	897.0	−367.3	247.8	−54.2	179.3	−50.1
2018	1,036.8	−293.7	279.8	−25.1	200.1	−30.4
2019	1,038.4	−268.4	270.7	−17.3	196.0	−21.6
2020	896.0	−146.7	239.3	11.0	178.1	−12.5
2021	1,211.9	−31.1	455.1	154.3	371.5	110.4

※ 수지 = 수출액 − 수입액

<보 기>

ㄱ. 운수 수출액이 가장 높은 연도에는 운수 수입액의 전년 대비 증가율이 25% 이상이다.

ㄴ. 운수 수출액 대비 해운 수출액 비율은 매년 80% 미만이다.

ㄷ. 서비스 수입액이 가장 높은 연도와 해운 수입액이 가장 높은 연도는 동일하다.

ㄹ. 2016년 서비스, 운송, 해운 수입액의 합은 전년 대비 감소하였다.

① ㄱ
② ㄱ, ㄹ
③ ㄴ, ㄷ
④ ㄴ, ㄹ
⑤ ㄱ, ㄷ, ㄹ

17. 다음 <표>와 <그림>은 2017 ~ 2021년 안전성조사 및 리콜과 온라인 유통 불법제품 조사에 관한 자료이다. 이에 대한 <보고서>의 내용 중 옳은 것만을 모두 고르면?

<표 1> 「제품안전기본법」상 안전성조사 및 리콜 현황

(단위: 건)

구분 \ 연도	2017	2018	2019	2020	2021
안전성조사	2,344	2,578	2,513	2,502	2,780
리콜명령	105	141	116	83	75
리콜권고	5	13	20	14	15

<표 2> 「어린이제품 안전 특별법」상 안전성조사 및 리콜 현황

(단위: 건)

구분 \ 연도	2017	2018	2019	2020	2021
안전성조사	2,529	2,668	2,779	3,014	3,010
리콜명령	216	282	187	170	165
리콜권고	0	9	4	1	3

<그림> 온라인 유통 불법제품 조사건수 및 적발건수

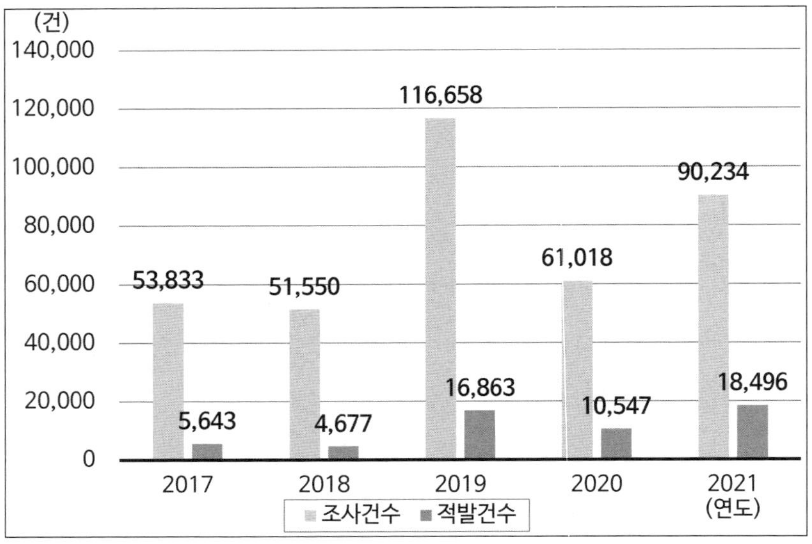

<보고서>

「제품안전기본법」, 「어린이제품 안전 특별법」은 시중에 유통되는 제품의 사후안전 확보 수단으로 안전성조사와 수거, 파기, 수리, 교환 등 리콜의 권고와 명령을 규정하고 있다. 두 법상 2017 ~ 2021년 안전성조사 및 리콜 현황을 살펴보면, 2019년을 제외하고, ㉠ 리콜명령 건수는 「어린이제품 안전 특별법」상 건수가 「제품안전기본법」상 건수에 비해 매년 2배 이상이다. 그리고 ㉡ 2017 ~ 2021년 동안 「제품안전기본법」상 안전성조사 평균건수는 2019년을 제외할 경우 제외 전에 비해 하락한다.

최근 온라인구매, 해외직구(구매대행 포함)가 활발해지면서 안전관리정책이 적극적으로 요구되어 모니터링이 꾸준히 실시되고 있다. 이에 연도별 온라인 유통 불법제품 조사건수 및 적발건수를 살펴보면, ㉢ 조사건수 대비 적발건수 비율은 2021년에 가장 높으며, 해당 비율은 2021년에 20% 이상이다. 그리고 ㉣ 2017 ~ 2021년 동안 조사건수 합계에서 2019년 조사건수가 차지하는 비중은 25% 이하이다.

① ㄷ
② ㄱ, ㄴ
③ ㄱ, ㄷ
④ ㄱ, ㄷ, ㄹ
⑤ ㄴ, ㄷ, ㄹ

18. 다음 <표>는 개별토지 A ~ E의 특성과 도로접면상태, 토지 용도 가중치에 관한 자료이다. 이에 근거하여 A ~ E 중 개별토지가격이 가장 높은 토지와 세 번째로 높은 토지의 개별토지가격의 합으로 올바른 것은?

<표 1> 개별토지의 특성

(단위: 만 원)

개별토지 \ 특성	표준지 가격	도로접면상태		토지용도	
		표준지	개별토지	표준지	개별토지
A	200	중로각지	소로각지	주거	공업
B	100	광대세각	중로각지	임야	밭
C	200	중로각지	세로한면	공업	상업
D	150	소로각지	광대세각	주거	임야
E	150	세로한면	광대세각	밭	임야

※ 개별토지가격 = 표준지 가격 × 도로접면상태 가중치 × 토지용도 가중치

<표 2> 도로접면상태 가중치

표준지 \ 개별토지	광대세각	중로각지	소로각지	세로한면
광대세각	1.0	1.1	0.9	0.7
중로각지	1.2	1.0	0.8	0.6
소로각지	1.4	1.2	1.0	0.9
세로한면	1.6	1.4	1.2	1.0

<표 3> 토지용도 가중치

표준지 \ 개별토지	주거	상업	공업	밭	임야
주거	1.0	1.2	0.8	0.7	0.4
상업	0.7	1.0	0.7	0.5	0.3
공업	0.9	1.1	1.0	0.7	0.5
밭	1.2	1.6	1.2	1.0	0.6
임야	1.8	2.3	1.7	1.3	1.0

① 271만 원
② 272만 원
③ 275만 원
④ 276만 원
⑤ 279만 원

19. 다음 <표>는 2021년 A ~ E국 1차에너지 에너지원별 비에 관한 자료이다. 이를 근거로 하여 2021년 A ~ E국 국가별 원자력 에너지 비중을 바르게 작성한 <그래프>는?

<표> A ~ E국 1차에너지 에너지원별 비중

(단위: %)

에너지원 / 국가	석탄	석유	LNG	원자력	신재생	합
A	25	10	15	20	30	100
B	35	15	5	35	10	100
C	50	20	7	15	8	100
D	40	10	20	10	20	100
E	20	20	20	10	30	100

※ 2021년 A, B, C 국의 석유에너지 양은 서로 동일하고, C, D, E 국의 석탄에너지 양은 서로 동일함.

①
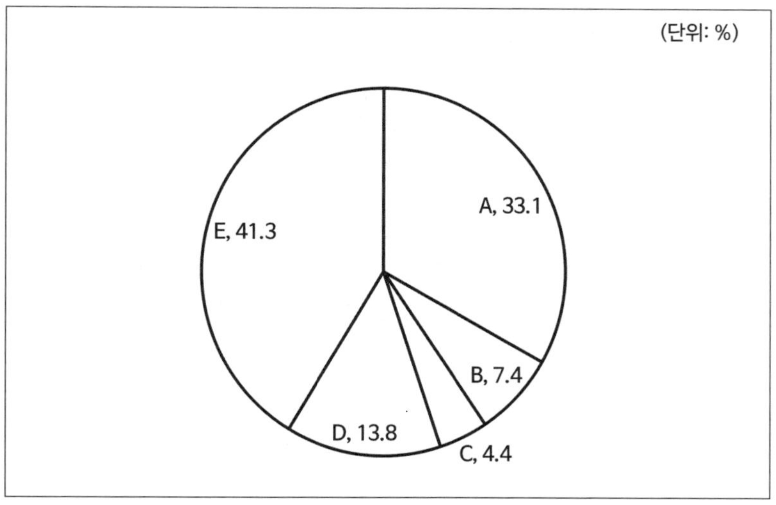

②
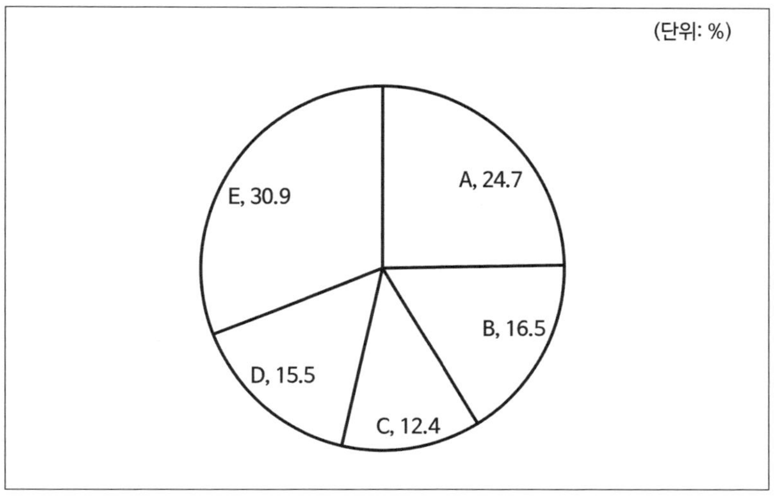

③
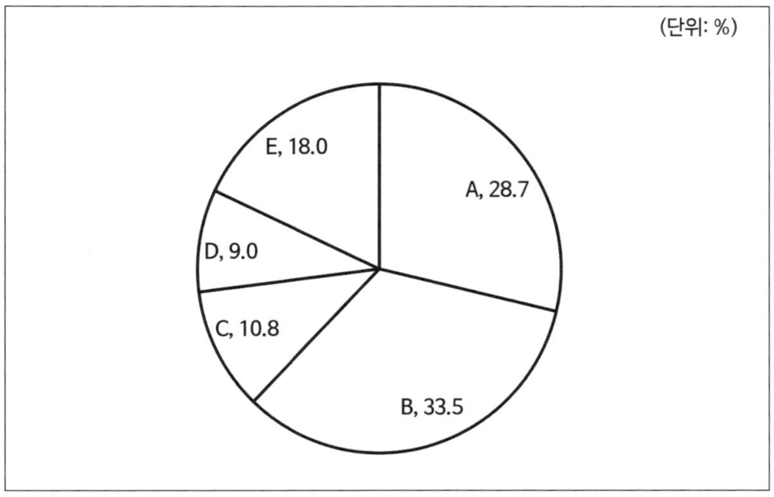

④
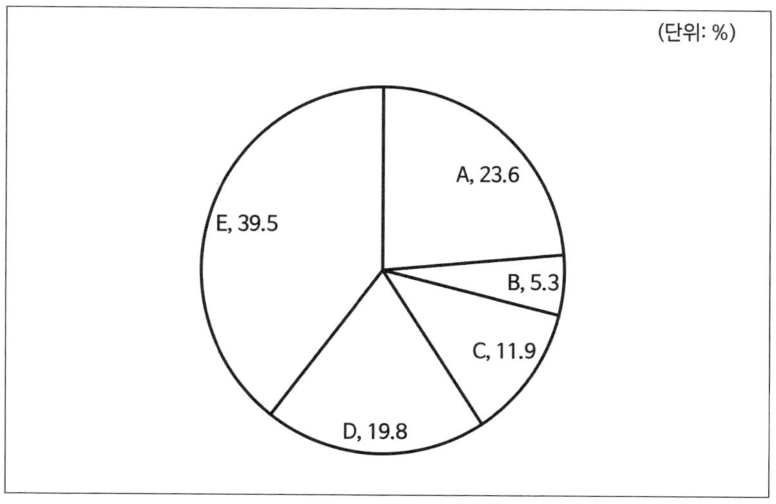

⑤
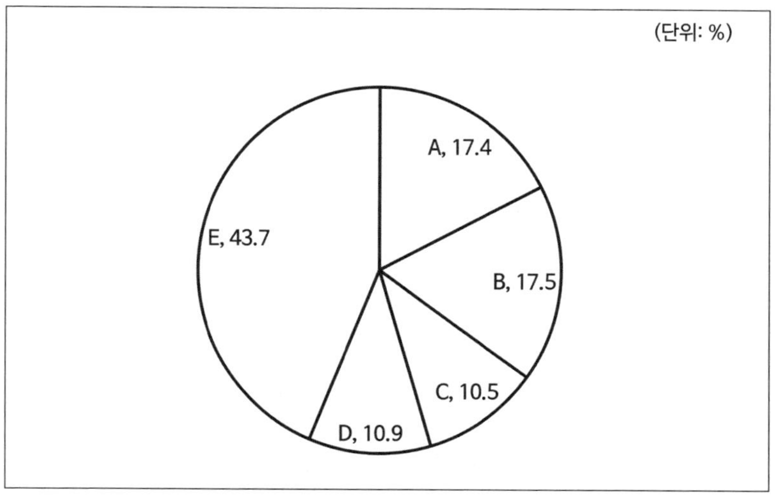

20. 다음 <표>는 □□사 축구대회에 참가한 A ~ E부서의 대회 결과에 대한 자료이고, <보고서>는 '갑'부서와 '을'부서의 축구대회 결과를 분석한 자료이다. 이를 근거로 판단할 때, A ~ E 중 '을'에 해당하는 부서는?

<표> □□사 축구대회 결과

구분 / 부서	승	무	패	득점	실점	승점
A	(　)	2	(　)	7	10	(　)
B	2	(　)	2	8	8	(　)
C	2	1	1	(　)	7	(　)
D	(　)	1	1	9	7	7
E	1	2	1	7	7	(　)

※ 1) 각 부서는 나머지 네 부서와 한 경기씩 총 네 경기를 하였음.
2) 승점 = 3 × 승리한 경기 수 + 1 × 무승부 경기 수 + 0 × 패배한 경기 수

<보고서>

□□사 축구대회에 참가한 '갑'부서와 '을'부서의의 결과를 분석하였고, 그 결과 다음과 같은 사실을 확인하였다.

첫째, '갑' 부서의 승점은 3점 이상이다. 둘째, '갑' 부서의 득점은 8점 이하이다. 셋째, '갑' 부서의 무승부 경기 수는 '을' 부서의 무승부 경기 수는 동일하다. 넷째, '을' 부서의 승점은 홀수이다.

① A
② B
③ C
④ D
⑤ E

21. 다음 <표>와 <그림>은 2017 ~ 2020년 에너지원별 신재생에너지 생산량 및 2020년 폐기물의 세부에너지원별 신재생에너지 생산 비중에 관한 자료이다. 이에 대한 <보기>의 설명 중 옳은 것만을 모두 고르면?

<표> 에너지원별 신재생에너지 생산량

(단위: 천 톤)

에너지원 \ 연도	2017	2018	2019	2020
총에너지	279,412	300,512	309,518	290,935
신재생에너지	6,410	6,632	6,895	7,425
태양열	277	380	500	715
풍력	180	199	201	202
바이오	370	473	581	609
수력	509	489	467	543
폐기물	5,015	5,024	5,080	5,277
지열	15	18	16	22
연료전지	43	48	51	57

<그림> 2020년 폐기물의 세부에너지원별 신재생에너지 생산 비중

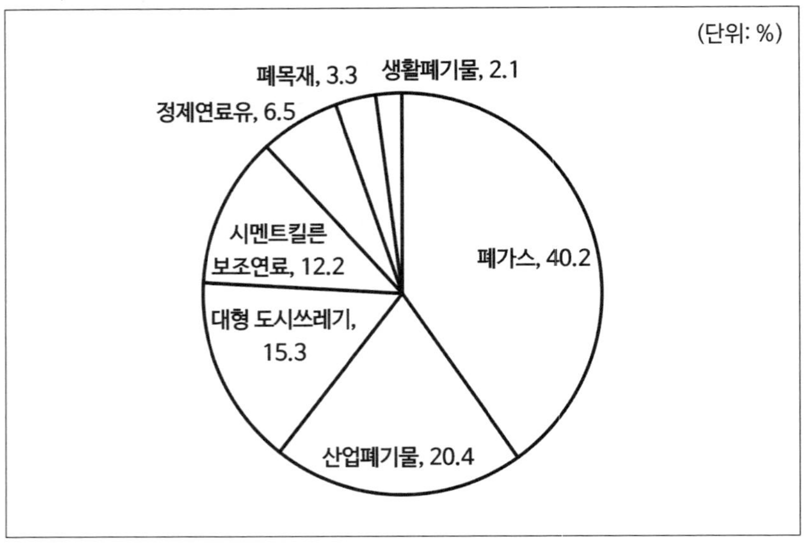

<보 기>

ㄱ. 총에너지에서 신재생에너지가 차지하는 비중은 2020년에 가장 높다.

ㄴ. 2020년 폐가스, 산업폐기물, 대형 도시쓰레기의 신재생에너지 생산량 합은 2020년 전체 신재생에너지 생산량의 50%보다 작다.

ㄷ. 2020년 전체 신재생에너지에서 태양열이 차지하는 비중은 2020년 폐기물 신재생에너지 생산량에서 정제연료유, 폐목재, 생활폐기물의 합이 차지하는 비중에 비해 작다.

ㄹ. 2017년 대비 2020년 신재생에너지 생산량 증가율이 세 번째로 높은 에너지원은 신재생에너지 생산량이 매년 증가한다.

① ㄱ, ㄴ
② ㄱ, ㄷ
③ ㄴ, ㄹ
④ ㄱ, ㄴ, ㄷ
⑤ ㄴ, ㄷ, ㄹ

22. 다음 <그림>은 2015 ~ 2020년 연도별 여성 성평등 지수에 관한 자료이다. 이에 대한 설명으로 옳은 것은?

<표> 연도별 여성 성평등 지수

(단위: 점)

분야 \ 연도	2015	2016	2017	2018	2019	2020
가족	64	57	59	60	62	61
복지	74	74	76	76	76	78
보건	( )	97	97	96	97	( )
경제활동	71	72	73	73	78	76
의사결정	27	29	32	34	36	37
교육훈련	96	94	93	( )	94	93
문화	90	87	( )	89	86	86
안전	65	67	66	65	69	( )
종합	( )	72.1	73.1	73.4	74.8	74.9

※ 1) 여성 성평등 종합 지수는 8개 분야별 지수의 산술평균임.
2) 분야별 성평등 지수는 100점 만점임.

<그림> 2015년과 2020년 분야별 여성 성평등 지수

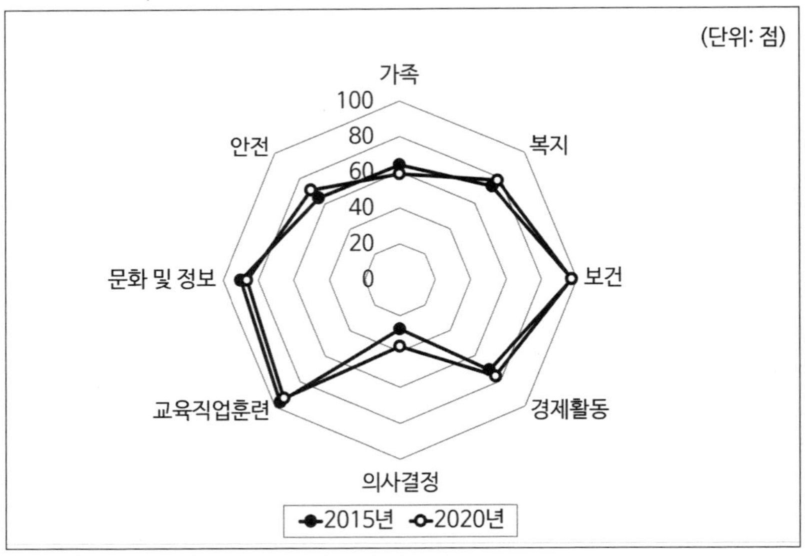

① 2019년 분야별 여성 성평등 지수는 2016년에 비해 모두 같거나 크다.
② 2017년 문화 지수는 전년 대비 1점 증가한다.
③ 종합 지수는 2015년에 가장 높다.
④ 만약 2018년과 2019년 경제활동 지수가 서로 바뀐다면, 2019년 종합 지수는 전년대비 증가한다.
⑤ 만약 2016년 안전 지수가 100점으로 변경된다면, 2016년 종합 지수는 77점 이상이다.

23. 다음 <표>는 국가별 GDP 대비 연구개발투자 비율 현황에 관한 자료이다. 이를 이용하여 작성한 그래프로 옳지 않은 것은?

<표 1> 2011 ~ 2020년 한국 GDP 대비 연구개발투자 비율

(단위: %)

구분 / 연도	전체		
		정부부문	고등교육부문
2011	3.59	0.48	0.36
2012	3.85	0.48	0.37
2013	3.95	0.48	0.37
2014	4.08	0.52	0.37
2015	3.97	0.53	0.36
2016	3.98	0.52	0.36
2017	4.29	0.52	0.36
2018	4.52	0.52	0.37
2019	4.63	0.53	0.38
2020	4.79	0.57	0.43

※ 전체 = 기업부문 + 정부부문 + 고등교육부문

<표 2> 2019, 2020년 OECD 주요 10개국 GDP 대비 연구개발 투자 비율

(단위: %)

연도 / 구분 / 국가	2019		2020	
	전체	정부부문	전체	정부부문
튀르키예	1.12	0.24	1.11	0.20
헝가리	1.56	0.32	1.58	0.29
이탈리아	1.59	0.31	1.62	0.33
영국	1.74	0.25	1.79	0.28
호주	1.85	0.23	1.88	0.22
네덜란드	2.25	0.56	2.31	0.56
미국	3.23	0.61	3.19	0.61
독일	3.26	0.72	3.27	0.75
일본	3.28	0.65	3.25	0.67
한국	4.63	0.53	4.79	0.57

① 2015년 한국 연구개발투자 부문별 비중

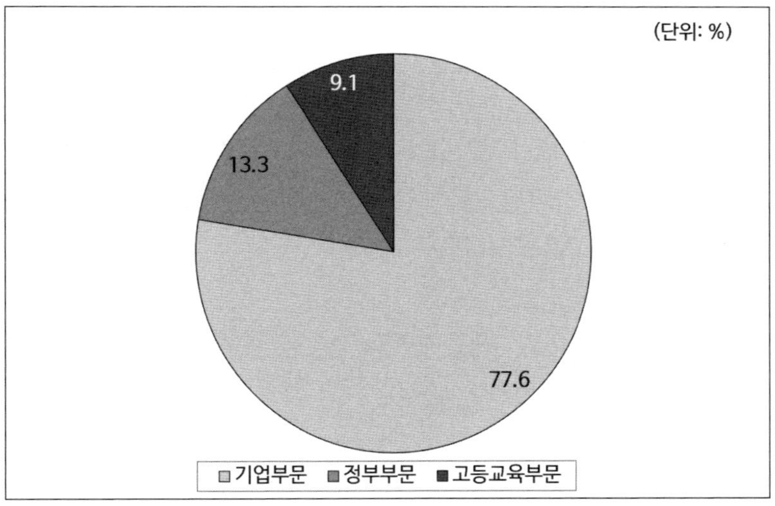

② 2011 ~ 2020년 연도별 한국 GDP의 연구개발투자 대비 배율

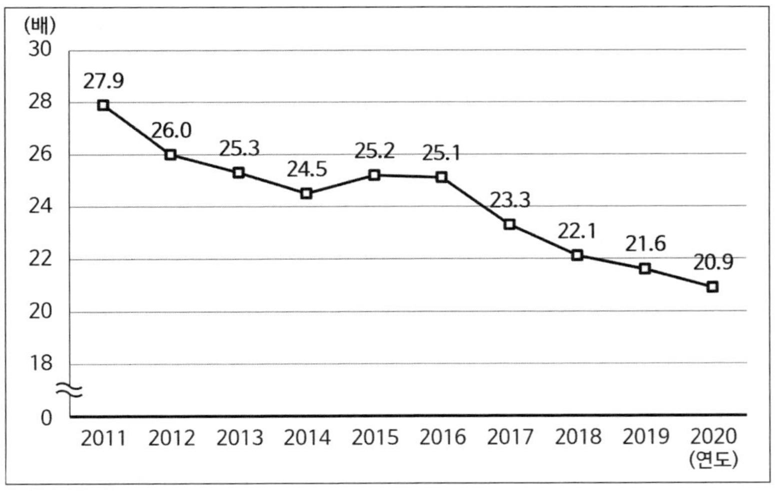

③ 2015 ~ 2020년 연도별 한국 GDP 대비 기업부문 연구개발투자 비율

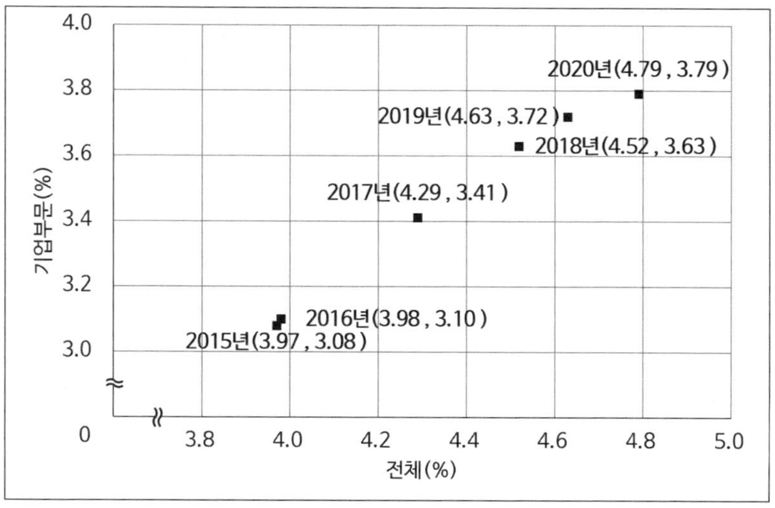

④ 튀르키예, 헝가리, 이탈리아, 일본, 한국 국가별 GDP 대비 기업부문, 고등교육부문 연구개발 투자 비율 합의 2019년 대비 2020년 변화

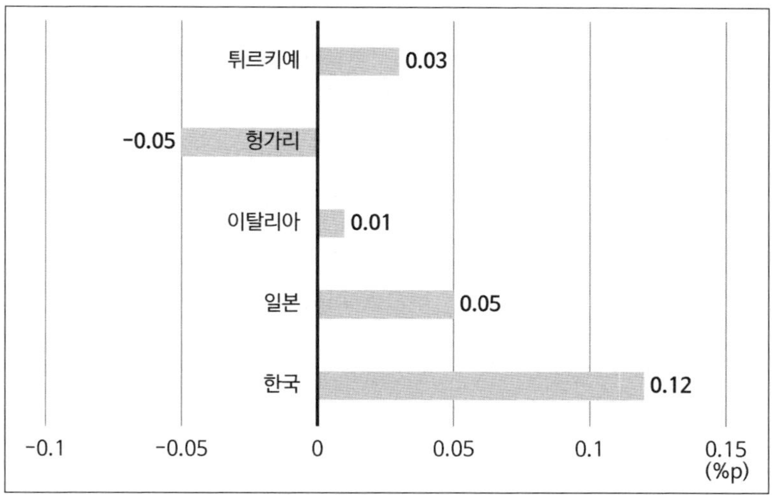

※ 2019년 대비 2020년 변화(%p) = 2020년 비율 합 − 2019년 비율 합

⑤ 2020년 영국, 호주, 네덜란드, 미국, 독일 국가별 전체 연구개발투자에서 기업부문과 고등교육부문이 차지하는 비중

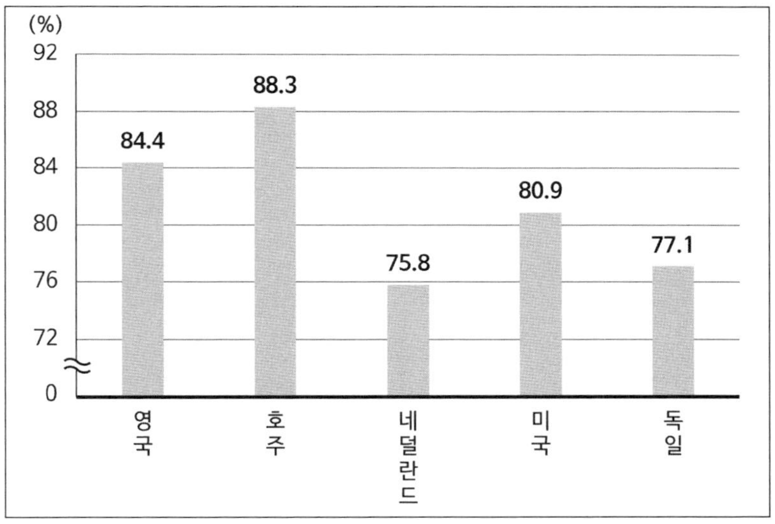

24. 다음 <그림>은 5개 지역 A ~ E의 총인구수와 부양비에 관한 자료이다. 이에 대한 설명으로 옳지 않은 것은?

<그림> 지역별 총부양비, 유년부양비, 총인구수

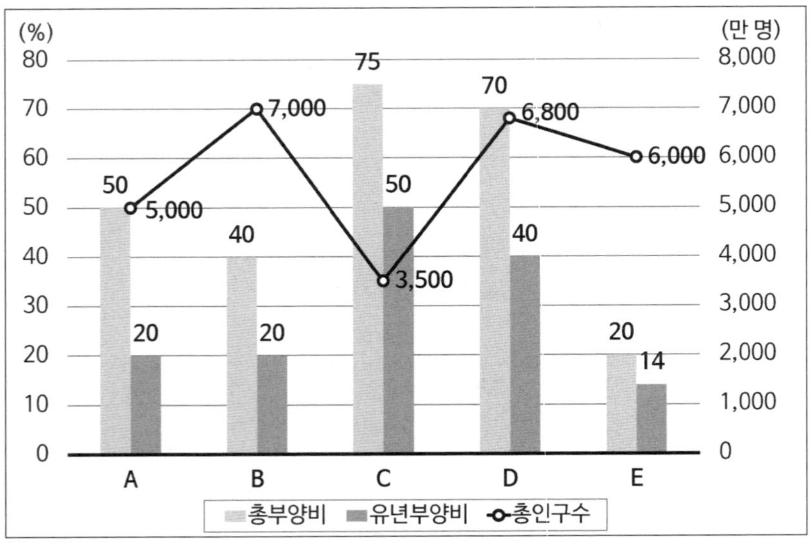

※ 1) 총부양비(%) $= \frac{\text{0 ~ 14세 인구 + 65세 이상 인구}}{\text{15 ~ 64세 인구}} \times 100$

2) 유년부양비(%) $= \frac{\text{0 ~ 14세 인구}}{\text{15 ~ 64세 인구}} \times 100$

3) 노년부양비(%) $= \frac{\text{65세 이상 인구}}{\text{15 ~ 64세 인구}} \times 100$

4) 노령화지수(%) $= \frac{\text{65세 이상 인구}}{\text{0 ~ 14세 인구}} \times 100$

① B와 C의 65세 이상 인구수 합은 D와 E의 65세 이상 인구수 합에 비해 크다.
② A와 D의 노년부양비는 동일하다.
③ 노령화지수는 B가 C의 2배이다.
④ B와 C의 노령화지수의 가중평균은 75%이다.
⑤ 총인구에서 15 ~ 64세 인구가 차지하는 비중은 E가 C의 1.4배 이상이다.

25. 다음 <그림>은 2019 ~ 2021년 주요 3개 지역 고용센터 구인·구직 및 취업 현황에 관한 자료이다. 이에 대한 <보기>의 설명 중 옳은 것만을 모두 고르면?

<그림> 주요 3개 지역 고용센터 구인·구직 및 취업 현황

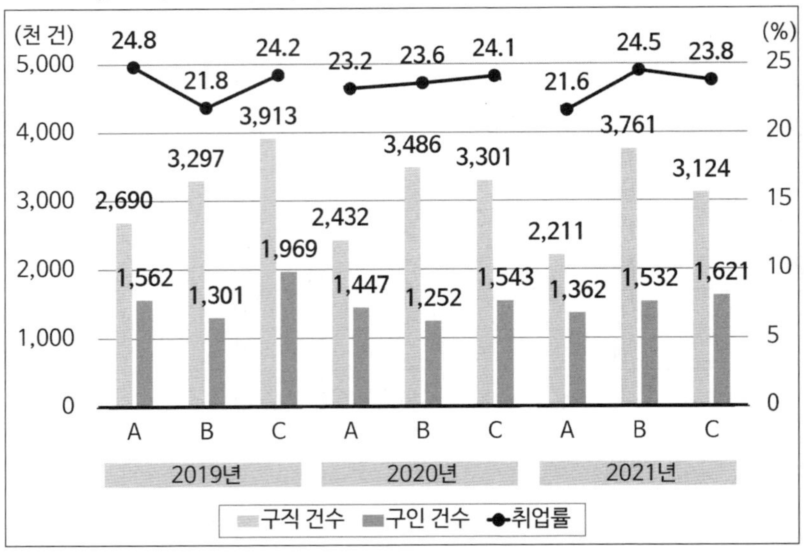

※ 구인 배수 $= \frac{\text{구인 건수}}{\text{구직 건수}}$, 취업률(%) $= \frac{\text{취업 건수}}{\text{구직 건수}} \times 100$

<보 기>

ㄱ. 구인 배수가 매년 증가하는 지역은 1곳이다.
ㄴ. 취업 건수가 매년 감소하는 지역은 2곳이다.
ㄷ. A지역은 취업 건수 1건당 구인 배수가 매년 증가한다.
ㄹ. 2021년 구인 건수 대비 취업 건수 비율이 가장 높은 지역은 C이다.

① ㄱ, ㄴ ② ㄱ, ㄷ
③ ㄱ, ㄹ ④ ㄴ, ㄹ
⑤ ㄱ, ㄴ, ㄷ

26. 다음 <표>는 '갑'국 5개 지역별 근로자 현황에 관한 자료이다 이에 대한 설명으로 옳은 것은?

<표 1> 지역별 전체 근로자 수

(단위: 천 명

지역	A	B	C	D	E
근로자 수	2,000	5,000	4,000	3,000	6,000

※ '갑'국은 A, B, C, D, E 5개 지역으로만 이루어짐.

<표 2> 지역별 여성근로자 중 상용 근로자 비중과 상용 근로자 중 남성 비중

(단위: %

구분 \ 지역	전체 근로자		여성 근로자		상용근로자	
	상용 비중	일용 비중	상용 비중	일용 비중	남성 비중	여성 비중
A	( )	5.3	88.3	( )	60.2	( )
B	( )	8.2	85.4	( )	58.4	( )
C	( )	12.4	80.2	( )	54.5	( )
D	( )	13.6	79.4	( )	53.9	( )
E	( )	9.5	82.1	( )	62.6	( )

※ 전체 근로자는 상용 근로자와 일용 근로자 혹은 남성 근로자외 여성 근로자로 구분함.

① C와 E는 상용 근로자 중 여성 근로자 비중이 여성 근로자 중 일용 근로자 비중에 비해 각각 20%p 이상 높다.
② A ~ E 중 남성근로자 수는 E가 가장 많다.
③ '갑'국 전체 근로자 중 일용 근로자 비중은 9.5% 이상이다.
④ 만약 A지역의 남성 근로자 중 일용 근로자 비중이 2.5%라면 A지역의 남성 근로자는 여성 근로자의 2.5배 이상이다.
⑤ A ~ E 중 남성 상용근로자 수는 D가 세 번째로 많다.

27. 다음 <보고서>는 2018년 정신건강 전문인력 수 및 정신요양시설 현황에 관한 자료이다. <보고서>와 부합하는 자료만을 <보기>에서 모두 고르면?

<보고서>

지역사회 정신보건을 위해 1995년 12월 정신보건법을 제정하였다. 지역사회의 정신보건 전문인력을 확보하기 위해 정신건강 간호사, 정신건강 사회복지사, 정신건강 임상심리사로 구성된 정신건강 전문요원 제도를 도입하였다.

2018년 정신건강 전문요원 수는 총 1만 5,000명 이상이고, 간호사 중 2급 비중은 60% 이상이고, 사회복지사 중 2급 비중은 60% 이하이다.

정신건강 전문요원 수의 근무지역별 비중을 살펴보면, 서울, 경기, 인천의 합이 50% 이상으로 집중되어 있으며, 인구 10만 명당 전문요원 수가 20명 이상인 지역은 서울, 전남, 광주, 전북, 경북, 대구이다.

한국의 인구 10만 명당 정신건강 전문요원 수는 28명 이하이고, 고소득 국가의 경우 36명 이상으로 차이값이 8명 이상이다. 특히, 우리나라 인구 10만 명당 정신건강 간호사 수는 14.7명으로, 고소득 국가의 45%보다 적다.

한편, 국고지원 사회복지시설 중 노인·아동·장애인·정신건강·노숙인·결핵·한센 등 총 14개 유형을 대상으로 한 인거비 연구조사에 따르면, 정신요양시설의 인건비가 가장 높고, 14개 유형의 인건비 산술평균은 아동보호전문기관의 인건비보다 높다.

<보 기>

ㄱ. 국고지원 사회복지시설 유형별 인건비 현황

(단위: 천 원)

유형	인건비
장애인거주시설	46,514
장애인생산품판매시설	39,480
학대피해 노인전용쉼터	25,633
노인보호전문기관	30,316
정신요양시설	53,988
노숙인재활요양시설	26,467
아동공동생활가정	27,577
아동학대피해쉼터	27,577
지역아동센터	25,476
아동보호전문기관	30,570
지역자활센터	43,156
결핵시설	43,584
한센시설	41,706
산술평균	( )

ㄴ. 급수별 정신건강 전문요원 수

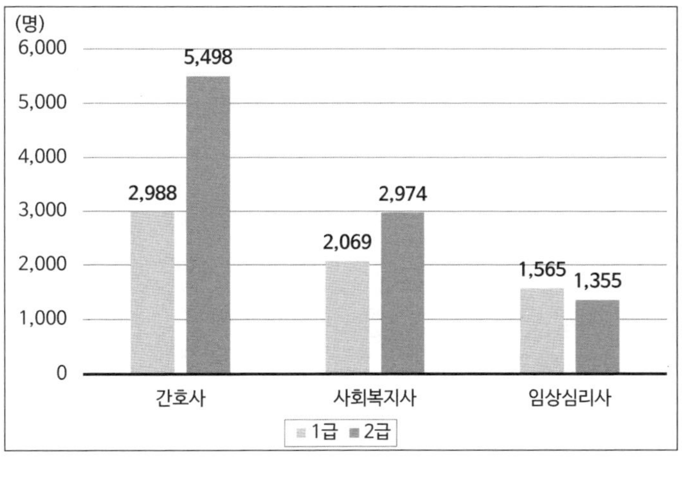

ㄷ. 근무지역별 정신건강 전문요원 수

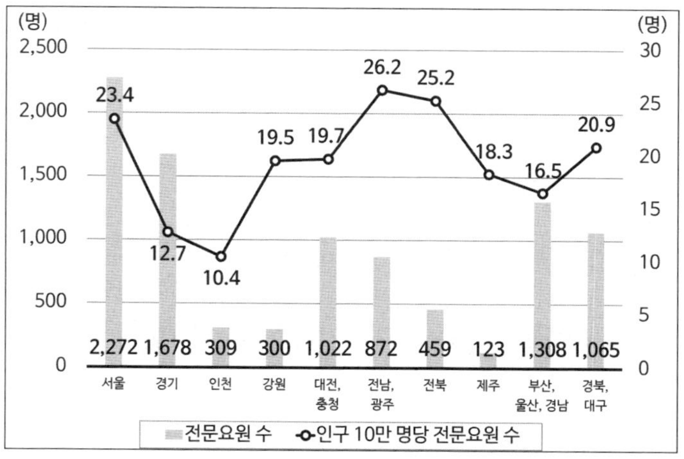

ㄹ. 한국, 고소득 국가 인구 10만 명당 정신건강 전문요원 수

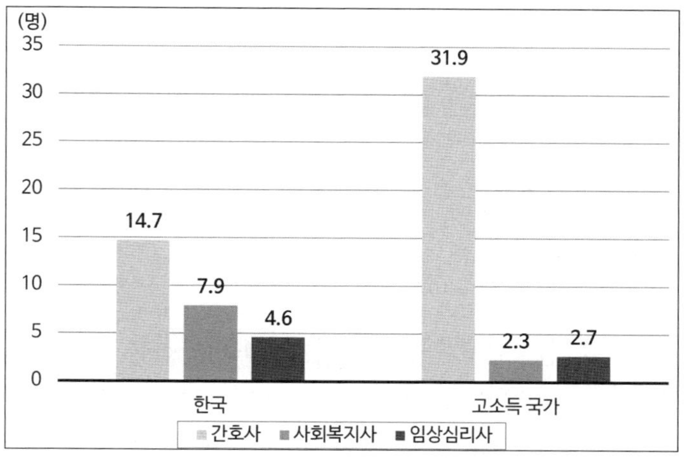

① ㄱ
② ㄱ, ㄴ
③ ㄷ, ㄹ
④ ㄱ, ㄴ, ㄷ
⑤ ㄴ, ㄷ, ㄹ

28. 다음 <표>는 2021년 모바일 간편결제 선택 시 고려 요인에 관한 설문조사이다. 이에 대한 설명 중 옳은 것은?

<표> 모바일 간편결제 선택 시 고려 요인 응답률

(단위: %)

요인 \ 구분	성별		연령대별					전체
	남성	여성	20대 이하	30대	40대	50대	60대 이상	
결제 간편성	37.6	32.5	37.9	37.1	36.2	35.4	33.9	35.9
부가혜택	28.8	29.6	26.8	27.6	29.3	30.0	30.7	( )
결제 인증방식 안전성	27.3	29.3	27.9	28.1	27.7	27.9	28.4	28.0
사용처 다양성	6.0	8.1	6.8	6.7	6.7	6.6	6.5	6.7
통합성	0.3	0.4	0.6	0.5	0.1	0.1	0.5	( )

① 모바일 간편결제 선택 시 고려 요인으로 결제 간편성을 응답한 응답자 수가 가장 많은 연령대는 20대 이하이다.

② 모바일 간편결제 선택 시 고려 요인으로 결제 인증방식 안전성을 응답한 응답자 수는 여성이 남성의 50%보다 적다.

③ 모바일 간편결제 선택 시 고려 요인으로 사용처 다양성을 응답한 60대 이상 응답자의 성별 응답률이 남성과 여성 각각 6.0%, 7.5%라면, 50대 이하 조사대상자는 여성이 남성의 50% 이상이다.

④ 결제 간편성, 부가혜택, 결제 인증방식 안정성에 대한 응답률 합이 두 번째로 낮은 연령대는 60대 이상이다.

⑤ 모바일 간편결제 선택 시 고려 요인으로 부가혜택을 응답한 응답자 중 60대 이상인 응답자 수는 30대 응답자 수보다 10% 이상 많다.

[29 ~ 30] 다음 <정보>와 <표>는 혈중알코올농도 추정치와 음주운전시 벌금에 관한 자료이다. 다음 물음에 답하시오.

<정 보>

○ 위드마크 방식으로 측정한 혈중알코올농도 최고치(%)는 다음과 같다.

○ $\text{혈중알코올농도 최고치(\%)} = \dfrac{\text{음주량(ml)} \times \text{술의 농도(\%)}}{\text{체중(g)} \times \text{성별계수(g/ml)}}$

– 성별계수는 남자가 0.7, 여자가 0.6이다.

○ 수정된 위드마크 방식으로 측정한 혈중알코올농도 최고치(%)는 다음과 같다.

○ 혈중알코올농도 최고치(%)

$= \dfrac{\text{음주량(ml)} \times \text{술의 농도(\%)} \times \text{체내흡수지수}}{\text{체중(g)} \times \text{성별계수(g/ml)}}$

– 성별계수는 남자가 0.85, 여자가 0.65이고, 체내흡수지수는 0.7이다.

○ 혈중알코올농도 추정치(%)를 구하는 방식은 다음과 같다.

○ (방식별)혈중알코올농도 추정치(%) = (방식별)혈중알코올농도 최고치(%) − (음주 후 경과한 시간 − 0.5시간) × 0.015 %

<표 1> 갑, 을, 병, 정, 무의 성별, 체중, 주종, 음주량 자료

구분 \ 인원	갑	을	병	정	무
성별	남자	여자	남자	(　)	(　)
체중(kg)	70	50	80	60	60
주종	(　)	막걸리	소주	위스키	소주
음주량(ml)	2,000	800	500	300	300
음주 후 경과한 시간	10.5시간	2시간	3시간	2.5시간	1.5시간

<표 2> 주종별 술의 농도

(단위: %)

소주	맥주	막걸리	와인	위스키	보드카
20	5	7	12	30	40

29. 위 <정보>와 <표>에 근거할 때, 이에 대한 <보기>의 설명 중 옳은 것만을 모두 고르면?

<보 기>

ㄱ. 성별, 체중, 주종, 음주량이 모두 동일할 때, 혈중알코올농도 추정치는 측정 방식에 관계없이 음주 후 경과한 시간이 1시간일 때에 비해 3시간일 때 0.03 %p 감소한다.

ㄴ. 수정된 위드마크 방식 혈중알코올농도 최고치는 병이 을에 비해 높다.

ㄷ. 위드마크 방식 혈중알코올농도 추정치는 정이 무보다 높다.

① ㄱ
② ㄷ
③ ㄱ, ㄷ
④ ㄴ, ㄷ
⑤ ㄱ, ㄴ, ㄷ

30. 위 <정보>, <표>와 아래 <표>에 근거할 때, 갑이 마신 주종으로 올바른 것은?

<표 3> 혈중알코올농도 추정치별 벌금 부과 기준

혈중알코올농도 추정치	0.03 % 이상 0.08 % 미만	0.03 % 이상 0.2 % 미만	0.2 % 이상
벌금	500만 원 미만	500만 원 이상 1,000만 원 미만	1,000만 원 이상 2,000만 원 이하

※ 갑은 <표 1>의 음주 후 경과한 시간이 10.5시간인 시점에 음주측정을 하여 700만 원의 벌금이 부가됨. 갑은 수정된 위드마크 방식으로 혈중알코올농도 최고치를 측정함.

① 소주
② 막걸리
③ 와인
④ 위스키
⑤ 보드카

31. 다음 <표>는 2020년 1월 '갑'국 지방법원(A ~ E)의 배심원 출석 현황에 대한 자료이다. 이와 <조건>을 근거로 'A' ~ 'E'에 해당하는 지방법원을 바르게 나열한 것은?

<표> 2020년 1월 '갑'국 지방법원별 배심원 출석 현황

(단위: 명, %)

구분 지방법원	소환인원	출석률	실질 출석률	출석취소 통지자	송달 불능자
A	160	25	80	50	( )
B	150	20	75	42	( )
C	60	30	50	15	( )
D	16	50	40	5	( )
E	35	40	70	10	( )

※ 1) 송달불능자 수 = 소환인원 − 출석의무자 수 − 출석취소통지자 수

2) 출석률(%) $= \frac{\text{출석자 수}}{\text{소환인원}} \times 100$

3) 실질출석률(%) $= \frac{\text{출석자 수}}{\text{출석의무자 수}} \times 100$

<조 건>

○ 출석자 수는 대구 지방법원이 춘천 지방법원에 비해 많다.
○ 출석의무자 수는 대전 지방법원이 춘천 지방법원에 비해 많다.
○ 송달불능자 수는 부산 지방법원이 광주 지방법원에 비해 적다.
○ 송달불능자 수는 대구 지방법원이 대전 지방법원의 1.8배이다.

	A	B	C	D	E
①	부산	광주	대구	춘천	대전
②	부산	광주	대전	춘천	대구
③	광주	부산	대구	춘천	대전
④	대전	춘천	대구	부산	광주
⑤	광주	부산	춘천	대전	대구

32. 다음 <표>와 <그림>은 2021년 스마트폰 중독 설문조사 결과 및 스마트폰 셧다운제 도입 필요성 응답 비율에 관한 자료이다. 이에 대한 설명으로 옳지 않은 것은?

<표> 스마트폰 중독 설문조사 결과

(단위: 명, %)

구분		응답 인원	스마트폰 중독자군		일반 사용자군
			고위험	잠재적 위험	
전체		2,000	1.3	12.7	86.0
성별	남성	1,158	1.4	13.5	85.1
	여성	842	1.1	11.6	87.3
연령대별	9 ~ 13세	37	2.6	11.5	85.9
	14 ~ 18세	55	1.8	11.9	86.3
	19 ~ 23세	192	1.2	12.6	86.1
	24 ~ 28세	451	1.4	12.6	86.0
	29 ~ 33세	531	1.2	12.7	86.1
	34 ~ 38세	559	1.3	12.8	85.9
	39 ~ 43세	175	1.2	12.6	86.2

※ 스마트폰 중독 설문조사 전체 조사대상자 수는 2,500명임.

<그림> 스마트폰 셧다운제 도입 필요성 응답 비율

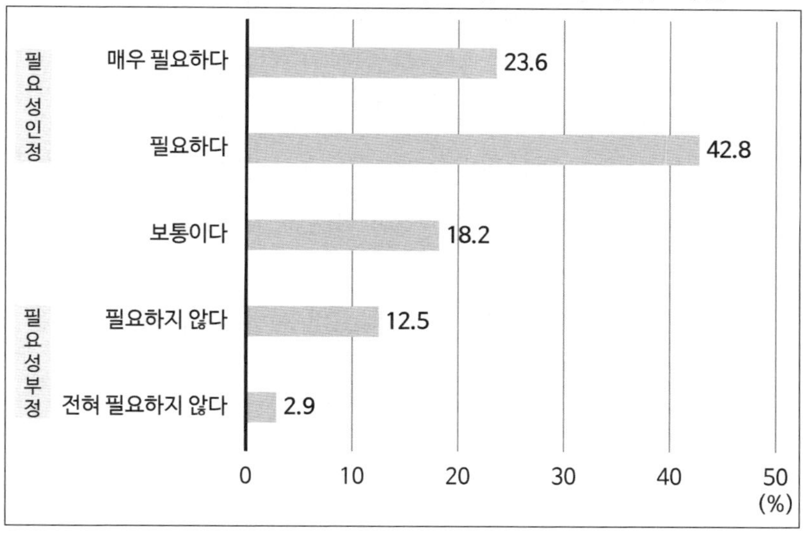

※ 스마트폰 셧다운제 도입 필요성 조사는 스마트폰 잠재적위험 사용자군으로 분류된 응답자를 대상으로 이루어졌으며, 응답하지 않은 사람은 없음.

① 전체 조사대상자 중 연령대별 비중이 가장 높은 연령대는 39 ~ 43세일 수 있으나 14 ~ 18세일 수는 없다.
② 스마트폰 셧다운제 도입 '필요성 인정' 응답 인원은 '필요성 부정' 응답 인원에 비해 135명 이상 더 많다.
③ 전체 응답인원 중 24 ~ 33세 남성 응답인원 비중은 적어도 7%이다.
④ 만약 무응답인원 500명이 모두 여성 일반사용자군으로 응답한다면, 여성 응답인원 중 일반사용자군 비중은 91% 이상이다.
⑤ 스마트폰 고위험 중독자군 응답인원은 34 ~ 38세가 19 ~ 23세에 비해 5명 더 많다.

33. 다음 <표>와 <보고서>는 '갑'국 연도별 1인당 연간 보리 소비량에 대한 자료이다. <보고서>를 작성하기 위해 <표> 이외에 추가로 필요한 자료만을 <보기>에서 모두 고르면?

<표> '갑'국 연도별 1인당 연간 보리 소비량

(단위: kg, %)

구분 \ 연도	2015	2016	2017	2018	2019	2020
소비량	14.1	13.1	12.9	11.9	10.8	10.0
전년대비 증가율	−2.6	−7.1	−1.5	−7.8	−9.2	−7.4
인구 증가율	0.7	0.1	0.4	0.6	0.2	0.3

※ 1) 1인당 연간 보리 소비량은 '갑'국 총인구 수 대비 연간 보리 소비량을 의미함.

2) 보리는 쌀보리, 겉보리, 검은보리, 청보리로만 구분됨.

3) 1 ton = 1,000 kg, 1 kg = 1,000 g

<보고서>

2014 ~ 2020년 동안 1인당 연간 보리 소비량은 매년 감소하여 2020년 1인당 연간 보리 소비량은 10.0 kg으로 전년대비 7.4 % 감소하였다. 또한, 동일 기간 동안 연간 보리 소비량도 매년 감소하는 추세를 보였다. 그리고, 1년을 48주로 환산하여 나타낸 1인당 주간 보리 소비량은 2020년 208.3 g으로 2015년 대비 감소율은 25 % 이상이었다. 한편, 2015 ~ 2020년 동안 1인당 연간 보리 소비량에서 1인당 연간 쌀보리 소비량이 차지하는 비중은 매년 90 % 이상이었다.

<보 기>

ㄱ. 2014 ~ 2020년 연간 보리 소비량의 연도별 증감방향
ㄴ. 2015년과 2020년 1인당 주간 보리 소비량
ㄷ. 2014년 '갑'국 총인구
ㄹ. 2015 ~ 2020년 연도별 겉보리, 검은보리, 청보리의 연간 소비량

① ㄱ
② ㄷ
③ ㄹ
④ ㄱ, ㄹ
⑤ ㄷ, ㄹ

34. 다음 <정보>와 <그림>은 강아지 A와 B가 먹이를 발견하는 시간을 측정한 실험에 관한 자료이다. 이에 대한 <보기>의 설명 중 옳은 것만을 모두 고르면?

<정 보>

○ 강아지 훈련사인 甲은 강아지 A와 B를 대상으로 숨겨진 먹이를 발견하는 시간(이하 '발견시간'이라 한다)을 비교하고자 한다. 甲은 10회차에 거쳐 매 회차 시간을 측정한다.

○ $(회차별)평균발견시간 = \frac{\sum_{회차=1}^{진행\ 회차수} (회차별)발견시간}{진행\ 회차\ 수}$

예를 들어, 2회차 평균발견시간은 (1회차 발견시간 + 2회차 발견시간)/2이고, 3회차 평균발견시간은 (1회차 발견시간 + 2회차 발견시간 + 3회차 발견시간)/3이다. 강아지 A의 1회차 발견시간은 51초, 2회차 발견시간은 47초, 3회차 발견시간은 46초이다.

<그림 1> 강아지 A의 회차별 평균발견시간

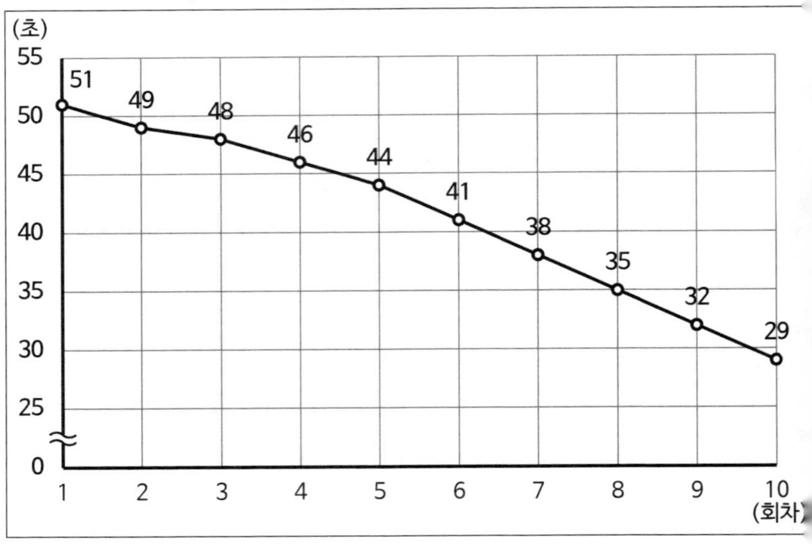

<그림 2> 강아지 B의 회차별 평균발견시간

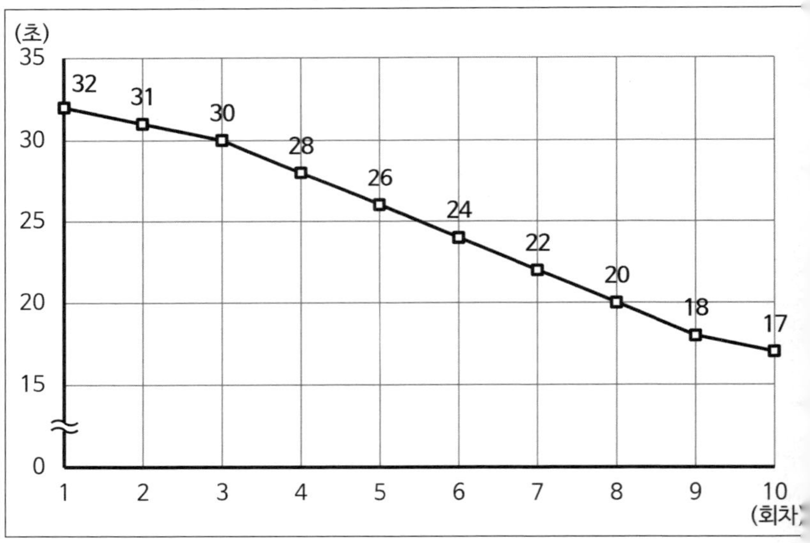

<보 기>

ㄱ. A와 B의 회차별 발견시간은 모두 매 회차마다 감소한다.
ㄴ. A의 6회차 발견시간은 B의 3회차 발견시간에 비해 짧다.
ㄷ. A와 B는 10회차 평균발견시간의 1회차 대비 감소율이 모두 50 % 미만이다.
ㄹ. 7 ~ 10회차 동안 A의 회차별 발견시간의 직전 회차대비 감소폭은 매 회차 동일하다.

① ㄱ, ㄴ
② ㄱ, ㄷ
③ ㄴ, ㄷ
④ ㄱ, ㄷ, ㄹ
⑤ ㄴ, ㄷ, ㄹ

5. 다음 <표>는 2020년과 2021년 권역별 제조업 출하액 집중도 현황에 관한 자료이고, <보고서>는 '갑'～'무' 권역의 연도별 제조업 출하액 집중도를 분석한 자료이다. 이를 근거로 판단할 때, A～E 중 '갑'에 해당하는 권역은?

<표> 2020년과 2021년 권역별 제조업 출하액 집중도

(단위: %)

권역	구분 / 연도	상위 10대 기업	상위 30대 기업	상위 50대 기업
A	2020	22.8	48.1	53.4
	2021	21.8	46.9	52.1
B	2020	42.0	65.1	70.4
	2021	41.0	63.9	69.3
C	2020	32.7	55.8	61.1
	2021	31.7	54.6	60.0
D	2020	25.8	48.7	54.1
	2021	27.2	49.7	55.0
E	2020	21.9	46.3	51.6
	2021	20.3	43.4	48.7

※ 집중도는 제조업 상위 10대, 30대, 50대 기업의 출하액 기준 시장 점유율 합계를 의미함.

<보고서>

'갑'～'무' 권역의 2020년과 2021년 제조업 출하액 집중도를 분석하였고, 그 결과 다음과 같은 사실을 확인하였다.

첫째, 2021년 11～30위 기업의 집중도 대비 1～10위 기업의 집중도 비율이 두 번째로 높은 권역은 '병'이다. 둘째, 2021년 31～50위 기업의 집중도 대비 1～30위 기업의 집중도 비율이 전년에 비해 증가하는 권역은 '무'이다. 셋째, 2020년 '갑' 권역의 51위 이하 기업 집중도는 '정' 권역에 비해 1.5배 이상이다. 마지막으로 2021년 11～30위 기업 집중도의 전년대비 감소폭이 가장 큰 권역은 '을'이다.

① A
② B
③ C
④ D
⑤ E

36. 다음 <표>는 2013～2020년 A국 총고정투자액 및 총고정투자율에 관한 자료이다. 이에 대한 <보기>의 설명 중 옳은 것만을 모두 고르면?

<표> A국 연도별 총고정투자액 및 총고정투자율

(단위: 조 원, %)

연도 \ 구분	총고정투자액	건설투자액	총고정투자율
2013	442.8	221.2	( )
2014	457.6	224.3	28.3
2015	481.0	239.8	29.0
2016	512.6	283.7	30.0
2017	562.8	282.9	32.0
2018	550.4	269.8	30.4
2019	526.7	265.2	29.1
2020	552.7	264.1	30.1

※ 1) $총고정투자율(\%) = \frac{총고정투자액}{GDP} \times 100$

2) 총고정투자액 = 건설투자액 + 설비투자액

<보 기>

ㄱ. 2019년 총고정투자액의 2013년 대비 증가율은 20.0% 미만이다.

ㄴ. 총고정투자액 대비 설비투자액 비율이 가장 낮은 해는 2016년이다.

ㄷ. 2020년 GDP 대비 설비투자액 비율은 전년대비 감소하였다.

ㄹ. 만약 2014년 GDP의 전년대비 증가율이 3%라면, 2014년 총고정투자율은 전년대비 감소한다.

① ㄱ, ㄴ
② ㄱ, ㄹ
③ ㄱ, ㄴ, ㄷ
④ ㄱ, ㄷ, ㄹ
⑤ ㄴ, ㄷ, ㄹ

37. 다음 <표>와 <그림>은 2014 ~ 2022년 종이팩과 멸균팩 출고량 및 질량 구성비에 관한 자료이다. 이에 대한 <보고서>의 내용 중 옳은 것만을 모두 고르면?

<표> 종이팩과 멸균팩 출고량

(단위: 톤, %)

구분 / 연도	종이팩	멸균팩	멸균팩 출고비율
2014	( )	16,744	25.3
2015	67,172	16,824	25.0
2016	68,913	18,775	27.2
2017	70,606	20,062	28.4
2018	71,250	23,075	( )
2019	72,239	25,758	35.7
2020	67,531	27,503	40.7
2021	68,332	29,288	42.9
2022	( )	32,128	47.4

※ 멸균팩 출고비율(%) = $\frac{\text{멸균팩 출고량}}{\text{종이팩 출고량}} \times 100$

<그림> 종이팩과 멸균팩의 질량 구성비

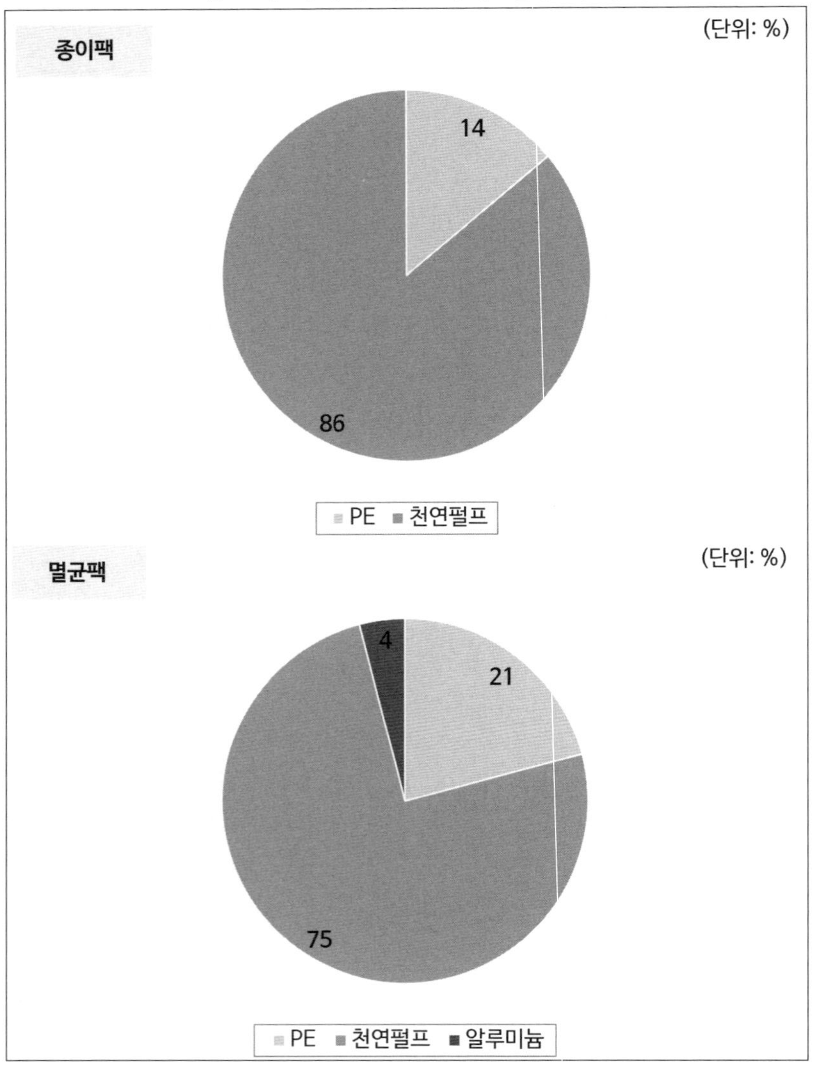

※ 2014 ~ 2021년 동안 출고된 모든 종이팩과 멸균팩의 질량 구성비는 매년 동일함.

<보고서>

2022년 멸균팩 출고량은 32,128톤으로 살균팩 출고량에 비해 적어 출고량이 모두 분리수거된다 하더라도 경제효율성이 낮다. 한편, 멸균팩은 바깥쪽부터 외부 습기를 차단하는 폴리에틸렌(PE)층, 종이층, 접착PE층, 알루미늄호일층, 접착PE층, 그리고 내부 액체 밀봉층으로 구성되어 있는 등 복합재질이므로 재활용이 어렵다. 반면, 살균팩은 중간에 알루미늄층이 없어 분리배출되면 화장지로 재활용할 수 있다.

연도별 종이팩과 멸균팩 출고량 추이를 살펴보면, 2014년 대비 2022년 멸균팩 출고량 증가율은 90% 이상이고, ㉠ <u>2022년 종이팩 출고량은 2014년에 비해 감소하였다.</u> 그리고 ㉡ <u>2018년 멸균팩 출고비율의 전년대비 증가폭은 5%p 미만이다.</u>

연도별 종이팩과 멸균팩 출고량 추이에 더해 종이팩과 멸균팩의 질량구성비에 근거하면, ㉢ <u>2017년 종이팩을 구성하는 천연펄프 질량은 멸균팩을 구성하는 PE질량에 비해 3.85배 이상이다.</u> 그리고, ㉣ <u>주어진 기간 동안 멸균팩을 구성하는 알루미늄 질량의 합은 9,000톤 미만이다.</u>

① ㄱ, ㄷ
② ㄱ, ㄹ
③ ㄴ, ㄷ
④ ㄱ, ㄴ, ㄹ
⑤ ㄴ, ㄷ, ㄹ

38. 다음 <표>는 주요 6개 국가의 인구 수, 인구밀도, 경지에 관한 자료이다. 이에 근거하여 주요 6개 국가 전체 농지율로 올바른 것은?

<표> 국가별 인구밀도

(단위: 만 명, 명/km², %)

구분 / 국가	인구 수	인구밀도	경지율	경지 면적 대비 밭 면적 비율
A	1,000	100	10	10
B	1,500	50	10	45
C	2,000	300	15	15
D	2,500	200	24	55
E	3,000	150	5	20
F	4,000	200	15	65
전체	( )	( )	( )	( )

※ 1) 인구밀도 = $\frac{\text{인구 수}}{\text{국토 면적}} \times 100$

2) 경지율(%) = $\frac{\text{경지 면적}}{\text{국토 면적}} \times 100$

3) 농지율(%) = $\frac{\text{농지 면적}}{\text{경지 면적}} \times 100$

4) 경지는 농지과 밭으로만 이루어짐.

① 60%
② 55%
③ 50%
④ 45%
⑤ 40%

39. 다음 <표>는 □□워터파크 이용권 구매가격에 관한 자료이다. 이와 <정보>에 근거하여 <보기>의 설명 중 옳은 것만을 모두 고르면?

<표> □□워터파크 이용권 구매가격

(단위: 원)

구분 \ 이용권	어른 (20세 이상)	청소년 (14 ~ 19세)	어린이 (13세 이하)
1일 이용권	17,000	13,000	11,000
성수기 자유이용권	34,000	28,000	24,000
비성수기 자유이용권	29,000	25,000	22,000
연간 자유이용권	100,000	95,000	75,000

<정 보>

○ □□워터파크 이용권 구매가격 정보는 다음과 같다.

– 65세 이상과 국가유공자는 1일 이용권이 무료이고, 자유이용권 가격은 50% 할인된다.(자유이용권 종류는 성수기 자유이용권, 비성수기 자유이용권, 연간 자유이용권 뿐이다)

– 성수기는 5, 6, 7, 8월이고, 비성수기는 그 외 기간이다.

○ 甲의 가족 정보

구분	나이	구매한 이용권	국가유공자 여부
할머니	64	성수기 자유이용권	O
아버지	41	성수기 자유이용권	X
어머니	43	성수기 자유이용권	X
甲	15	연간 자유이용권	X
동생	12	연간 자유이용권	X

○ 乙의 가족 정보

구분	나이	구매한 이용권	국가유공자 여부
할아버지	72	비성수기 자유이용권	X
아버지	45	1일 이용권	X
어머니	45	1일 이용권	O
형	18	1일 이용권	X
乙	16	비성수기 자유이용권	X
동생	14	비성수기 자유이용권	X

○ 丙의 가족 정보

구분	나이	구매한 이용권	국가유공자 여부
할아버지	77	1일 이용권	X
할머니	75	1일 이용권	O
아버지	52	연간 자유이용권	O
어머니	55	연간 자유이용권	X
丙	22	성수기 자유이용권	O
동생	19	성수기 자유이용권	O

<보 기>

ㄱ. 甲의 가족이 이용권 구매에 지불한 금액은 260,000원 이상이다.

ㄴ. 乙의 가족이 이용권 구매에 지불한 금액은 乙의 어머니가 국가유공자가 아닐 경우 乙의 가족이 이용권 구매에 지불한 금액의 1.1배 이상이다.

ㄷ. 丙의 가족이 이용권 구매에 지불한 금액에서 丙의 어머니가 구매한 이용권에 지불한 금액이 차지하는 비중은 50% 이하이다.

① ㄱ ② ㄴ
③ ㄷ ④ ㄱ, ㄷ
⑤ ㄴ, ㄷ

40. 다음 <표>는 2021년 성별·지역별 5급 이상 공무원 현황에 관한 자료이다. 이에 대한 설명으로 옳지 않은 것은?

<표 1> 성별·지역별 5급 이상 공무원 수

(단위: 명, %)

성 \ 지역	여성	남성	여성 비중
전국	6,171	19,260	24.3
서울특별시	1,100	2,496	30.6
부산광역시	602	1,007	( )
대구광역시	297	781	27.6
인천광역시	408	1,062	27.8
광주광역시	264	609	30.2
대전광역시	204	584	25.9
울산광역시	232	462	33.4
세종특별자치시	88	267	24.8
경기도	841	3,168	21.0
강원도	292	1,107	20.9
충청북도	237	814	22.5
충청남도	194	1,181	14.1
전라북도	275	1,022	21.2
전라남도	307	1,348	18.5
경상북도	283	1,514	15.7
경상남도	393	1,373	22.3
제주특별자치도	154	465	24.9

※ 1) 여성 비중은 전체 공무원 중 여성 공무원 수가 차지하는 비중임.
2) 5급 이상은 1, 2, 3, 4, 5급을 의미함.
3) 수도권은 서울특별시, 인천광역시, 경기도를 의미함.

<표 2> 성별·지역별 5급 공무원 수

(단위: 명, %)

성 \ 지역	여성	남성	여성 비중
전국	5,477	16,226	25.2
서울특별시	952	2,132	30.9
부산광역시	480	822	36.9
대구광역시	232	601	27.9
인천광역시	331	831	28.5
광주광역시	219	492	30.8
대전광역시	162	499	24.5
울산광역시	171	335	33.8
세종특별자치시	80	215	27.1
경기도	765	2521	23.3
강원도	241	853	22.0
충청북도	179	773	18.8
충청남도	142	602	19.1
전라북도	205	739	21.7
전라남도	242	1,021	19.2
경상북도	232	1,232	15.8
경상남도	317	1,053	23.1
제주특별자치도	54	232	18.9

① 전라북도 4급 이상 공무원의 여성 비중은 20.2% 미만이다.

② 4급 이상 여성 공무원 수가 가장 적은 지역은 5급 이상 여성 공무원 중 5급 여성 공무원의 비중이 90% 이하이다.

③ 5급 이상 공무원 중 여성 비중이 가장 높은 지역의 5급 이상 남성 공무원 수는 1,000명 이상이다.

④ 5급 여성 공무원 수 대비 5급 남성 공무원 수가 가장 많은 지역과 가장 적은 지역의 5급 공무원 여성 비중 차이는 20%p 이상이다.

⑤ 강원도 4급 이상 공무원 중 남성 비중은 85% 미만이다.

현재 내 위치가 궁금하다면?

빠른 채점 및 성적 분석

https://labstandard.kr/eas

성적분석 서비스 + 통계표 확인

맞은 문제 수 / 푼 문제 수	맞은 문제 수 / 찍은 문제 수
(　　)문제 / (　　)문제	(　　)문제 / (　　)문제

총점:　　　　점

✓ 전국에 있는 수험생들의 성적과 자신의 성적을 지금 바로 비교해 보세요.

2024년 국가공무원 5급 공채·국립 외교원·7급 지역인재 등 PSAT 대비

자료해석영역

2 교시

문제책형
출

응시번호
성명

응시자 주의사항

1. **시험시작 전에 시험문제를 열람하는 행위나 시험종료 후에 답안을 작성하는 행위를 한 사람**은 「공무원임용시험령」 제51조에 의거 **부정행위자**로 처리됩니다.
2. **답안지 책형 표기**는 **시험시작 전** 감독관의 지시에 따라 **문제책 앞면에 인쇄된 문제책형을 확인**한 후, **답안지 책형란에 해당 책형(1개)**을 '●'로 **표기**하여야 합니다.
3. 시험이 시작되면 문제를 주의 깊게 읽은 후, **문항의 취지에 가장 적합한 하나의 정답만을 고르며,** 문제내용에 관한 질문은 할 수 없습니다.
4. **답안을 잘못 표기하였을 경우**에는 **답안지를 교체하여 작성**하거나 **수정할 수 있으며,** 표기한 답안을 수정할 때는 **응시자 본인이 가져온 수정테이프만을 사용**하여 해당 부분을 완전히 지우고 부착된 수정테이프가 떨어지지 않도록 손으로 눌러주어야 합니다. **(수정액 또는 수정스티커 등은 사용 불가)**
   ■ **불량한 수정테이프의 사용과 불완전한 수정처리**로 발생하는 **모든 문제는 응시자 본인에게 책임**이 있습니다.
5. **시험시간 관리의 책임은 응시자 본인에게 있습니다.**
   ※ 시험지는 시험종료 후 가지고 갈 수 있습니다.

정답공개 및 이의제기 안내

1. **빠른 채점** 및 **성적분석** 서비스 (나의 위치 확인 및 통계 분석 결과 확인)
   ■ **시험지 뒷면** 및 **해설지**의 **QR코드** 확인: https://labstandard.kr/eas
2. **답안지(OMR 카드) & 정오표** 다운로드, 문항 관련 문의
   ■ 랩스탠다드 홈페이지(https://labstandard.kr) "학습지원센터 - 자료실 & 정오표" 게시판 확인
   ■ 문항 관련 문의 : "학습지원센터 - 1:1 문의" 게시판 또는 이메일(labstandard@naver.com)

1. 다음 <표>는 2021년 연령대별 사망률 상위 5위 사망원인 및 구성비에 관한 자료이다. 제시된 <표> 이외에 <보고서>를 작성하기 위해 추가로 필요한 자료만을 <보기>에서 모두 고르면?

<표> 2021년 연령대별 사망률 상위 5위 사망원인 및 구성비

(단위: 명, %)

순위	구분 \ 연령대	10대 이하	20대	30대	40대	50대	60대	70대 이상
1위	사망원인	고의적 자해	고의적 자해	고의적 자해	악성 신생물	악성 신생물	악성 신생물	악성 신생물
	사망률	7.1	23.5	27.3	38.1	105.2	267.3	649.7
	구성비	43.7	56.8	40.6	27.7	35.4	41.4	34.7
2위	사망원인	악성 신생물	운수 사고	악성 신생물	고의적 자해	고의적 자해	심장 질환	심장 질환
	사망률	2.3	4.1	11.4	28.2	30.1	51.0	171.4
	구성비	14.2	9.8	17.0	20.5	10.1	7.9	9.2
3위	사망원인	운수 사고	악성 신생물	심장 질환	간 질환	심장 질환	뇌혈관 질환	뇌혈관 질환
	사망률	1.9	3.5	3.7	11.6	23.5	40.1	141.1
	구성비	11.4	8.6	5.6	8.4	7.9	6.2	7.5
4위	사망원인	심장 질환	심장 질환	운수 사고	심장 질환	간 질환	고의적 자해	폐렴
	사망률	0.5	1.3	3.5	10.0	22.9	28.4	123.2
	구성비	3.0	3.1	5.2	7.2	7.7	4.4	6.6
5위	사망원인	뇌혈관 질환	뇌혈관 질환	간 질환	뇌혈관 질환	뇌혈관 질환	간 질환	당뇨병
	사망률	0.4	0.5	3.0	8.1	17.0	26.5	60.4
	구성비	2.5	1.2	4.4	5.9	5.7	4.1	3.2

※ 1) 사망률은 인구 10만 명당 사망원인별 사망자 수임.

2) $\text{구성비(\%)} = \dfrac{\text{사망원인별 사망자 수}}{\text{연령대별 총 사망자 수}} \times 100$

<보고서>

2021년 사망률 상위 5위 사망원인은 악성 신생물, 고의적 자해, 심장 질환, 뇌혈관 질환, 간 질환인 것으로 밝혀졌다.

상위 5위 사망원인을 연령대별로 살펴보면 악성 신생물은 40대 이상 연령대에서 1위를 기록하였고, 10대 이하와 30대에서 2위, 20대에서 3위를 기록하였다. 고의적 자해는 10대 이하, 20대, 30대에서 각각 1위를 기록하였으며 40대, 50대에서는 2위, 60대에서 4위이다. 심장 질환은 60대 이상에서 2위이며 50대 이하 각 연령대에서 모두 상위 5위에 포함되었다. 뇌혈관 질환은 60대, 70대 이상에서 3위이고, 10대 이하, 20대, 40대, 50대에서 각각 5위이다. 간 질환은 40대에서 3위이고, 50대에서 4위, 30대와 60대에서 5위이다.

성별로 살펴보면 2021년 남자의 사망률 상위 10위는 악성신생물, 심장 질환, 폐렴, 뇌혈관 질환, 고의적 자해, 간 질환, 당뇨병, 만성 하기도 질환, 운수사고, 패혈증 순이고, 여자의 사망률 상위 10위는 악성신생물, 심장 질환, 뇌혈관 질환, 폐렴, 알츠하이머병, 당뇨병, 고의적 자해, 고혈압성 질환, 패혈증, 코로나19 순이다.

<보 기>

ㄱ. 2020년 사망률 상위 5위 사망원인의 연령대별 순위
ㄴ. 2021년 사망률 상위 5위 사망원인의 80대 이상 사망률
ㄷ. 2021년 성별 사망률 상위 10위 사망원인
ㄹ. 2021년 연령대별 인구수

① ㄱ, ㄴ
② ㄱ, ㄷ
③ ㄴ, ㄷ
④ ㄷ, ㄹ
⑤ ㄴ, ㄷ, ㄹ

2. 다음 <표>는 2016 ~ 2021년 청소년상담사와 청소년지도사 신규 취득자에 관한 자료이다. 이에 대한 <보기>의 설명 중 옳은 것만을 모두 고르면?

<표 1> 연도별 청소년상담사 신규 취득자

(단위: 명)

급 \ 연도	2016	2017	2018	2019	2020	2021
전체	3,010	2,724	2,411	3,303	3,463	3,949
1급	39	88	109	87	179	84
2급	830	1,042	787	1,593	1,824	1,558
3급	2,141	1,594	1,515	1,623	1,460	2,307

<표 2> 연도별 청소년지도사 신규 취득자

(단위: 명)

급 \ 연도	2016	2017	2018	2019	2020	2021
전체	4,096	3,781	3,872	3,929	4,244	4,317
1급	76	51	64	135	107	179
2급	3,346	3,032	3,024	2,966	3,293	3,404
3급	674	698	784	828	844	734

<보 기>

ㄱ. 3급 청소년상담사 신규 취득자 수가 2급 청소년 상담사 신규 취득자 수의 1.5배 이상인 연도는 4개년이다.
ㄴ. 2018년 청소년지도사 전체 신규 취득자 중 3급 신규 취득자의 비중은 20% 이상이다.
ㄷ. 2급 청소년상담사 신규 취득자 1명당 2급 청소년지도사 신규 취득자 수가 가장 높은 연도에 1급 청소년상담사 신규 취득자 1명당 1급 청소년지도사 신규 취득자 수도 가장 높다.
ㄹ. 2016 ~ 2021년 1급 청소년상담사 신규 취득자 합계에서 2018년 1급 청소년상담사 신규 취득자가 차지하는 비중은 15% 이상이다.

① ㄱ, ㄴ
② ㄱ, ㄷ
③ ㄱ, ㄹ
④ ㄴ, ㄷ
⑤ ㄴ, ㄹ

3. 다음 <표>와 <그림>은 2014 ~ 2021년 소방 인력 및 예산 현황에 관한 자료이다. 이에 대한 설명으로 옳은 것은?

<표> 2014 ~ 2021년 소방 인력

(단위: 명, %)

구분 \ 연도	소방 인력			비중
		국가직	지방직	
2014	40,406	483	39,923	4.3
2015	42,634	538	42,096	4.2
2016	44,121	538	43,583	4.3
2017	48,042	585	47,457	4.5
2018	52,245	630	51,615	5.3
2019	56,649	685	55,964	5.7
2020	60,994	60,994	0	5.8
2021	64,768	64,768	0	5.8

※ 1) 소방 인력은 2020년부터 모두 국가직에 해당함.
2) 비중은 전체 공무원 중 소방인력 비중임.
3) 소방 조직규모 = 소방 인력(명) × 소방 예산(원)

<그림> 2014 ~ 2021년 소방 예산의 연도별 비중

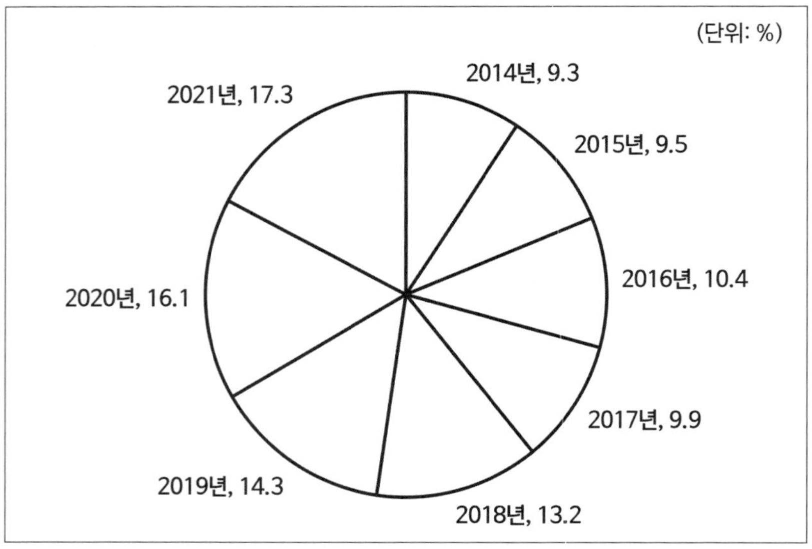

① 2014 ~ 2019년 동안 지방직 소방 인력이 세 번째로 많은 해에 소방 예산도 세 번째로 많다.
② 2014 ~ 2018년 소방 예산의 합은 2019 ~ 2021년 소방 예산의 합보다 적다.
③ 2015 ~ 2018년 동안 전체 공무원 수는 매년 1백만 명 이상이다.
④ 2014 ~ 2017년 동안 소방 인력 중 국가직 비중이 가장 높은 해에 소방 조직규모의 전년 대비 증가율은 5% 이상이다.
⑤ 2021년 소방 조직규모의 2019년 대비 증가율은 30% 미만이다.

4. 다음 <표>는 2015 ~ 2021년 A국과 B국의 BIS비율, 자기자본, 위험가중자산에 관한 자료이다. 이에 대한 <보기>의 설명 중 옳은 것만을 모두 고르면?

<표> A국과 B국의 BIS비율, 자기자본, 위험가중자산

(단위: 억 원, %)

구분 / 국가 / 연도	BIS비율		자기자본		위험가중자산	
	A	B	A	B	A	B
2015	( )	( )	46,199	10,669	824,982	323,313
2016	4.4	4.1	60,090	17,657	1,365,682	430,656
2017	4.1	4.3	67,840	( )	1,654,634	498,538
2018	( )	( )	77,965	21,865	2,688,448	575,403
2019	( )	( )	95,183	32,722	4,326,500	641,614
2020	( )	( )	109,866	40,926	6,103,667	772,195
2021	0.8	5.8	134,279	58,531	( )	1,009,152

※ $\text{BIS 비율(\%)} = \frac{\text{자기자본}}{\text{위험가중자산}} \times 100$

<보 기>

ㄱ. BIS비율은 2015년에는 A국이 B국에 비해 높지만, 2018년에는 A국이 B국에 비해 낮다.
ㄴ. 2019년과 2020년 BIS비율은 매년 B국이 A국의 2배 이상이다.
ㄷ. 2017년 자기자본의 전년 대비 증가율은 A국과 B국 각각 10% 이상이다.
ㄹ. 2021년 위험가중자산은 A국이 B국의 15배보다 적다.

① ㄱ, ㄴ
② ㄱ, ㄷ
③ ㄴ, ㄹ
④ ㄱ, ㄴ, ㄷ
⑤ ㄴ, ㄷ, ㄹ

5. 다음 <그림>과 <표>는 국가 A ~ G의 환경산업 매출액에 대한 자료이다. 이에 대한 <보기>의 설명 중 옳은 것만을 모두 고르면?

<그림> A ~ G의 환경산업 매출액 및 GDP 대비 환경산업 매출액 비율

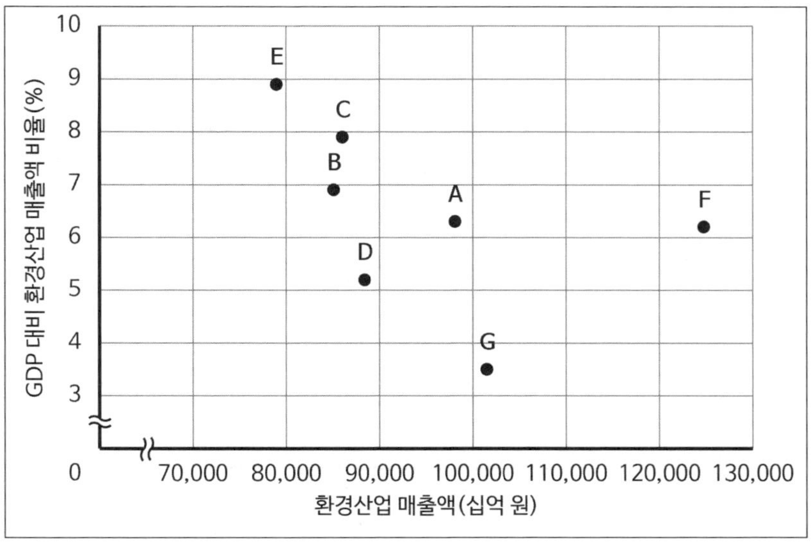

<표> A ~ G의 분야별 환경산업 매출액

(단위: 십억 원)

분야＼국가	A	B	C	D	E	F	G
자원순환 관리	30,600	12,543	8,431	29,568	29,493	19,585	30,047
물관리	26,888	25,614	24,757	12,479	12,156	36,123	26,364
환경복원	860	5,458	9,970	5,940	1,005	2,118	1,020
기후대응	4,005	31,590	3,196	2,201	3,307	6,337	3,394
대기관리	6,181	592	5,366	7,892	5,673	5,847	5,774
환경안전	7,632	789	7,900	9,123	5,100	8,400	8,475
지속가능 환경	17,357	2,085	19,399	14,123	19,012	39,121	19,130
환경정보	4,559	6,405	6,996	7,052	3,215	7,243	7,298

※ 환경산업 분야는 <표>의 주어진 분야뿐임.

<보 기>

ㄱ. GDP가 가장 높은 국가와 두 번째로 높은 국가의 환경안전 분야 매출액의 합은 16조 원 이상이다.

ㄴ. 기후대응 분야 매출액 대비 대기관리 분야 매출액 비율이 세 번째로 낮은 국가의 GDP 대비 자원순환 관리 분야 매출액 비율은 1.5% 이하이다.

ㄷ. 환경산업 매출액 하위 3개 국가의 평균 GDP 대비 환경산업 매출액 비율은 8% 이하이다.

① ㄱ

② ㄴ

③ ㄱ, ㄴ

④ ㄱ, ㄷ

⑤ ㄴ, ㄷ

6. 다음 <그림>은 2020년 1월 ~ 2022년 4월 월별 건고추와 벼의 도매가격에 관한 자료이다. 이에 대한 설명으로 옳은 것은?

<그림 1> 월별 건고추 도매가격

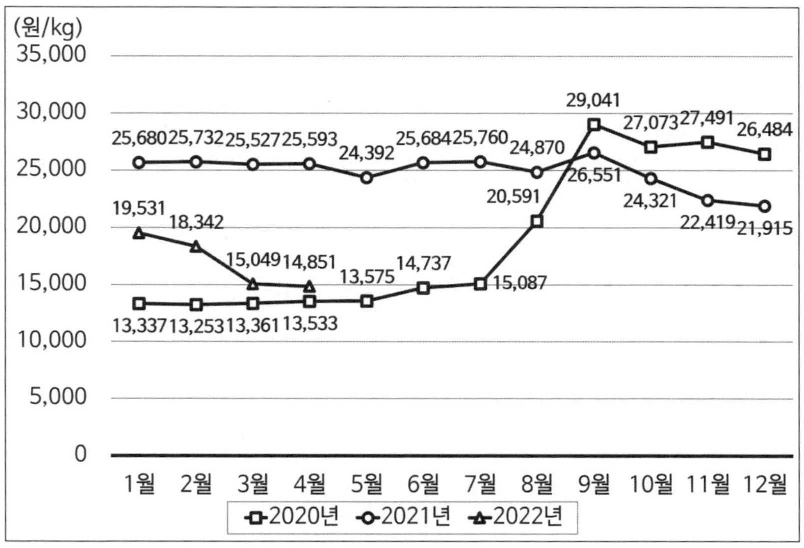

※ 건고추 도매가격은 1kg 당 가격임.

<그림 2> 월별 벼 도매가격

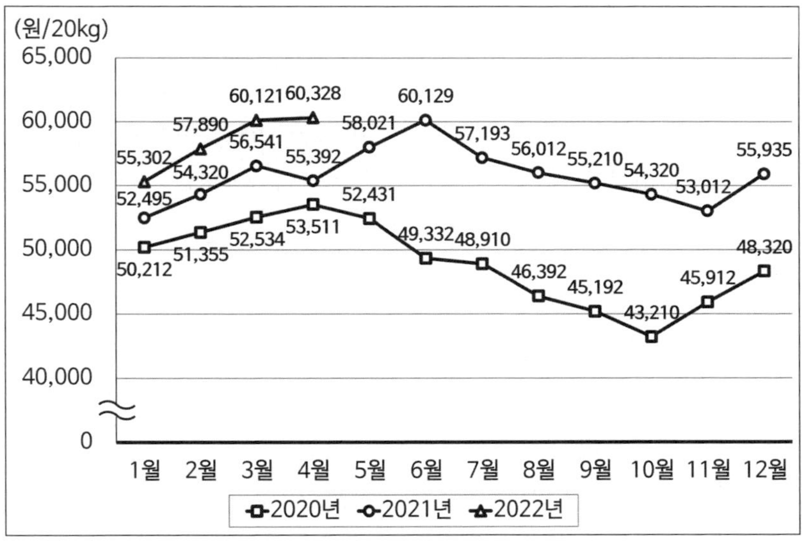

※ 벼 도매가격은 20kg 당 가격임.

① 2020년 2월 ~ 2021년 1월 동안 도매가격이 전월 대비 감소하는 월 수는 벼가 건고추의 3배이다.

② 2020년 1월 대비 12월 건고추 도매가격의 증가율은 100% 이상이다.

③ 건고추 도매가격의 전년동월대비 감소율은 2022년 4월이 2022년 3월에 비해 크다.

④ 2020년 1월 ~ 2022년 4월 동안 벼 도매가격이 가장 높은 연월과 가장 낮은 연월의 벼 도매가격 차이는 15,000(원/20kg) 이하이다.

⑤ 2021년 1월 벼 도매가격의 전월대비 증가율은 10% 이상이다.

7. 다음 <표>는 2011 ~ 2020년 갑국 연도별 고혈압 환자 현황에 대한 자료이다. 이에 대한 <보기>의 설명 중 옳은 것만을 모두 고르면?

<표> 갑국 연도별 고혈압 환자 현황

(단위: 만 명, %)

구분 연도	고혈압 환자	고혈압 유병률		
			남성	여성
2011	541	28.4	32.8	23.6
2012	556	28.9	32.1	25.2
2013	557	27.2	32.4	22.1
2014	565	25.4	29.7	20.9
2015	568	27.8	32.6	22.9
2016	589	29.1	35.0	22.9
2017	603	26.9	32.3	21.3
2018	628	28.3	33.2	23.1
2019	651	27.2	31.1	22.8
2020	682	29.3	35.9	22.3

※ 고혈압 환자는 수축기 혈압이 140 mmHg 이상이거나 이완기혈압이 90 mmHg 이상인 환자를 의미하며, 고혈압 유병률은 인구 대비 고혈압 환자의 비율임.

<보 기>

ㄱ. 2012년 전년대비 인구 증가율은 2020년보다 더 작다.

ㄴ. 주어진 기간 동안 성별 인구는 남성이 여성보다 매년 더 많다.

ㄷ. 2019년 성별 고혈압 환자 인구는 남성이 여성의 1.4배보다 적다.

ㄹ. 2017 ~ 2020년 동안 인구는 매년 2,200만 명 이상이다.

① ㄱ, ㄴ

② ㄱ, ㄷ

③ ㄱ, ㄹ

④ ㄴ, ㄷ

⑤ ㄴ, ㄹ

8. 다음 <그림>은 2016년 12월 ~ 2017년 12월 '갑'사 주식의 AI 예측가격과 실제가격의 관계에 대한 자료이다. 이에 대한 설명으로 옳지 않은 것은?

<그림> '갑'사 주식의 AI 예측가격과 실제가격의 관계

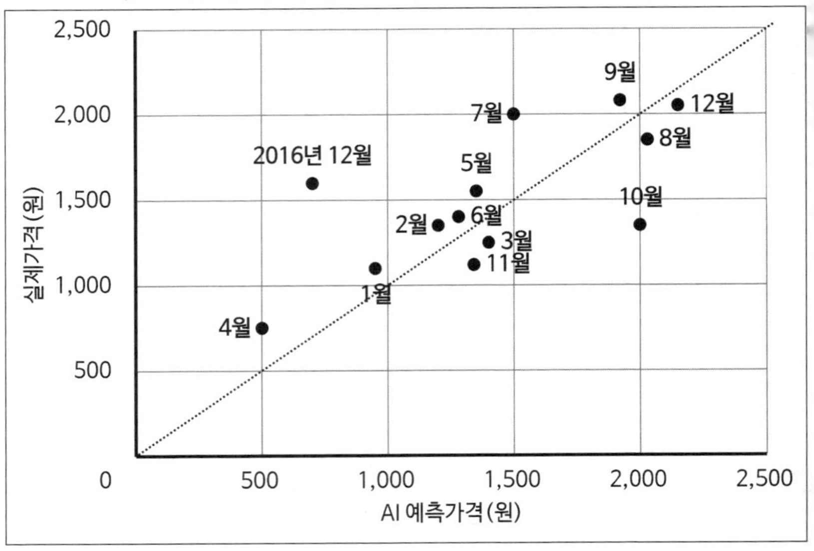

※ 1) <그림>에서 연도 없이 월만 표시된 좌표의 연도는 모두 2017년임.

2) 가격 괴리율(%) $= \left(\frac{\text{실제가격} - \text{AI 예측가격}}{\text{AI 예측가격}}\right) \times 100$

① 주어진 기간 동안 가격 괴리율이 0% 이하인 월 수는 5번이다.

② 주어진 기간 동안 AI 예측가격과 실제가격의 차이값이 두 번째로 큰 연월은 2017년 10월이다.

③ 가격괴리율은 4월이 7월에 비해 크다.

④ 2017년 가격 괴리율이 전월대비 감소한 월 수는 6번이다.

⑤ 2017년 AI 예측가격이 전월대비 증가하고, 실제가격이 전월대비 감소한 월 수는 4번이다.

9. 다음 <표>는 학생 13명의 수학 시험 점수에 관한 자료이다. 이에 대한 <보기>의 설명 중 옳은 것을 모두 고르면?

<표 1> 학생별 수학 시험 맞은 개수, 미표기 개수, 틀린 개수

(단위: 개)

구분 \ 학생	A	B	C	D	E	F	G	H	I	J	K	L	M
맞은 개수	7	8	6	5	8	4	7	10	5	6	7	9	5
미표기 개수	0	2	1	3	0	3	3	0	4	0	2	0	1
틀린 개수	3	0	3	2	2	( )	0	0	1	4	1	1	4

※ 수학 시험은 총 10문제이고, 맞은 개수 1개당 2점을 얻고, 정답 미표기한 문제는 0점이고, 틀린 개수 1개당 1점을 감점함.

<표 2> 수학 시험 점수 분포

(단위: 점, 명)

점수	5	6	8	9	11	13	14	16	17	20
학생 수	1	1	2	( )	( )	1	( )	1	1	1

<보 기>

ㄱ. 점수가 가장 낮은 학생은 틀린 개수가 4개이다.

ㄴ. 9점인 학생 수와 14점인 학생 수는 동일하다.

ㄷ. 수학 시험 점수가 중앙값에 해당하는 학생의 점수는 13명 학생의 평균 점수에 비해 높다.

① ㄱ

② ㄴ

③ ㄷ

④ ㄱ, ㄴ

⑤ ㄴ, ㄷ

10. 다음 <표>는 조사년도별 · 학교급별 교원 1인당 학생수 및 학급당 학생수에 관한 자료이다. 이에 대한 <보기>의 설명 중 옳은 것만을 모두 고르면?

<표 1> 학교급별 교원 1인당 학생수

(단위: 명)

연도 \ 학교급	유치원	초등학교	중학교	고등학교
2000	19.5	28.7	20.1	19.9
2005	17.5	25.1	19.4	15.1
2010	14.8	18.7	18.2	14.5
2015	13.4	14.9	14.3	13.2
2016	13.3	14.6	13.3	12.9
2017	12.9	14.5	12.7	12.4
2018	12.3	14.5	12.1	11.5
2019	11.9	14.6	11.7	10.6

※ 학교급은 유치원, 초등학교, 중학교, 고등학교로 구분됨.

<표 2> 학교급별 학급당 학생수

(단위: 명)

연도 \ 학교급	유치원	초등학교	중학교	고등학교
2000	26.3	35.8	38.0	42.7
2005	24.2	31.8	35.3	32.7
2010	21.0	26.6	33.8	33.7
2015	20.0	22.6	28.9	30.0
2016	19.7	22.4	27.4	29.3
2017	19.0	22.3	26.4	28.2
2018	17.9	22.3	25.7	26.2
2019	17.0	22.2	25.1	24.5

<보 기>

ㄱ. 2020년 대비 2019년 교원 1인당 학생수의 감소율이 가장 높은 학교급은 초등학교이다.

ㄴ. 2005년 이후 유치원 학급당 학생수의 직전 조사년도 대비 감소율이 세 번째로 높은 연도는 2005년이다.

ㄷ. 초등학교를 제외하고, 교원 1인당 학생수는 각 학교급에서 매 조사년도마다 감소하였고, 이는 학급당 학생수도 마찬가지다.

ㄹ. 각 조사년도 중 초등학교 학급당 교원수가 가장 적은 해는 2000년이다.

① ㄱ, ㄷ

② ㄱ, ㄹ

③ ㄴ, ㄷ

④ ㄱ, ㄴ, ㄹ

⑤ ㄴ, ㄷ, ㄹ

11. 다음 <표>는 10년 단위로 조사한 연도별 '갑'국 지역 A ~ D의 고용형태별·성별 종사자 월평균임금에 관한 자료이다. 이와 <조건>을 근거로 2020년 비정규직 성비가 낮은 지역부터 순서대로 나열하면?

<표> 지역 A ~ D의 고용형태별·성별 종사자 월평균임금

(단위: 천 원)

연도	고용형태 / 지역	정규직			비정규직		
		여성	남성	성비	여성	남성	성비
2000	A	1,012	2,462	41.1	939	2,322	40.4
	B	1,054	2,522	41.8	983	( )	41.2
	C	1,112	2,633	42.2	933	( )	37.0
	D	1,150	2,709	42.5	960	2,555	37.6
2010	A	1,445	( )	44.0	( )	2,903	46.2
	B	1,506	( )	44.8	( )	2,985	47.0
	C	1,588	( )	45.2	1,333	3,151	42.3
	D	1,643	( )	45.5	1,372	3,194	43.0
2020	A	1,944	3,269	59.5	1,815	2,974	( )
	B	2,040	3,364	60.6	1,873	3,095	( )
	C	2,112	3,433	61.5	1,925	3,218	( )
	D	2,476	3,833	64.6	2,259	3,569	( )

※ 성비는 남성 월평균임금을 100으로 하였을 때 여성 월평균임금의 상대적 비율임.

<조 건>

- ○ 2000년 '라'지역의 비정규직 월평균임금은 남성이 여성의 2.5배보다 적다.
- ○ 2010년 정규직 남성 월평균임금이 두 번째로 높은 지역은 '가'이다.
- ○ 2020년 정규직 여성 월평균임금의 10년 전 대비 증가율이 50 % 이상인 지역은 '다'이다.
- ○ 2010년 '라'지역은 비정규직 여성 월평균임금이 1,400천 원 이하이다.

① 가 – 나 – 다 – 라
② 가 – 나 – 라 – 다
③ 가 – 다 – 나 – 라
④ 나 – 가 – 다 – 라
⑤ 나 – 가 – 라 – 다

12. 다음 <표>는 2017 ~ 2021년 성별·국적별 난민 신청자 및 인정자에 관한 자료이다. 이에 대한 설명으로 옳은 것은?

<표 1> 성별 난민 신청자 및 인정자

(단위: 명)

연도	구분 \ 성	남자	여자	전체
2017	신청자	7,825	2,117	9,942
	인정자	69	52	121
2018	신청자	12,126	4,047	16,173
	인정자	73	71	144
2019	신청자	10,539	4,913	15,452
	인정자	38	41	79
2020	신청자	4,721	1,963	6,684
	인정자	37	32	69
2021	신청자	1,758	583	2,341
	인정자	46	26	72

<표 2> 국적별 난민 신청자 상위 5개국

(단위: 명)

2017년	국적	중국	카자흐스탄	이집트	러시아	인도
	신청자	1,413	1,223	741	692	691
2018년	국적	카자흐스탄	러시아	말레이시아	중국	인도
	신청자	2,496	1,916	1,236	1,199	1,120
2019년	국적	러시아	카자흐스탄	중국	말레이시아	인도
	신청자	2,830	2,236	2,000	1,438	959
2020년	국적	러시아	이집트	카자흐스탄	말레이시아	방글라데시
	신청자	1,064	718	603	452	435
2021년	국적	중국	방글라데시	나이지리아	인도	파키스탄
	신청자	301	233	164	148	131

<표 3> 국적별 난민 인정자 상위 5개국

(단위: 명)

2017년	국적	미얀마	에티오피아	예멘	이란	파키스탄
	인정자	35	23	11	11	9
2018년	국적	미얀마	에티오피아	부룬디	파키스탄	예멘
	인정자	36	14	13	13	8
2019년	국적	미얀마	에티오피아	방글라데시	이란	콩고DR
	인정자	34	6	6	6	4
2020년	국적	미얀마	수단	이집트	파키스탄	예멘
	인정자	18	10	10	8	6
2021년	국적	이집트	에티오피아	앙골라	예멘	방글라데시
	인정자	28	11	6	6	4

① 전체 신청자 대비 남자 신청자 비율이 가장 높은 해에 전체 인정자 대비 남자 인정자 비율이 가장 높다.
② 여자 신청자 대비 여자 인정자 비율이 가장 높은 해에 해당 비율은 5% 이상이다.
③ 2019년 국적은 러시아 혹은 카자흐스탄이면서 성별은 남자인 신청자는 적어도 153명이고, 2021년 국적은 인정자 상위 5개국 중 하나이면서 성별은 여자인 인정자는 적어도 9명이다.
④ 신청자 상위 5개국에 매년 속한 국가는 존재하지 않고, 인정자 상위 5개국에 매년 속한 국가는 존재한다.
⑤ 2021년 신청자 상위 5개국과 인정자 상위 5개국에 모두 해당하는 국가는 전체 신청자에서 해당 국가 신청자가 차지하는 비중이 10% 이상이고, 전체 인정자에서 해당 국가 인정자가 차지하는 비중이 5% 이상이다.

13. 다음 <표>는 2016 ~ 2021년 주유소 및 전기차와 수소차 수와 충전소 현황에 관한 자료이다. 이에 대한 <보고서>의 내용 중 옳은 것만을 모두 고르면?

<표 1> 주유소 신규등록, 폐업, 등록취소 현황

(단위: 개)

연도＼구분	주유소 수	신규등록 수	폐업 수	등록취소 수
2017	12,007	156	229	9
2018	11,814	98	272	19
2019	11,718	125	211	10
2020	11,560	85	220	23
2021	11,362	92	283	7

※ (당해연도)주유소 수 = (직전연도)주유소 수 + (당해연도)신규등록 수 − (당해연도)폐업 수 − (당해연도)등록취소 수

<표 2> 전기차와 수소차 보급 대수

(단위: 대)

구분＼연도	2016	2017	2018	2019	2020	2021
전기차	10,855	25,108	55,756	89,918	134,962	231,443
수소차	88	170	893	5,083	10,906	19,404

<표 3> 전기차 충전소와 수소차 충전소 수

(단위: 개)

구분	충전 방식＼연도	2016	2017	2018	2019	2020	2021
전기차 충전기	급속	919	3,343	5,213	7,396	9,805	12,789
	완속	1,095	10,333	22,139	37,396	54,383	59,316
	합계	2,014	13,676	27,352	44,792	64,188	72,105
수소차 충전소		4	8	14	36	70	118

<보고서>

2021년 주유소 수는 11,362개이며, ㉠ 2016년 이후 주유소 수는 매년 감소하고, 전년대비 감소폭은 2019년에 가장 작다. 최근 5년간(2017 ~ 2021년) 신규등록 주유소는 총 556개인데 비해, 폐업한 주유소는 총 1,215개이다.

한편 친환경적인 전기차 및 수소차의 보급 확대로 전기차 충전기 및 수소차 충전소는 계속 증가하고 있다. ㉡ 2021년 전기차 보급 대수는 231,443대로 전년 대비 70% 이상 증가하였고, 수소차 보급 대수는 19,404대로 전년 대비 75% 이상 증가하였다. 이러한 증가추세는 최근 6년간(2016 ~ 2021년) 지속된 것이다. 그리고 ㉢ 2016년 이후 전기차 충전기 합계 대비 완속 충전기 수 비율은 매년 증가하다가 2021년에는 전년대비 감소한다. 마지막으로 ㉣ 2016년 대비 2021년 수소차 충전소 1개당 수소차 대수의 증가율은 550% 이상이다.

이와 같은 전기차 및 수소차의 보급 확대는 필연적으로 관련 충전 인프라의 구축을 요구하게 되는 반면, 주유소에 대한 수요 감소로 인해 향후 폐업하는 주유소의 지속적인 증가가 예상된다.

① ㄱ, ㄴ
② ㄴ, ㄷ
③ ㄴ, ㄹ
④ ㄱ, ㄷ, ㄹ
⑤ ㄴ, ㄷ, ㄹ

14. 다음 <그림>은 2011년과 2021년 국가별 신재생에너지비율에 관한 자료이다. 이에 대한 <보기>의 설명 중 옳은 것만을 모두 고르면?

<그림> 2011년과 2021년 국가별 신재생에너지비율

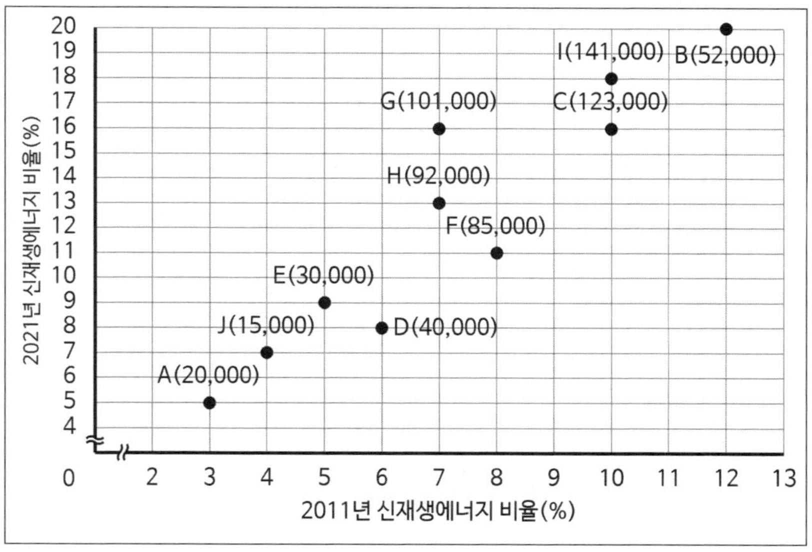

※ 1) 신재생에너지비율(%) = $\frac{\text{신재생에너지 발전량(Gwh)}}{\text{총발전량(Gwh)}} \times 100$

2) ( )의 값은 국가별 2021년 신재생에너지 발전량(Gwh)임.

<보 기>

ㄱ. 2011년 대비 2021년 신재생에너지비율의 증가율이 가장 높은 국가는 G이고, 두 번째로 높은 국가는 H이다.

ㄴ. 2011년 총발전량은 I가 F에 1.2배 이상 높다.

ㄷ. 2011년 신재생에너지 발전량은 C가 H의 1.4배라면, 2011년 총발전량은 H가 C에 비해 적다.

ㄹ. 만약 2011년 A, D, E, J의 총발전량 비가 5:4:3:6이면, 2011년 신재생에너지 발전량은 D가 A의 1.6배이고, J가 E의 1.6배이다.

① ㄱ, ㄴ
② ㄱ, ㄷ
③ ㄴ, ㄷ
④ ㄱ, ㄴ, ㄹ
⑤ ㄴ, ㄷ, ㄹ

15. 다음 <표>는 '갑'국의 2021년 지급유형별·아동월령별 새싹수당 월 지급금액과 신청가구별 아동 현황에 대한 자료이다. 이 <표>와 <새싹수당 지급조건>에 근거하여 '가'~'라' 가구의 2021년, 2022년분의 새싹수당 합으로 올바른 것은?

<새싹수당 지급조건>

○ 만 5세 이하 아동을 양육하고 있는 가구를 대상으로 한다.
○ 새싹수당은 총 4번 지급되고, 지급유형은 신청시점에만 산정하고, 아동월령은 '신청시점', '신청시점 6개월 후', '신청시점 1년 후', '신청시점 1년 6개월 후' 각각 1번씩 산정한다. 새싹수당은 각각의 아동월령 산정 1개월 후에 1번씩 지급한다.
○ 새싹수당 지급 도중 아동의 월령이 60개월을 초과하는 경우, 수당을 더 이상 지급하지 않는다.
○ 가구별 새싹수당은 수급가능한 모든 자녀의 새싹수당을 합한 금액임.
○ 2021년, 2022년 새싹수당은 2021년 1월 1일에 신청받아 2021년 2월 1일, 2021년 8월 1일, 2022년 2월 1일, 2022년 8월 1일에 각각 지급한다.

<표 1> 지급유형별·아동월령별 새싹수당 월 지급금액

(단위 : 만 원)

지급유형 \ 아동월령	12개월 이하	12개월 초과 24개월 이하	24개월 초과 36개월 이하	36개월 초과 48개월 이하	48개월 초과 60개월 이하
일반	30	25	15	10	10
다문화	30	28	20	15	10
농어촌	35	30	25	15	10
장애아동	40	40	35	35	30

<표 2> 2021년 1월 1일 신청가구별 아동 현황

신청가구	자녀		지급유형
	아동	아동월령(개월)	
가	A	24	일반
나	B	6	농어촌
	C	48	농어촌
다	D	15	장애아동
	E	50	일반
라	F	36	다문화

① 445만 원
② 450만 원
③ 455만 원
④ 460만 원
⑤ 465만 원

16. 다음 <표>와 <그림>은 2011~2021년 동안 갑국의 비행단계별·연도별 항공기사고 발생 건수에 대한 자료이다. 이에 대한 <보기>의 설명 중 옳은 것만을 모두 고르면?

<표> 비행단계별 항공기사고 발생 건수

(단위 : 건, %)

비행단계 \ 구분 \ 연도	2011~2020년		2021년	
	건수	비율	건수	비율
지상이동	6	7.8	2	15.4
이륙	3	3.9	1	7.7
상승	8	10.4	2	15.4
순항	30	39.0	4	30.8
접근	9	11.7	1	7.7
착륙	21	27.3	3	23.1
전체	77	100.0	13	100.0

<그림> 연도별 항공기사고 발생 건수

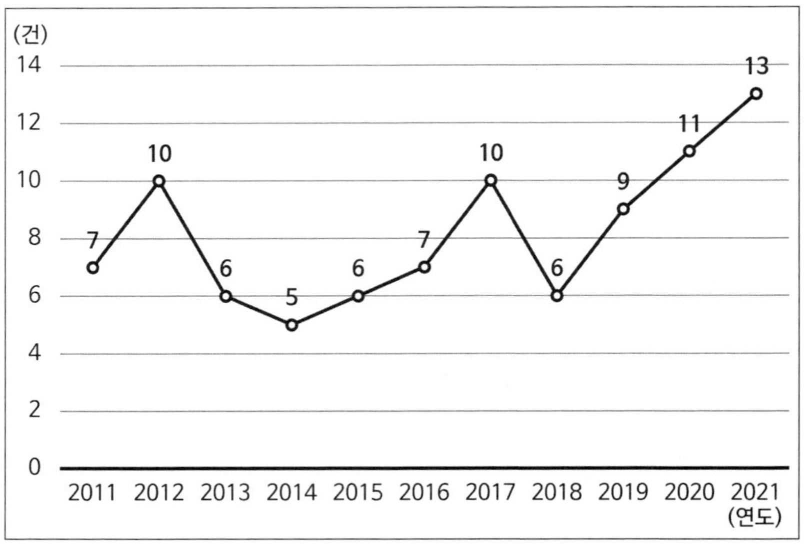

<보 기>

ㄱ. 만약 2011~2015년 동안 갑국 전체 항공기사고 발생 건수 대비 착륙 단계 항공기사고 발생 건수 비율이 22.3%라면, 2016~2020년 동안 해당 비율은 32.3% 이상이다.
ㄴ. 2011~2021년 동안 상승, 순항, 접근, 착륙 단계 항공기사고 발생 건수 중 2021년 항공기사고 발생 건수의 비중은 12.5% 이상이다.
ㄷ. 2011~2019년 동안 순항 단계 항공기사고 발생 건수는 적어도 19건이다.
ㄹ. 2012~2021년 동안 착륙 단계 항공기사고 발생 건수는 14건 이상이다.

① ㄱ, ㄷ
② ㄴ, ㄷ
③ ㄴ, ㄹ
④ ㄱ, ㄴ, ㄷ
⑤ ㄴ, ㄷ, ㄹ

17. 다음 <표>는 연도별 외국인의 건강보험 가입자 현황, 보험료 부과액 및 급여비에 대한 자료이다. 이에 대한 설명으로 옳지 않은 것은?

<표 1> 2017 ~ 2021년 외국인의 건강보험 가입자 현황

(단위: 명)

구분 / 연도	직장가입자			지역가입자
	소계	부양자	피부양자	
2021	689,695	491,438	198,257	555,632
2020	704,287	502,248	202,039	505,120
2019	(　　)	513,768	200,555	525,216
2018	664,529	(　　)	189,816	306,670
2017	(　　)	452,183	190,551	270,416

<표 2> 2016 ~ 2020년 외국인의 보험료 부과액 및 급여비

(단위: 억 원)

구분 / 연도	보험료 부과액			급여비
	소계	직장가입자	지역가입자	
2020	(　　)	10,808	4,609	9,542
2019	12,965	(　　)	2,705	9,229
2018	10,113	(　　)	1,203	7,793
2017	9,167	(　　)	1,001	6,602
2016	(　　)	6,984	772	5,544

① 2021년 외국인 지역가입자 보험료 부과액이 전년과 동일하다면, 2021년 외국인 지역가입자 1명당 지역가입자 보험료 부과액은 전년대비 10% 이상 감소하였다.

② 2018 ~ 2021년 동안 피부양자 직장가입자 수의 전년대비 증감폭이 가장 큰 연도는 2019년이다.

③ 2016 ~ 2020년 동안 급여비의 평균은 8,000억 원 이하이다.

④ 2016 ~ 2020년 동안 직장가입자 보험료 부과액은 매년 증가한다.

⑤ 2018 ~ 2020년 동안 지역가입자 수가 전년대비 상승한 해에는 직장가입자 수도 전년대비 상승하였다.

18. 다음 <그림>은 2019 ~ 2021년 도로화물운송업의 분야별 에너지 효율성에 관한 자료이다. 이에 대한 설명으로 옳은 것은?

<그림 1> 도로화물운송업의 분야별 운송량, 운송거리

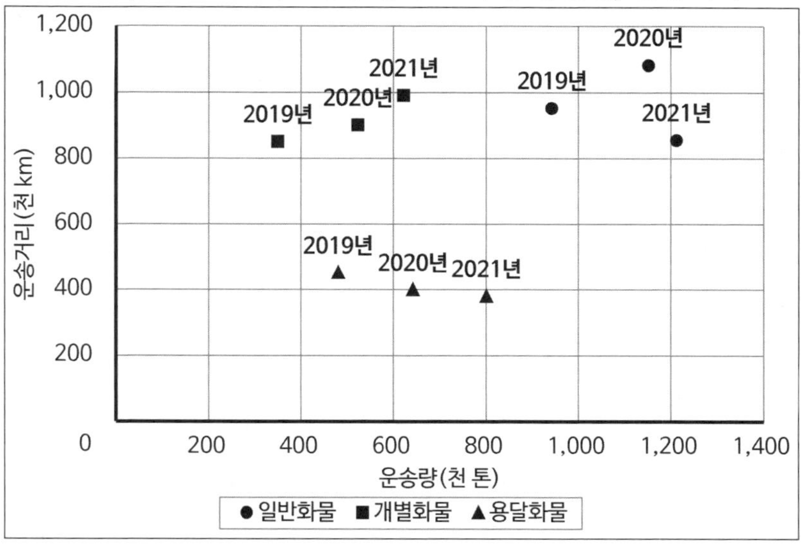

※ 1) 도로화물운송업의 분야는 일반화물, 개별화물, 용달화물로만 구분됨.
2) 운송실적(톤 · km) = 운송량(톤) × 운송거리(km)

<그림 2> 도로화물운송업의 분야별 운송실적, 에너지 효율성

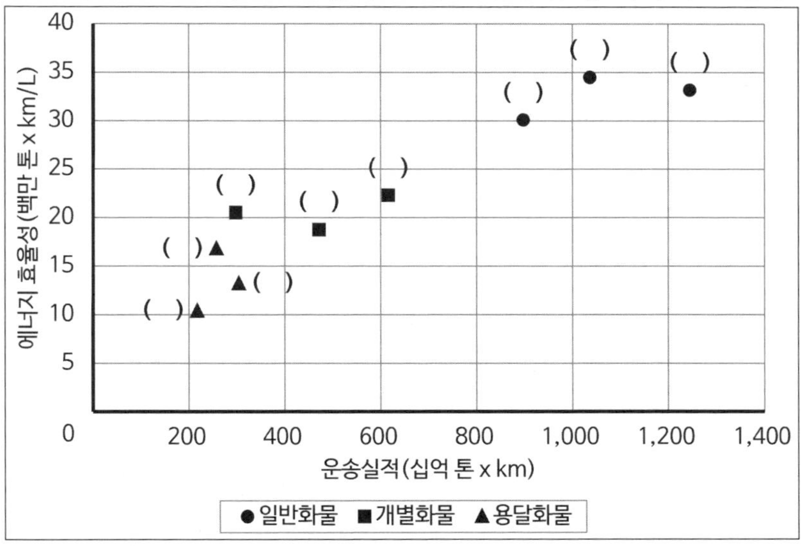

※ 1) 에너지 효율성(톤 · km/L) = $\frac{\text{운송실적(톤 · km)}}{\text{에너지 사용량(L)}}$
2) 빈 칸은 연도를 의미함.

① 2019 ~ 2021년 동안 일반화물, 개별화물, 용달화물의 분야별 운송실적은 매년 증가한다.

② 2019년 용달화물의 운송량이 전년의 1.05배이고, 운송거리가 전년의 0.95배라면, 2019년 용달화물 운송실적은 전년과 동일하다.

③ 용달화물 에너지 효율성이 가장 높은 연도는 2021년이다.

④ 개별화물 에너지 사용량이 가장 낮은 연도에 일반화물 운송량은 1백만 톤 이상이다.

⑤ 일반화물 운송실적이 가장 높은 연도는 2020년이며, 주어진 기간동안 에너지 사용량이 가장 많은 연도 역시 2020년이다.

[19 ~ 20] 다음 <표>와 <정보>는 산업별 시장점유율 상위 10위 기업 생산액 현황에 관한 자료이다. 다음 물음에 답하시오.

<표> 산업별 시장점유율 상위 10위 기업 생산액 현황

(단위: 억 원)

순위＼산업	A	B	C	D	E
1위	750	300	240	150	1,200
2위	150	260	220	125	600
3위	120	250	200	100	480
4위	105	40	140	45	450
5위	90	30	120	20	90
6위	75	25	100	20	60
7위	60	20	80	10	30
8위	45	15	60	10	15
9위	30	10	40	10	9
10위	15	5	20	10	6
합계	1,440	955	1,220	500	2,940
전체	1,500	1,000	2,000	500	3,000

※ 산업별 시장점유율은 산업별 전체 생산액 대비 기업 생산액임.

<정 보>

○ 기업 집중률(CR, Concentration Ratio)은 기업의 독과점 여부를 판단할 수 있는 지표다. CR은 뒤에 숫자를 붙여 표시하고 다음과 같이 평가한다.

○ CR1은 1위 기업의 시장점유율이다. CR1이 50% 이상이면 해당 산업을 '독점 산업'으로 평가한다.

○ CR2는 1위와 2위의 기업의 시장점유율 합이다. CR2가 75% 이상이면 해당 산업을 '복점 산업'으로 평가한다.

○ CR3은 1위부터 3위까지 기업의 시장점유율 합이다. CR3이 80% 이상이면 해당 산업을 '과점 산업'으로 평가한다.

○ CR4는 1위부터 4위까지 기업의 시장점유율 합이다. CR4가 90% 이상이면 해당 산업을 '독점적 산업'으로 평가한다. CR4가 40% 이하면 해당 산업을 '경쟁적 산업'으로 평가한다.

19. 위 <표>와 <정보>에 근거할 때, 이에 대한 설명으로 옳지 않은 것은?

① 산업 A는 독점 산업으로 평가할 수 있다.
② 산업 B는 과점 산업으로 평가할 수 있다.
③ 산업 C는 경쟁적 산업으로 평가할 수 있다.
④ 산업 D는 과점 산업으로 평가할 수 없다.
⑤ 산업 E는 독점적 산업으로 평가할 수 없다.

20. 위 <표>와 아래 <정보>에 근거할 때, HHI를 이용하여 산업 C와 D의 산업집중도를 평가한 결과를 올바로 나열한 것은?

<정 보>

○ HHI(허핀달-허쉬만 지수)는 합병심사 시 산업집중도 평가 기준으로 이용할 수 있는 지표다.

○ HHI는 산업에 존재하는 모든 기업의 점유율을 각각 제곱하여 모두 더한 값이다.

○ HHI의 크기에 따라 HHI가 1,000 미만이면 '비집중적인 산업', HHI가 1,000 이상 1,800 이하면 '어느 정도 집중적인 산업', HHI가 1,800을 초과하면 '고도로 집중적인 산업'으로 분류한다.

	C	D
①	비집중적인 산업	어느 정도 집중적인 산업
②	비집중적인 산업	고도로 집중적인 산업
③	어느 정도 집중적인 산업	비집중적인 산업
④	어느 정도 집중적인 산업	어느 정도 집중적인 산업
⑤	어느 정도 집중적인 산업	고도로 집중적인 산업

21. 다음 <표>는 2021년과 2022년 온라인쇼핑 거래액 및 모바일쇼핑 거래액에 관한 자료이다. 제시된 <표> 이외에 <보고서>를 작성하기 위해 추가로 필요한 자료만을 <보기>에서 모두 고르면?

<표 1> 온라인쇼핑 거래액 및 모바일쇼핑 거래액

(단위: 억 원, %)

구분	2021년		2022년	
	연간	8월	7월	8월
온라인쇼핑 거래액	1,870,784	152,756	170,508	177,181
모바일쇼핑 거래액	1,355,164	112,335	129,412	132,346
비중	72.4	73.5	75.9	74.7

※ 비중은 온라인쇼핑 거래액 중 모바일 거래액 비중임.

<표 2> 상품군별 온라인쇼핑 거래액

(단위: 억 원, %)

구분	2021년		2022년	
	연간	8월	7월	8월
합계	1,870,784	152,756	170,508	177,181
가전	301,209	24,262	24,658	25,238
도서	37,456	2,989	3,006	3,033
패션	482,164	34,433	38,993	36,547
식품	314,114	27,015	28,715	34,200
생활	260,648	21,703	21,944	24,611
서비스	442,921	39,941	50,463	50,797
기타	32,273	2,412	2,729	2,754

<표 3> 상품군별 모바일쇼핑 거래액

(단위: 억 원, %)

구분	2021년		2022년	
	연간	8월	7월	8월
합계	1,355,164	112,335	129,412	132,346
가전	177,494	14,374	15,732	16,006
도서	19,695	1,568	1,657	1,537
패션	325,144	23,823	29,575	27,815
식품	234,373	20,123	21,740	25,436
생활	183,558	15,154	16,986	17,528
서비스	393,058	35,687	41,689	41,997
기타	21,842	1,605	2,033	2,026

<보고서>

2022년 8월 온라인쇼핑 거래액은 17조 7,181억 원으로 전년동월대비 16.0% 증가하였으며, 모바일쇼핑 거래액은 13조 2,346억 원으로 17.8% 전년동월대비 증가하였다. 2022년 7월 온라인쇼핑 거래액은 17조 508억 원으로 전년동월대비 8.1% 증가하였으며, 모바일쇼핑 거래액은 12조 9,412억 원으로 전년동월대비 6.4% 증가하였다.

2022년 8월 상품군별 온라인쇼핑 거래액은 서비스, 식품, 생활 등 기타를 제외한 모든 부문에서 전년동월대비 증가하였다. 2022년 8월 상품군별 온라인쇼핑 거래액 중 모바일쇼핑 거래액 비중은 서비스가 82.7%, 패션이 76.1%이다. 해당 비중의 전월대비 증가폭은 각각 0.1%p, 0.3%p이다.

2022년 8월 취급상품범위별 온라인쇼핑 거래액은 종합몰이 11조 1,314억 원으로 전월대비 12.8% 증가하였고, 전문몰은 6조 5,866억 원으로 전월대비 21.8% 증가하였다.

<보 기>

ㄱ. 2021년 월별 온라인쇼핑 거래액 및 모바일쇼핑 거래액
ㄴ. 2022년 7월과 8월 상품군별 온라인쇼핑 거래액 중 모바일쇼핑 거래액 비중
ㄷ. 2022년 취급상품범위별·월별 온라인쇼핑 거래액
ㄹ. 2021년 상품군별 모바일쇼핑 거래액

① ㄱ, ㄴ ② ㄱ, ㄷ
③ ㄴ, ㄹ ④ ㄱ, ㄷ, ㄹ
⑤ ㄴ, ㄷ, ㄹ

22. 다음 <그림>은 2016 ~ 2021년 A국의 펀드에 투자한 주식비중 및 채권비중에 대한 자료이다. 이에 대한 <보기>의 설명 중 옳은 것만을 모두 고르면?

<그림> 연도별 펀드에 투자한 주식비중 및 채권비중

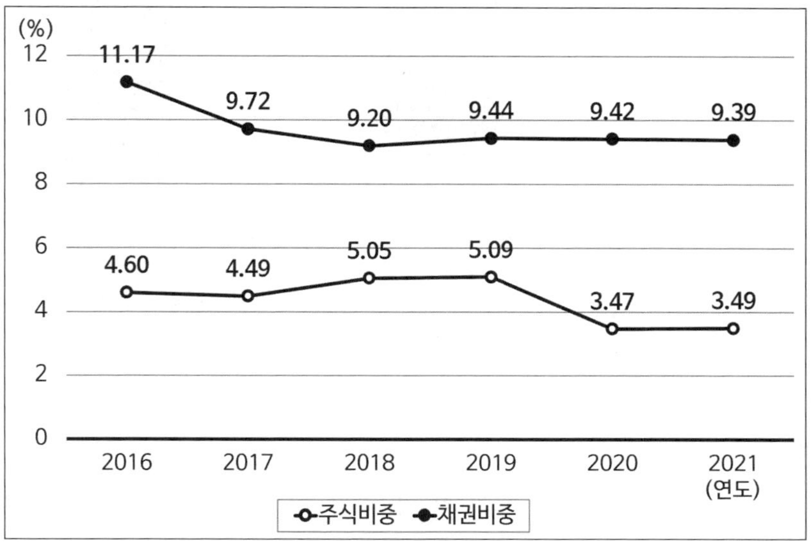

※ 1) 주식비중(%) = $\frac{\text{펀드에 투자한 주식 평가액}}{\text{주식시장 시가총액}} \times 100$

2) 채권비중(%) = $\frac{\text{펀드에 투자한 채권 평가액}}{\text{채권시장 시가총액}} \times 100$

<보 기>

ㄱ. 2017년 이후 채권시장 시가총액은 펀드에 투자한 채권 평가액에 비해 매년 10배 이상이다.
ㄴ. 만약 2018년 주식시장 시가총액이 채권시장 시가총액의 2배라면, 2018년 펀드에 투자한 채권 평가액은 펀드에 투자한 주식 평가액보다 작다.
ㄷ. 2016년 대비 2021년 감소율은 채권비중이 주식비중보다 크다.

① ㄱ ② ㄱ, ㄴ
③ ㄱ, ㄷ ④ ㄴ, ㄷ
⑤ ㄱ, ㄴ, ㄷ

23. 다음 <그림>은 2012년과 2021년 병해충 종류별 발생 및 방제 면적 비중에 대한 자료이다. 이에 대한 <보기>의 설명 중 옳은 것만을 모두 고르면?

<그림 1> 병해충 종류별 발생 면적 비중

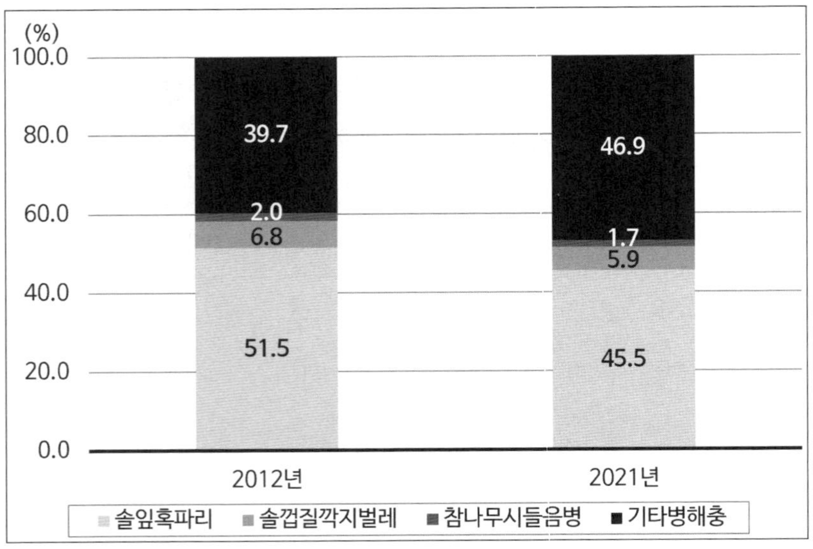

<그림 2> 병해충 종류별 방제 면적 비중

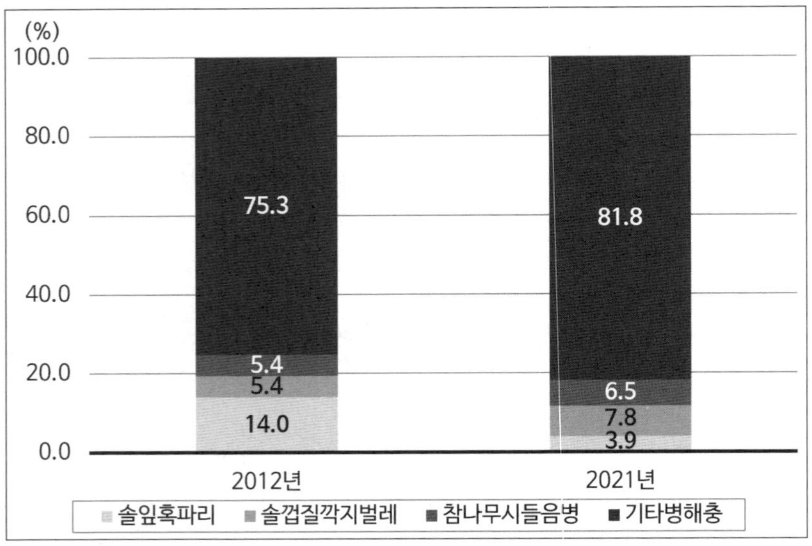

※ 기타병해충은 하나의 병해충 종류로 봄.

<보 기>

ㄱ. 2012년 대비 2021년 발생 면적 비중 감소폭이 가장 큰 병해충 종류는 방제 면적 비중 감소폭도 가장 크다.

ㄴ. 만약 2012년 대비 2021년 전체 병해충 방제 면적 감소율이 20%라면, 2012년 대비 2021년 방제 면적이 감소한 병해충 종류는 3가지이다.

ㄷ. 만약 2012년 대비 2021년 전체 병해충 발생 면적 증가율이 10%라면, 2021년 솔잎혹파리 발생 면적은 2012년에 비해 감소한다.

① ㄱ
② ㄴ
③ ㄱ, ㄴ
④ ㄴ, ㄷ
⑤ ㄱ, ㄴ, ㄷ

24. 다음 <표>는 기업규모별 변화동인 영향력 점수 전망에 관한 자료이다. 이에 대한 <보기>의 설명 중 옳은 것만을 모두 고르면?

<표> 기업규모별 변화동인 영향력 점수 전망

(단위: 점)

기업규모 / 시점 / 변화동인	대기업		중소기업	
	현재	미래	현재	미래
빅데이터	52.1	71.7	42.5	58.6
사물인터넷	40.6	62.7	38.4	58.5
컴퓨터 연산능력	50.2	63.1	42.4	55.2
센싱기술	47.5	62.3	40.1	52.9
인공지능	40.4	62.2	35.7	55.3
자율주행	38.1	61.5	32.3	48.1
클라우드	45.1	62.3	35.9	48.7
가상현실	37.7	59.3	31.5	47.1
3D프린팅	45.1	67.6	38.8	55.9
바이오	46.7	65.2	41.1	56.7
신에너지	50.8	67.5	39.1	54.4

※ 영향력 점수는 100점 만점임.

<보 기>

ㄱ. 사물인터넷의 현재시점 대비 미래시점의 영향력 점수 증가율은 대기업과 중소기업이 각각 50% 이상이다.

ㄴ. 대기업과 중소기업 모두 영향력 점수 하위 3개 변화동인은 현재시점과 미래시점이 동일하다.

ㄷ. 현재시점 대비 미래시점의 영향력 점수 증가폭이 가장 큰 변화동인은 대기업과 중소기업이 동일하다.

ㄹ. 현재시점과 미래시점 모두 대기업 영향력 점수와 중소기업 영향력 점수의 합이 가장 큰 변화동인은 빅데이터다.

① ㄱ, ㄴ
② ㄱ, ㄹ
③ ㄷ, ㄹ
④ ㄱ, ㄴ, ㄹ
⑤ ㄴ, ㄷ, ㄹ

25. 다음 <표>는 2019 ~ 2022년 카페 웹서비스 제공 여부 및 제작 방식에 관한 설문조사 결과이다. 이에 대한 <보기>의 설명 중 옳은 것만을 모두 고르면?

<표> 카페 웹서비스 제공 여부, 제작 방식 설문조사 결과

(단위: 개)

구분 \ 연도	조사대상 카페 수	웹서비스 제공 여부		웹서비스 제작 방식	
		제공	미제공	자체	외주
2019	501	51	( )	8	48
2020	522	54	( )	9	46
2021	565	58	( )	11	50
2022	609	61	( )	12	51

※ 웹서비스 제작 방식은 웹서비스를 제공하는 카페만을 대상으로 조사함. 중복응답은 가능하고, 무응답은 없음.

<보 기>

ㄱ. 2020년 이후 웹서비스를 미제공하는 카페 수는 전년 대비 매년 증가하였다.
ㄴ. 웹서비스를 자체와 외주 모두 제작하는 카페 수는 2021년에 두 번째로 많다.
ㄷ. 2020년 웹서비스 외주 제작 방식만을 사용하는 카페 수의 전년대비 증가율은 5% 이상이다.
ㄹ. 2022년 웹서비스 외주 제작 방식만을 사용하는 카페 수는 자체 제작 방식만을 사용하는 카페 수에 비해 5배 이상이다.

① ㄱ, ㄴ　② ㄱ, ㄷ
③ ㄱ, ㄴ, ㄷ　④ ㄱ, ㄷ, ㄹ
⑤ ㄴ, ㄷ, ㄹ

26. 다음 <그림>은 2021년 1 ~ 8월 커피 전문점 A와 B의 월별 누적 매출액에 관한 자료이다. 이에 대한 <보기>의 설명 중 옳은 것만을 모두 고르면?

<그림> 커피 전문점 A와 B의 월별 누적매출액

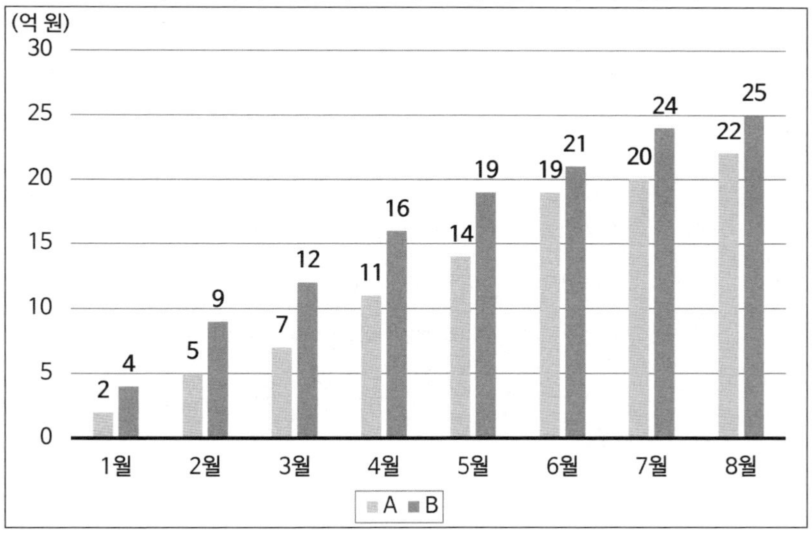

<보 기>

ㄱ. A의 매출액이 B의 매출액보다 더 높은 달은 1번이다.
ㄴ. A의 매출액이 가장 높은 달에 B매출액의 전월 대비 감소율은 35% 이상이다.
ㄷ. 3 ~ 8월 매출액 평균은 A가 B보다 2천만 원 이상 더 많다.
ㄹ. 만약 A의 2021년 1 ~ 8월 월평균 매출액이 2021년 전체 월평균 매출액에 비해 2천 5백만 원 더 많다면, A의 2021년 9 ~ 12월 월평균 매출액은 2억 원이다.

① ㄹ　② ㄱ, ㄴ
③ ㄱ, ㄷ　④ ㄴ, ㄹ
⑤ ㄷ, ㄹ

27. 다음 <표>는 2017 ~ 2021년 국민권익위원회 시정권고 현황에 관한 자료이다. 이에 대한 설명으로 옳은 것은?

<표> 국민권익위원회 시정권고 현황

(단위: 건, %)

구분 \ 연도	2017	2018	2019	2020	2021
민원처리	( )	( )	( )	18,211	( )
시정권고	( )	( )	333	( )	( )
권고율	1.1	1.5	1.9	1.7	1.3
수용	( )	( )	266	( )	( )
수용률	88.6	81.5	79.9	82.1	89.2
불수용	19	31	50	34	17
미확정	2	9	17	22	7
조정합의	( )	( )	( )	1,519	( )
합의율	13.6	13.9	10.1	( )	9.5

※ 1) 시정권고 건수 = 수용 건수 + 불수용 건수 + 미확정 건수

2) $\text{권고율(\%)} = \frac{\text{시정권고 건수}}{\text{민원처리 건수}} \times 100$

3) $\text{수용률(\%)} = \frac{\text{수용 건수}}{\text{시정권고 건수}} \times 100$

4) $\text{합의율(\%)} = \frac{\text{조정합의 건수}}{\text{민원처리 건수}} \times 100$

① 2019년 민원처리 건수는 16,600건 미만이다.
② 2018년 시정권고 건수 대비 조정합의 건수 비율은 전년대비 증가하였다.
③ 2020년과 2021년 민원처리 건수 대비 수용 건수 비율은 각각 1% 이상이다.
④ 시정권고 건수에서 불수용 건수와 미확정 건수가 차지하는 비중은 2020년에 두 번째로 크다.
⑤ 2020년 합의율의 전년대비 감소폭은 2.5%p 이상이다.

28. 다음 <표>와 <정보>는 전국 도시 40가구를 대상으로 실시한 2021년 소비자동향지수(CSI)에 관한 조사결과이다. 이에 대한 설명으로 옳지 않은 것은?

<표> 2021년 소비자동향지수(CSI)

(단위: 가구)

구분 \ 조사항목		가계재정	경제상황	부채	물가	전체
응답	매우긍정	5	4	4	6	19
	다소긍정	8	8	7	8	31
	비슷하다	8	8	7	4	27
	다소부정	9	8	5	8	30
	매우부정	3	4	7	9	23
	합계	( )	( )	( )	( )	( )
미응답		( )	( )	( )	( )	( )
응답률(%)		82.5	80.0	75.0	87.5	( )
CSI		( )	( )	( )	( )	97.3

<정 보>

○ 응답률(%) $= \dfrac{\text{응답가구 수}}{\text{응답가구 수} + \text{미응답가구 수}} \times 100$

○ 조사항목별 CSI 는 다음과 같다.

$$\frac{(\text{매우긍정}\times 1 + \text{다소긍정}\times 0.5) - (\text{다소부정}\times 0.5 + \text{매우부정}\times 1)}{\text{조사항목별 응답가구 수}} \times 100 + 100$$

○ CSI 는 100 초과이면 '긍정'으로 전망, 100 미만이면 '부정'으로 전망하고 있음을 의미한다.

① 응답자 수는 물가가 부채보다 5가구 더 많다.
② 가계재정과 경제상황 미응답가구 수의 합은 부채와 물가 미응답 가구 수의 합과 동일하다.
③ 전체 응답률은 80% 이상이다.
④ 각 조사항목 중 '긍정'으로 전망하는 항목은 2개이다.
⑤ 만약 전체에서 매우부정으로 응답한 가구 중 2가구가 매우긍정으로 응답을 변경한다면, '전체'에 대한 전망은 '부정'에서 '긍정'으로 변화한다.

29. 다음 <표>는 대학의 학생 선발전형 및 학생부 종합전형 비율에 관한 공론조사 결과에 관한 자료이다. 이에 대한 <보기>의 설명 중 옳은 것만을 모두 고르면?

<표 1> 대학의 학생 선발전형에 관한 공론조사 결과

(단위: %)

숙의 이전 \ 숙의 이후	수능 확대	수능, 수시 균형	대학 자율
수능 확대	20.3	3.6	5.2
수능, 수시 균형	20.2	8.1	5.1
대학 자율	21.8	9.2	6.5

※ 해당 공론조사는 조사대상자 500명이 숙의를 거쳐 대학의 학생 선발전형에 대해 '수능 확대', '수능, 수시 균형', '수시 확대'에 관한 의견 변화를 관찰하며, 무응답은 없음.

<표 2> 학생부 종합전형 비율에 관한 공론조사 결과

(단위: %)

숙의 이전 \ 숙의 이후	확대	유지	축소
확대	10.1	9.8	13.6
유지	10.4	10.1	12.5
축소	11.2	9.9	12.4

※ 해당 공론조사는 조사대상자 750명이 숙의를 거쳐 학생부 종합전형 '확대', '유지', '축소'에 관한 의견 변화를 관찰하며, 무응답은 없음.

<보 기>

ㄱ. 선발전형에 관한 조사에서 숙의 이전 '수능, 수시 균형' 응답자 수 대비 숙의 이후 '수능, 수시 균형' 응답자 수 비율은 70% 이상이다.
ㄴ. 학생부 종합전형 비율에 관한 공론조사에서 숙의 이전과 이후 모두 '유지' 응답자 수가 가장 적었다.
ㄷ. 학생부 종합전형 비율에 관한 공론조사에서 숙의 이전 '확대', 숙의 이후 '축소'인 응답자 수는 숙의 이전 '유지', 숙의 이후 '축소'인 응답자 수에 비해 8명 더 많다.
ㄹ. 공론조사 결과 숙의 이전과 숙의 이후 의견이 동일한 응답자 수는 '학생부 종합전형 비율에 관한 공론조사 결과'가 '학생 선발전형에 관한 공론조사 결과'의 1.5배 미만이다.

① ㄱ, ㄷ
② ㄴ, ㄷ
③ ㄴ, ㄹ
④ ㄱ, ㄴ, ㄹ
⑤ ㄴ, ㄷ, ㄹ

30. 다음은 2012 ~ 2021년 양곡소비량 조사에 관한 <보고서>이다. 이를 작성하기 위해 사용하지 않은 자료는?

<보고서>

2021년 1인당 연간 기타양곡 소비량은 8.3 kg 으로 전년대비 3.5 % 감소하였고, 전년에 비해 소비량은 0.3 kg 감소하였다. 기타양곡별로 전년대비 연간 소비량 감소폭은 잡곡이 0.1 kg, 두류 0.2 kg, 서류 0.2 kg 이고, 증가폭은 보리쌀 0.2 kg 이다. 한편, 2021년 1인당 하루 기타양곡 소비량은 22.7 g 이다.

2012 ~ 2021년 농가와 비농가의 연도별 연간 양곡소비량을 살펴본다. 농가의 경우 연간 양곡소비량에서 쌀이 차지하는 비중이 가장 높은 연도는 2013년으로 91.1 %이고, 가장 낮은 연도는 86.2 %로 2015년이다. 비농가의 경우 연간 양곡소비량에서 쌀이 차지하는 비중이 가장 높은 연도는 2012년으로 90.5 %이고, 가장 낮은 연도는 86.8 %로 2020년 이다. 한편, 2021년 농가의 하루 쌀 소비량은 27.3 g 이고, 비농가의 하루 쌀 소비량은 18.2 g 이다.

2015 ~ 2021년 동안 연도별 하루 양곡소비량은 주식용이 기타음식용에 비해 매년 35배 이상이다. 그리고 2012년 대비 2021년 용도별 연간 양곡소비량의 감소율은 주식용이 14.8 %이고, 기타음식용이 47.6 %이다.

2012 ~ 2021년 동안 연도별 연간 양곡소비량은 2012년에 197.3 kg 에 가장 많고, 2021년에 162.8 kg 에 가장 적다. 2021년 연간 양곡소비량의 전년 대비 감소율은 2.3 %이고, 2012년 대비 감소율은 14.5 %이다.

※ 양곡은 쌀과 기타양곡으로 구성됨.

① 2012 ~ 2021년 비농가 연도별 연간 양곡소비량

(단위: kg, %)

연도	비농가				
		쌀		기타양곡	
			구성비		구성비
2012	74.0	67.0	90.5	7.0	9.5
2013	71.9	63.9	88.9	8.0	11.1
2014	70.0	61.9	88.4	8.1	11.6
2015	68.3	60.0	87.8	8.3	12.2
2016	68.5	59.6	87.0	9.0	13.1
2017	68.7	59.8	87.0	8.9	13.0
2018	67.5	59.2	87.7	8.3	12.3
2019	65.4	57.4	87.7	8.0	12.3
2020	64.5	56.0	86.8	8.5	13.2
2021	63.3	55.2	87.3	8.0	12.7

② 2012 ~ 2021년 연도별 1인당 연간 기타양곡 소비량

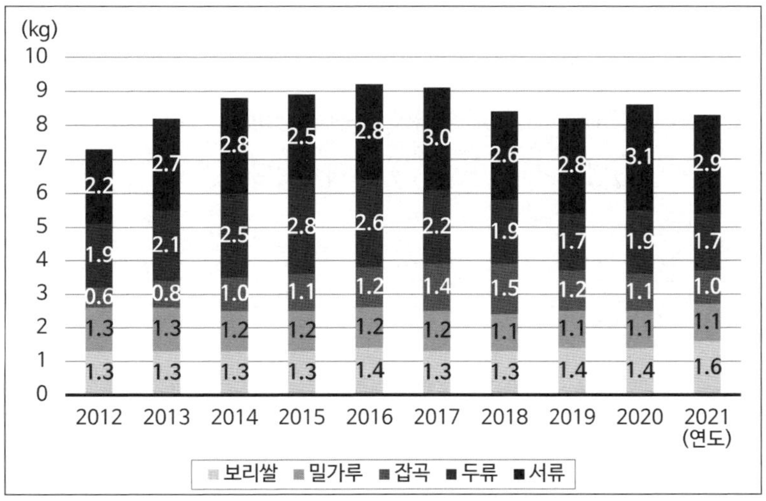

③ 2012 ~ 2021년 연도별 1인당 하루 쌀 소비량 및 1인당 연간 쌀 소비량

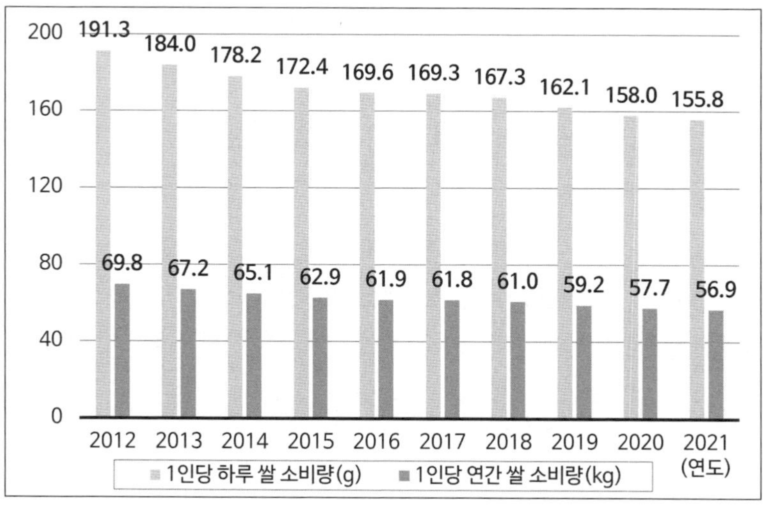

④ 2012 ~ 2021년 연도별 · 용도별 연간 양곡소비량

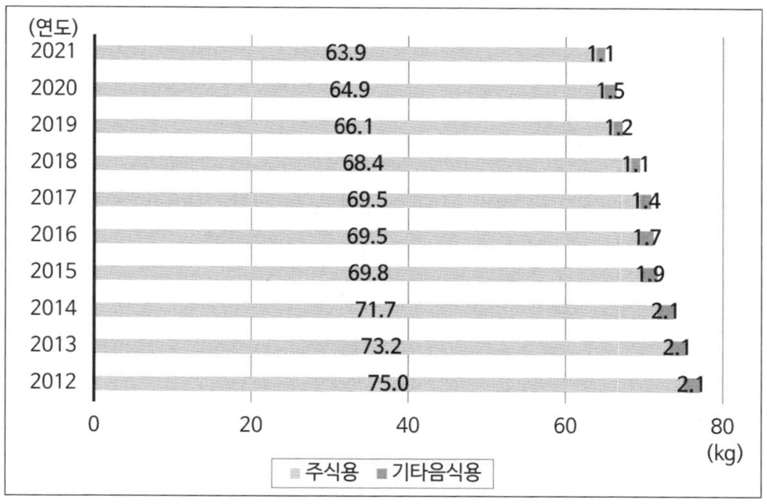

⑤ 2012 ~ 2021년 농가 연도별 연간 양곡소비량

(단위: kg, %)

연도	농가				
		쌀		기타양곡	
			구성비		구성비
2012	123.3	111.2	90.2	12.1	9.8
2013	118.5	107.9	91.1	10.6	8.9
2014	121.3	104.7	86.3	16.7	13.7
2015	118.5	102.1	86.2	16.4	13.8
2016	115.7	100.5	86.9	15.1	13.1
2017	109.5	96.6	88.3	12.8	11.7
2018	105.5	94.6	89.6	10.9	10.4
2019	104.2	92.8	89.1	11.4	10.9
2020	102.1	90.8	88.9	11.3	11.1
2021	99.5	88.9	89.4	10.6	10.6

31. 다음 <그림>은 국가 A ~ D의 생활체육참여율에 관한 자료이다. <그림>과 <조건>에 근거하여 A ~ D에 해당하는 국가를 바르게 나열한 것은?

<그림> 국가별 노년층 생활체육참여율 및 상대적 생활체육참여지수

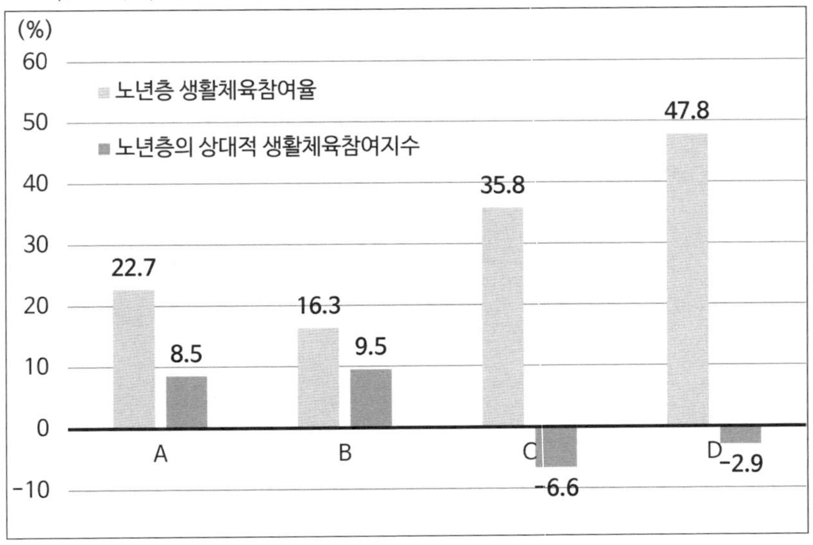

※ 1) 전체 국민 생활체육참여율(%)

$= \frac{\text{주 2회 이상 체육활동에 참여한다는 응답자 수}}{\text{전체 응답자 수}} \times 100$

2) 노년층 생활체육참여율(%)

$= \frac{\text{주 2회 이상 체육활동에 참여한다는 노년층 응답자 수}}{\text{노년층 응답자 수}} \times 100$

3) 노년층의 상대적 생활체육참여지수

= 전체 국민 생활체육참여율(%) − 노년층 생활체육참여율(%)

<조 건>

○ 노년층 생활체육참여율은 중국이 한국의 2배 이상이다.

○ 전체 국민 생활체육참여율이 30% 이상인 국가는 일본과 미국이다.

○ 노년층 응답자 수가 주 2회 이상 체육활동에 참여한다는 노년층 응답자 수의 5배 이상인 국가는 한국이다.

○ 한국과 일본의 전체 국민 생활체육참여율의 합은 60% 이상이다.

	A	B	C	D
①	미국	한국	중국	일본
②	일본	한국	중국	미국
③	미국	중국	한국	일본
④	중국	한국	미국	일본
⑤	일본	한국	미국	중국

32. 다음 <표>는 2011 ~ 2020년 감사원 예산현액 현황 및 2016 ~ 2020년 감사대상기관과 인원에 관한 자료이다. 이에 대한 설명으로 옳지 않은 것은?

<표 1> 2011 ~ 2020년 감사원 예산현액 현황

(단위: 천 원)

구분 연도	합계	용도별			실행방법별		
		인건비	활동비	기타	집행액	불용액	이월액
2011	101,415	65,434	25,886	10,095	94,351	6,081	983
2012	104,559	65,904	28,103	10,552	100,076	3,935	548
2013	107,051	66,457	29,863	10,731	101,801	3,194	2,056
2014	109,233	68,336	30,276	10,621	107,434	1,457	342
2015	112,115	71,525	28,420	12,170	110,211	846	1,058
2016	119,275	76,021	32,244	11,010	116,329	1,923	1,023
2017	126,209	81,435	33,241	11,533	120,936	2,639	2,634
2018	132,324	86,500	34,017	11,807	124,199	6,771	1,354
2019	133,791	86,746	34,269	12,776	126,080	4,030	( )
2020	134,325	86,573	35,057	12,695	125,873	6,866	1,586

※ 이월액 = 예산현액 − 집행액 − 불용액

<표 2> 2016 ~ 2020년 감사대상 기관 수 및 인원

(단위: 개, 천 명)

연도	구분	전체	국가기관	지자체	공공기관	지방공기업
2016	수	1,423	54	260	321	788
	인원	1,868	655	375	300	538
2017	수	1,483	56	260	330	837
	인원	1,930	665	378	312	575
2018	수	1,501	56	260	338	847
	인원	2,173	675	392	332	774
2019	수	1,500	55	260	339	846
	인원	2,303	688	408	383	824
2020	수	1,601	57	260	340	944
	인원	2,446	688	416	422	920

① 2020년 예산현액 합계 대비 용도가 인건비이고 실행방법이 집행액인 예산현액의 비율은 65% 이상이다.

② 2011 ~ 2020년 동안 매년 예산현액 대비 집행액 비중은 예산현액 대비 활동비 비중의 4배 미만이다.

③ 2016 ~ 2020년 동안 감사대상 공공기관 1개당 인원은 매년 증가하였다.

④ 2017 ~ 2020년 동안 이월액이 가장 큰 연도에 감사대상 지방공기업 수는 전년대비 감소하였다.

⑤ 2020년 전체 감사대상 인원의 2016년 대비 증가율은 35% 이하이고, 전년대비 증가율은 6% 이상이다.

33. 다음 <표>는 2021년 규제종류별·품목별·국가별 대한(對韓) 수입규제 건수에 관한 자료이다. 이에 대한 <보고서>의 내용 중 옳은 것만을 모두 고르면?

<표 1> 규제종류별 수입규제 건수

(단위: 건)

구분 \ 규제종류	반덤핑	상계관세	세이프가드	합계
조사 중	13	1	5	19
규제 중	140	9	31	180
전체	153	10	36	199

<표 2> 품목별 수입규제 건수

(단위: 건)

품목	철강	화학	고무	섬유	전자	기계	기타	전체
건수	94	42	23	13	8	2	17	199

<표 3> 국가별 수입규제 건수

(단위: 건)

구분 \ 국가	미국	인도	터키	중국	캐나다	EU	태국	파키스탄	호주	브라질	기타	합계
조사 중	3	3	2	0	1	1	6	0	1	0	2	19
규제 중	44	55	16	14	13	7	0	8	6	6	11	180
전체	47	58	18	14	14	8	6	8	7	6	13	199

※ EU는 하나의 국가로 봄.

<보고서>

2021년 외국의 대한(對韓) 수입규제는 규제 중이거나 조사 중인 건수는 총 199건이다. 수입규제는 반덤핑, 상계관세, 세이프가드로 부과되며, 총 199건 중 반덤핑 153건, 세이프가드 36건, 상계관세 10건으로 반덤핑이 가장 주된 수입규제임을 알 수 있다. 2021년 규제종류별·품목별·국가별 대한(對韓) 수입규제 건수를 살펴보면, ㉠ 미국의 규제 중인 수입규제 건수는 44건으로 그 중 반덤핑 수입규제 건수는 4건 이상이다. 그리고 ㉡ 전체 수입규제 건수에서 철강 반덤핑 수입규제 건수가 차지하는 비중은 24% 이하이다.

규제중인 수입규제 건수가 있는 국가가 총 16개국임을 고려하면, ㉢ 이들 국가 중 기타로 분류된 국가 수는 총 7개국이다. ㉣ 조사 중인 수입규제 건수가 모두 화학 품목에 대한 것이라면, 화학 품목에 대해 조사 중인 국가 수는 최대 12개국이다.

한편, 특정시장상황, 불리한 가용정보 등 조사당국의 조사기법 진화, 제3세계의 수입규제 증가, 양자 세이프가드 조치 등 조치의 다양화로 수입규제의 대응 난이도가 높아지고 있어 어려운 상황이다.

① ㄱ, ㄷ
② ㄴ, ㄷ
③ ㄷ, ㄹ
④ ㄱ, ㄴ, ㄹ
⑤ ㄱ, ㄷ, ㄹ

34. 다음 <표>는 2010 ~ 2018년 제품별 판매량 지수에 관한 자료이다. 이에 대한 <보기>의 설명 중 옳은 것만을 모두 고르면?

<표> 제품별 판매량 지수

연도 \ 제품	A	B	C
2010	125	80	100
2011	126	89	126
2012	112	85	144
2013	108	96	132
2014	100	100	100
2015	104	108	108
2016	121	95	120
2017	109	105	113
2018	105	75	120

※ 1) 제품별 판매량 지수는 제품별 2014년 판매량을 100으로 하였을 때 연도별 판매량의 상대적 비율임.
2) T년 ~ T + n년 동안의 연평균증가율은 T년 값을 a, T + n년 값을 b라고 할 때, $a(1 \pm R)^n = b$를 만족하는 R 값임.
3) 통합판매량 지수란 2014년 제품 A, B, C의 판매량 합을 100으로 하였을 때 연도별 제품 A, B, C 판매량 합의 상대적 비율임.

<보 기>

ㄱ. 2010 ~ 2014년 동안 B판매량의 연평균 증가율은 6.25% 미만이다.
ㄴ. 2017년 A, B, C의 판매량이 모두 동일하다면, 2015년 판매량은 B, C, A 순으로 많다.
ㄷ. 만약 2010년 A, B, C의 평균 판매량 지수가 100이고, 2018년 A, B, C의 평균 판매량 지수가 105라면, 2014년 판매량은 C가 A의 2.5배이다.

① ㄴ
② ㄱ, ㄴ
③ ㄱ, ㄷ
④ ㄴ, ㄷ
⑤ ㄱ, ㄴ, ㄷ

35. 다음 <표>는 2021년 기술부문별·기술등급별·성별 기술자 수 현황에 관한 자료이다. 이를 이용하여 작성한 그래프로 옳지 않은 것은?

<표> 기술부문별·기술등급별·성별 기술자 수

(단위: 명)

기술부문	성	기술등급							
		기술사	일반기술자				숙련기술자		
			특급	고급	중급	초급	고급	중급	초급
기계	남	477	3,253	1,076	1,807	5,279	1,532	1,315	1,012
	여	1	13	11	35	310	49	72	40
선박	남	91	457	82	159	206	16	8	10
	여	0	7	2	5	27	2	0	1
항공우주	남	0	11	1	12	29	3	13	11
	여	0	0	0	2	0	0	1	0
금속	남	34	93	22	42	248	15	12	26
	여	0	0	0	7	48	0	1	1
전기	남	867	4,737	1,209	2,282	6,675	2,131	1,061	1,121
	여	12	41	16	69	392	57	82	85
정보통신	남	442	5,086	1,111	1,795	5,590	408	483	348
	여	15	165	73	164	840	60	87	64
화학	남	78	181	65	124	416	31	14	11
	여	1	10	4	19	143	2	2	1

① 기술등급별 선박 기술자 수의 성별 차이값

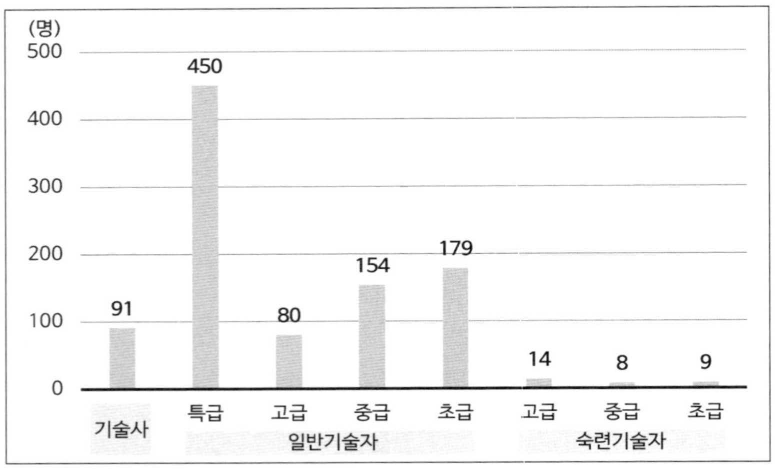

② 기술부문별 초급 일반기술자 남성 대비 여성 비율

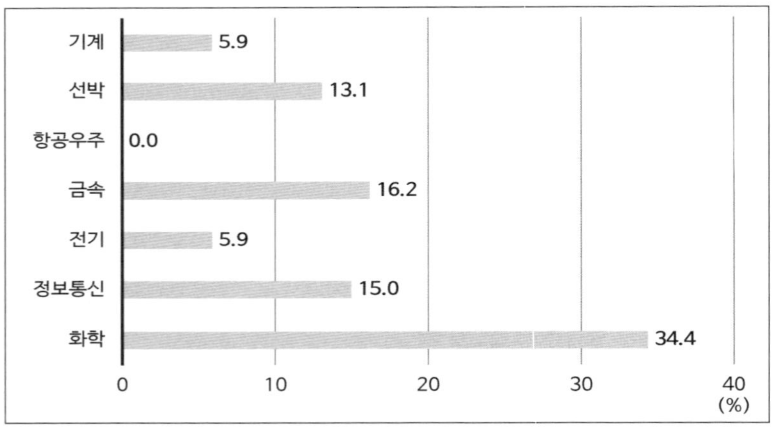

③ 성별·기술등급별 화학 기술자 수

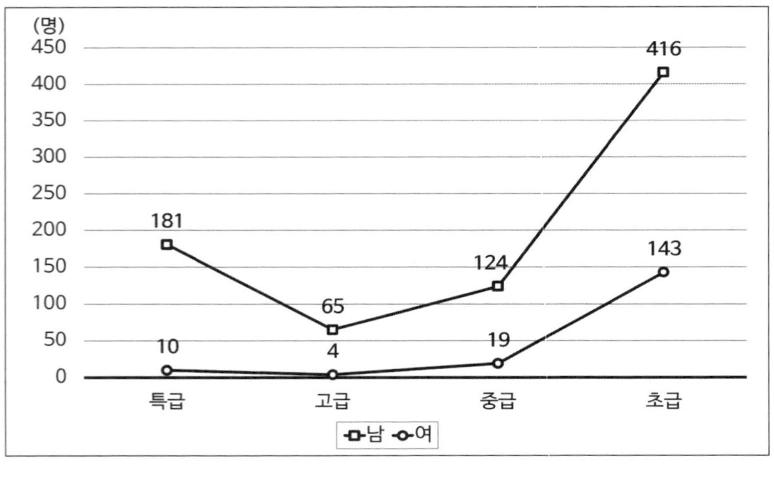

④ 남성 기계 기술자의 기술등급별 비중

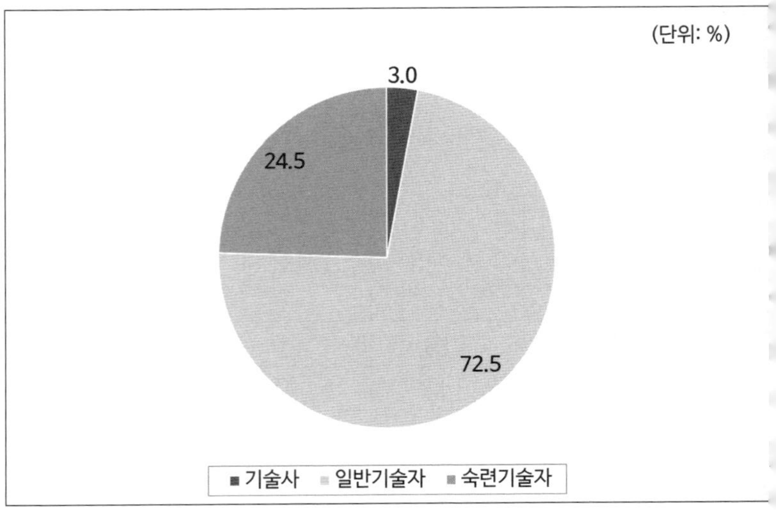

⑤ 기술부문별·기술등급별 여성 숙련 기술자 수

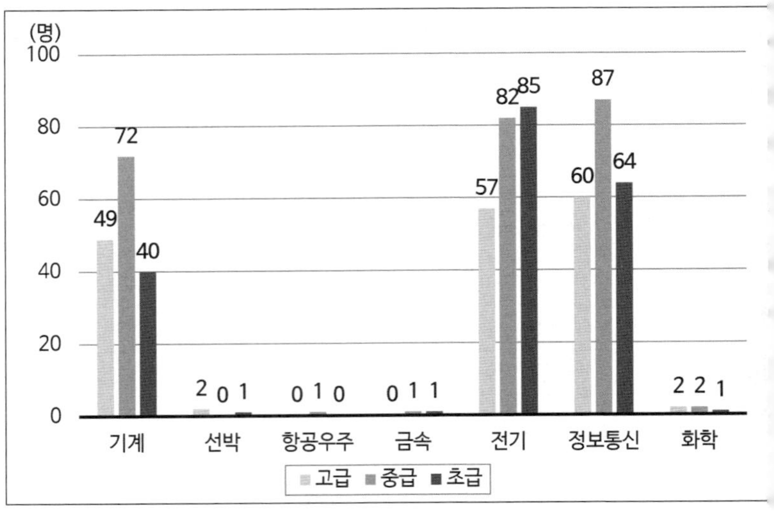

36. 다음 <그림>은 2017 ~ 2022년 A국의 천연가스 생산, 수출, 수입 및 원/달러 환율에 관한 자료이다. 주어진 기간 동안 내수 규모가 가장 큰 연도의 내수 규모로 올바른 것은?

<그림> A국 천연가스 생산, 수출, 수입 및 달러/원 환율 현황

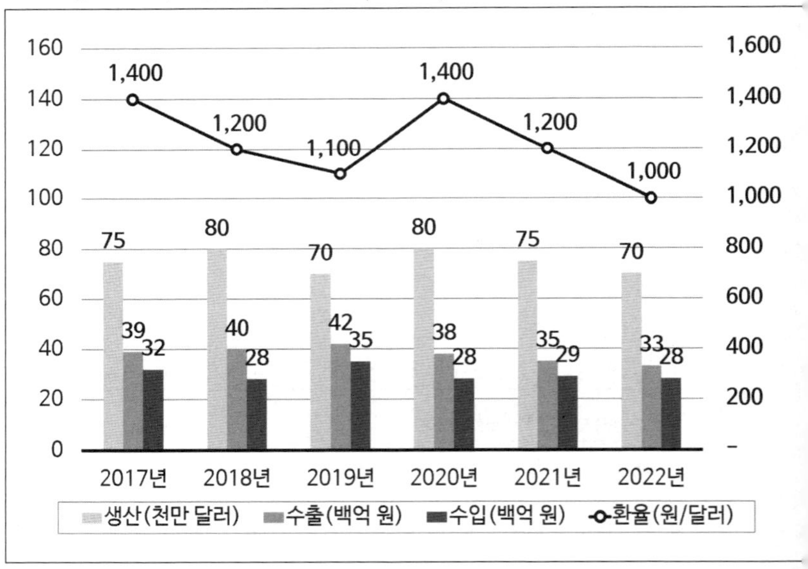

※ 내수 = 생산 − 수출 + 수입

① 84.0 백억 원

② 95.2 백억 원

③ 98.0 백억 원

④ 100.0 백억 원

⑤ 102.0 백억 원

7. 다음 <표>는 2017년과 2018년 병영 도서관 현황에 관한 자료이다. 이에 대한 내용으로 옳은 것은?

<표> 2017년과 2018년 병영 도서관 현황

(단위: 개, 천 권)

구분		2017년				2018년			
		육군	해군	공군	국직	육군	해군	공군	국직
장서 보유량별 도서관수	전체	1,499	243	110	46	1,449	267	110	52
	500권 이하	64	73	1	1	37	68	0	1
	500권 초과 1,000권 이하	204	43	4	3	112	54	2	2
	1,000권 초과 2,000권 이하	542	52	28	16	520	60	22	17
	2,000권 초과 3,000권 이하	323	38	24	10	373	43	24	9
	3,000권 초과 5,000권 이하	264	15	26	6	289	19	34	10
	5,000권 초과	102	22	27	10	118	23	28	13
총 장서량		4,438	884	573	650	4,173	983	634	750

① 2018년 육군의 장서 보유량이 2,000권 이하인 도서관 수 대비 2,000권 초과인 도서관 수 비율은 전년대비 증가하였다.

② 2018년 전체 도서관 1개당 총 장서량은 국직이 공군의 3배 이상이다.

③ 2017년과 2018년 육군, 해군, 공군, 국직 모두 매년 장서 보유량이 1,000권 초과 2,000권 이하인 도서관 수가 가장 많다.

④ 2017년 육군, 해군, 공군, 국직 중 장서 보유량이 3,000권 이하인 도서관 수 대비 2,000권 이하인 도서관 수 비율은 국직이 가장 낮다.

⑤ 2017년 해군은 전체 중 장서 보유량이 5,000권 이하인 도서관의 비중이 91% 이상이다.

38. 다음 <그림>은 2015 ~ 2019년 A국 식품손실량 발생 추이에 대한 자료이다. 이에 대한 설명으로 옳은 것만을 모두 고르면?

<그림> 2015 ~ 2019년 A국 부문별 식품손실량 발생 추이

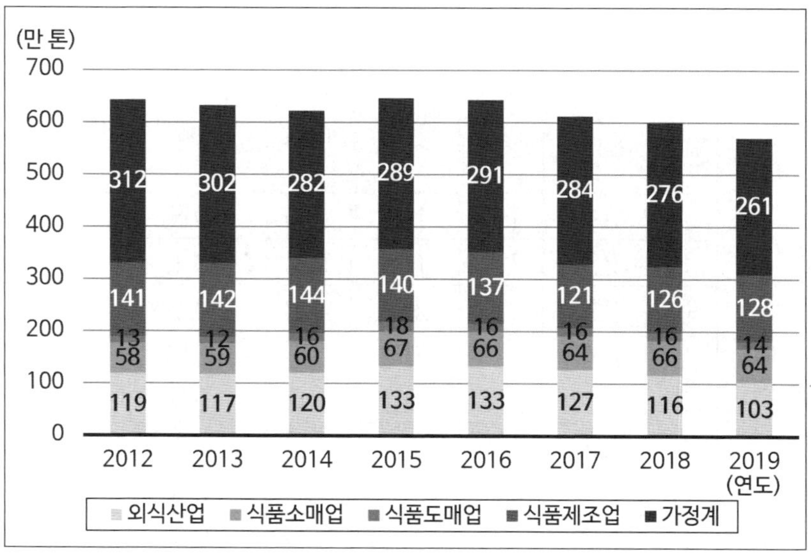

※ 1) 총 식품손실량 = 사업계 식품손실량 + 가정계 식품손실량

2) 사업계 식품손실량 = 외식산업 식품손실량 + 식품산업 식품손실량

3) 식품산업 식품손실량 = 식품소매업 식품손실량 + 식품도매업 식품손실량 + 식품제조업 식품손실량

4) n년도 사업계 목표 식품손실량 = (n − 2)년도 가정계 식품손실량

<보 기>

ㄱ. 총 식품손실량의 전년대비 증가율이 가장 높은 해와 사업계 식품손실량의 전년대비 증가율이 가장 높은 해는 동일하다.

ㄴ. 2016 ~ 2019년 동안 외식산업 식품손실량이 전년대비 감소한 해에는 식품산업 식품손실량도 전년대비 감소하였다.

ㄷ. 주어진 기간 동안 총 식품손실량에서 가정계 식품손실량이 차지하는 비중이 50%를 초과한 해는 없었다.

ㄹ. 2020년 사업계 식품손실량 중 외식산업, 식품소매업, 식품제조업의 식품손실량이 전년 대비 각각 10%씩 감소하고, 다른 부문의 식품손실량은 전년과 동일하다면, 2020년 사업계 식품 손실량은 사업계 목표 식품손실량 미만이다.

① ㄱ, ㄴ

② ㄱ, ㄷ

③ ㄴ, ㄹ

④ ㄱ, ㄴ, ㄹ

⑤ ㄴ, ㄷ, ㄹ

[39 ~ 40] 다음 <표>는 2021년 A ~ I국 국가별 인구통계 현황에 대한 자료이다. 이에 대한 다음 물음에 답하시오.

<표> 2021년 국가별 인구통계 현황

구분 \ 국가	조혼인률 (‰)	일반 혼인률 (‰)	조이혼률 (‰)	일반 이혼률 (‰)	인구 100명당 출생아 수 (명)	출생아 수 (만 명)	
							전년대비 증가율 (%)
A	3.72	4.17	1.96	2.20	0.53	27.2	1.1
B	3.37	3.55	1.29	1.36	0.47	30.1	−5.6
C	3.98	4.14	2.14	2.22	0.49	35.2	5.2
D	4.41	4.74	2.00	2.15	0.51	45.9	3.2
E	4.62	5.68	2.01	2.47	0.50	55.1	−5.2
F	3.47	4.20	1.42	1.72	0.41	12.3	1.2
G	4.15	4.53	2.14	2.34	0.40	32.3	−10.1
H	5.79	7.42	2.61	3.34	0.64	99.3	6.2
I	4.81	5.79	2.13	2.57	0.54	51.3	−3.2

※ 1) 조혼인률(‰) $= \dfrac{\text{혼인건수}}{\text{총인구}} \times 1{,}000$

2) 일반혼인률(‰) $= \dfrac{\text{혼인건수}}{\text{15세 이상 인구}} \times 1{,}000$

3) 조이혼률(‰) $= \dfrac{\text{이혼건수}}{\text{총인구}} \times 1{,}000$

4) 일반이혼률(‰) $= \dfrac{\text{이혼건수}}{\text{15세 이상 인구}} \times 1{,}000$

5) 인구 100명당 출생아 수(명) $= \dfrac{\text{출생아 수}}{\text{총인구}} \times 100$

39. 위 <표>의 내용과 부합하지 않는 것만을 <보기>에서 모두 고르면?

<보 기>

ㄱ. 총인구 중 15세 미만 인구 비중 상위 4개 국가

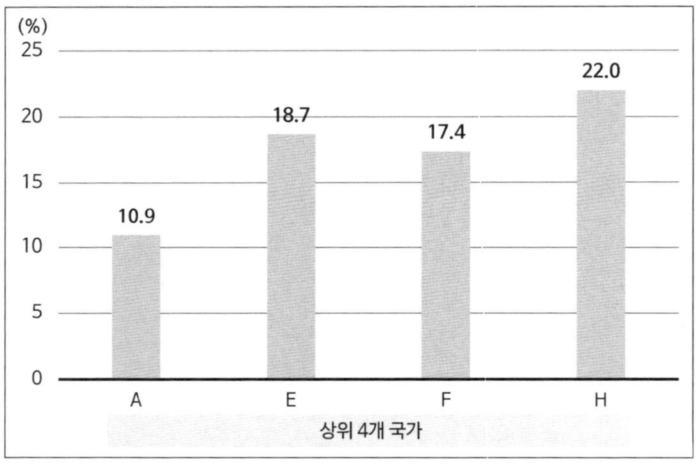

ㄴ. 이혼건수 1건당 혼인건수

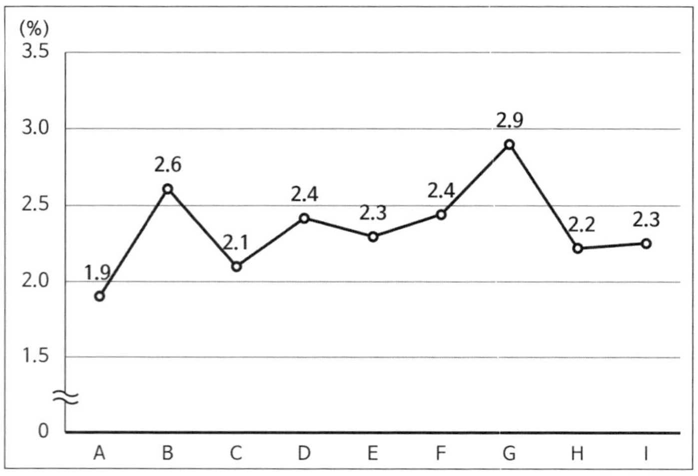

ㄷ. 2020년 A ~ I국 출생아수 순위

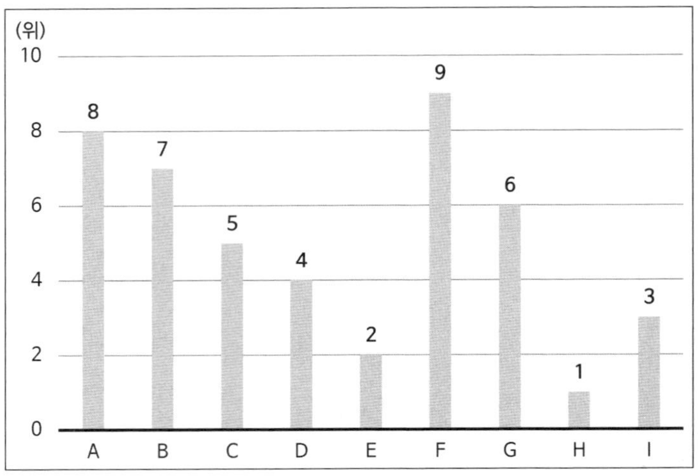

※ 출생아수가 많을수록 순위의 숫자가 낮음. 즉, 2020년 H의 출생아수가 가장 많으므로 1위임.

① ㄱ
② ㄴ
③ ㄱ, ㄴ
④ ㄴ, ㄷ
⑤ ㄱ, ㄴ, ㄷ

40. 위 <표>에 근거하여 A ~ D국 중 이혼건수가 가장 많은 국가의 이혼건수는?

① 1.8만 건
② 18만 건
③ 180만 건
④ 16.8만 건
⑤ 168만 건

현재 내 위치가 궁금하다면?

빠른 채점 및 성적 분석

https://labstandard.kr/eas

성적분석 서비스 + 통계표 확인

맞은 문제 수 / 푼 문제 수	맞은 문제 수 / 찍은 문제 수
( )문제 / ( )문제	( )문제 / ( )문제

총점: 점

✓ 전국에 있는 수험생들의 성적과 자신의 성적을 지금 바로 비교해 보세요!

LAB STANDARD
기준을 연구하는 사람들

2024년 국가공무원 5급 공채·국립 외교원·7급 지역인재 등 PSAT 대비

| 자료해석영역 |

2 교시

문제책형
최

응시번호
성명

응시자 주의사항

1. **시험시작 전에 시험문제를 열람하는 행위나 시험종료 후에 답안을 작성하는 행위를 한 사람**은 「공무원임용시험령」 제51조에 의거 **부정행위자**로 처리됩니다.
2. **답안지 책형 표기**는 **시험시작 전** 감독관의 지시에 따라 **문제책 앞면에 인쇄된 문제책형을 확인**한 후, **답안지 책형란에 해당 책형(1개)**을 '●'로 **표기**하여야 합니다.
3. 시험이 시작되면 문제를 주의 깊게 읽은 후, **문항의 취지에 가장 적합한 하나의 정답만을 고르며,** 문제내용에 관한 질문은 할 수 없습니다.
4. **답안을 잘못 표기하였을 경우**에는 **답안지를 교체하여 작성**하거나 **수정할 수 있으며**, 표기한 답안을 수정할 때는 **응시자 본인이 가져온 수정테이프만을 사용**하여 해당 부분을 완전히 지우고 부착된 수정테이프가 떨어지지 않도록 손으로 눌러주어야 합니다. **(수정액 또는 수정스티커 등은 사용 불가)**
   ■ **불량한 수정테이프의 사용과 불완전한 수정처리**로 발생하는 **모든 문제는 응시자 본인에게 책임**이 있습니다.
5. **시험시간 관리의 책임은 응시자 본인에게 있습니다.**
   ※ 시험지는 시험종료 후 가지고 갈 수 있습니다.

정답공개 및 이의제기 안내

1. **빠른 채점** 및 **성적분석** 서비스 (나의 위치 확인 및 통계 분석 결과 확인)
   ■ **시험지 뒷면** 및 **해설지**의 **QR코드** 확인 : https://labstandard.kr/eas
2. **답안지(OMR 카드) & 정오표** 다운로드, 문항 관련 문의
   ■ 랩스탠다드 홈페이지(https://labstandard.kr) "학습지원센터 - 자료실 & 정오표" 게시판 확인
   ■ 문항 관련 문의 : "학습지원센터 - 1:1 문의" 게시판 또는 이메일(labstandard@naver.com)

1. 다음 <표>는 2018 ~ 2020년 주요 지역별 인구수 및 주택수에 관한 자료이다. 이를 이용하여 작성한 그래프로 옳지 않은 것은?

<표> 지역별 인구수 및 주택수

(단위: 천 명, 천 호)

연도 / 구분 / 지역	2018		2019		2020	
	인구수	주택수	인구수	주택수	인구수	주택수
서울	9,674	3,682	9,640	3,739	9,586	3,778
경기	( )	( )	( )	( )	( )	( )
부산	3,395	1,413	3,373	1,439	3,349	1,460
대구	2,444	996	2,430	1,001	2,411	1,006
인천	2,936	1,108	2,952	1,123	2,945	1,135
광주	1,490	617	1,490	628	1,478	640
대전	1,511	612	1,499	618	1,488	620
울산	1,150	476	1,144	487	1,135	489
수도권	25,713	9,588	25,893	9,841	26,043	10,027
전국	51,630	20,818	51,779	21,310	51,829	21,674

※ 1) 전국 = 수도권 + 비수도권
2) 수도권 = 서울 + 경기 + 인천

① 연도별 비수도권 인구수 및 주택수

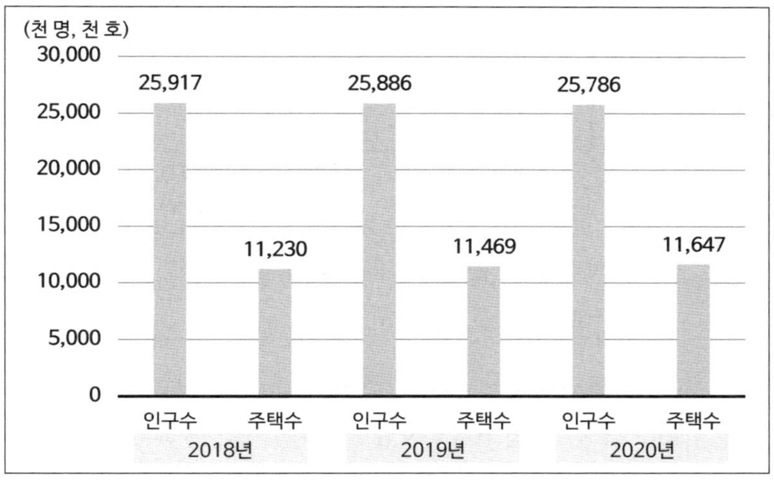

② 2019년 지역별 인구 천 명당 주택수

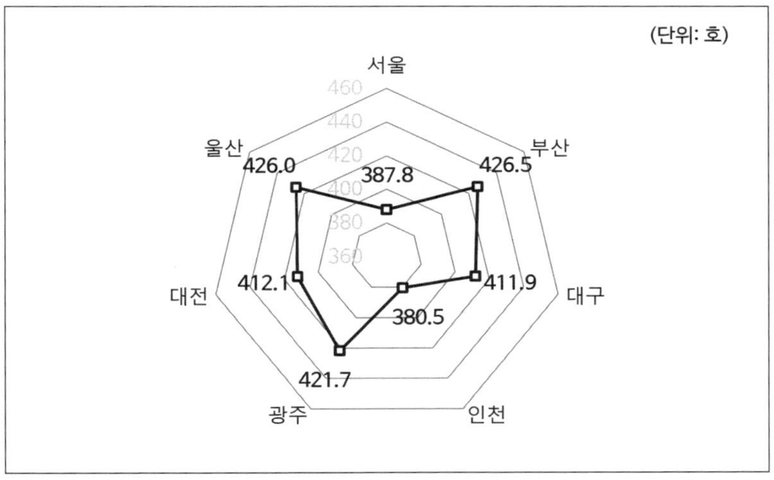

③ 2020년 지역별 주택 천 호당 인구수

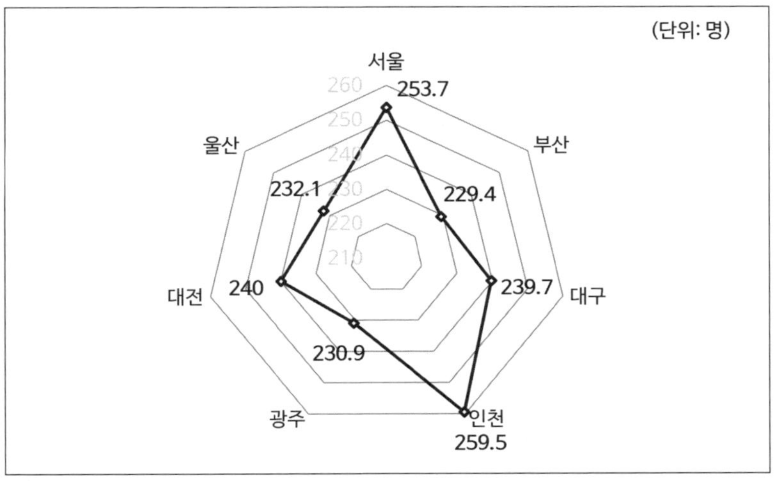

④ 연도별 수도권 주택수 대비 경기 주택수 비율

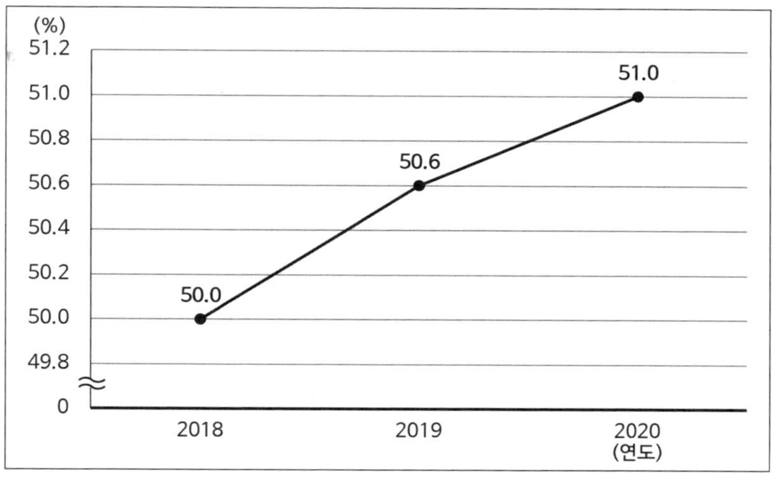

⑤ 2018년 대비 2020년 지역별 인구수 증가율

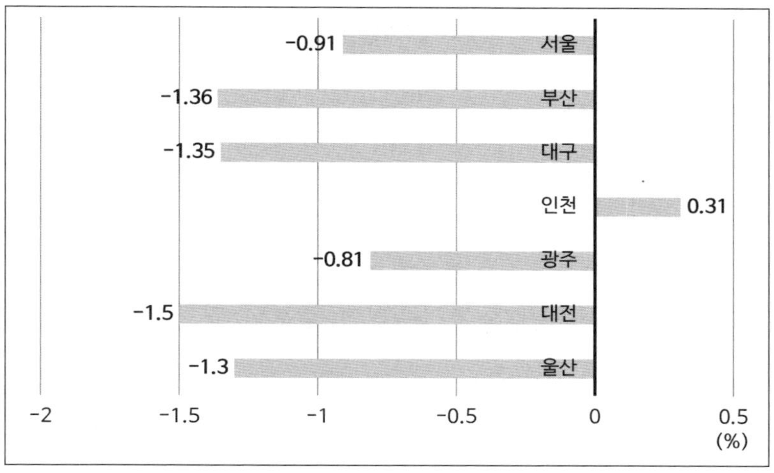

2. 다음 <표>는 2020년부터 2070년까지 10년 단위로 예측한 인구 비중에 관한 자료이다. 이에 대한 <보기>의 설명 중 옳은 것만을 모두 고르면?

<표> 연도별 인구 비중

(단위: %)

비중 / 연도	2020	2030	2040	2050	2060	2070
유소년 인구	12.2	8.5	8.8	8.8	7.7	7.5
생산가능 인구	72.1	66.0	56.8	51.1	48.5	46.1
노인인구	15.7	25.5	34.4	40.1	43.8	46.4
전체	100.0	100.0	100.0	100.0	100.0	100.0

※ 1) 노년부양비(%) = $\frac{\text{노인인구}}{\text{생산가능인구}} \times 100$

2) 노령화지수(%) = $\frac{\text{노인인구}}{\text{유소년인구}} \times 100$

3) 유소년부양비(%) = $\frac{\text{유소년인구}}{\text{생산가능인구}} \times 100$

4) 총부양비(%) = 노년부양비(%) + 유소년부양비(%)

<보 기>

ㄱ. 총부양비는 매 10년마다 증가한다.

ㄴ. 노령화지수가 가장 높은 연도와 가장 낮은 연도의 노령화지수 차이값은 550 %p를 초과한다.

ㄷ. 만약 2080년 생산가능인구 비중이 2070년보다 5 %p 감소한다면, 2080년 총부양비는 2070년보다 20 % 이상 증가한다.

① ㄱ
② ㄷ
③ ㄱ, ㄷ
④ ㄴ, ㄷ
⑤ ㄱ, ㄴ, ㄷ

3. 다음 <표>는 2017 ~ 2021년 출생 통계에 관한 자료이다. 제시된 <표> 이외에 <보고서>를 작성하기 위해 추가로 필요한 자료만을 <보기>에서 모두 고르면?

<표 1> 성별 출생아 수

(단위: 명)

연도 \ 성	합계	남아	여아
2017	357.8	184.3	173.5
2018	326.8	167.7	159.1
2019	302.7	155.4	147.3
2020	272.3	139.4	133.0
2021	260.6	133.5	127.0

※ 출생 성비는 여아 100명당 남아 수임.

<표 2> 출생아 부모의 평균 연령

(단위: 세)

구분 \ 연도	2017	2018	2019	2020	2021
부	35.2	35.4	35.7	35.8	35.9
모	32.6	32.8	33.0	33.1	33.4

<표 3> 출산순위별 부모의 평균 결혼생활 기간

(단위: 년)

연도 \ 출산순위	전체	첫째아	둘째아	셋째아 이상
2017	3.4	2.0	4.5	7.1
2018	3.5	2.2	4.6	7.4
2019	3.6	2.3	4.7	7.4
2020	3.7	2.3	4.8	7.4
2021	3.8	2.5	4.9	7.5

※ 결혼생활 기간은 결혼생활 시작에서 출산까지의 기간임.

<보고서>

2017 ~ 2021년 동안 출생아 수 합계는 매년 감소하였고, 남아 출생아 수와 여아 출생아 수도 각각 매년 감소하였다. 2017년 대비 2021년 성별 출생아 수 감소율은 남아가 여아보다 높다. 2017 ~ 2021년 동안 출생 성비는 매년 1.04명 이상이다. 그리고 2021년 출생 성비는 전년 대비 증가하였으며, 첫째아와 둘째아 출생 성비도 전년 대비 증가하였다.

2017 ~ 2021년 동안 출생아 부와 모의 평균 연령은 매년 증가하였으며, 2021년 출생아 부와 모의 평균연령은 2017년 대비 각각 0.7세, 0.8세 증가하였다. 2021년 출생아 모의 평균 연령은 첫째아는 32.6세, 둘째아는 34.1세, 셋째아 이상은 35.4세이다.

2021년 출산순위별 부모의 평균 결혼생활 기간은 첫째아 2.5년, 둘째아 4.9년, 셋째아 이상 7.5년이다. 2017 ~ 2021년 동안 첫째아를 출산한 부모의 평균 결혼생활 기간은 매년 전년대비 0.1년 증가하였다.

<보 기>

ㄱ. 2016년 성별 출생아 수
ㄴ. 2017 ~ 2021년 연도별·성별·출산순위별 출생아 수
ㄷ. 2017 ~ 2021년 연도별·출산순위별 출생아 부와 모의 평균 연령
ㄹ. 2016년 출산순위별 부모의 평균 결혼생활 기간

① ㄱ, ㄴ
② ㄱ, ㄷ
③ ㄴ, ㄷ
④ ㄷ, ㄹ
⑤ ㄴ, ㄷ, ㄹ

4. 다음 <표>는 2021년 도시 A ~ M의 1인당 도시림 면적과 1인당 생활관 도시림 면적에 관한 자료이다. 이에 대한 내용으로 옳지 않은 것은?

<그림> A ~ M의 1인당 도시림 면적과 1인당 생활관 도시림 면적

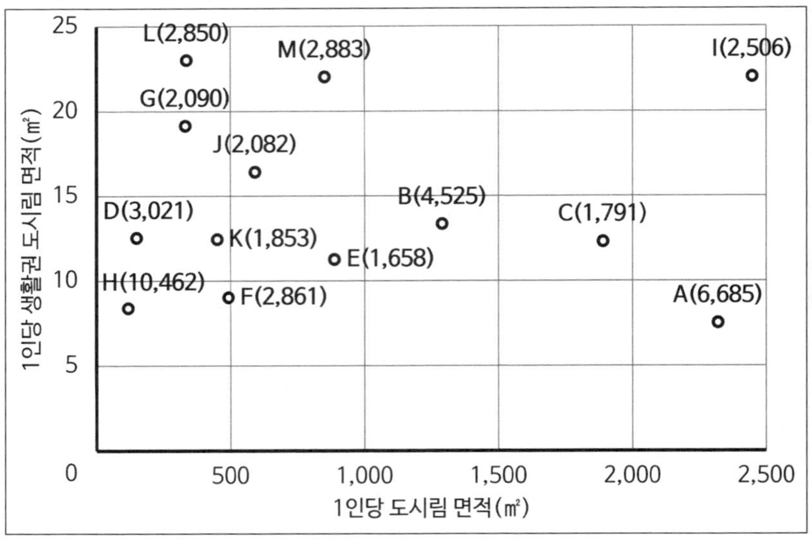

※ ( )의 값은 생활권 도시림 면적(m^2)을 의미함.

① 도시별 생활권 도시림 면적 대비 도시림 면적 비율이 가장 높은 도시는 도시림 면적이 2,500,000 m^2 이상이다.
② 1인당 생활권 도시림 면적이 가장 넓은 도시와 가장 좁은 도시의 1인당 도시림 면적 차이는 1,500 m^2 이상이다.
③ D는 E에 비해 인구가 많다.
④ B의 도시림 면적은 300,000 m^2 이상이다.
⑤ 1인당 도시림 면적 상위 3개 지역의 생활권 도시림 면적 평균은 1인당 생활권 도시림 면적 상위 3개 지역의 생활권 도시림 면적 평균에 비해 크다.

5. 다음 <보고서>는 2023년 A시 기상 현황 및 하천에 관한 자료이다. <보고서>의 내용과 부합하지 않는 것은?

<보고서>

2023년 A시의 기상 현황을 관측한 결과는 다음과 같다. 4 ~ 10월 날씨별 기상일수는 맑음, 강수, 흐림, 서리, 안개, 황사 순으로 많다. 4 ~ 10월 중 날씨가 맑음인 날의 비중은 33 % 이상이었으며, 안개 또는 서리인 기상일수 비중은 20 %를 초과하였다.

A시 월별 평균기온, 최고기온, 최저기온을 살펴보면, 최고기온과 최저기온 모두 4 ~ 7월 동안 매월 상승하고, 7 ~ 10월 동안 매월 하락함을 알 수 있다. 한편, 최고기온과 최저기온의 평균은 평균기온보다 매월 더 높다.

일 단위로 측정한 월별 평균풍속, 최대풍속과 시간 단위로 측정한 순간 최대풍속을 살펴보면 매월 평균풍속은 최대풍속의 25 % 이하이고, 최대풍속은 순간 최대풍속의 50 % 이상임을 알 수 있다.

월별 상대습도 및 일조시간을 살펴보면, 상대습도는 평균과 최소의 증감방향이 매월 동일하다. 일조시간의 전월대비 증가율은 9월이 5월보다 높다.

한편 A시의 주수계는 북한강이 서쪽에서 남쪽으로 흐르고, 남한강이 남측에서 북류하여 세물다리에서 합류 후 서쪽으로 흐르고 있다. A시에는 2개의 국가하천이 흐르고 있고, 44개의 지방하천이 분포하고 있으며, 214개의 소하천이 산재되어 있다. A시 하천수 1개당 연장은 2.8 km 이하이다.

① A시 월별 상대습도 및 일조시간

(단위: %, 시간)

월 \ 구분	상대습도		일조시간
	평균	최소	
4월	59	14	189.5
5월	60	15	273.8
6월	70	29	155.8
7월	74	31	156.8
8월	80	32	119.2
9월	76	20	181.2
10월	74	18	202.4

② A시 월별 평균풍속, 최대풍속, 순간 최대풍속

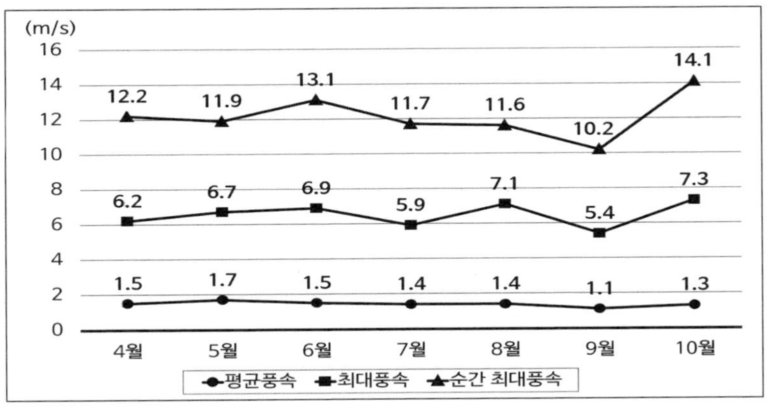

③ A시 월별 평균기온, 최고기온, 최저기온

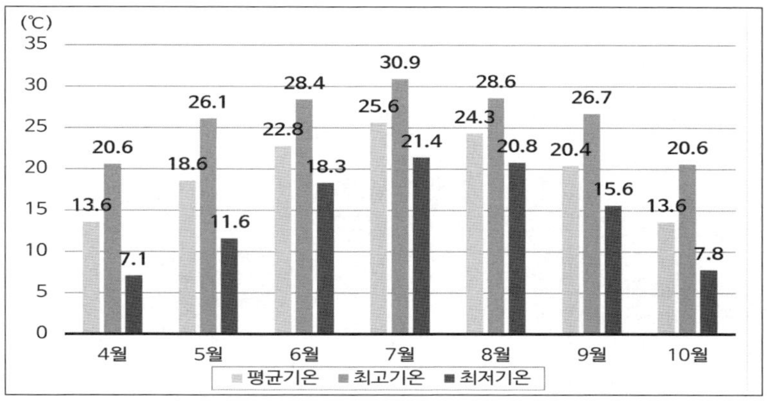

④ A시 4 ~ 10월 날씨별 기상일수

맑음	흐림	강수	안개	서리	황사
73일	42일	48일	11일	33일	7일

⑤ A시 하천수 및 연장

(단위: 개, km)

구분	하천수	연장
국가하천	2	48.5
지방하천	44	312.1
소하천	214	304.5
합계	( )	( )

6. 다음 <그림>은 甲사와 乙사가 조사한 주요 TV 프로그램(오디션, 개그, 드라마, 뉴스, 예능)의 2021년 10월 둘째주, 셋째주, 넷째주 주간 시청률 자료이다. 이와 <조건>을 근거로 ‘가’, ‘다’, ‘마’에 해당하는 프로그램을 바르게 나열한 것은?

<그림> 주요 TV 프로그램의 주차별 주간 시청률

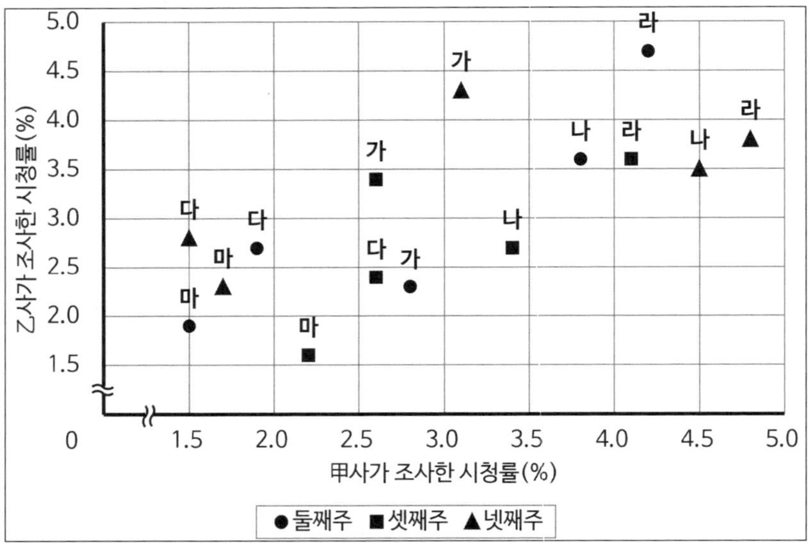

<조 건>

○ 甲사와 乙사가 조사한 시청률의 전주대비 증감방향이 서로 반대인 프로그램은 ‘드라마’, ‘뉴스’이다.
○ 둘째주, 셋째주, 넷째주 모두 甲사가 조사한 시청률이 乙사가 조사한 시청률에 비해 높은 프로그램은 ‘오디션’이다.
○ 셋째주 甲사가 조사한 시청률과 乙사가 조사한 시청률의 차이가 가장 작은 프로그램은 ‘드라마’이다.
○ 甲사와 乙사가 조사한 시청률의 전주대비 증감방향이 서로 동일한 프로그램은 ‘예능’, ‘오디션’이다.

	가	다	마
①	뉴스	예능	개그
②	개그	뉴스	드라마
③	예능	드라마	뉴스
④	오디션	개그	예능
⑤	개그	드라마	뉴스

7. 다음 <그림>은 2014 ~ 2021년 여성취업자 현황에 대한 자료이다. 이에 대한 <보기>의 설명 중 옳은 것만을 모두 고르면?

<그림 1> 여성취업자 중 임금근로자, 비임금근로자 구성비

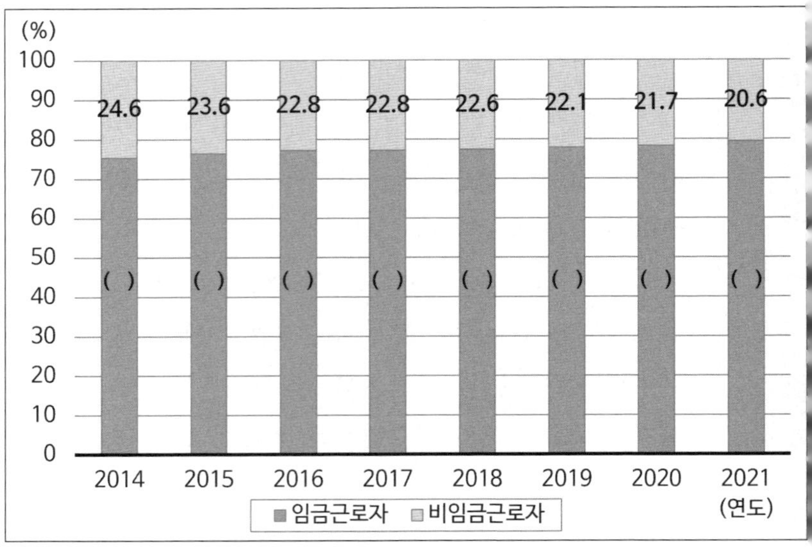

<그림 2> 여성취업자 종사자 지위별 구성비

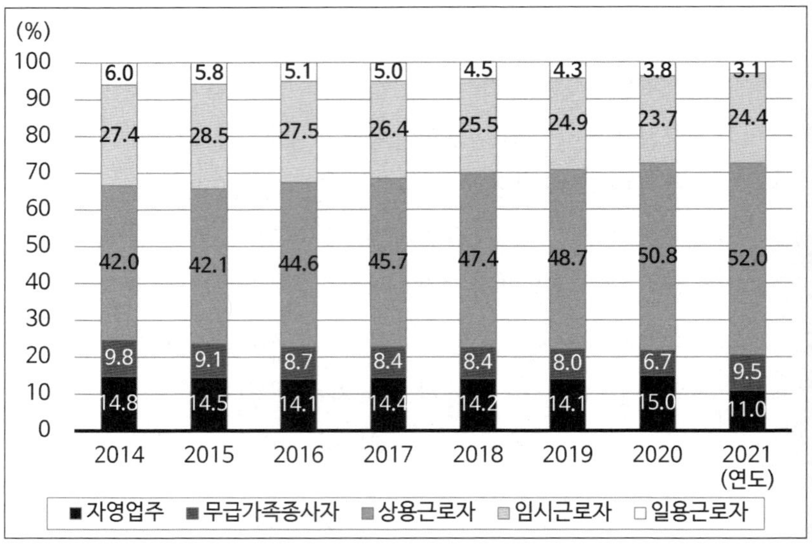

※ 1) 임금근로자 = 상용근로자 + 임시근로자 + 일용근로자
2) 비임금근로자 = 자영업주 + 무급가족종사자

<보 기>

ㄱ. 임금근로자 구성비와 비임금근로자 구성비의 차이는 가장 큰 연도가 가장 작은 연도보다 8.0%p 더 높다.
ㄴ. 임금근로자 중 일용근로자 구성비가 가장 낮은 연도에 비임금근로자 중 무급가족종사자 구성비는 전년대비 감소한다.
ㄷ. 2015년 이후 임금근로자 대비 임시근로자 비율이 전년 대비 증가한 연도는 1번이다.

① ㄱ
② ㄴ
③ ㄱ, ㄴ
④ ㄱ, ㄷ
⑤ ㄴ, ㄷ

8. 다음 <보고서>는 2000년 '갑' 정당에 관한 자료이고, <표>는 에 관한 자료이다. <보고서>의 내용을 근거로 판단할 때, A ~ E 중 '갑' 정당에 해당하는 정당은?

<보고서>

2000년 선거운동기간 중 전국 성인 850명을 조사하여 신문과 TV에서 정치광고를 본 후 응답자들의 지지정당 변화 분석하였고, 그 결과 '갑' 정당에 대해 다음과 같은 사실을 확인하였다.

첫째, 광고 후 '갑' 정당을 지지한다고 응답한 사람 중 광고 전에도 '갑' 정답을 지지한다고 응답한 응답인원이 차지하는 비중은 80 % 이하이다. 둘째, 광고매체로 TV를 본 경우 광고전과 광고 후 선택정당이 달라진 응답 인원이 차지하는 비중은 30 % 이상이다. 셋째, 광고 전과 광고 후 '갑' 정당을 지지한다고 응답한 인원의 차이는 6명 이상이다.

<표> 정치광고에 따른 지지정당 변화

(단위: 명)

광고 전 / 광고매체 / 광고 후	A		B		C		D		E		전체
	신문	TV	신문	TV	신문	TV	신문	TV	신문	TV	
A	80	60	4	8	2	8	1	1	2	3	169
B	9	5	45	45	6	5	1	2	2	4	124
C	6	5	12	11	60	65	3	2	8	12	184
D	3	2	2	2	9	13	75	70	6	8	190
E	2	1	4	3	8	10	5	10	50	90	183
전체	100	73	67	69	85	101	85	85	68	117	850

① A
② B
③ C
④ D
⑤ E

9. 다음 <표>는 지역별 성격차지수 및 남성소득과 여성소득의 합에 관한 자료이다. 이에 근거하여 A ~ F 지역의 지역별 여성소득 중 가장 큰 값과 가장 작은 값을 합한 값으로 올바른 것은?

<표 1> 지역별 성격차지수

지역	A	B	C	D	E	F
지수	101	98	97	95	120	115

※ 성격차지수는 지역별 남성소득이 100일 때 여성소득을 나타내는 지수임.

<표 2> 지역별 남성소득과 여성소득의 합

(단위: 백만 달러)

연도	A	B	C	D	E	F
합	201	99	394	39	88	129

① 120백만 달러
② 213백만 달러
③ 214백만 달러
④ 242백만 달러
⑤ 243백만 달러

10. 다음 <표>는 2019 ~ 2021년 숙박시설 안전사고 현황에 관한 자료이다. 이에 대한 <보고서>의 내용 중 옳은 것만을 모두 고르면?

<표 1> 연도별 숙박시설 안전사고 건수

(단위: 건)

연도	2019	2020	2021	전체
건수	318	227	227	772

<표 2> 숙박시설 종류별 안전사고 건수

(단위: 건)

종류	호텔	펜션	휴양시설	기타	전체
건수	292	144	85	251	772

<표 3> 위해원인별 숙박시설 안전사고 건수

(단위: 건)

원인	물리적 충격	제품 관련	식품 및 이물질	화재	기타	전체
건수	474	125	91	54	28	772

<표 4> 연령대별 숙박시설 안전사고 건수

(단위: 건)

연령대	건수
10세 미만	282
7세 미만	248
10세 이상 20세 미만	214
20세 이상 30세 미만	125
30세 이상 40세 미만	65
40세 이상 50세 미만	52
50세 이상	34
전체	772

<보고서>

한국소비자원 소비자위해감시시스템(CISS)에 접수된 최근 3년 간(2019 ~ 2021년) 국내 호텔, 펜션 등 숙박시설 안전사고는 총 772건이었다. 이를 세부적으로 살펴보면, ㉠ 전체 안전사고 건수에서 10세 미만 사고 건수가 차지하는 비중은 35 % 이상이었으며, 10세 미만 사고 건수 중 7세 미만 사고 건수의 비중은 85 % 이상이었다.

기타를 제외하고, 숙박시설 종류별 안전사고 발생 건수는 호텔이 292건으로 가장 많았고, 다음으로 펜션 144건 휴양시설 85건 순으로 많았다. 위해원인별로는 물리적 충격 474건으로 가장 많았고, 다음으로 제품 관련이 125건, 식품 및 이물질 91건, 화재가 54건 순으로 많았다.

숙박시설 종류별, 위해원인별 안전사고 건수를 살펴보면, ㉡ 2019 ~ 2020년 호텔에서 발생한 안전사고는 65건 이상, 292건 이하이고, 2020 ~ 2021년 물리적 충격으로 인한 안전사고는 156건 이상, 454건 이하이다.

한편, ㉢ 2019 ~ 2021년 전체에서 10세 이하 안전사고가 차지하는 비중은 60 % 이하이다.

① ㄱ
② ㄷ
③ ㄱ, ㄴ
④ ㄴ, ㄷ
⑤ ㄱ, ㄴ, ㄷ

11. 다음 <표>는 2022년 임차급여 지급 기준임대료 및 A ~ H 가구의 가구원수, 거주지역, 임대료에 관한 자료이다. 이에 근거하여 A ~ H 중 임차급여 지급대상이 '아닌' 가구수로 올바른 것은?

<표 1> 2022년 임차급여 지급 기준임대료

(단위: 원)

구분	1급지 (서울)	2급지 (경기, 인천)	3급지 (광역시)	4급지 (그 외)
1인	327,000	253,000	201,000	163,000
2인	367,000	283,000	224,000	183,000
3인	437,000	338,000	268,000	218,000
4인	506,000	391,000	310,000	254,000
5인	524,000	404,000	320,000	262,000
6인	621,000	478,000	379,000	310,000

※ 1) 현재 지급 중인 임대료가 기준임대료보다 낮으면 임차급여 지급 대상이고, 높으면 임차급여 지급 대상이 아님.
2) 단, 가구원수가 7인 이상인 경우 기준임대료는 가구원수가 7인인 경우에는 6인 기준임대료와 동일하고, 8인 또는 9인인 경우 6인 기준임대료의 1.1배, 10인 이상인 경우 8인 또는 9인 기준임대료의 1.1배임.

<표 2> A ~ H 가구의 가구원수, 거주지역, 임대료

(단위: 원)

가구 \ 구분	가구원수	거주지역	현재 지급 중인 임대료
A	7인	서울	610,000
B	8인	대구광역시	400,000
C	4인	경기	380,000
D	6인	대전광역시	350,000
E	5인	경상북도	250,000
F	1인	강원도	180,000
G	2인	부산광역시	250,000
H	10인	인천	550,000

① 1가구
② 2가구
③ 3가구
④ 4가구
⑤ 5가구

12. 다음 <표>는 '가' ~ '사'국의 상대국에 대한 수출액 및 수입액에 관한 자료이다. 이에 대한 <보기>의 설명 중 옳은 것만을 모두 고르면?

<표> '가' ~ '사'국의 상대국에 대한 수출액 및 수입액

(단위: 백만 원)

수출국 \ 수입국	가	나	다	라	마	바	사
가		324	956	168	654	968	205
나	531		438	822	816	134	152
다	465	823		269	465	205	168
라	623	526	912		774	526	331
마	953	634	512	196		611	432
바	152	539	686	264	187		596
사	327	465	462	776	798	825	

※ 1) 무역규모 = 수출액 + 수입액
2) 무역수지 = 수출액 − 수입액
3) 무역수지 값이 양(+)이면 흑자, 무역수지 값이 음(−)이면 적자임.
4) 무역특화지수 = $\frac{\text{수출액} - \text{수입액}}{\text{수출액} + \text{수입액}}$
5) 무역특화지수 값이 클수록 상대국에 대한 수출경쟁력이 높음.

<보 기>

ㄱ. '가'국 무역규모는 '사'국 무역규모에 비해 작다.
ㄴ. '라'국이 무역수지 흑자인 상대국가는 4개국이다.
ㄷ. '마'국의 '바'국에 대한 무역특화지수는 0.5 이하이다.
ㄹ. '나'국의 '가'국에 대한 수출경쟁력은 '나'국의 '라'국에 대한 수출경쟁력보다 높다.

① ㄴ
② ㄱ, ㄴ
③ ㄴ, ㄹ
④ ㄷ, ㄹ
⑤ ㄱ, ㄴ, ㄷ

13. 다음 <표>는 ○○지역의 대학, 공공 의료기관 및 민간 의료 기관에 재직자 중 의학분야 박사학위를 소지한 의사를 대상으로 진행된 이직 경험에 대한 설문조사 결과이다. 이에 대한 <보기>의 설명 중 옳은 것만을 모두 고르면?

<표 1> 현직장별 이직 경험

(단위: 명)

이직경험 \ 현직장		대학	공공 의료기관	민간 의료기관	합계
없음		211	189	456	856
있음	1회	47	42	158	247
	2회	16	13	51	80
	3회 이상	5	4	13	22
	소계	68	59	222	349
계		279	248	678	1,205

<표 2> 이직 경험자의 이직 유형

(단위: 명)

이직 횟수	직전직장 \ 현직장	대학	공공 의료기관	민간 의료기관	합계
1회	대학	25	13	40	78
	공공 의료기관	12	8	32	52
	민간 의료기관	10	21	86	117
	소계	47	42	158	247
2회	대학	7	8	15	30
	공공 의료기관	6	4	12	22
	민간 의료기관	3	1	24	28
	소계	16	13	51	80
3회 이상		5	4	13	22
합계		68	59	222	349

<보 기>

ㄱ. 이직 횟수가 '1회'인 경우, 현직장이 민간 의료기관인 의사 중 직전직장이 공공 의료기관인 비중은 직전직장이 민간 의료기관인 의사 중 현직장이 공공 의료기관인 비중에 비해 높다.
ㄴ. 이직 횟수가 '2회'인 의사 중 공공 의료기관에서 대학으로 이직 후 대학에서 공공 의료기관으로 이직한 의사는 반드시 존재한다.
ㄷ. 이직횟수별로 볼 때, 직전직장과 현직장 유형이 동일한 의사 수는 '1회'가 '2회'의 3배보다 많고, '2회'가 '3회 이상'보다 50 % 이상 많다.
ㄹ. 이직 경험이 없는 응답자 수 대비 2회 이상이 있는 응답자 수 비율은 현 직장이 민간 의료기관인 응답자가 대학인 응답자보다 10 %p 이상 높다.

① ㄱ
② ㄱ, ㄷ
③ ㄴ, ㄷ
④ ㄴ, ㄹ
⑤ ㄱ, ㄷ, ㄹ

[14 ~ 15] 다음 <그림>은 갑 과학고등학교 학생 9명(가진, 나리, 다희, 라정, 마음, 바람, 사랑, 자연, 아영)의 물리, 화학, 수학 성적에 관한 자료이다. 이를 보고 물음에 답하시오.

<그림 1> 과목별 평균값 기준 편차 현황

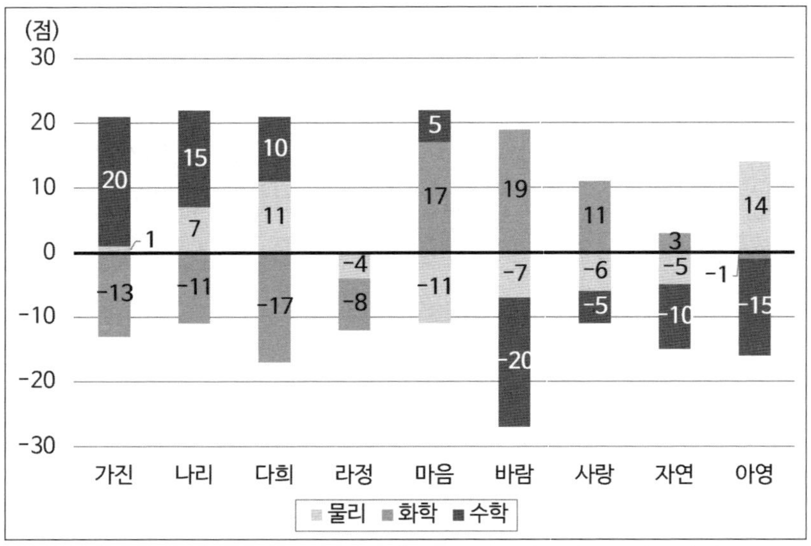

※ 과목별 평균값 기준 편차는 과목별 9명의 성적 평균과의 편차를 의미함. 예를 들어 가진의 물리 평균값 기준 편차 1점은 9명의 물리 점수 평균값에 비해 가진의 물리 점수가 1점 더 높음을 의미함.

<그림 2> 과목별 중위값 기준 편차 현황

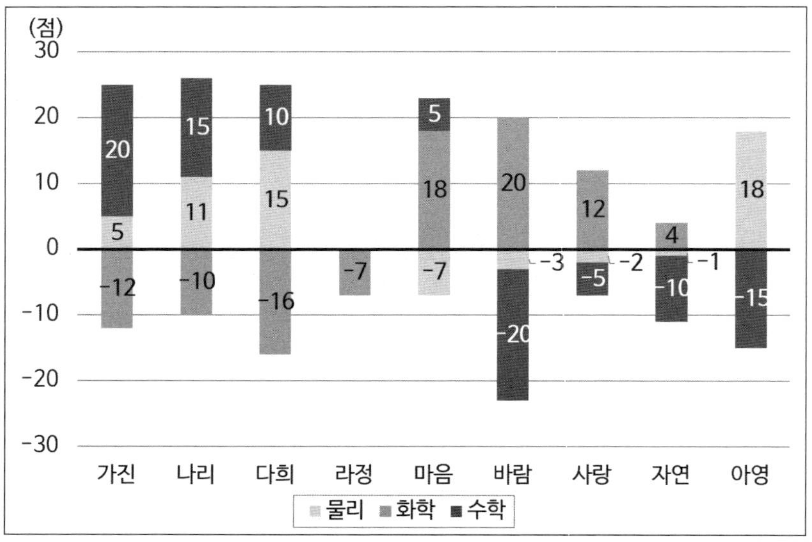

※ 과목별 중앙값 기준 편차는 과목별 중앙값과의 편차를 의미함. 예를 들어 가진의 물리 중간값 기준 편차 5점은 9명의 물리 점수 중간값에 비해 가진의 물리 점수가 5점 더 높음을 의미함.

14. 위 자료에 근거할 때, <보고서>에 관한 설명 중 옳지 않은 것은?

<보고서>

○ 각 학생별로 과목별 점수가 최곳값, 최젓값, 중위값에 해당하는 빈도를 파악한다. 빈도 수가 2 이상인 학생 수는 (A)명이다.

○ 물리, 화학, 수학 점수의 합이 세 번째로 높은 학생은 (B)이다.

○ 물리, 화학, 수학 점수의 합이 물리, 화학, 수학 중위값의 합에 비해 낮은 학생의 수는 (C)명이다.

○ 만약 물리의 최곳값이 화학의 최곳값에 비해 2점 낮다면, 물리의 평균값은 화학의 평균값에 비해 (D)점 더 높다.

○ 만약 수학의 중위값이 화학의 중위값에 비해 3점 높다면, '사랑'의 화학 점수는 수학 점수에 비해 (E)점 더 높다.

① A는 3이다.
② B는 가진이다.
③ C는 3이다.
④ D는 3이다.
⑤ E는 20이다.

15. 위 자료에 근거하여 과목별로 평균값에서 중위값을 뺀 값을 모두 합한 값으로 올바른 것은?

① 5점
② 3점
③ 0점
④ −3점
⑤ −5점

16. 다음 <표>는 2010년 A국과 B국의 수출액 상위 10위 품목에 관한 자료이다. 이에 대한 설명으로 옳은 것은?

<표> 2010년 A국과 B국의 수출액 상위 10위 품목

(단위: 억 달러, %)

순위	A국			B국		
	품목명	수출액	비율	품목명	수출액	비율
1	원유	351	15.1	반도체	589	15.1
2	천연가스	293	12.6	원유	552	14.2
3	반도체	242	10.4	반도체 장비	537	13.8
4	의류	189	8.1	천연가스	452	11.6
5	반도체 장비	153	6.6	석탄	382	9.8
6	컴퓨터	134	5.8	석유제품	293	7.5
7	정밀 화학원료	119	5.1	무선 통신기기	152	3.9
8	석탄	106	4.6	자동차	95	2.4
9	무선 통신기기	95	4.1	컴퓨터	85	2.2
10	석유제품	88	3.8	정밀 화학원료	74	1.9
	상위 10위 합계	1,770	76.2	상위 10위 합계	3,211	82.4
	총 수출액	2,324	100.0	총 수출액	3,895	100.0

※ A국에 대한 B국 X품목 상대수출성과지수

$$= \left[\frac{\text{X품목의 B국 수출액} / \text{X품목의 A국 수출액}}{\text{B국 총 수출액} / \text{A국 총 수출액}} - 1 \right] \times 100$$

① B국에 대한 A국 원유 상대수출성과지수는 5 이하이다.
② A국에 대한 B국 석탄 상대수출성과지수는 150 이상이다.
③ A국에 대한 B국 상대수출성과지수는 정밀화학원료가 석유제품보다 크다.
④ 만약 2010년 총 수출액 대비 반도체 장비 수출액 비율의 전년 대비 증가폭이 A국은 3%p, B국은 5%p라면, 2010년 A국에 대한 B국 반도체 장비 상대수출성과지수는 전년 대비 증가하였다.
⑤ 만약 B국에 대한 A국 의류 상대수출성과지수가 800이라면, B국 의류 수출액은 36억 달러 이하이다.

17. 다음 <정보>와 <그림>은 2014 ~ 2021년 쏘가리와 민어의 포획량과 회귀율에 관한 자료이다. 이에 대한 설명으로 옳지 않은 것은?

<정 보>

○ 한국수자원공단은 쏘가리와 민어의 치어를 방류하는 사업을 실시한다.

○ 쏘가리는 방류 5년 후, 민어는 방류 2년 후에 포획하여 회귀율을 측정한다.

– (당해년도)쏘가리 회귀율(%) = $\frac{\text{(당해년도)포획량}}{\text{(5년 전)방류량}} \times 100$

– (당해년도)민어 회귀율(%) = $\frac{\text{(당해년도)포획량}}{\text{(2년 전)방류량}} \times 100$

<그림 1> 연도별 쏘가리와 민어의 포획량

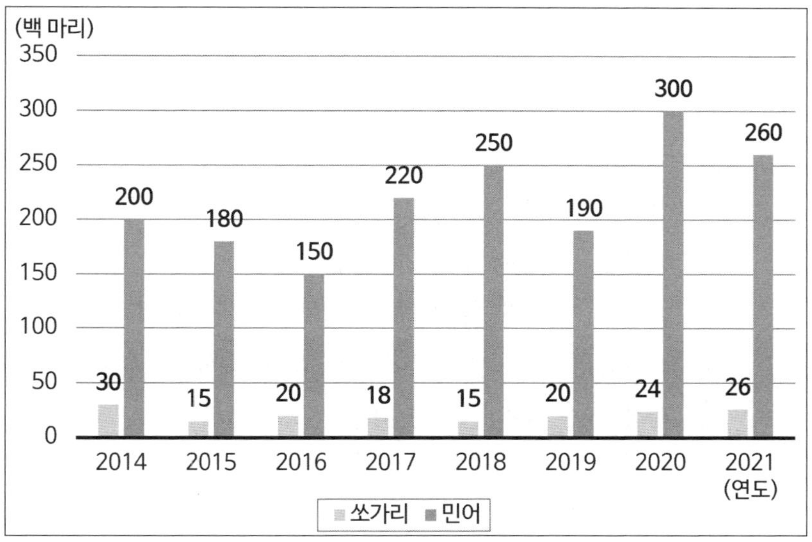

<그림 2> 연도별 쏘가리와 민어의 회귀율

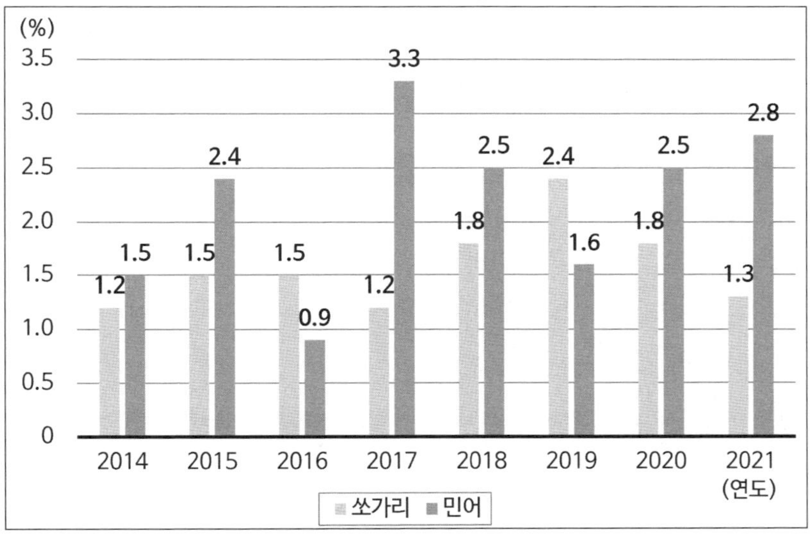

① 2014 ~ 2021년 동안 민어 포획량 합은 쏘가리 포획량 합의 10배 이상이다.

② 2016년 방류량은 민어가 쏘가리의 5배이다.

③ 2009 ~ 2016년 동안 쏘가리의 방류량이 가장 많은 연도는 2009년이다.

④ 2015년 쏘가리와 민어의 방류량 합은 75만 마리 이하이다.

⑤ 2012년 대비 2019년 민어 방류량 감소율은 25 % 이상이다.

18. 다음 <표>는 A 국립공원의 2021년 월별 방문객에 대한 자료이다. 이에 대한 <보기>의 설명 중 옳은 것만을 모두 고르면?

<표> 2021년 A 국립공원 월별 방문객

(단위 : 천 명)

구분 월	방문객	이동평균
1	229	351.8
2	309	320.3
3	307	304.8
4	413	292.7
5	301	301.5
6	242	295.0
7	337	300.2
8	318	(　　)
9	273	(　　)
10	314	(　　)
11	350	(　　)
12	232	(　　)

※ 이동평균은 해당 월 직전 6개월간 방문객의 산술평균을 의미함. 예를 들어, 2021년 7월의 이동평균(300.2)은 2021년 1월부터 6월까지 방문객의 산술평균임.

<보 기>

ㄱ. 2021년 8월 ~ 2022년 1월 동안 이동평균이 전월대비 증가하는 달은 감소하는 달보다 많다.

ㄴ. 2021년 12월 방문객 수는 전년동월 대비 15천 명 이상 증가하였다.

ㄷ. 2021년 12월 방문객 수의 전월대비 감소율은 2020년 12월 방문객 수의 전월대비 대비 감소율보다 크다.

ㄹ. 2021년 1월 방문객 수의 2020년 7월 방문객 수 대비 감소폭은 200천 명 미만이다.

① ㄱ, ㄴ

② ㄱ, ㄹ

③ ㄴ, ㄷ

④ ㄴ, ㄹ

⑤ ㄷ, ㄹ

19. 다음 <표>는 2021년 경상도 국가지정문화재 지정 현황에 관한 자료이다. 이에 대한 <보기>의 설명 중 옳은 것만을 모두 고르면?

<표> 경상도 국가지정문화재 지정 현황

(단위: 건)

분류 \ 지역	경상도	경상북도	경상남도
국보	22	13	9
보물	117	56	61
사적	34	15	19
명승	8	5	3
천연기념물	57	32	25
국가민속문화재	18	8	10
전체	256	129	127

<보 기>

ㄱ. 경상도 국가지정문화재로 '천연기념물'만 10건을 추가 지정한다면, 전체 경상도 국가지정문화재 중 '천연기념물'과 '보물'이 차지하는 비중의 차이는 20%p 이상이다.

ㄴ. 전체 경상북도 국가지정문화재에서 해당 분류가 차지하는 비중이 전체 경상남도 국가지정문화재에서 해당 분류가 차지하는 비중보다 높은 분류는 3가지이다.

ㄷ. 경상도 국가지정문화재 중 경상북도의 비율은 '명승'이 가장 높다.

ㄹ. 각 분류의 국가지정문화재에서 3건씩 지정을 취소한다면, 전체 경상도 국가지정문화재 중 '국보'가 차지하는 비중은 증가한다.

① ㄱ, ㄴ　② ㄱ, ㄷ
③ ㄴ, ㄷ　④ ㄴ, ㄹ
⑤ ㄷ, ㄹ

20. 다음 <그림>은 A ~ J 10개 와인별 소믈리에 평점과 일반인 평점에 관한 자료이다. 이에 대한 설명 중 옳은 것은?

<그림> 와인별 소믈리에 평점과 일반인 평점

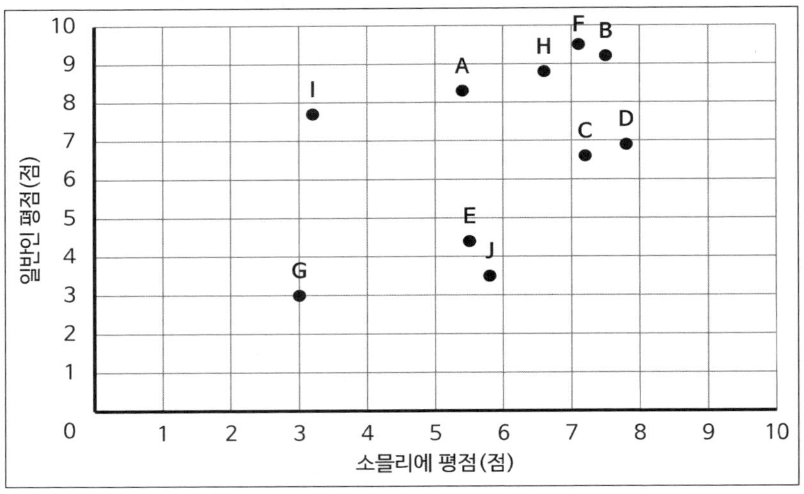

※ 소믈리에 정확도(점) = 10 − |소믈리에 평점 − 일반 소비자 평점|

① A ~ J 중 소믈리에 정확도가 10점인 와인은 없다.
② 소믈리에 평점이 일반인 평점보다 높은 와인 중 소믈리에 정확도는 J가 가장 높다.
③ 일반인 평점이 8점 이하인 와인 중에서 소믈리에 평점과 일반인 평점의 합이 두 번째로 큰 와인은 D이다.
④ 일반인 평점이 5점 이상인 와인 중에서 소믈리에 정확도가 가장 높은 와인은 C이다.
⑤ 와인 H는 현재에 비해 일반인 평점이 3점 감소하면, 소믈리에 정확도가 현재에 비해 낮아진다.

21. 다음 <표>는 2021년 월별·지역별 공업용수 공급량에 관한 자료이다. 이를 이용하여 작성한 <보기>의 그래프 중 옳은 것만을 고르면?

<표> 월별·지역별 공업용수 공급량

(단위: 천 톤)

분기	월 \ 지역	울산	창원	수원	포항	광양	거제	대불	군산	아산
1분기	1월	24,194	3,976	1,358	6,218	18,750	952	579	1,686	1,224
	2월	22,002	3,572	1,144	5,494	17,034	837	475	1,517	1,134
	3월	23,881	3,945	1,241	6,047	18,497	902	579	1,627	1,368
2분기	4월	22,992	3,444	1,108	5,969	17,685	808	665	1,638	1,253
	5월	23,333	3,796	1,096	6,808	18,892	862	735	1,713	1,763
	6월	27,167	3,815	1,068	6,852	18,803	934	698	1,613	1,691
3분기	7월	24,625	3,315	1,096	6,773	19,961	968	595	1,687	1,733
	8월	24,916	3,384	1,119	6,746	20,490	986	739	1,663	1,448
	9월	22,931	3,745	995	6,399	19,410	902	720	1,660	1,431
4분기	10월	23,566	4,004	1,037	6,691	18,983	938	847	1,652	1,493
	11월	22,408	3,980	1,034	6,051	18,279	849	671	1,572	1,479
	12월	27,066	4,107	1,124	6,510	19,001	907	714	1,704	1,465
합계		289,081	45,083	13,420	76,558	225,785	10,845	8,017	19,732	17,482

<보 기>

ㄱ. 월별 아산 공급량의 전월대비 증가량

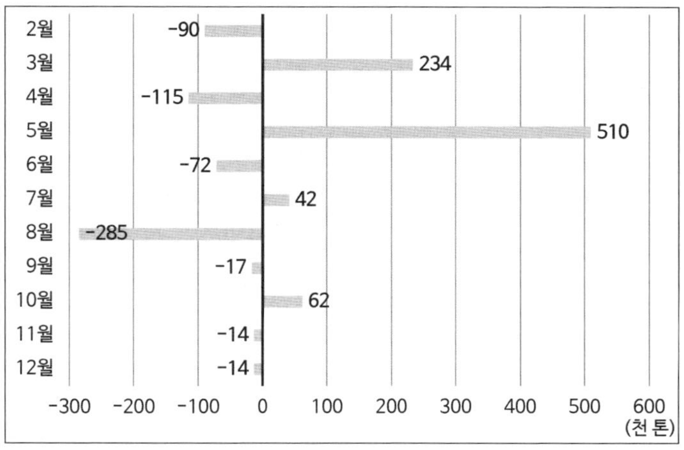

ㄴ. 창원, 거제, 군산, 아산의 2분기 월별 공급량 비중

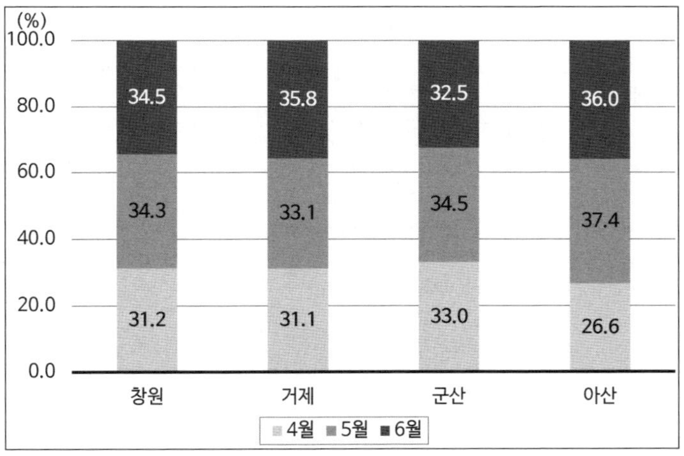

ㄷ. 울산, 포항, 광양의 분기별 공급량

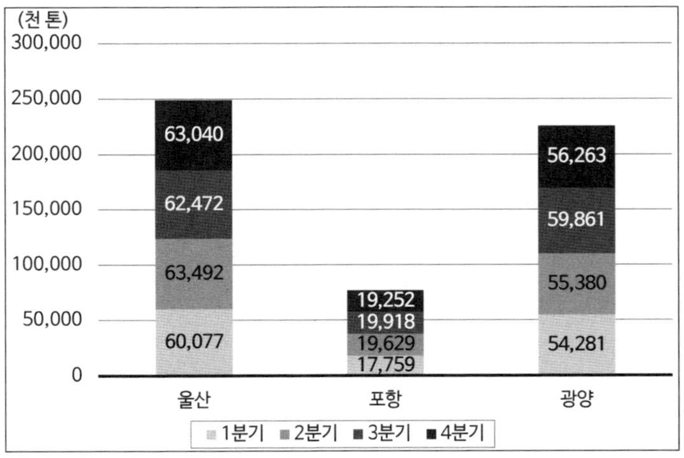

ㄹ. 1, 2분기 공급량 합 대비 3, 4분기 공급량 합의 증가율

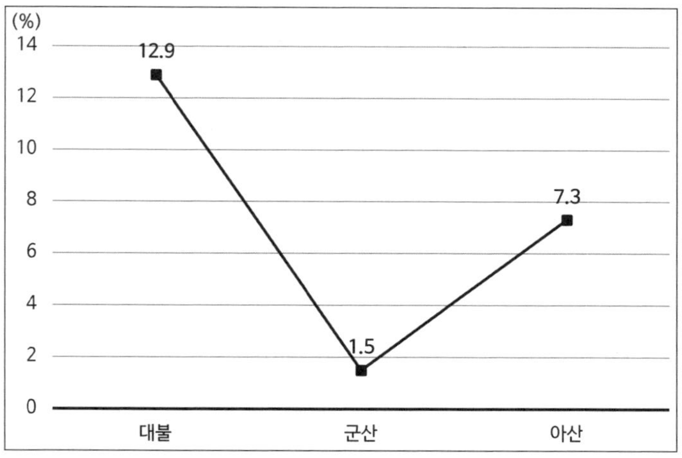

① ㄱ
② ㄱ, ㄴ
③ ㄷ, ㄹ
④ ㄱ, ㄴ, ㄷ
⑤ ㄴ, ㄷ, ㄹ

22. 다음 <표>는 2017 ~ 2021년 수목원 현황에 관한 자료이다. 이에 대한 <보기>의 설명 중 옳은 것만을 모두 고르면?

<표> 연도별 수목원 수

(단위: 개)

구분 \ 연도	2017	2018	2019	2020	2021
전체	73	75	78	80	80
국립수목원	3	4	4	4	5
공립수목원	44	44	44	44	44
사립수목원	23	24	27	29	28
학교수목원	3	3	3	3	3

※ 수목원별 수목원 1개당 조성규모는 다음과 같다. 국립수목원은 10 ha 이상 1,000 ha 이하, 공립수목원은 10 ha 이상 100 ha 이하, 사립수목원은 2 ha 이상 15 ha 이하, 학교수목원은 2 ha 이상 4 ha 이하임.

<보 기>

ㄱ. 2017 ~ 2020년 동안 전체 수목원 수에서 구분별 수목원 수가 차지하는 비중이 매년 증가하는 수목원은 사립수목원뿐이다.

ㄴ. 2021년 전체 수목원 조성규모 합의 최댓값과 최솟값의 차이는 9,500 ha 이상이다.

ㄷ. 2017 ~ 2021년 동안 국립수목원 조성규모 총합은 학교수목원 조성규모 총합에 비해 3.5배 이상이다.

ㄹ. 공립수목원 조성규모 합은 사립수목원 조성규모 합에 비해 매년 크다.

① ㄱ, ㄴ
② ㄱ, ㄷ
③ ㄱ, ㄹ
④ ㄴ, ㄷ
⑤ ㄴ, ㄹ

23. 다음 <표>는 2022년 10월 전국 17개 지역별 소비자물가지수에 관한 자료이다. 제시된 <표> 이외에 <보고서>를 작성하기 위해 추가로 필요한 자료만을 <보기>에서 모두 고르면?

<표> 2022년 10월 전국 17개 지역별 소비자물가지수

(단위: %p)

지역	지수	상승폭		지역	지수	상승폭	
		전월 대비	전년 동월 대비			전월 대비	전년 동월 대비
전국	109.3	0.3	5.6	경기	108.9	0.3	5.5
서울	107.9	0.3	5.0	강원	110.5	0.4	6.5
부산	109.2	0.2	5.1	충북	110.1	0.4	6.6
대구	109.4	0.4	5.8	충남	110.3	0.4	6.6
인천	109.1	0.4	5.5	전북	109.5	0.4	5.8
광주	109.3	0.1	5.6	전남	109.8	0.2	6.3
대전	109.6	0.3	5.3	경북	110.0	0.3	6.3
울산	109.8	0.4	5.3	경남	109.5	0.2	5.8
세종	109.4	0.1	6.0	제주	110.5	0.5	6.7

※ 1) 지수는 2020년 전국 소비자물가를 100으로 두고 산정한 상대적 비율임.
2) 상승폭은 2022년 10월 지역별 소비자물가지수의 전월대비 및 전년 동월대비 상승폭임.
3) 수도권은 서울, 경기, 인천임.

<보고서>

2022년 10월 수도권 소비자물가지수는 서울, 경기, 인천 모두 2020년 10월에 비해 상승하였으며, 2022년 10월 수도권 소비자물가지수의 전월 대비 상승폭은 0.3%를 초과하였으며, 전년 동월대비 상승폭은 5.0%를 초과하였음을 알 수 있다. 다만 2021년 10월 대비 2022년 10월 소비자물가지수 상승폭은 비수도권이 수도권보다 높음을 알 수 있다. 한편, 모든 지역에서 소비자물가지수는 2021년 10월보다 2022년 9월이 높고 2022년 9월보다 2022년 10월이 높았음을 알 수 있다.

2022년 10월 지역별 소비자물가지수를 구체적으로 살펴보면, 전월대비 상승폭은 제주 0.5%p, 대구, 인천, 울산, 강원, 충북, 충남, 전북 0.4%p, 서울, 대전, 경기, 경북 0.3%p, 부산, 전남, 경남 0.2%p, 광주, 세종 0.1%p을 기록하였다. 이는 2021년 10월 지역별 소비자물가지수의 전월대비 상승폭보다 모든 지역에서 더 높은 것으로서 물가가 모든 지역에서 빠르게 상승하고 있음을 알 수 있다.

<보 기>

ㄱ. 2020년 월별·지역별 소비자물가지수
ㄴ. 2021년 비수도권 월별·지역별 소비자물가지수
ㄷ. 2021년 9월 지역별 소비자물가지수

① ㄱ
② ㄴ
③ ㄷ
④ ㄱ, ㄴ
⑤ ㄱ, ㄷ

24. 다음 <표>와 <그림>은 2000년과 2020년 업종별 신고체육시설업 수 및 수도권 집중률에 대한 자료이다. 이에 대한 <보기>의 설명 중 옳은 것만을 모두 고르면?

<표> 2000년, 2020년 업종별 신고체육시설업 수

(단위 : 개)

업종 \ 연도 / 지역	2000		2020	
	전국	수도권	전국	수도권
빙상장	22	16	35	13
승마장	18	12	144	( )
수영장	581	431	824	359
골프연습장	( )	990	6,554	2,031
체력단련장	3,924	1,820	9,574	5,825
당구장	24,026	16,532	15,845	( )

※ 신고체육시설업종은 빙상장, 승마장, 수영장, 골프연습장, 체력단련장, 당구장뿐임.

<그림> 2000년, 2020년 업종별 수도권 집중률

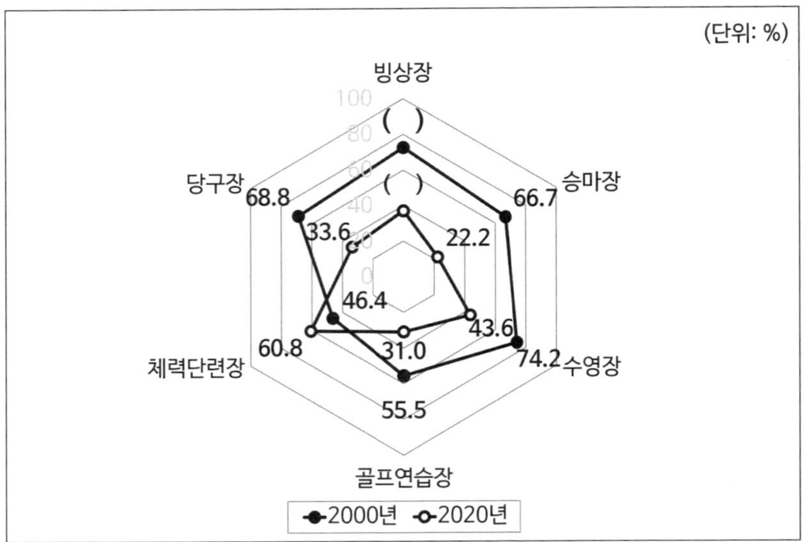

※ 수도권 집중률(%) = $\frac{\text{수도권 신고체육시설업 수}}{\text{전국 신고체육시설업 수}} \times 100$

<보 기>

ㄱ. 2000년 수도권 집중률이 가장 높은 업종은 수영장이다.
ㄴ. 2000년 전국 골프연습장 수는 1,800개 미만이다.
ㄷ. 2020년 수도권 승마장 수는 33개 이상이고, 당구장 수는 5,000개 이상이다.
ㄹ. 2020년 비수도권 신고체육시설업 수가 수도권 신고체육시설업 수에 비해 1.5배 이상인 업종은 3개다.

① ㄱ, ㄴ
② ㄱ, ㄷ
③ ㄷ, ㄹ
④ ㄱ, ㄴ, ㄷ
⑤ ㄴ, ㄷ, ㄹ

25. 다음 <그림>은 2017 ~ 2021년 건강보험재정에 대한 지원 현황에 관한 자료이다. 이에 대한 설명으로 옳지 않은 것은?

<표 1> 건강보험재정에 대한 국고지원 현황

(단위: 억 원, %)

구분 \ 연도	보험료 수입		국고 지원액	국고 지원율	
	예상	실제		예상	실제
2017	443,055	502,433	( )	11.0	( )
2018	( )	( )	51,910	9.7	9.9
2019	( )	( )	59,589	10.3	10.1
2020	( )	( )	73,351	11.5	11.7
2021	( )	( )	76,423	11.5	11.0

※ 예상(실제) 국고 지원율(%) = $\frac{\text{국고 지원액}}{\text{예상(실제) 보험료 수입}} \times 100$

<표 2> 건강보험재정에 대한 기금지원 현황

(단위: 억 원, %)

구분 \ 연도	실제 보험료 수입	담배 부담금 수입	기금 지원액	기금 지원율	
				실제 보험료 수입 대비	담배 부담금 수입 대비
2017	( )	( )	19,011	3.8	64.0
2018	( )	( )	18,801	3.5	61.3
2019	( )	( )	18,082	3.2	64.3
2020	( )	( )	18,801	3.2	63.4
2021	694,755	27,630	19,167	( )	( )

※ 1) 실제 보험료 수입 대비 기금 지원율(%) = $\frac{\text{기금 지원액}}{\text{실제 보험료 수입}} \times 100$

2) 담배 부담금 수입 대비 기금 지원율(%) = $\frac{\text{기금 지원액}}{\text{담배 부담금 수입}} \times 100$

① 2017년 국고지원액은 50,000억 원 이하이고, 실제 국고 지원율은 10 % 이하이다.

② 2018년 이후 예상 보험료 수입 대비 실제 보험료 수입 비율은 2021년에 가장 높다.

③ 2021년 예상 보험료 수입은 630,000억 원 이상이다.

④ 2017 ~ 2020년 동안 실제 보험료 수입 대비 담배 부담금 수입 비율은 매년 5 % 이상이다.

⑤ 2021년 실제 보험료 수입 대비 기금 지원율은 전년 대비 감소하였고, 담배 부담금 수입 대비 기금 지원율은 전년 대비 증가하였다.

26. 다음 <표>는 2019 ~ 2021년에 주요 5개 지역(가, 나, 다, 라, 마) 가구수, 인구수에 대한 자료이다. 이와 <조건>을 근거로 A, C, E에 해당하는 지역을 바르게 나열한 것은?

<표> 주요 5개 지역 가구수, 인구수 및 성비

(단위: 천 가구, 천 명)

연도	구분 \ 지역	A	B	C	D	E
2019	가구수	1,253	1,892	1,531	950	3,519
	가구주 성비	210	205	195	188	220
	인구수	2,893	6,012	6,034	2,015	8,251
	인구 성비	102	101	104	99	98
2020	가구수	1,345	1,912	1,468	932	3,737
	가구주 성비	225	210	200	180	220
	인구수	3,124	6,077	5,832	1,921	8,532
	인구 성비	101	103	103	98	97
2021	가구수	1,582	1,885	1,432	887	3,756
	가구주 성비	205	202	192	175	205
	인구수	3,521	5,994	5,531	1,732	8,401
	인구 성비	99	104	102	99	97

※ 1) 가구주 성비 = $\frac{\text{남성 가구주 가구 수}}{\text{여성 가구주 가구 수}} \times 100$

2) 인구 성비 = $\frac{\text{남성 인구 수}}{\text{여성 인구 수}} \times 100$

<조 건>

○ 2019년 남성 가구주 가구 수는 '마' 지역은 '가' 지역에 비해 적고, '나' 지역은 '가' 지역에 비해 많다.

○ 2020년 전체 가구에서 여성 가구주 가구 수가 차지하는 비중이 35 % 이상인 지역은 '다'이다.

○ 2021년 '가' 지역은 인구수는 전년 대비 감소하였으나, 인구 성비는 전년 대비 증가하였다.

○ 2020년 여성 인구수는 '라' 지역이 '마' 지역에 비해 1.5배 이상 많다.

	A	C	E
①	다	라	마
②	마	라	나
③	마	나	라
④	라	마	나
⑤	가	마	라

27. 다음 <표>는 2021년 12월 기준 시가총액 상위 10개 가상화폐의 시가총액 변화에 관한 자료이다. 이에 대한 설명으로 옳은 것은?

<표> 2021년 12월 시가총액 상위 10개 가상화폐의 시가총액 변화

(단위: %)

구분 / 순위	가상화폐	2021년 11월 대비 감소율	2021년 최고치 대비 감소율	2021년 최저치 대비 증가율
1위	A	82.2	90.1	66.1
2위	B	61.2	69.6	50.2
3위	C	38.4	42.3	56.3
4위	D	63.9	72.3	32.2
5위	E	21.1	35.5	17.9
6위	F	15.5	29.4	18.8
7위	G	82.6	88.7	78.7
8위	H	19.8	25.6	32.5
9위	I	34.7	43.9	29.6
10위	J	71.2	77.8	60.6

※ 수치는 가상화폐별 2021년 12월 시가총액의 기준값 대비 증가율 또는 감소율이며 소수점 둘째 자리에서 반올림함.

① 2021년 시가총액 최고치와 최저치의 차이가 가장 큰 가상화폐는 G이다.

② 가상화폐 J의 2021년 시가총액 최고치 대비 최저치 감소율은 80 % 미만이다.

③ 2021년 12월 기준 시가총액 상위 3개 가상화폐의 2021년 11월 기준 시가총액을 높은 순으로 나열하면, A, B, C이다.

④ 가상화폐 I의 2021년 시가총액 최저치는 최고치의 50 %보다 크다.

⑤ 가상화폐 D의 2021년 11월 시가총액은 2021년 시가총액 최저치에 비해 300 % 이상 증가하였다.

28. 다음 <표>와 <그림>은 A ~ E국 생태보호지역 면적 및 비율과 국토면적 및 생태보호지역 지정 수에 대한 자료이고, <보고서>는 '갑'국의 생태보호지역을 분석한 자료이다. 이를 근거로 판단할 때, A ~ E 중 '갑'에 해당하는 국가는?

<표> 연도별 · 국가별 생태보호지역 면적 및 비율

(단위: %, km²)

국가	구분 \ 연도	2015	2016	2017	2018	2019
A	면적	135.6	241.2	188.4	200.4	204.0
	비율	11.3	20.1	15.7	16.7	17.0
B	면적	5956.6	5972.4	5909.2	6051.4	5925.0
	비율	37.7	37.8	37.4	38.3	37.5
C	면적	1649.0	1674.5	1997.5	2507.5	2533.0
	비율	19.4	19.7	23.5	29.5	29.8
D	면적	780.0	774.0	789.0	819.0	840.0
	비율	26.0	25.8	26.3	27.3	28.0
E	면적	424.5	430.5	429.0	436.5	439.5
	비율	28.3	28.7	28.6	29.1	29.3

※ 1) 생태보호지역 비율(%) = $\frac{\text{생태보호지역 면적}}{\text{국토면적}} \times 100$

2) 주어진 기간 동안 각 국가의 국토면적은 변화 없음.

<그림> 2019년 국가별 국토면적 및 생태보호지역 지정 수

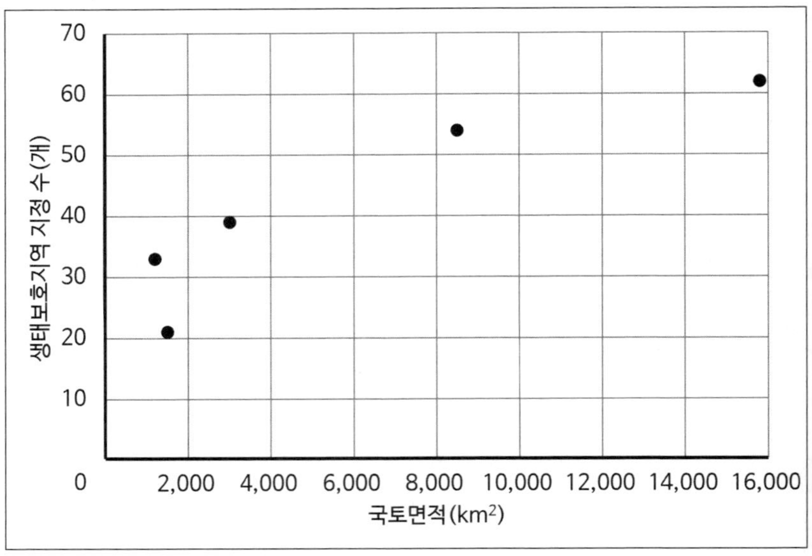

<보고서>

'갑'국의 2015 ~ 2019년 생태보호지역을 분석하였고, 그 결과 다음과 같은 사실을 확인하였다.

첫째, 2018년 생태보호지역 비율의 전년대비 증가율이 2 % 이상이다. 둘째, 2015 ~ 2019년 생태보호지역 비율의 산술평균은 해당 기간에서 2016년을 제외한 생태보호지역 비율의 산술평균에 비해 크다. 셋째, 2019년 생태보호지역 지정 수는 60개 이하이다. 마지막으로 2016년 생태보호지역을 제외한 면적이 생태보호지역 면적의 4배 미만이다.

① A ② B

③ C ④ D

⑤ E

29. 다음 <표>는 대학수학능력시험 국어, 영어, 수학 과목 응시자 전체 원점수의 평균 및 표준편차와 가을, 바람, 별의 원점수 및 표준점수에 대한 자료이다. 이에 대한 <보기>의 설명 중 옳은 것만을 모두 고르면?

<표 1> 응시자 전체 원점수의 평균 및 표준편차

과목	평균	표준편차
국어	60	10
영어	60	5
수학	( )	10

<표 2> 가을, 바람, 별의 원점수 및 표준점수

과목	원점수			표준점수		
	가을	바람	별	가을	바람	별
국어	80	85	70	( )	( )	( )
영어	( )	( )	( )	40	−20	60
수학	60	( )	70	−20	( )	0

※ 표준점수 $= \frac{\text{원점수} - \text{평균}}{\text{표준편차}} \times 20$

<보 기>

ㄱ. 국어 표준점수는 바람이 가을에 비해 10점 높고, 별에 비해 30점 높다.

ㄴ. 영어 원점수는 바람이 가을에 비해 15점 낮고, 별에 비해 20점 낮다.

ㄷ. 만약 수학 원점수는 바람이 가을의 1.5배 이상이라면, 바람의 수학 표준점수는 40점 이상이다.

① ㄱ

② ㄴ

③ ㄱ, ㄴ

④ ㄴ, ㄷ

⑤ ㄱ, ㄴ, ㄷ

30. 다음 <그림>과 <표>는 2017 ~ 2021년 퇴직공무원 현황에 관한 자료이다. 이에 대한 <보고서>의 내용 중 옳은 것만을 모두 고르면?

<그림> 전체 퇴직공무원 수 및 신규임용 퇴직공무원 수

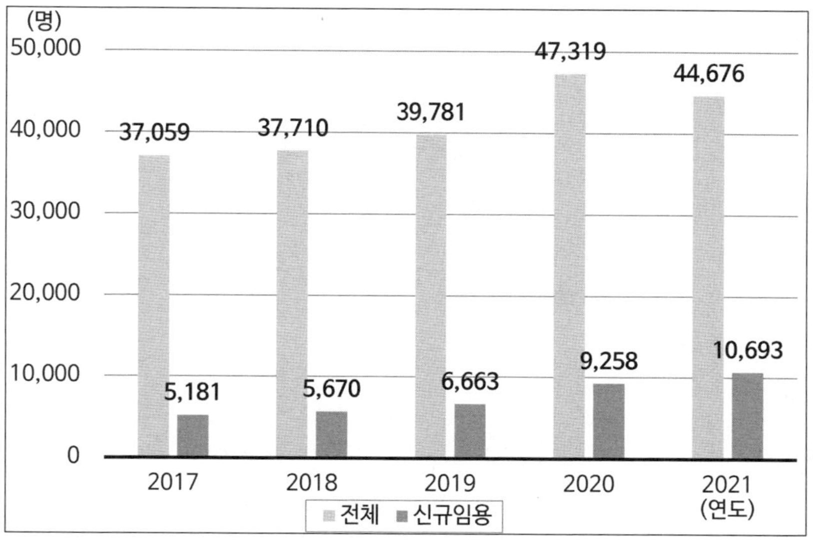

<표> 재직기간별 신규임용 퇴직공무원 분포

(단위: 명)

연도 \ 재직기간	1년 미만	1년 이상 2년 미만	2년 이상 3년 미만	3년 이상 4년 미만	4년 이상 5년 미만	합계
2017	731	1,144	872	2,065	369	5,181
2018	951	1,227	865	2,123	504	5,670
2019	1,769	1,524	806	2,048	516	6,663
2020	1,610	2,961	1,367	2,504	816	9,258
2021	2,625	2,575	2,262	2,419	812	10,693

※ 신규임용 공무원은 재직기간이 5년 미만인 공무원을 의미함.

<보고서>

최근 신규임용 공무원의 퇴직이 늘어나고 있다. 2017년부터 2019년까지 신규임용 퇴직공무원 수는 약 6,000명이었으나, 2020년 9,258명, 2021년 10,693명으로 급격히 증가하여, ㉠ 전체 퇴직공무원 수 대비 신규임용 퇴직공무원 수 비율은 2019년과 2020년 각각 15 % 이상, 2021년 20 % 이상이었다. 재직기간별 신규임용 퇴직공무원 분포를 살펴보면, ㉡ 2017년부터 2019년까지는 3년 이상 4년 미만 공무원의 퇴직이 가장 높은 비율을 차지하였으나, 2020년과 2021년에는 1년 이상 2년 미만에서 가장 높은 비율을 차지한다. 그리고 ㉢ 2018년 이후 신규임용 퇴직공무원 중 재직 기간이 4년 미만인 신규임용 퇴직공무원의 비율은 매년 91 %를 초과하며, ㉣ 재직기간이 2년 이하인 신규임용 퇴직공무원의 비율은 2021년이 2017년에 비해 높다.

한편, 신규임용 공무원의 주요 조기퇴직 요인은 낮은 보수, 직무 스트레스, 낮은 업무 만족도, 가치관과의 불일치 등으로 조사되었다.

① ㄱ, ㄷ

② ㄱ, ㄹ

③ ㄴ, ㄷ

④ ㄷ, ㄹ

⑤ ㄱ, ㄷ ㄹ

[31 ~ 32] 다음 <정보>는 상권을 분석하는 학자 甲, 乙, 丙의 이론에 대한 자료이다. <정보>와 <그림>을 보고 물음에 답하시오.

<그 림>

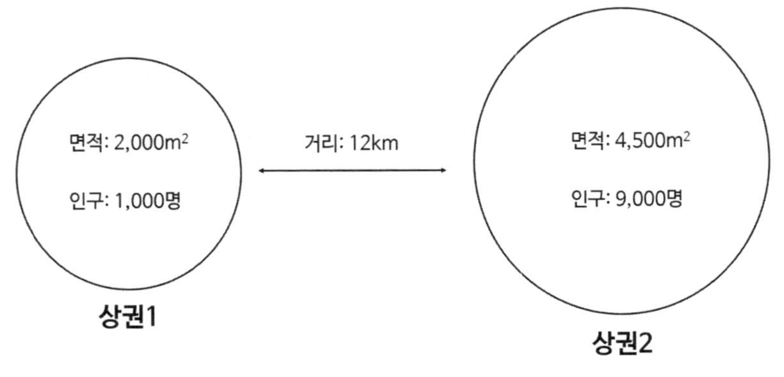

<정보 1>

○ 甲의 '분기점 이론'은 두 상권 간의 '균형'을 계산하는데 이용된다. 위 <그림>에서 분기점 이론에 따르면 상권1과 상권2 사이의 최단직선거리 상에 두 상권 간의 '균형'이 형성된다.

○ '균형'에서는 아래 두 가지 계산식이 모두 성립한다.

– 산식1: 균형에서 유인비율의 값은 1이다.

$$\text{유인비율} = \frac{BP_{\text{상권2}}}{BP_{\text{상권1}}}$$

$$BP_{\text{상권 } i} = \frac{\text{상권 } i\text{의 면적}}{(\text{상권 } i\text{와 균형 사이의 거리})^2}$$

– 산식2:

$$\text{상권1과 균형과의 거리} = \frac{\text{상권1과 상권2 사이의 거리}}{1 + (\text{상권2 면적/상권1 면적})^{1/2}}$$

※ 甲, 乙, 丙의 상권 이론에서 면적의 단위는 m^2, 거리의 단위는 km, 인구의 단위는 명임.

31. 위 <그림>과 <정보 1>의 甲의 분기점 이론(산식1, 산식2)에 따른 '상권2'와 '균형' 사이 거리로 올바른 것은?

① 2.4 km
② 3.6 km
③ 4.8 km
④ 6.0 km
⑤ 7.2 km

32. 위 <그림>과 다음 <정보 2>에 따를 때 X와 Y에 해당하는 값을 바르게 나열한 것은?

<정보 2>

○ 甲의 '분기점 이론'을 통해 파악한 '상권1'과 '상권2'의 '균형'에 도시A가 위치함이 알려졌다.

○ 乙의 '소매지역 이론'을 활용해 각 상권의 시장점유율을 파악할 수 있다. 乙의 소매지역 이론에 따를 경우 상권1의 시장점유율은 다음과 같다.

$$\text{상권1의 시장점유율} = \frac{BP_{\text{상권1}}}{BP_{\text{상권1}} + BP_{\text{상권2}}}$$

○ 丙의 '소매인력 이론'은 각 도시의 구매지향비율을 파악하는데 이용한다. 구매지향비율은 '도시A'에 거주하는 소비자가 '상권1'과 '상권2' 중 어느 하나의 상권으로 유입되는 비율을 의미하며, 수식은 다음과 같다.
(단, '도시A'에 거주하는 소비자는 반드시 어느 하나의 상권으로만 유입된다)

$$\text{상권1의 구매지향비율} = \frac{\dfrac{\text{상권1 인구}}{(\text{도시A와 상권1 사이의 거리})^2}}{\dfrac{\text{상권2 인구}}{(\text{도시A와 상권2 사이의 거리})^2}}$$

○ 위 정보를 종합하면 다음과 같은 결론을 도출할 수 있다. 乙의 소매지역 이론에 따를 때 시장점유율은 상권1이 상권2의 (X)배이다. 丙의 소매인력 이론에 따를 경우 구매지향비율은 상권2가 상권1의 (Y)배이다.

	X	Y
①	0.5	3
②	1	4
③	1	3
④	2	4
⑤	2	3

33. 다음 <표>는 2015 ~ 2021년 OECD 주요 8개국 주택매매가격 지수에 관한 자료이다. 이에 대한 설명으로 옳은 것은?

<그림> 2015년 국가별 주택매매가격 상대지수

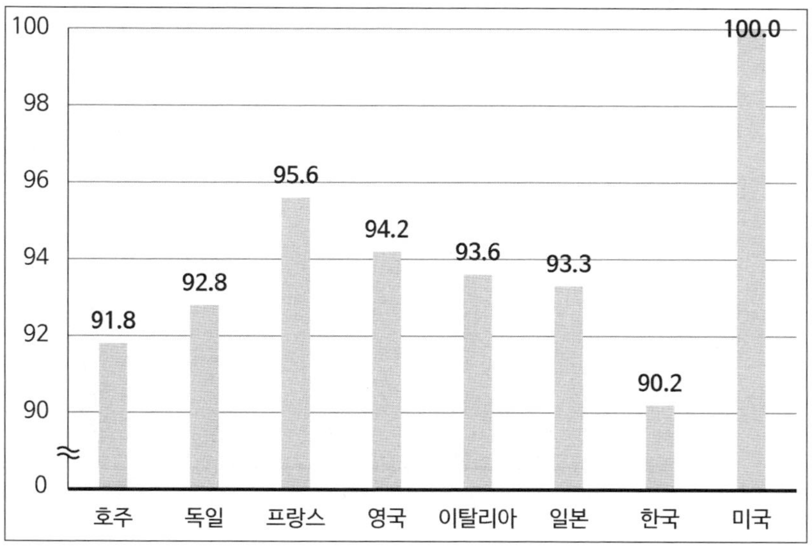

※ 주택매매가격 상대지수는 2015년 미국의 주택매매가격을 100으로 두고 나타낸 상대적 비율임.

<표> 연도별·국가별 주택매매가격지수

국가 \ 연도	2016	2017	2018	2019	2020	2021
호주	105.5	114.3	112.7	108.1	113.9	113.8
독일	107.6	114.5	122.2	129.7	138.2	153.9
프랑스	100.9	104.0	107.2	110.7	116.8	124.7
영국	107.0	111.8	115.5	116.7	119.9	131.9
이탈리아	100.3	99.2	98.6	98.8	100.4	102.9
일본	102.2	104.8	106.8	108.5	108.7	115.2
한국	101.6	102.9	104.3	104.0	107.5	116.9
미국	105.8	112.5	119.8	126.1	135.3	157.7

※ 국가별 주택매매가격지수는 2015년 국가별 주택매매가격을 100으로 두고 나타낸 상대적 비율임.

① 2015년 대비 2021년 주택매매가격 증가율이 가장 큰 국가는 독일이다.

② 2015 ~ 2021년 동안 한국과 영국의 주택매매가격 차이가 가장 작은 연도는 2016년이다.

③ 2016년 이후 주택매매가격의 증감방향이 프랑스와 동일한 국가는 5개국이다.

④ 2021년 주택매매가격의 전년대비 증가폭은 미국이 독일에 비해 1.4배 이상이다.

⑤ 2020년 주택매매가격 하위 3개국은 이탈리아, 일본, 한국이고, 상위 3개국은 독일, 미국, 프랑스이다.

34. 다음 <그림>, <표>, <정보>는 6명의 학생(가영, 나리, 다래, 라희, 마음, 바다)의 관계에 관한 자료이다. 이에 근거하여 구한 6명 학생의 관계 점수 합은?

<그림> 가영, 나리, 다래, 라희, 마음, 바다의 관계도

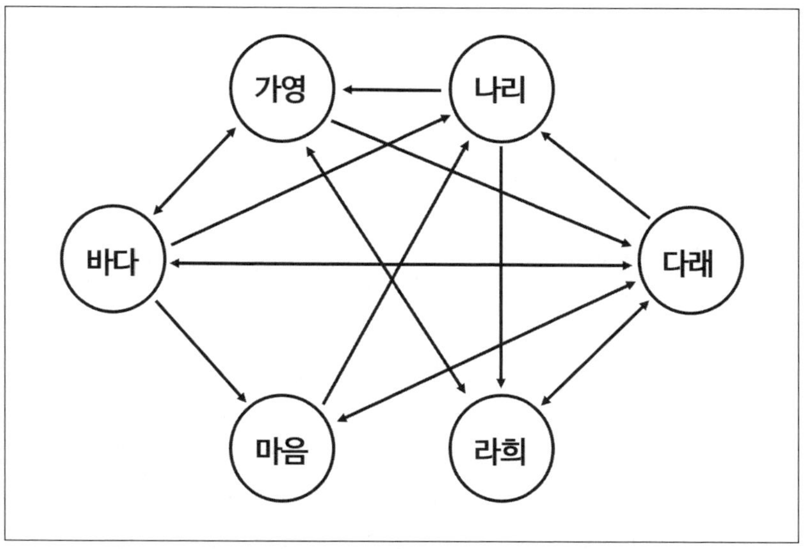

※ '↔'는 두 사람이 서로를 모두 아는 관계를 나타내고, '→' 두 사람 중 어느 한 사람만이 상대방을 아는 관계를 나타냄. 예를 들어, <그림>에서 나리→가영은 나리는 가영을 알지만, 가영은 나리를 알지 못한다는 것을 의미함.

<표> 가영, 나리, 다래, 라희, 마음, 바다의 관계표

A \ B	가영	나리	다래	라희	마음	바다
가영		X	O	O	X	O
나리	O		X	O	X	X
다래	X	O		O	O	O
라희	O	X	O		X	X
마음	X	O	O	X		X
바다	O	O	O	X	O	

※ 위 <표>에서 두 사람이 서로를 모두 아는 관계인 'A↔B'는 A, B 모두 O로 표시하여 나타내고, 두 사람 중 한 사람만이 상대방을 아는 관계인 'A→B'는 A는 B를 알고 있으므로 O로 표시하고, B는 A를 모르고 있으므로 X로 표시한다. 예를 들어, 위 <그림>에서 가영과 나리의 관계는 '나리→가영'이므로 <표>에서 'O', 'X'는 나리는 가영을 알지만(O), 가영은 나리를 알지 못한다(X)는 것을 나타냄.

<정 보>

○ 인기도 점수는 나를 아는 학생의 수를 의미한다. 예를 들어, 가영을 아는 학생은 나리, 라희, 바다 3명이므로 가영의 인기도 점수는 3점이다.

○ 내향성 점수는 나를 아는 학생 중 나는 그 상대방 학생을 모르고, 그 상대방 학생만 나를 아는 학생의 수를 의미한다. 예를 들어, 가영을 나리, 라희, 바다가 알지만, 이 중 가영은 나리를 모르고, 나리만 가영을 알기 때문에 가영의 내향성 점수는 1점이다.

○ 관계 점수(점) = 인기도 점수(점) − 내향성 점수(점)

① 8점 ② 9점

③ 10점 ④ 11점

⑤ 12점

35. 다음 <표>와 <그림>은 갑국 분기별 구인인원, 구직인원, 취업건수에 관한 자료이다. 이에 대한 설명으로 옳지 않은 것은?

<표 1> 분기별 구인인원

(단위: 명, %)

구분	2021년 4분기	2022년 1분기	2022년 2분기	2022년 3분기	2022년 4분기
구인인원	352,465	432,153	398,462	342,656	324,565
직전분기 대비 증가율	10.0	22.6	−7.8	−14.0	−5.3
전년 동분기 대비 증가율	−8.9	10.1	8.2	( )	−7.9

<표 2> 분기별 구직인원

(단위: 명, %)

구분	2021년 4분기	2022년 1분기	2022년 2분기	2022년 3분기	2022년 4분기
구직인원	525,684	601,245	465,534	472,489	488,965
직전분기 대비 증가율	20.0	14.4	−22.6	1.5	3.5
전년 동분기 대비 증가율	−7.0	11.1	2.6	( )	−7.0

<표 3> 분기별 취업건수

(단위: 건, %)

구분	2021년 4분기	2022년 1분기	2022년 2분기	2022년 3분기	2022년 4분기
취업건수	158,965	201,556	195,226	184,564	188,565
직전분기 대비 증가율	−2.0	26.8	−3.1	−5.5	2.2
전년 동분기 대비 증가율	8.3	−5.5	−4.2	( )	18.6

<그림> 분기별 구직인원 대비 취업건수 비율

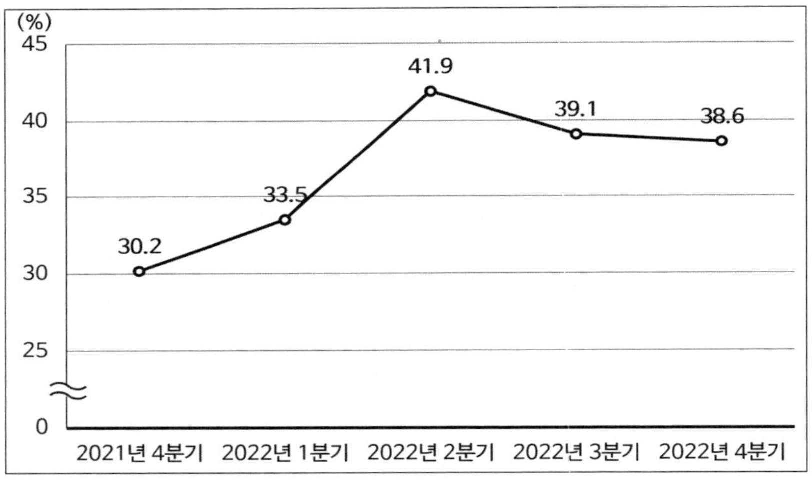

① 구인인원, 구직인원, 취업건수 중 2022년 3분기의 전년 동분기 대비 증가율이 가장 높은 것은 구직인원이다.

② 2022년 4분기 구인인원의 전년 동분기 대비 감소폭은 2021년 4분기 구인인원의 전년 동분기 대비 감소폭보다 작다.

③ 2021년 3분기 구직인원의 2020년 4분기 대비 감소율은 25% 미만이다.

④ 2021년 3분기 취업건수는 160,000건 이상이다.

⑤ 2021년 4분기 ~ 2022년 4분기 동안 구직인원 대비 취업건수 비율이 직전분기 대비 감소한 분기 수는 모두 3번이다.

36. 다음 <그림>은 2017년 1분기(1, 2, 3월)와 2분기(4, 5, 6월) 월별 가축분뇨 발생량의 전월대비 및 전년동월대비 증가율에 관한 자료이다. 이에 대한 <보기>의 설명 중 옳은 것만을 모두 고르면?

<그림> 2017년 1분기와 2분기 월별 가축분뇨 발생량의 전월대비 및 전년동월대비 증가율

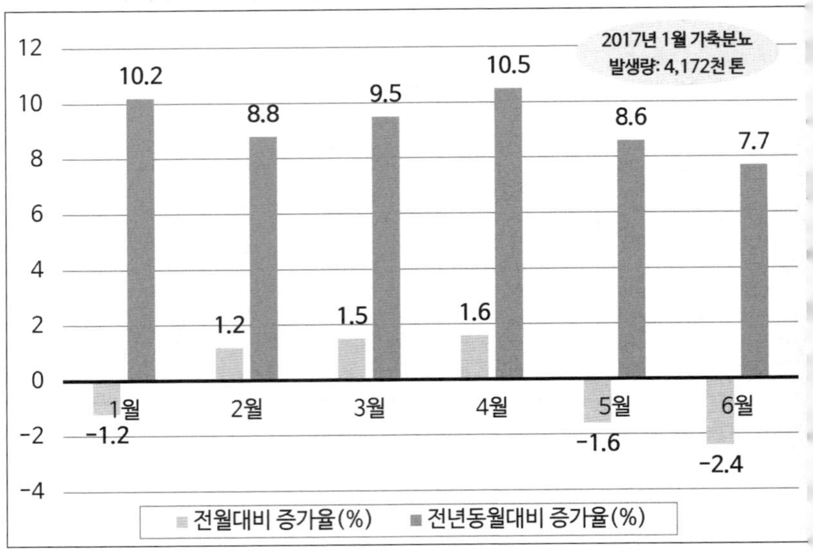

<보 기>

ㄱ. 2016년 12월 대비 2017년 2월 가축분뇨 발생량의 증감 방향과 2017년 3월 대비 2017년 5월 가축분뇨 발생량의 증감방향은 반대이다.

ㄴ. 2016년 3월 가축분뇨발생량은 전월 대비 증가한다.

ㄷ. 2016년 1월 가축분뇨 발생량은 380만 톤 미만이다.

ㄹ. 2017년 2분기 월평균 가축분뇨 발생량은 직전 분기 대비 감소한다.

① ㄱ, ㄴ

② ㄴ, ㄷ

③ ㄷ, ㄹ

④ ㄱ, ㄴ, ㄹ

⑤ ㄴ, ㄷ, ㄹ

7. 다음 <표>는 2019 ~ 2021년 우편물 종별 매출액 및 물량에 관한 자료이다. 이에 대한 설명으로 옳은 것은?

<표 1> 우편물 종별 매출액

(단위: 백만 원)

종 \ 연도	2019	2020	2021
전체	2,585,454	2,629,786	2,699,753
일반통상	993,387	979,300	946,574
보통	993,352	979,249	946,532
무료	0	0	0
인터넷	35	51	42
특수통상	723,496	760,429	803,174
소포	868,571	890,057	950,005
보통	2,760	3,203	2,789
등기	865,811	886,854	947,216

<표 2> 우편물 종별 물량

(단위: 천 통)

종 \ 연도	2019	2020	2021
전체	3,406,830	3,122,721	2,955,004
일반통상	2,810,030	2,538,780	2,363,855
보통	2,800,454	2,529,944	2,352,346
무료	815	782	987
인터넷	8,761	8,054	10,522
특수통상	272,449	265,150	257,950
소포	324,351	318,791	333,199
보통	1,083	1,166	1,001
등기	323,268	317,625	332,198

① 2021년 전체 우편물 매출액 대비 일반통상 매출액 비율은 40 % 이상이다.
② 2019년 일반통상 우편물 물량에서 보통 우편물 물량이 차지하는 비중은 99.5 % 이하이다.
③ 특수통상 우편물의 매출액 대비 물량 비중은 매년 증가하였다.
④ 2020년 일반통상 인터넷 우편물의 경우 물량 대비 매출액 비중의 전년대비 증가율은 50 % 이하이다.
⑤ 2021년 보통소포 1통당 매출액은 전년대비 감소하고, 2021년 등기소포 1통당 매출액은 전년대비 증가한다.

38. 다음 <표>는 A국 종합소득세 과세표준 구간별 과세표준 최고액과 과세표준 구간별 종합소득세 기본세율에 대한 자료이다. 이에 대한 <보기>의 설명 중 옳은 것만을 모두 고르면?

<표 1> A국 종합소득세 과세표준 구간별 과세표준 최고액

(단위: 만 원)

과세표준 구간	1구간	2구간	3구간	4구간	5구간	6구간	7구간	8구간
과세표준 최고액	1,200	3,600	7,800	15,000	30,000	50,000	100,000	100,000 초과

※ 종합소득세 과세표준 구간별 과세표준액의 범위는 서로 겹치지 않음.

<표 2> 과세표준 구간별 종합소득세 기본세율

(단위: %)

구간 \ 연도	2008	2009	2010 ~ 2011	2012 ~ 2013	2014 ~ 2016	2017	2018 ~ 2020	2021
1구간	8	6	6	6	6	6	6	6
2구간	17	16	15	15	15	15	15	15
3구간	26	25	24	24	24	24	24	24
4구간	35	35	35	35	35	35	35	35
5구간	35	35	35	35	38	38	38	38
6구간	35	35	35	38	38	38	40	40
7구간	35	35	35	38	38	40	42	42
8구간	35	35	35	38	38	40	42	45

※ 1) 종합소득세 총액은 각 과세표준 구간에 속하는 과세표준액에 각 구간별 종합소득세 기본세율을 곱한 값임.
2) 예를 들어, 납세자의 종합소득세 과세표준 총액이 1억 원인 경우, 과세표준 총액 중 1,200만 원 이하 부분(1,200만 원)은 1구간의 기본세율이, 1,200만 원 초과 3,600만 원 이하 부분(2,400만 원)은 2구간의 기본세율이, 3,600만 원 초과 7,800만 원 이하 부분(4,200만 원)은 3구간의 기본세율이, 7,800만 원 초과 1.5억 원 이하 부분(2,200만 원)은 4구간의 기본세율이 적용됨.

<보 기>

ㄱ. 종합소득세 과세표준 총액이 6,000만 원인 사람의 2021년 종합소득세 총액은 1,000만 원 이상이다.
ㄴ. 종합소득세 과세표준 총액이 5억 원인 사람의 2018년 종합소득세 총액은 전년대비 400만 원 증가하였다.
ㄷ. 2008 ~ 2010년 동안 종합소득세 과세표준 총액이 매년 6,824만 원으로 일정한 사람의 종합소득세 총액은 같은 기간 동안 매년 감소하였다.
ㄹ. 2012년 종합소득세 총액이 3억 5천만 원 이상인 납세자는 종합소득세 과세표준 총액이 10억 원보다 크다.

① ㄱ, ㄴ
② ㄱ, ㄷ
③ ㄴ, ㄹ
④ ㄱ, ㄴ, ㄷ
⑤ ㄱ, ㄷ, ㄹ

39. 다음 <그림>은 우리나라 부계 친족 호칭 및 촌수와 우리나라 국민의 친족 범위 인식을 나타낸 것이다. 이에 대한 <보기>의 설명 중 옳은 것만을 모두 고르면?

<그림 1> 부계 친족 호칭 및 촌수

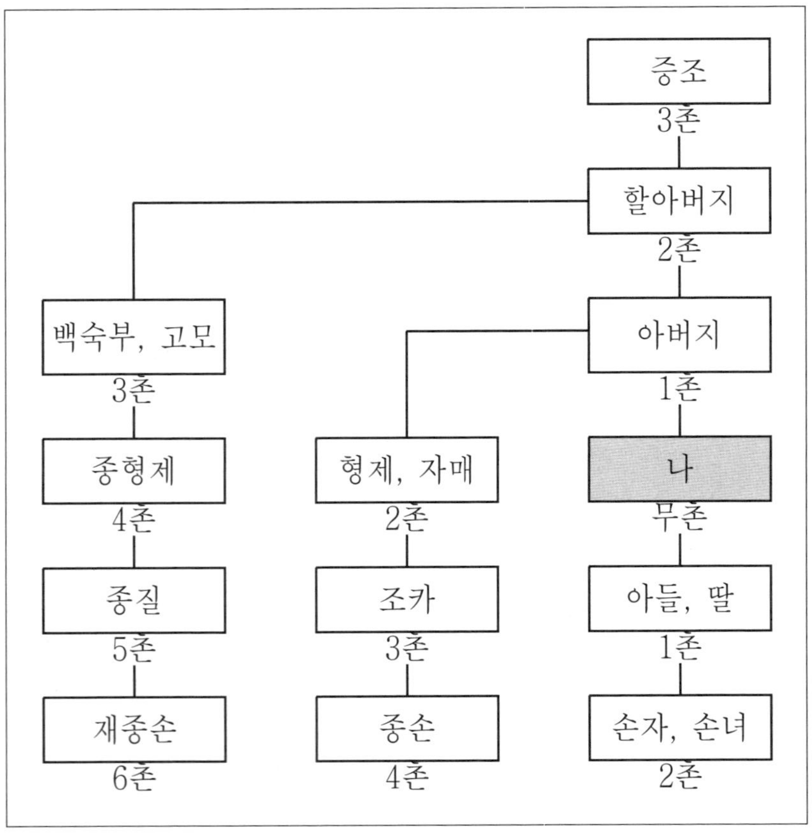

<그림 2> 친족 범위에 대한 인식 조사 결과

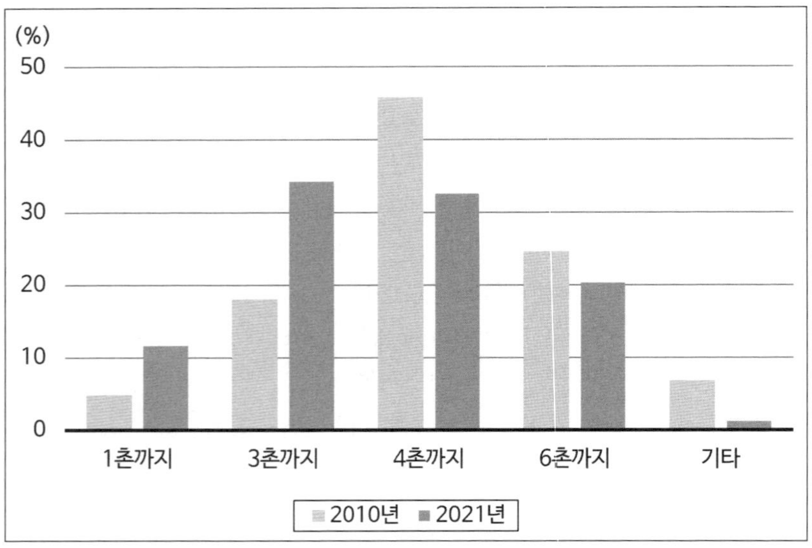

※ 조사대상자는 친족으로 인식하는 범위에 대해 1촌까지, 3촌까지, 4촌까지, 6촌까지, 기타 중 한 항목에 응답하였으며 무응답은 없음.

<그림 3> 경제적 이해관계를 맺을 의향이 있는 친족 범위 조사 결과(2021년)

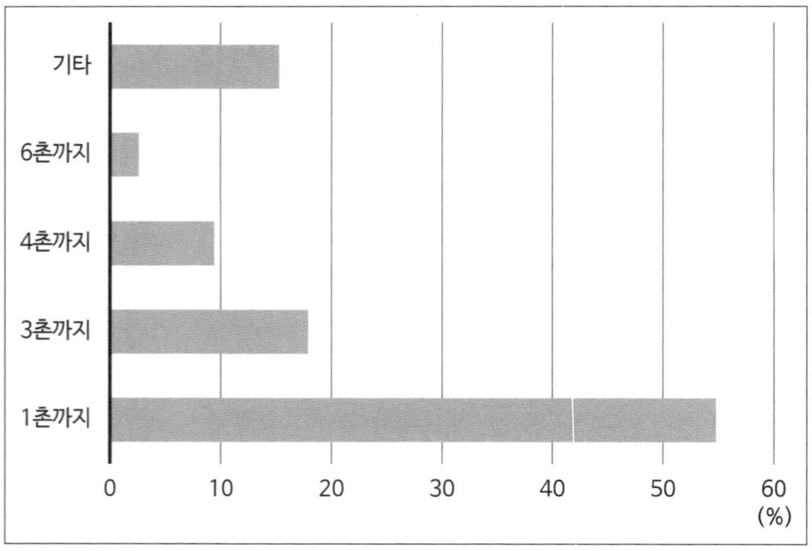

※ 조사대상자는 경제적 이해관계를 맺을 의향이 있는 범위에 대해 1촌까지, 3촌까지, 4촌까지, 6촌까지, 기타 중 한 항목에 응답하였으며 무응답은 없음.

<보 기>

ㄱ. 2010년 조사대상자 중 해당 촌수를 친족으로 인식하는 응답자의 비율이 가장 높은 촌수는 4촌이다.

ㄴ. 2021년 조사대상자 중 조카를 친족으로 생각하는 응답자의 비율은 80 % 이상이다.

ㄷ. 형제, 자매와 경제적 이해관계를 맺을 의향이 없는 응답자 수는 형제, 자매와 경제적 이해관계를 맺을 의향이 있는 응답자 수의 2배 이상이다.

ㄹ. 2021년 5촌을 친족으로 인식하는 조사대상자 수는 5촌과 경제적 이해관계를 맺을 의향이 있는 조사대상자 수보다 많다.

① ㄱ
② ㄴ
③ ㄴ, ㄷ
④ ㄴ, ㄹ
⑤ ㄷ, ㄹ

40. 다음 <표>는 <정보>에 따라 2022년 성별 부동산 정책선호를 설문 조사한 결과이다. 이에 대한 설명으로 옳은 것은?

<정 보>

○ 조사대상자는 2가지 정책(A, B) 중 자신이 가장 선호 하는 한 가지 정책만을 골라 응답하였으며, 무응답은 없다.

○ 선호정책은 각 연령대에서 가장 높은 응답비율을 나타낸 정책을 의미한다.

○ 선호비율은 연령대별 응답자 중 선호정책을 선택한 응답자의 비율을 의미한다.

<표> 2022년 성별 부동산 정책선호 조사결과

(단위 : %)

남성			여성			전체		
연령대	선호 정책	선호 비율	연령대	선호 정책	선호 비율	연령대	선호 정책	선호 비율
20대 이하	A	58.7	20대 이하	B	58.0	20대 이하	B	( )
30대	A	52.8	30대	B	50.2	30대	A	( )
40대	B	61.0	40대	B	60.0	40대	B	60.5
50대	B	55.0	50대	B	50.1	50대	B	52.4
60대	A	63.2	60대	A	66.0	60대	A	63.9
70대 이상	A	72.5	70대 이상	A	67.8	70대 이상	A	( )

① 30대 조사대상자 중 정책 B를 선호한다고 응답한 사람의 비율은 48.5 % 이다.

② 20대 이하 조사대상자 중 정책 B를 선호한다고 응답한 사람의 비율은 58.0 % 미만이다.

③ 70대 이상 조사대상자 중 정책 B를 선호한다고 응답한 사람의 비율은 30 % 이상이다.

④ 60대 조사대상자 중 정책 A를 선호한다고 응답한 사람의 수는 남성이 여성의 3배 이상이다.

⑤ 연령대별 전체 조사대상자 중 남성 조사대상자의 비중은 50대가 40대보다 더 높다.

현재 내 위치가 궁금하다면?

빠른 채점 및 성적 분석

https://labstandard.kr/eas
성적분석 서비스 + 통계표 확인

맞은 문제 수 / 푼 문제 수	맞은 문제 수 / 찍은 문제 수
(　　)문제 / (　　)문제	(　　)문제 / (　　)문제

총점:　　　　점

✓ 전국에 있는 수험생들의 성적과 자신의 성적을 지금 바로 비교해보세요!

2024년 국가공무원 5급 공채·국립 외교원·7급 지역인재 등 PSAT 대비

자료해석영역

2 교시

문제책형

고

응시번호

성명

응시자 주의사항

1. **시험시작 전에 시험문제를 열람하는 행위나 시험종료 후에 답안을 작성하는 행위를 한 사람**은「공무원임용시험령」제51조에 의거 **부정행위자**로 처리됩니다.
2. **답안지 책형 표기**는 **시험시작 전** 감독관의 지시에 따라 **문제책 앞면에 인쇄된 문제책형을 확인**한 후, **답안지 책형란에 해당 책형(1개)**을 '●'로 **표기**하여야 합니다.
3. 시험이 시작되면 문제를 주의 깊게 읽은 후, **문항의 취지에 가장 적합한 하나의 정답만을 고르며,** 문제내용에 관한 질문은 할 수 없습니다.
4. **답안을 잘못 표기하였을 경우**에는 **답안지를 교체하여 작성**하거나 **수정할 수 있으며**, 표기한 답안을 수정할 때는 **응시자 본인이 가져온 수정테이프만을 사용**하여 해당 부분을 완전히 지우고 부착된 수정테이프가 떨어지지 않도록 손으로 눌러주어야 합니다. **(수정액 또는 수정스티커 등은 사용 불가)**
   ■ **불량한 수정테이프의 사용과 불완전한 수정처리**로 발생하는 **모든 문제는 응시자 본인에게 책임**이 있습니다.
5. **시험시간 관리의 책임은 응시자 본인에게 있습니다.**
   ※ 시험지는 시험종료 후 가지고 갈 수 있습니다.

정답공개 및 이의제기 안내

1. **빠른 채점** 및 **성적분석** 서비스 (나의 위치 확인 및 통계 분석 결과 확인)
   ■ **시험지 뒷면** 및 **해설지**의 **QR코드** 확인 : https://labstandard.kr/eas
2. **답안지(OMR 카드) & 정오표** 다운로드, 문항 관련 문의
   ■ 랩스탠다드 홈페이지(https://labstandard.kr) "학습지원센터 - 자료실 & 정오표" 게시판 확인
   ■ 문항 관련 문의 : "학습지원센터 - 1:1 문의" 게시판 또는 이메일(labstandard@naver.com)

. 다음 <표>는 2012 ~ 2021년 전국 17개 지역 지방소멸위험지수에 관한 자료이다. 이에 대한 <보기>의 설명 중 옳은 것만을 모두 고르면?

<표> 지역별 지방소멸위험지수

연도 지역	2012	2013	2014	2015	2016	2017	2018	2019	2020	2021
서울	1.57	1.46	1.37	1.29	1.24	1.18	1.12	1.07	1.01	0.95
부산	1.14	1.06	0.98	0.92	0.87	0.82	0.77	0.71	0.66	0.61
대구	1.29	1.19	1.11	1.04	0.99	0.93	0.87	0.82	0.76	0.70
인천	1.62	1.53	1.44	1.37	1.31	1.24	1.16	1.08	1.00	0.91
광주	1.55	1.45	1.35	1.27	1.21	1.14	1.08	1.03	0.97	0.91
대전	1.63	1.59	1.43	1.33	1.26	1.19	1.11	1.04	0.96	0.89
울산	1.93	1.79	1.67	1.56	1.47	1.36	1.24	1.13	1.00	0.89
세종	0.79	0.87	1.02	1.29	1.48	1.59	1.49	1.38	1.24	1.09
경기	1.63	1.53	1.45	1.36	1.32	1.25	1.19	1.12	1.05	0.98
강원	0.78	0.74	0.70	0.67	0.65	0.62	0.59	0.55	0.52	0.48
충북	0.96	0.91	0.87	0.84	0.81	0.77	0.73	0.70	0.65	0.60
충남	0.85	0.82	0.78	0.75	0.73	0.70	0.68	0.65	0.60	0.56
전북	0.77	0.73	0.69	0.66	0.63	0.60	0.58	0.54	0.65	0.47
전남	0.58	0.53	0.53	0.52	0.51	0.49	0.47	0.45	0.42	0.39
경북	0.76	0.72	0.68	0.65	0.62	0.59	0.55	0.52	0.47	0.44
경남	1.06	1.00	0.94	0.90	0.86	0.81	0.77	0.72	0.65	0.55
제주	1.00	0.95	0.92	0.91	0.90	0.88	0.87	0.83	0.78	0.74

※ 지방소멸위험지수가 1.5 이상이면 '소멸저위험', 1 이상 1.5 미만이면 '보통', 0.5 이상 1 미만이면 '주의', 0.5 이하이면 '위험'으로 분류함.

<보 기>

ㄱ. 주어진 기간 동안 매년 '주의'인 지역은 3곳이다.

ㄴ. 세종을 제외하고, 2012년 대비 2021년 지방소멸위험지수의 감소율이 가장 높은 지역은 울산이다.

ㄷ. 2012년 '소멸저위험' 지역 중 2013년에도 '소멸저위험'인 지역의 비중은 65% 이상이고, 2013년 '소멸저위험' 지역 중 2014년에도 '소멸저위험'인 지역의 비중은 25% 이상이다.

ㄹ. 만약 2022년 각 지역의 지방소멸위험지수가 전년대비 10%씩 감소한다면, 2022년 '위험'인 지역 수는 전년대비 1곳 증가하고, '주의'인 지역 수는 전년과 동일하다.

① ㄱ, ㄷ
② ㄱ, ㄹ
③ ㄴ, ㄷ
④ ㄴ, ㄹ
⑤ ㄴ, ㄷ, ㄹ

2. 다음 <그림>은 2012 ~ 2021년 자연재난 연도별 피해액, 사망자 및 2020년과 2021년 사회재난 원인별 피해액에 관한 자료이다. 이에 대한 <보기>의 설명 중 옳은 것만을 모두 고르면?

<그림 1> 자연재난 연도별 피해액 및 사망자

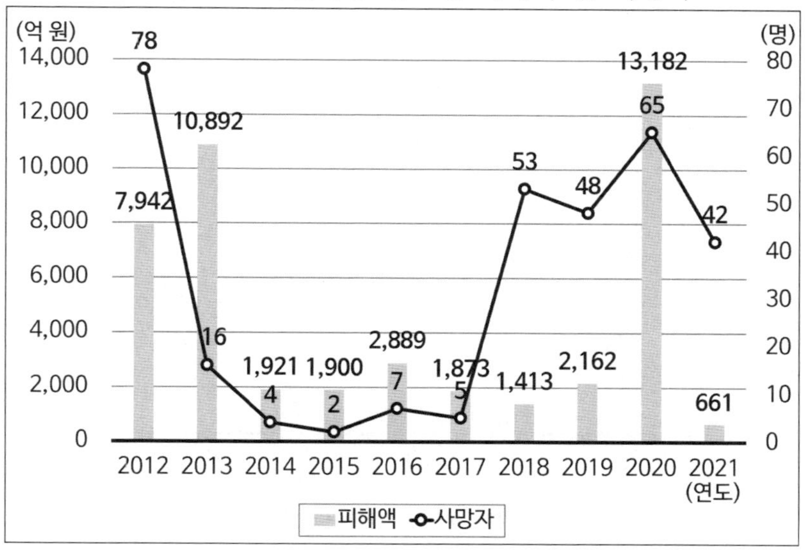

<그림 2> 사회재난 원인별 피해액

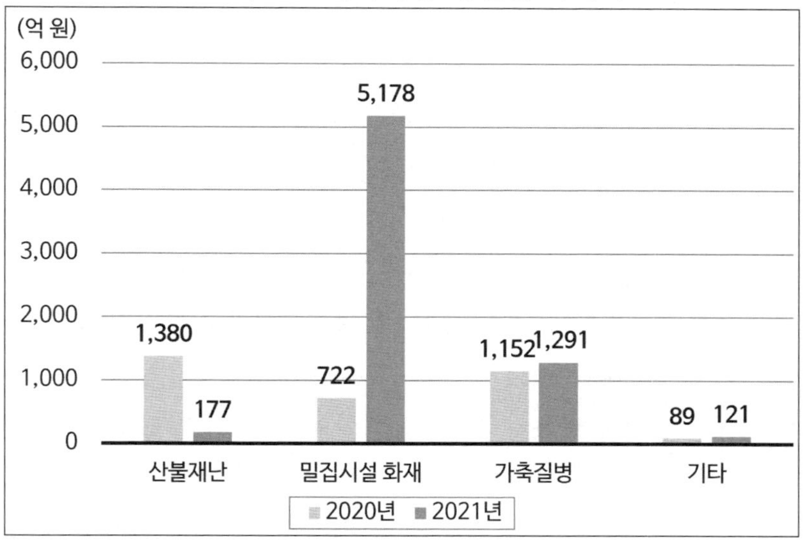

<보 기>

ㄱ. 2014년 자연재난 사망자 1명당 피해액의 전년대비 감소율은 20% 이상이다.

ㄴ. 기타를 제외하고, 사회재난 피해액 합계 대비 밀집시설 화재 피해액 비율은 2020년에 25% 이하이고, 2021년에 75% 이상이다.

ㄷ. 2013 ~ 2021년 동안 자연재난 사망자와 피해액의 전년대비 증감 방향이 서로 반대인 연도 수는 4개년이다.

ㄹ. 2013 ~ 2021년 동안 자연재난 사망자의 전년대비 증감폭이 가장 큰 연도에 자연재난 피해액의 전년대비 증감률은 25% 이하이다.

① ㄱ, ㄴ
② ㄱ, ㄷ
③ ㄱ, ㄹ
④ ㄴ, ㄷ
⑤ ㄴ, ㄹ

3. 다음 <그림>은 2015 ~ 2021년 정부지출 중 농업지출 비율 및 GDP 중 농업부가가치 비율에 관한 자료이다. 이에 대한 <보기>의 설명 중 옳은 것만을 모두 고르면?

<그림> 정부지출 중 농업지출 비율 및 GDP 중 농업부가가치 비율

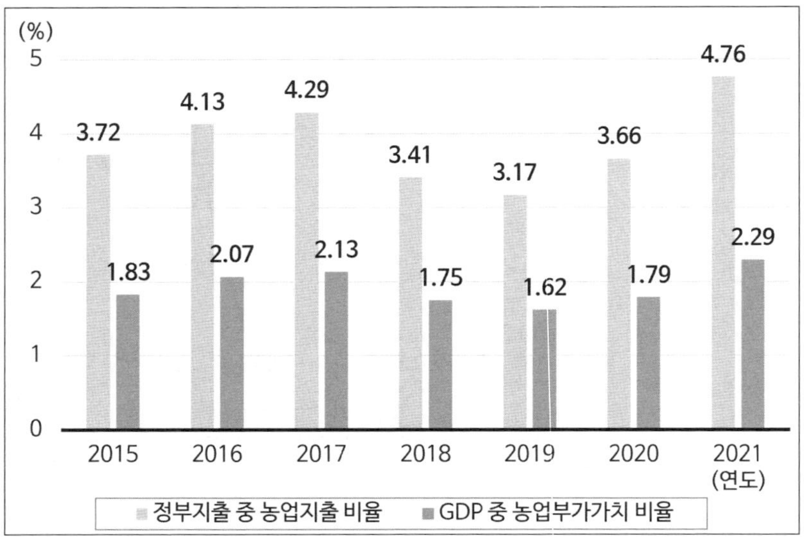

※ 농업지향지수 = $\frac{\text{GDP 중 농업부가가치 비율}}{\text{정부지출 중 농업지출 비율}}$

<보 기>

ㄱ. 정부지출 중 농업지출 비율과 GDP 중 농업부가가치 비율의 전년대비 증감방향은 매년 동일하다.

ㄴ. 만약 2015년 농업지향지수가 전년과 동일하고, 2015년 정부지출 중 농업지출 비율의 전년대비 증가율이 10% 라면, 2014년 GDP 중 농업부가가치 비율은 1.6% 이하이다.

ㄷ. 농업지향지수가 0.5 이상인 연도 수는 0.5 미만인 연도 수보다 많다.

ㄹ. 2022년 정부지출 중 농업지출 비율과 GDP 중 농업부가가치 비율이 각각 전년대비 0.2%p 증가한다면, 농업지향지수는 2022년이 2017년에 비해 더 크다.

① ㄱ, ㄴ
② ㄱ, ㄹ
③ ㄷ, ㄹ
④ ㄱ, ㄴ, ㄷ
⑤ ㄴ, ㄷ, ㄹ

4. 다음 <표>는 2012 ~ 2022년 매 2년마다 조사한 직종별 보건의료 인력 수에 관한 자료이다. 이에 대한 설명 중 옳은 것은?

<표> 직종별 보건의료 인력 수

(단위: 명)

직종 \ 연도	2012	2014	2016	2018	2020	2022
전체	( )	( )	( )	429,795	476,677	516,329
간호사	120,491	147,210	179,989	195,314	( )	252,855
의사	86,761	92,927	97,713	102,471	107,976	112,321
치과의사	21,888	22,952	24,150	25,792	26,978	27,987
한의사	17,353	18,767	19,737	20,759	22,038	22,807
약사	32,560	32,645	33,946	37,837	39,765	40,327
물리치료사	25,475	29,326	33,345	37,015	43,735	47,771
작업치료사	3,594	4,667	5,837	6,807	7,996	8,242
사회복지사	2,642	3,056	3,506	3,800	4,136	4,019

① 2020년 전체에서 간호사가 차지하는 비중은 50% 이상이다.

② 간호사를 제외하고, 2014년 이후 직종별 인력 수는 매 2년마다 증가한다.

③ 2014년 전체 인력 수의 2년 전 대비 증가율은 7% 미만이다.

④ 2016년 전체 인력 수 대비 인력 수 상위 3개 직종의 인력 수 합 비율은 70% 이하이다.

⑤ 전체에서 물리치료사가 차지하는 비중은 2018년 9% 미만이고, 2022년 9% 이상이다.

. 다음 <표>는 2019 ~ 2022년 A국 디지털범죄와 성범죄 신고 현황에 관한 자료이다. 이에 대한 설명 중 옳은 것은?

<표> 디지털범죄와 성범죄 신고 현황

(단위: 건)

구분			2019년	2020년	2021년	2022년
디지털범죄	처리		6,565	7,535	8,648	9,898
		금고	(　　)	(　　)	(　　)	(　　)
		벌금	5,324	6,214	7,105	8,256
	미처리		(　　)	(　　)	(　　)	(　　)
	신고		7,923	9,000	10,290	11,657
성범죄	처리		1,250	1,370	1,409	1,661
		금고	(　　)	(　　)	(　　)	(　　)
		벌금	894	1,012	998	1,105
	미처리		856	765	669	543
	신고		(　　)	(　　)	(　　)	(　　)

※ 1) 신고 건수 = 처리 건수 + 미처리 건수

2) 처리 건수 = 금고 건수 + 벌금 건수

3) 처리율(%) = $\frac{\text{처리 건수}}{\text{신고 건수}} \times 100$

4) 금고율(%) = $\frac{\text{금고 건수}}{\text{처리 건수}} \times 100$

① 디지털범죄 미처리 건수는 금고 건수에 비해 매년 많다.

② 성범죄 금고율은 매년 30% 이하이다.

③ 성범죄 신고 건수는 매년 증가하였다.

④ 2022년 디지털범죄 금고율과 2019년 디지털범죄 금고율의 차이값은 1%p 미만이다.

⑤ 성범죄 처리율은 2019년에 60% 이하이고, 2022년에 75% 이하이다.

6. 다음 <그림>과 <표>는 A ~ H 8개 국가별 오염물질 배출 현황에 관한 자료이다. 이에 대한 <보기>의 설명 중 옳은 것만을 모두 고르면?

<그림 1> 국가별 이산화탄소 배출량 비중

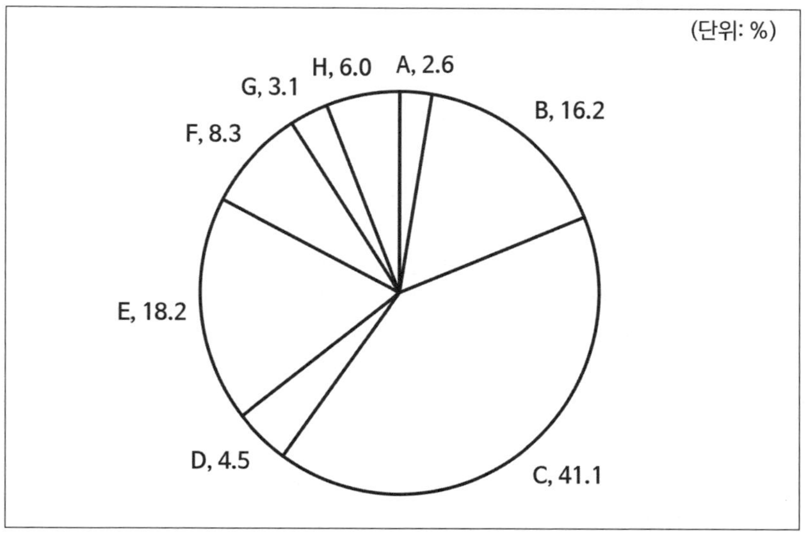

<그림 2> 국가별 1인당 이산화탄소 배출량

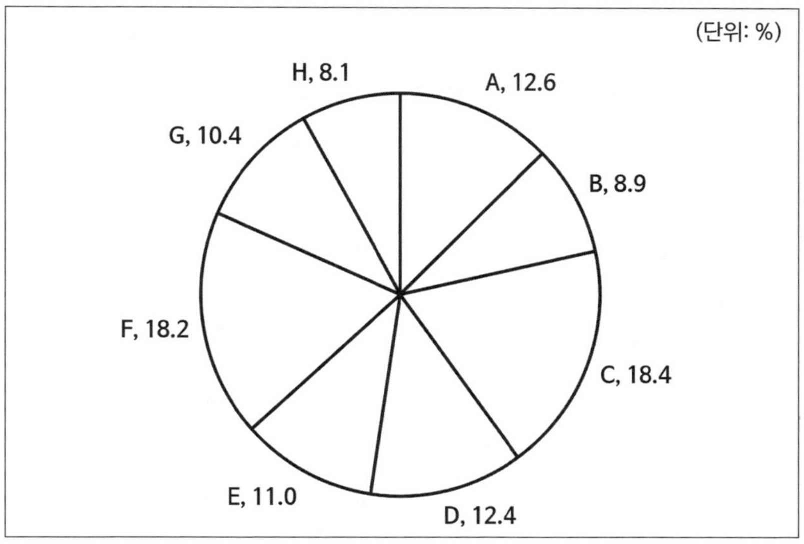

※ 1인당 이산화탄소 배출량 = $\frac{\text{이산화탄소 배출량(백만 톤)}}{\text{인구(명)}}$

<표> 국가별 이산화질소 배출량 및 이산화황 배출량

(단위: 백만 톤)

구분＼국가	A	B	C	D	E	F	G	H
이산화질소	24.3	31.5	72.3	65.9	88.1	19.2	25.9	45.6
이산화황	14.8	28.8	64.3	41.7	62.3	10.3	19.2	36.2

<보 기>

ㄱ. 이산화탄소 배출량 상위 4개 국가의 이산화탄소 배출량 합 대비 상위 1위 국가의 이산화탄소 배출량 비율은 50% 이하이다.

ㄴ. 이산화질소 배출량과 이산화황 배출량 합에서 이산화질소가 차지하는 비중이 60% 이상인 국가는 2개국이다.

ㄷ. 1인당 이산화질소 배출량은 E국이 H국에 비해 적다.

ㄹ. 1인당 이상화황 배출량은 B국이 A국보다 많다.

① ㄱ, ㄴ

② ㄱ, ㄷ

③ ㄴ, ㄹ

④ ㄱ, ㄷ, ㄹ

⑤ ㄴ, ㄷ, ㄹ

7. 다음 <그림>은 업종별 외국인직접투자 현황에 관한 자료이다. 이에 대한 설명 중 옳은 것은?

<그림> 업종별 외국인직접투자 현황

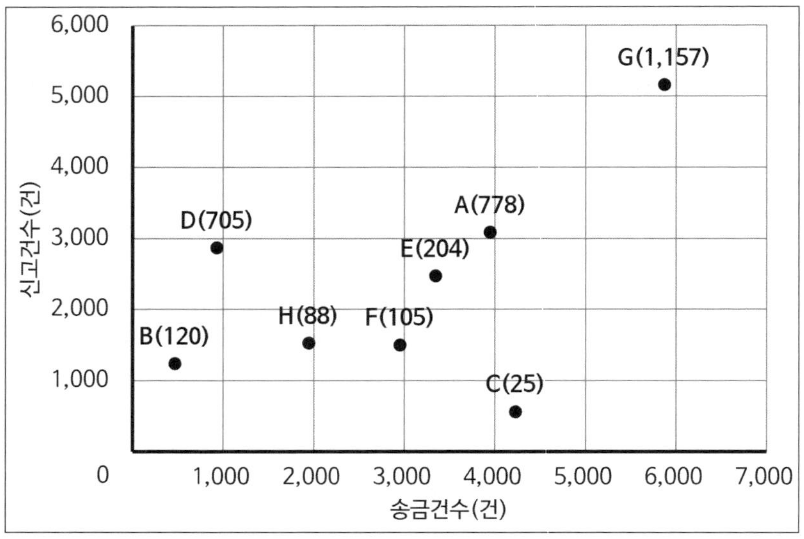

※ 1) 투자규모(건) = 송금건수 + 신고건수

2) ()는 신고금액(천 달러)을 의미함.

① 송금건수와 신고건수의 차이가 가장 큰 업종과 가장 작은 업종의 신고건수 차이는 2,000건 이상이다.

② 투자규모가 4,000건 이상인 업종의 평균 송금건수는 4,500건 이하이다.

③ 송금건수가 신고건수에 비해 4배 이상인 업종은 존재하지 않는다.

④ 송금건수 1회당 신고건수가 세 번째로 큰 업종과 가장 작은 업종의 신고건수 차이는 1,500회 이상이다.

⑤ 투자규모가 가장 큰 업종의 신고금액은 투자규모 하위 3개 업종의 신고금액 합의 1.2배 미만이다.

8. 다음 <표>는 △△초등학교 5학년 1반과 2반 학생의 성별, 취미, 읽은 책 수에 관한 자료이다. 이에 대한 <보기>의 설명 중 옳은 것만을 모두 고르면?

<표> 1반과 2반 학생의 성별, 취미, 독서 권수

(단위: 권)

구분 / 학생	반	성별	취미	독서 권수
A	1반	남자	독서	8
B		남자	운동	3
C		여자	음악	4
D		남자	음악	5
E		여자	독서	12
F		( )	운동	4
G		남자	운동	2
H	2반	여자	독서	13
I		( )	음악	6
J		남자	독서	9
K		여자	운동	5
L		남자	음악	7

<보 기>

ㄱ. 1반의 평균 독서 권수는 2반의 평균 독서 권수보다 적다.

ㄴ. 1반과 2반 학생의 독서 권수 합계에서 취미가 운동인 학생의 독서 권수 합이 차지하는 비중은 15% 미만이다.

ㄷ. 2반 여학생의 평균 독서 권수는 1반 여학생의 평균 독서 권수 이상이다.

ㄹ. 취미가 독서인 학생의 평균 독서 권수는 취미가 음악인 학생의 평균 독서 권수에 비해 5권 더 많다.

① ㄱ, ㄴ
② ㄱ, ㄷ
③ ㄱ, ㄹ
④ ㄱ, ㄷ, ㄹ
⑤ ㄴ, ㄷ, ㄹ

9. 다음 <표>는 2017 ~ 2021년 어종별 총허용어획량소진율에 관한 자료이다. 제시된 <표> 이외에 <보고서>를 작성하기 위해 추가로 필요한 자료만을 <보기>에서 모두 고르면?

<표> 어종별 총허용어획량소진율

(단위: %)

어종 \ 연도	2017	2018	2019	2020	2021
전체	60	68	54	53	77
고등어	81	98	65	59	93
전갱이	38	94	51	64	75
붉은대게	67	49	51	58	91
개조개	59	74	75	55	71
키조개	74	82	68	48	67
제주소라	84	83	70	81	87
대게	95	82	87	77	62
꽃게	54	47	36	68	92
오징어	40	37	33	33	41
참홍어	60	42	75	96	58
바지락	105	104	99	101	90
도루묵	71	57	44	35	24

※ 1) 총허용어획량소진율(%) $= \frac{\text{실제 어획량}}{\text{총허용어획량}} \times 100$

2) 생물학적허용어획량소진율(%) $= \frac{\text{실제 어획량}}{\text{생물학적허용어획량}} \times 100$

<보고서>

총허용어획량소진율은 총허용어획량 대비 실제 어획량 비율을 의미하며, 총허용어획량소진율이 100%를 초과할 경우 해당 어종의 개체수가 앞으로 감소할 우려가 있다. 2017 ~ 2021년 동안 총 12어종의 총허용어획량소진율을 조사한 바에 따르면, 바지락의 경우 총 3번 총허용어획량소진율이 100%를 초과하여 조업에 대한 관리가 필요해 보인다.

연도별로 살펴보면, 총허용어획량이 실제 어획량의 2배 이상인 어종 수는 2017년 2종, 2018년 4종, 2019년 3종, 2020년 3종, 2021년 2종이다. 그리고 생물학적허용어획량이 총허용어획량의 0.8배 이하인 어종 수는 매년 8종이다.

도루묵의 경우, 2021년 총허용어획량소진율이 24%로 12종 중 가장 낮은데, 2017년 이후 총허용어획량소진율의 전년 대비 감소폭이 매년 9%p 이상이었다.

<보 기>

ㄱ. 2016 ~ 2021년 어종별 총허용어획량

ㄴ. 2016 ~ 2021년 어종별 실제어획량

ㄷ. 2016 ~ 2021년 어종별 생물학적허용어획량소진율

ㄹ. 2016 ~ 2021년 바지락 총허용어획량소진율

① ㄱ, ㄴ

② ㄱ, ㄷ

③ ㄱ, ㄴ, ㄷ

④ ㄱ, ㄴ, ㄹ

⑤ ㄴ, ㄷ, ㄹ

10. 다음 <표>는 2020 ~ 2022년 2분기 국내 에너지 거래 1L당 거래가격에 관한 자료이다. 이와 <조건>에 근거하여 A ~ D에 해당하는 에너지를 바르게 나열한 것은?

<표> 분기별 국내 에너지 거래량의 1L당 거래가격

(단위: 원/L)

기간 \ 에너지		A	B	C	D
2020년 2분기		1,702	1,341	993	986
2021년 2분기		1,622	1,314	943	717
	4월	( )	( )	947	763
	5월	1,613	1,317	925	708
	6월	1,615	1,318	975	696
2022년 2분기		1,462	1,091	649	666
	4월	1,444	1,077	611	661
	5월	1,480	1,110	670	670
	6월	1,480	1,110	670	670

※ 기간별 1L 당 거래가격(원/L) $= \frac{\text{기간별 거래금액(원)}}{\text{기간별 거래량(L)}}$

<조 건>

○ 2022년 2분기 거래량에서 4월 거래량이 차지하는 비중이 50% 미만인 에너지는 중유, 부탄이다.

○ 2022년 2분기 거래 1L 당 거래가격의 전년 동분기 대비 감소폭이 2021년 2분기 거래 1L 당 거래가격의 전년 동분기 대비 감소폭보다 50원/L 이상 큰 에너지는 경유, 중유, 휘발유이다.

○ 2021년 4월 거래 1L 당 거래가격은 경유가 휘발유보다 낮다.

	A	B	C	D
①	경유	휘발유	중유	부탄
②	휘발유	경유	부탄	중유
③	경유	휘발유	부탄	중유
④	휘발유	경유	중유	부탄
⑤	휘발유	중유	경유	부탄

11. 다음 <표>는 1921 ~ 1926년 1만 정보 당 산불·화전 피해면적에 관한 자료이다. 이를 이용하여 작성한 그래프로 옳지 않은 것은?

<표> 1만 정보 당 산불·화전 피해면적

(단위: 정보)

지역		구분 \ 연도	1921	1922	1923	1924	1925	1926
남한	전라남도	산불	37	44	50	35	22	20
		화전	12	18	18	16	15	16
	경상북도	산불	127	32	43	36	35	53
		화전	35	34	40	43	43	47
	강원도	산불	112	29	114	66	112	87
		화전	452	464	457	399	385	399
북한	황해도	산불	16	16	25	19	18	19
		화전	163	159	157	248	237	237
	평안남도	산불	13	33	18	20	18	35
		화전	545	830	792	773	735	681
	평안북도	산불	13	15	16	12	18	14
		화전	536	579	647	722	749	764
	함경남도	산불	27	18	36	32	68	40
		화전	565	524	500	523	509	516

※ 1) 1만 정보 = 1 m^2

2) 피해면적은 해당 지역의 임야 면적 1만 정보당 피해면적을 의미함. 주어진 기간 동안 지역별 임야 면적은 일정하게 유지됨.

3) 전라남도, 경상북도, 강원도 임야면적의 비는 2:1:1이고, 황해도, 평안남도, 평안북도, 함경남도 임야면적의 비는 1:1:1:1임.

① 함경남도 산불 피해면적 연도별 비중

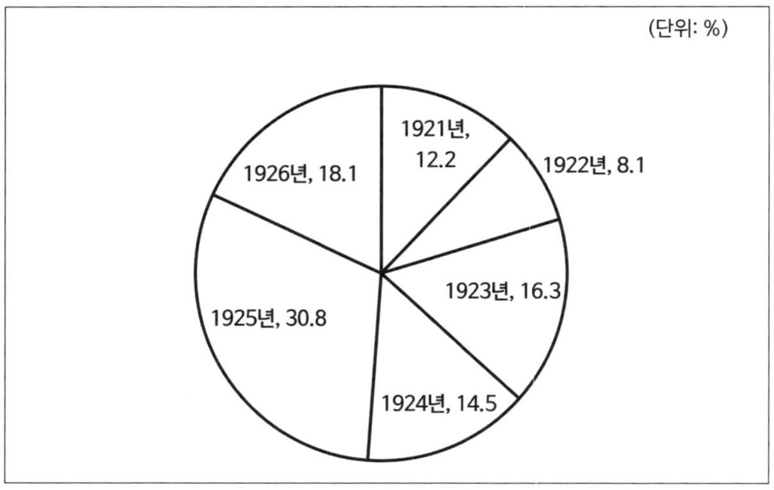

② 강원도의 연도별 산불 피해면적 1정보당 화전 피해 면적

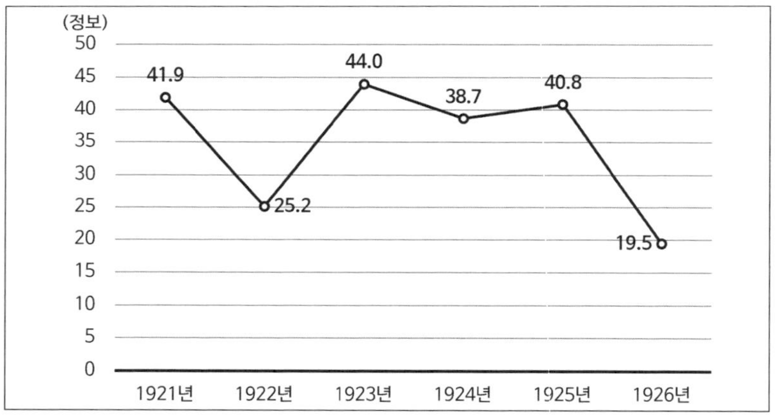

③ 경상북도 10 m^2당 산불·화전 피해면적

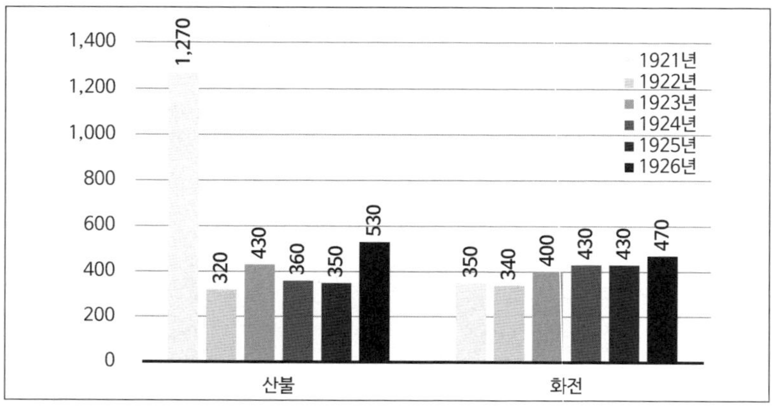

④ 연도별 남한과 북한의 1만 정보당 산불 피해면적

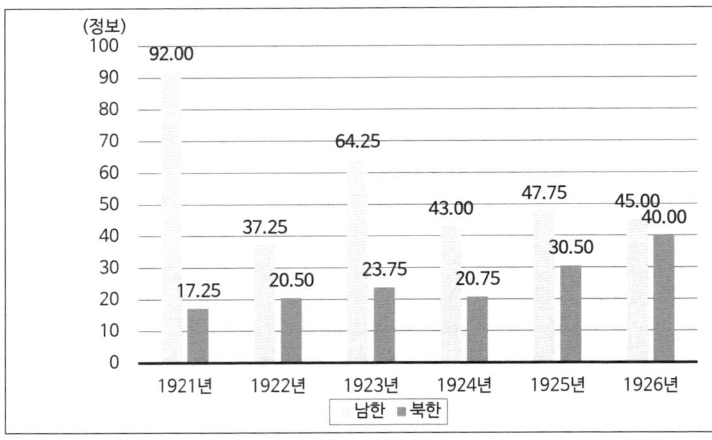

⑤ 평안북도와 함경남도 산불·화전 피해면적의 1921년 대비 1926년 증가율

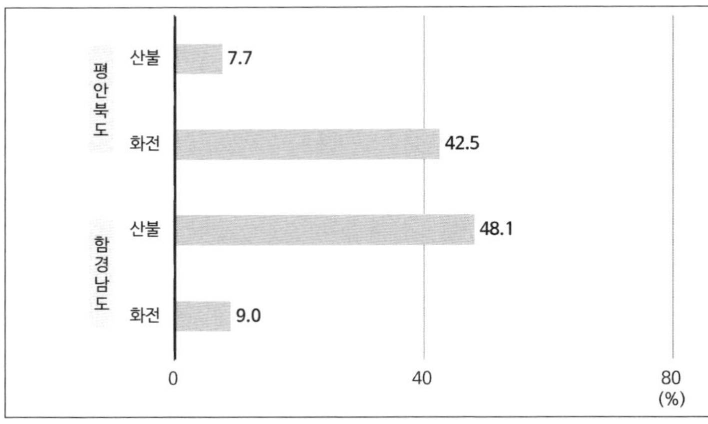

12. 다음 <표>는 '갑'국 위스키 시장 전체의 판매량과 위스키 업체 A, B, C의 판매량의 지역별 비율에 관한 자료이다. 이에 대한 <보기>의 설명 중 옳은 것만을 모두 고르면?

<표> 지역별 위스키 시장 현황

(단위: %)

지역 \ 구분	인구비율	위스키 판매량 비율	A업체 위스키 판매량 비율	B업체 위스키 판매량 비율
가	35	30	25	40
나	30	30	35	20
다	25	15	20	15
라	10	25	20	25
전체	100	100	100	100

※ 1) 위스키를 판매하는 업체는 A, B, C 뿐임.

2) 위스키 판매량 비율(%) $= \frac{\text{해당 지역 위스키 판매량}}{\text{전체 위스키 판매량}} \times 100$

3) 업체별 위스키 판매량 비율(%)

$= \frac{\text{업체별 해당 지역 위스키 판매량}}{\text{업체별 전체 위스키 판매량}} \times 100$

<보 기>

ㄱ. A업체와 B업체의 1인당 위스키 판매량이 가장 많은 지역은 동일하고, 해당지역의 위스키 판매량은 B업체가 A업체보다 더 많다.

ㄴ. C업체 위스키 판매량 비율은 '라'지역이 '다'지역보다 10 %p 이상 높다.

ㄷ. '라'지역 C업체 위스키 판매량 비율은 '다'지역 C업체 위스키 판매량 비율보다 10 %p 이상 크다.

① ㄱ
② ㄴ
③ ㄷ
④ ㄴ, ㄷ
⑤ ㄱ, ㄴ, ㄷ

13. 다음 <보고서>는 '갑' ~ '무'의 총소비지출 및 엥겔계수, 엔젤계수, 슈바베계수에 관한 자료이고, <표>와 <그림>은 A ~ E의 총소비지출 및 엥겔계수, 엔젤계수, 슈바베계수에 관한 자료이다. <보고서>의 내용을 근거로 판단할 때, A ~ E 중 '갑'에 해당하는 인원은?

<보고서>

'갑' ~ '무'의 총소비지출 및 엥겔계수, 엔젤계수, 슈바베계수에 관한 자료를 분석하였고, 그 결과 다음과 같은 사실을 확인하였다.

첫째, '을'은 교육비가 주거비보다 많고, 주거비가 식비보다 많다. 둘째, '갑'과 '정'은 교육비와 식비의 차이가 동일하다. 셋째, '병'과 '무'의 주거비 합은 300만 원 이하이다. 마지막 으로 A ~ E 의 총소비지출 합에서 '정'의 총소비지출이 차지하는 비중은 20 % 이상이다.

<표> A ~ E의 총소비지출

(단위: 만 원)

인원	A	B	C	D	E
총소비지출	1,200	1,000	2,000	1,500	1,800

<그림> A ~ E의 엥겔계수, 엔젤계수, 슈바베계수

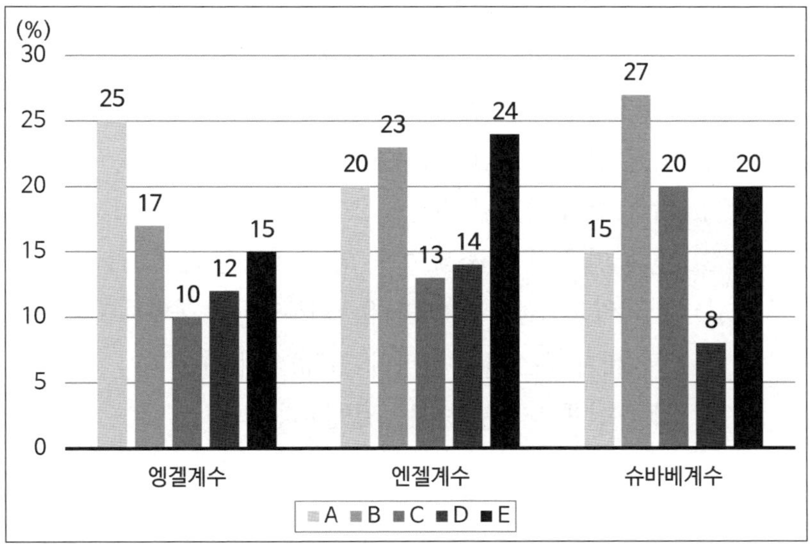

※ 1) 엥겔계수(%) = $\frac{\text{식비}}{\text{총소비지출}} \times 100$

2) 엔젤계수(%) = $\frac{\text{교육비}}{\text{총소비지출}} \times 100$

3) 슈바베계수(%) = $\frac{\text{주거비}}{\text{총소비지출}} \times 100$

① A
② B
③ C
④ D
⑤ E

14. 다음 <표>는 변호사 윤리장전 제90조(징계), 제109조(벌칙), 제117조(과태료) 위반사례 현황에 대한 자료이다. 이에 대한 <보기>의 설명 중 옳은 것만을 모두 고르면?

<표> 제90조(징계), 제109조(벌칙), 제117조(과태료) 위반사유별 위반사례

(단위: 건)

제90조(징계) 위반	사례 수
1호	10
2호	12
3호	5
4호	14
5호	8
제109조(벌칙) 위반	사례 수
1호	4
2호	7
3호	1
4호	1
제117조(과태료) 위반	사례 수
1호	6
2호	8
3호	2

※ 제90조, 제109조, 제117조 위반에 중복되어 해당할 수 있고, 각 호의 위반사유에 중복되어 해당할 수 있음.

<보 기>

ㄱ. 제90조를 위반한 사례 수의 최솟값은 14건이다.
ㄴ. 제90조와 제117조를 모두 위반한 사례 수는 최댓값은 16건이다.
ㄷ. 각 조 제1호를 위반한 사례는 모두 제2호를 위반하였다면, 제90조, 제109조, 제107조를 모두 위반한 사례 수의 최댓값은 10건이다.

① ㄱ
② ㄴ
③ ㄱ, ㄴ
④ ㄴ, ㄷ
⑤ ㄱ, ㄴ, ㄷ

15. 다음 <표>는 2012 ~ 2020년 A국 인구 만 명당 자동차 수 및 차종별 자동차 수에 관한 자료이다. 이에 대한 설명으로 옳은 것은?

<표> 연도별 인구 만 명당 자동차 수 및 차종별 자동차 수

구분 \ 연도	인구 만 명당 자동차 수(대)	차종별 자동차 수(만 대)				
		승용차	승합차	화물차	특수차	전체
2012	3,850	1,458	99	324	6	1,887
2013	3,950	1,508	97	329	7	1,941
2014	4,080	1,575	95	335	7	2,012
2015	4,250	1,656	92	343	8	2,099
2016	4,400	1,734	89	349	8	2,180
2017	4,530	1,804	87	354	8	2,253
2018	4,650	1,868	84	359	9	2,320
2019	4,730	1,918	81	359	9	2,367
2020	4,850	1,986	78	362	10	2,436

① 2013년 이후 인구가 5,000만 명 이상인 연도 수는 5,000만 명 미만인 연도 수에 비해 3배이다.
② 2012년과 2020년에는 전체 자동차 수에서 승합차 수와 화물차 수 합이 차지하는 비중은 매년 20% 이상이다.
③ 2016년 인구는 전년대비 감소하였다.
④ 2019년 승용차를 제외한 전체 자동차 수 대비 화물차 수 비율은 2017년에 비해 감소하였다.
⑤ 2020년 인구 만 명당 승용차 수는 3,500대 이하이다.

16. 다음 <그림>은 2015년 '갑'국 A, B, C 지역의 유소년 부양비, 유소년 비율 현황에 관한 자료이다. 이에 대한 설명으로 옳은 것은?

<그림> 지역별 유소년부양비, 유소년 비율

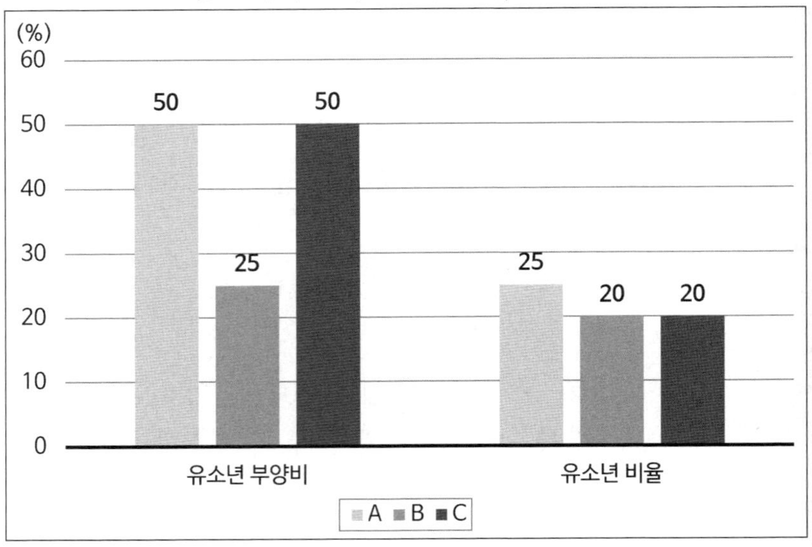

※ 1) (지역별)유소년 부양비(%) = $\frac{\text{(지역별)0 ~ 14세 인구}}{\text{(지역별)15 ~ 64세 인구}} \times 100$

2) (지역별)유소년 비율(%) = $\frac{\text{(지역별)0 ~ 14세 인구}}{\text{(지역별)전체 인구}} \times 100$

3) (지역별)노년 부양비(%) = $\frac{\text{(지역별)65세 이상 인구}}{\text{(지역별)15 ~ 64세 인구}} \times 100$

4) '갑'국은 A, B, C 지역으로만 이루어져 있고, A, B, C 지역의 전체 인구 비는 2:1:2임.

① 갑국 전체 유소년부양비는 40% 이하이다.
② 갑국 전체 유소년 비율은 23%이다.
③ 전체 인구 대비 65세 이상 인구 비율은 A, C, B 순으로 높다.
④ A 지역은 노년 부양비와 유소년부양비가 동일하고, C 지역은 노년 부양비가 유소년 부양비의 50% 이하이다.
⑤ 갑국 전체 노년부양비는 50%이다.

17. 다음 <표>는 2009 ~ 2018년 군인연금기금 운용 현황에 관한 자료이다. 이에 대한 <보기>의 설명 중 옳은 것만을 모두 고르면?

<표 1> 군인연금기금 수입액 현황

(단위: 억 원)

구분 / 연도	전체	기여금	국가부담금	국가보전금	기타
2009	19,710	3,127	7,124	9,409	50
2010	21,007	3,223	8,155	9,566	63
2011	23,545	3,447	7,773	12,266	59
2012	25,450	3,726	9,165	12,499	60
2013	27,117	4,482	8,888	13,692	55
2014	28,352	4,995	9,563	13,733	61
2015	28,556	5,151	9,896	13,431	78
2016	29,580	5,511	10,328	13,665	76
2017	31,011	5,878	10,389	14,657	87
2018	32,327	6,145	10,976	15,100	106

<표 2> 군인연금기금 지출액 현황

(단위: 억 원)

구분 / 연도	전체	연금	퇴직일시금	재해급여	퇴직수당	기타
2009	20,569	15,669	1,591	946	2,335	28
2010	22,068	16,955	1,621	987	2,462	43
2011	23,140	18,215	1,553	1,006	2,334	32
2012	24,741	19,619	1,693	1,040	2,380	9
2013	25,763	20,778	1,644	979	2,358	4
2014	26,923	21,786	1,624	1,052	2,457	4
2015	28,691	22,938	1,752	1,075	2,921	5
2016	29,566	23,967	1,959	1,071	2,566	3
2017	30,660	24,891	2,058	1,087	2,621	3
2018	32,207	26,210	2,087	1,107	2,800	3

<보 기>

ㄱ. 전체 수입액에서 국가부담금이 차지하는 비중의 전년대비 증가율은 2018년이 2017년에 비해 낮다.

ㄴ. 2010년 이후 기여금의 전년대비 증가율이 가장 높은 연도는 2013년이다.

ㄷ. 2018년 전체 지출액 중 기타 비중의 전년대비 감소율은 5% 미만이다.

ㄹ. 전체 수입액보다 전체 지출액이 많은 연도는 국가보전금이 1조 원 이하이다.

① ㄱ, ㄴ

② ㄱ, ㄷ

③ ㄴ, ㄷ

④ ㄴ, ㄹ

⑤ ㄷ, ㄹ

18. 다음 <그림>과 <표>는 세제 A ~ C 투입량에 따른 오염물질 세척률 및 세척률 상대지수에 관한 자료이다. 이에 대한 <보기>의 설명 중 옳은 것만을 모두 고르면?

<그림> 세제 A ~ C 투입량에 따른 오염물질 세척률

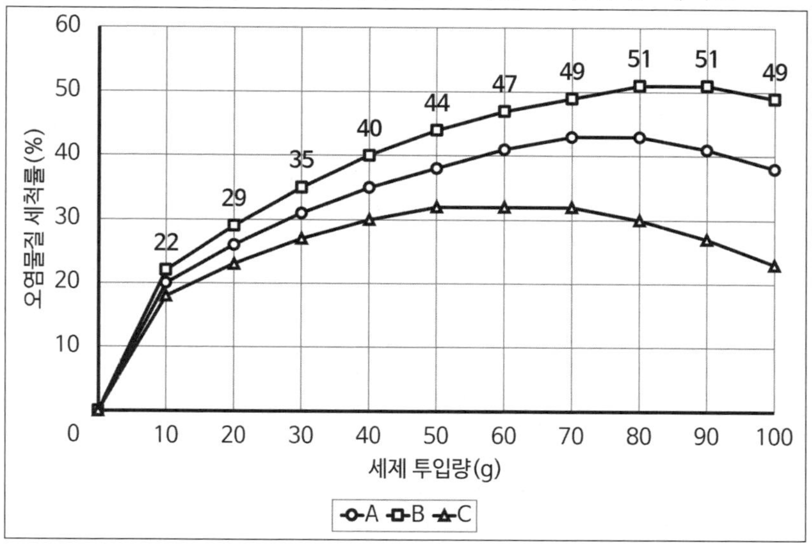

※ 세제는 혼합하여 투입하지 않으며, 측정은 모든 조건이 동일한 가운데 이루어짐.

<표> 세제 A ~ C 투입량에 따른 세척률 상대지수

세제 / 투입량	A	B	C
10 g	100.0	110.0	90.0
20 g	100.0	111.5	88.5
30 g	100.0	112.9	87.1
40 g	100.0	114.3	85.7
50 g	100.0	115.8	84.2
60 g	100.0	114.6	78.0
70 g	100.0	114.0	74.4
80 g	100.0	118.6	69.8
90 g	100.0	124.4	65.9
100 g	100.0	128.9	60.5

※ 세척률 상대지수는 투입량별 세제 A의 세척률을 100으로 볼 때, 세제 B, 세제 C의 상대적 비율임.

<보 기>

ㄱ. 세제 투입량이 40 g일 때, 오염물질 세척률은 A가 B의 85% 이하이고, C가 A의 85% 이상이다.

ㄴ. 세제 투입량이 20 g일 때 오염물질 세척률과 80 g일 때 오염물질 세척률의 차이값은 B, A, C 순으로 크다.

ㄷ. 세제 투입량이 80 g일 때, A와 C의 오염물질 세척률 차이값은 15 %p 이하이다.

ㄹ. 세제 투입량이 70 g일 때 B와 C의 오염물질 세척률 차이값 대비 세제 투입량이 30 g일 때 B와 C의 오염물질 세척률 차이값 비율은 60% 이하이다.

① ㄴ

② ㄱ, ㄷ

③ ㄴ, ㄷ

④ ㄱ, ㄴ, ㄹ

⑤ ㄴ, ㄷ, ㄹ

[19 ~ 20] 다음 <표>는 여름철, 겨울철 체감온도에 대한 자료이다. <표>를 보고 물음에 답하시오.

<표 1> 여름철 체감온도

(단위: ℃)

최고기온 \ 습도	45	50	55	60	65	70	75	80	85	90	95
28	28	29	30	31	32	33	34	35	36	37	38
30	30	31	32	33	34	35	36	38	39	41	43
32	32	33	35	36	38	40	42	44	47	49	51
34	36	38	40	42	44	47	49	51	52	54	55
36	38	40	43	46	48	51	54	58	60	61	62
38	40	43	46	48	51	54	57	60	62	64	65
40	42	47	52	56	60	62	64	65	66	67	68

※ <표 1>에서 습도의 단위는 %이고, 최고기온의 단위는 ℃임.

<표 2> 겨울철 체감온도

(단위: ℃)

최저기온 \ 풍속	2	4	6	8	10	12	14	16	18	20	22
10	10	6	4	2	0	−1	−2	−3	−4	−5	−6
5	5	0	−3	−5	−7	−8	−9	−10	−11	−12	−13
0	0	−5	−9	−12	−14	−16	−17	−19	−20	−21	−22
−5	−5	−11	−15	−19	−21	−23	−24	−25	−27	−28	−29
−10	−10	−17	−22	−25	−28	−31	−32	−33	−35	−36	−38
−15	−15	−23	−28	−32	−35	−38	−39	−40	−43	−44	−46
−20	−20	−29	−35	−39	−43	−45	−48	−49	−51	−52	−54

※ <표 2>에서 풍속의 단위는 m/s 이고, 최저기온의 단위는 ℃임.

<표 3> 국가별 여름철 최고기온, 겨울철 최저기온 및 체감온도

(단위: ℃)

구분 \ 국가		A	B	C	D	E	F	G	H
여름철	최고기온	38	28	32	34	40	40	28	36
	체감온도	51	35	35	54	64	42	29	51
겨울철	최저기온	−15	−20	0	−10	5	−20	10	−5
	체감온도	−40	−43	−9	−35	−9	−54	6	−19

19. 위 <표>에 근거하여 작성한 그래프로 옳은 것은?

①
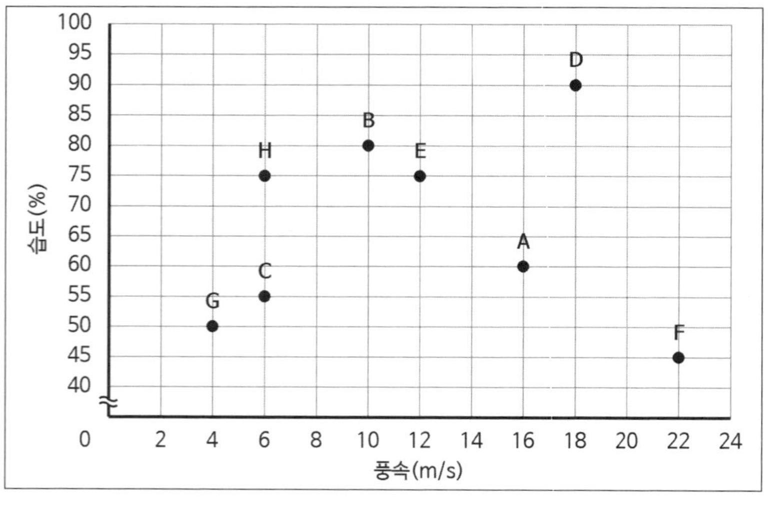

②
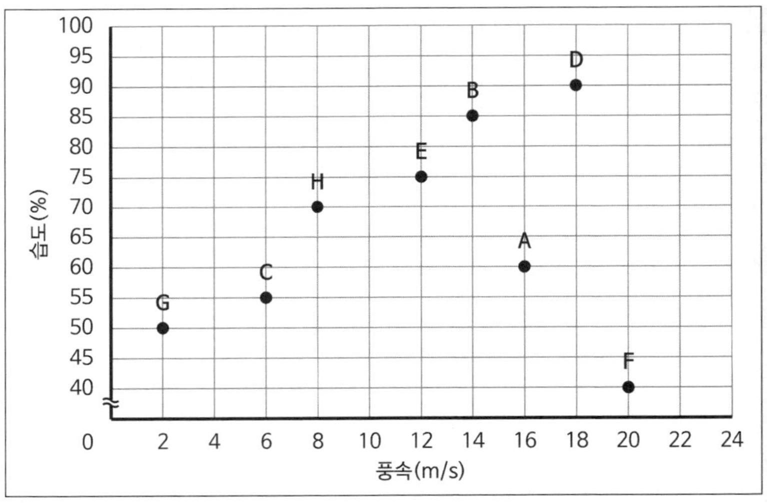

③
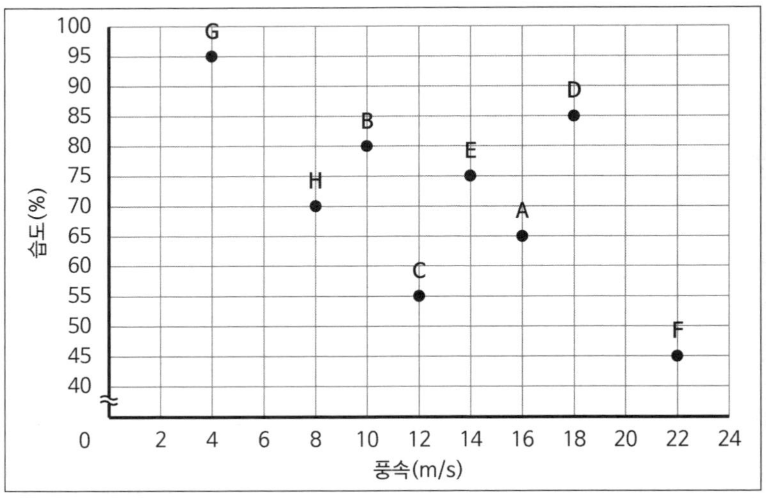

④
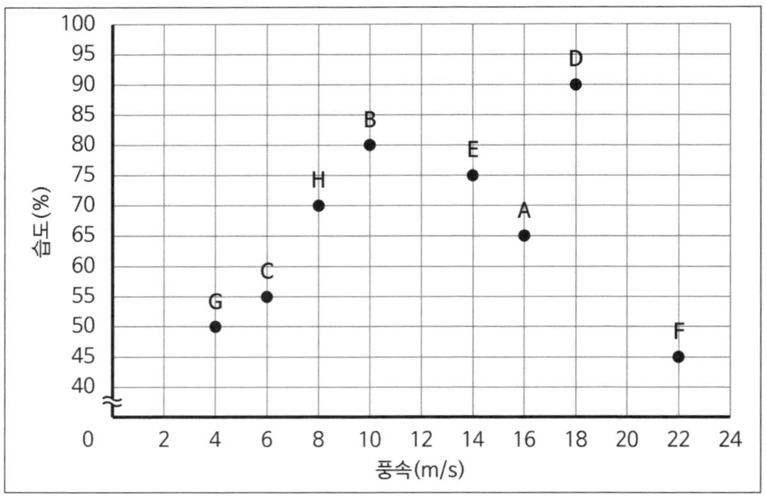

⑤
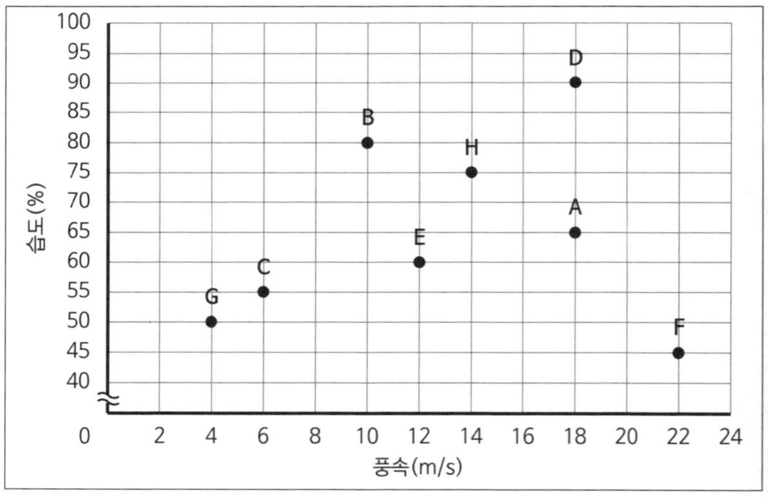

20. 위 <표>에 근거하여 A ~ H국 중 현재에 비해 습도가 5%p 증가할 때, 여름철 체감온도의 증가폭이 1℃ 이하이면서 현재에 비해 풍속이 2 m/s 감소할 때, 겨울철 체감온도의 증가폭이 2℃ 이하인 국가 수는?

① 1개국
② 2개국
③ 3개국
④ 4개국
⑤ 5개국

21. 다음 <표>는 2017 ~ 2021년 중앙행정기관 소관 위원회와 지방자치단체 소관 위원회의 여성 위원 현황에 관한 자료이다. 이에 대한 <보기>의 설명 중 옳은 것만을 모두 고르면?

<표 1> 중앙행정기관 소관 위원회 여성 위원 현황

(단위: 개, 명, %)

구분 \ 연도	2017	2018	2019	2020	2021
위원회 수	436	503	516	536	565
총 위원수	( )	( )	( )	( )	( )
여성 위원수	3,028	3,548	3,522	3,607	3,765
여성비율	38.3	39.2	40.5	39.5	39.8

※ 1) 총 위원수 = 남성위원 수 + 여성위원 수

2) $\text{여성비율(\%)} = \frac{\text{여성위원 수}}{\text{남성위원 수} + \text{여성위원 수}} \times 100$

<표 2> 지방자치단체 소관 위원회 여성 위원 현황

(단위: 개, 명, %)

구분 \ 연도	2017	2018	2019	2020	2021
위원회 수	17,515	16,319	17,746	18,589	19,340
총 위원수	175,895	168,611	182,800	193,831	201,243
여성 위원수	59,514	64,097	71,971	77,290	81,245
여성비율	( )	38.0	39.4	39.9	40.4

<보 기>

ㄱ. 2018년 이후 중앙행정기관 소관 위원회에서 남성 위원 대비 여성 위원 비율이 가장 높은 연도에는 남성 위원이 5,500명 이하이다.

ㄴ. 2021년 중앙행정기관 소관 위원회 수 1개당 총 위원수는 2017년에 비해 증가하였다.

ㄷ. 지방자치단체 소관 위원회에서 남성 위원이 가장 많은 연도에는 남성 위원이 여성 위원에 비해 1.5배 이상이다.

ㄹ. 중앙행정기관 소관 위원회와 지방자치단체 소관 위원회 여성비율의 차이가 가장 큰 해에는 중앙행정기관 소관 위원회 수 1개당 지방자치단체 소관 위원회 수가 가장 많다.

① ㄱ, ㄴ
② ㄱ, ㄷ
③ ㄱ, ㄹ
④ ㄴ, ㄹ
⑤ ㄷ, ㄹ

22. 다음 <표>는 2017 ~ 2021년 재범률 현황에 관한 자료이다. 이에 대한 <보기>의 설명 중 옳은 것만을 모두 고르면?

<표> 연도별 재범률

(단위: 명, %)

구분 \ 연도	2017	2018	2019	2020	2021
4년 전 출소자수	22,121	22,484	24,356	27,917	30,702
4년 전 출소자 중 1년 이내 재복역자수	( )	( )	( )	( )	( )
1년 재범률	7.8	8.3	7.8	7.2	6.8
4년 전 출소자 중 2년 이내 재복역자수	( )	( )	( )	( )	( )
2년 재범률	18.4	19.2	19.3	18.2	17.8
4년 전 출소자 중 3년 이내 재복역자수	( )	( )	( )	( )	( )
3년 재범률	24.7	25.7	26.6	25.2	24.6

※ 1) (당해연도)n 년 재범률(%)

$= \frac{\text{4년 전 출소자 중 n년 이내 재복역자수}}{\text{4년 전 출소자수}} \times 100$

2) n 은 1, 2, 3뿐이다.

<보 기>

ㄱ. 4년 전 출소자 중 1년 이내 재복역자수와 2년 이내 재복역자수의 차이가 가장 큰 해에 1년 재범률과 2년 재범률의 차이도 가장 크다.

ㄴ. 2020년과 2021년 평균 1년 재범률은 7.0 % 이하이다.

ㄷ. 4년 전 출소자 중 3년 이내 재복역자수가 가장 많은 해에 3년 재범률도 가장 높다.

ㄹ. 2017년 4년 전 출소자 중 3년 이내 재복역자수는 6,000명 이하이다.

① ㄱ, ㄴ
② ㄱ, ㄹ
③ ㄴ, ㄹ
④ ㄱ, ㄴ, ㄷ
⑤ ㄴ, ㄷ, ㄹ

23. 다음 <표>는 2012 ~ 2021년 한국 실질순자산, 명목순자산 및 OECD 주요 6개 국가별 실질순자산비율에 관한 자료이다. 이에 대한 <보기>의 설명 중 옳은 것만을 모두 고르면?

<표 1> 실질순자산 및 명목순자산

(단위: 만 원)

구분 \ 연도	실질 순자산	명목순자산						
			명목자산			명목부채		
				금융 자산	실물 자산		금융 부채	임대 보증금
2012	29,271	26,874	32,324	7,802	24,522	5,450	3,684	1,766
2013	28,847	26,831	32,689	8,457	24,232	5,858	3,974	1,884
2014	29,182	27,488	33,539	8,646	24,893	6,051	4,118	1,933
2015	29,969	28,429	34,686	8,914	25,772	6,257	4,361	1,896
2016	31,235	29,918	36,637	9,279	27,358	6,719	4,721	1,998
2017	32,333	31,573	38,672	9,722	28,950	7,099	5,041	2,058
2018	34,685	34,367	42,035	10,346	31,689	7,668	5,539	2,129
2019	35,470	35,281	43,191	10,570	32,621	7,910	5,755	2,155
2020	36,287	36,286	44,543	10,504	34,039	8,257	6,050	2,207
2021	40,441	41,452	50,253	11,319	38,934	8,801	6,518	2,283

※ 명목순자산 = 명목자산 − 명목부채

<표 2> 주요 6개국 국가별 실질순자산비율

(단위: %)

국가 \ 연도	한국	호주	독일	영국	미국	일본
2012	313	318	423	441	499	552
2013	322	352	436	436	513	571
2014	325	362	451	430	575	584
2015	335	378	461	464	587	612
2016	338	397	467	439	577	602
2017	346	423	469	469	592	606
2018	362	433	477	470	617	620
2019	358	424	475	441	584	610
2020	373	455	498	452	636	591
2021	350	460	519	489	602	608

※ 실질순자산비율(%) = $\frac{\text{실질순자산}}{\text{처분가능소득}} \times 100$

<보 기>

ㄱ. 2012 ~ 2020년 동안 한국의 명목순자산은 실질순자산보다 매년 낮다.

ㄴ. 한국의 명목자산 중 금융자산 비중은 매년 20% 이상이다.

ㄷ. 한국의 처분가능소득이 가장 높은 연도에 미국의 처분가능소득은 실질순자산의 15% 이상이다.

ㄹ. 독일은 실질순자산 대비 처분가능소득 비율이 매년 20% 이상이다.

① ㄱ, ㄴ ② ㄱ, ㄷ

③ ㄴ, ㄹ ④ ㄱ, ㄴ, ㄷ

⑤ ㄴ, ㄷ, ㄹ

24. 다음 <표>와 <그림>은 2021년 갑회사 개발팀 A ~ D의 분기별 매출액과 분기별 매출액에서 개발팀 A ~ D의 매출액이 차지하는 비중에 대한 자료이다. 이에 근거하여 2021년 연간 매출액이 C, B, D, A 순으로 많다고 할 때, 2021년 2분기 개발팀 A ~ D의 전체 매출액으로 올바른 것은?

<표> 분기별 갑회사 개발팀 A ~ D의 전체 매출액

(단위: 억 원)

1분기	2분기	3분기	4분기
50	( )	150	200

<그림> 분기별 매출액의 개발팀별 비중

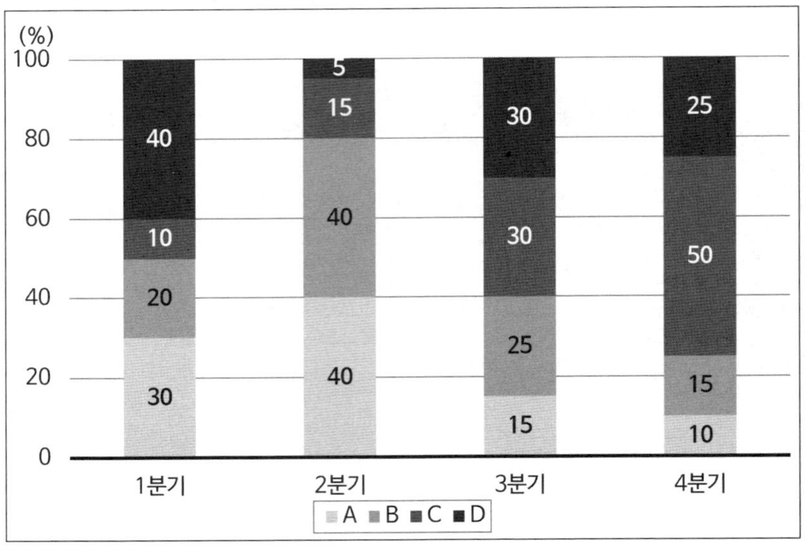

① 50억 원

② 100억 원

③ 150억 원

④ 200억 원

⑤ 250억 원

25. 다음 <표>는 2022년 '갑'사 사원(A ~ J)에 대한 평가 및 성과급 자료이다. 이 <표>와 <평가점수와 성과급 결정방식>에 근거한 설명으로 옳은 것은?

<표> '갑'사 사원 평가 및 성과급 자료

(단위 : 점, 만 원)

사원 \ 구분	상관 평가	고객 평가	동료 평가	2021년 성과급	2022년 성과급
A	8	5	6	100	110
B	7	6	3	140	147
C	6	( )	5	80	84
D	4	6	7	100	( )
E	9	6	6	60	( )
F	5	5	6	120	126
G	3	6	3	100	( )
H	6	( )	4	120	122.4
I	4	5	5	60	( )
J	8	9	( )	90	94.5

※ 평가별 점수는 10점이 만점임.

<평가점수와 성과급의 결정방식>

○ 사원 평가점수
= 상관평가 점수 + 고객평가 점수 × 2 + 동료평가 점수 × 3

○ 평가점수 및 2022년 성과급(단, A ~ J 중 상관평가 점수가 가장 높은 사원은 아래 표의 성과급과 별개로 2021년 성과급의 5 %를 추가로 지급한다)

평가점수	성과급
35점 이상	2021년 성과급의 110 %
25점 이상 35점 미만	2021년 성과급의 105 %
25점 미만	2021년 성과급의 102 %

① C의 고객평가 점수와 H의 고객평가 점수의 합은 최대 8점이다.
② 상관평가 점수 하위 3명의 2022년 성과급 합은 278만 원이다.
③ E의 상관평가 점수가 2점, 동료평가 점수가 1점 현재에 비해 감소한다면, 2022년 성과급은 현재에 비해 6만 원 감소한다.
④ B는 고객평가 점수가 만점으로 변경되더라도 2022년 성과급에 변화가 없다.
⑤ F의 상관평가 점수가 5점 상승한다면, 2022년 성과급의 전년 대비 증가폭은 12만 원이다.

26. 다음 <표>는 2016 ~ 2021년 국민권익위원회 이의신청 및 처리 결과에 관한 자료이다. 이에 대한 <보기>의 설명 중 옳은 것만을 모두 고르면?

<표> 국민권익위원회 연도별 이의신청 건수 및 처리결과

(단위: 건)

구분 \ 연도		2016	2017	2018	2019	2020	2021
이의신청	이월	15	( )	( )	( )	( )	( )
	신규	72	77	62	83	75	85
	합계	87	94	81	92	79	99
처리결과	기각	15	13	14	18	11	15
	각하	12	11	13	12	10	16
	일부인용	20	26	28	31	19	22
	인용	22	21	15	24	23	21
	취하	1	( )	2	3	2	( )
	합계	70	75	72	88	65	79

※ 1) 당해년도 말 기준으로 작성된 자료임.
2) (당해년도)이의신청 이월 건수 = (직전년도)이의신청 건수 합계 − (직전년도)처리결과 건수 합계
3) 인용률(%) = $\frac{\text{일부인용} + \text{인용}}{\text{기각} + \text{각하} + \text{일부인용} + \text{인용}} \times 100$

<보 기>

ㄱ. 2016 ~ 2022년 동안 이의신청 이월 건수가 두 번째로 높은 연도는 2018년이다.
ㄴ. 2016 ~ 2021년 동안 인용률은 매년 60 % 이상이다.
ㄷ. 2016 ~ 2021년 동안 취하 건수가 가장 높은 연도에 처리결과 건수 합계 대비 취하 건수 비율이 6 % 이상이다.
ㄹ. 2016년 처리결과 건수 합계의 전년대비 증가율이 40 %라면, 2016년 이의신청 건수 합계의 전년대비 증가율은 30% 미만이다.

① ㄱ, ㄴ
② ㄱ, ㄷ
③ ㄴ, ㄷ
④ ㄱ, ㄴ, ㄹ
⑤ ㄴ, ㄷ, ㄹ

27. 다음 <그림>은 2018 ~ 2021년 어린이집 보육아동 수의 설립유형별 비중 및 민간 어린이집의 보육아동 수 및 어린이집 수에 관한 자료이다. 이에 대한 설명으로 옳지 않은 것은?

<그림 1> 어린이집 보육아동 수의 설립유형별 비중

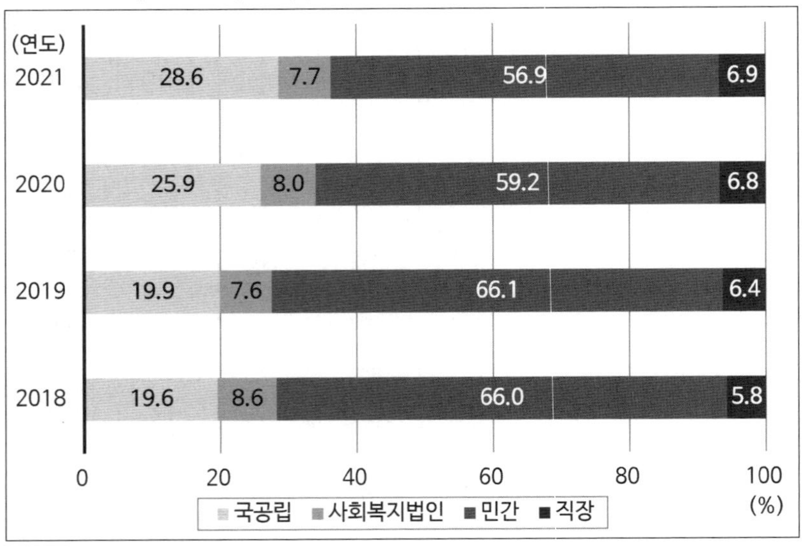

※ 전체 어린이집의 설립유형은 국공립, 사회복지법인, 민간, 직장뿐임.

<그림 2> 민간 어린이집의 보육아동 수 및 어린이집 수

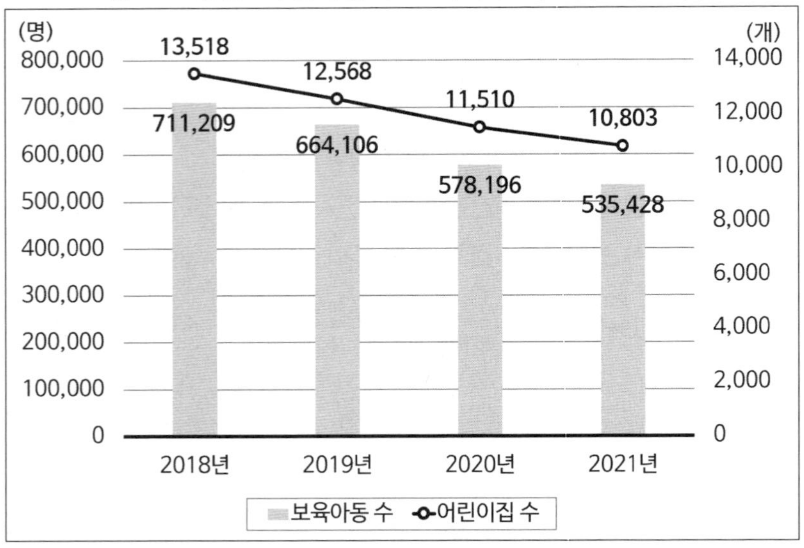

① 2020년 민간 어린이집 1개당 보육아동 수는 전년대비 감소한다.

② 2019년 사회복지법인 어린이집의 보육아동 수는 75,000명 이상이다.

③ 어린이집 보육아동 수의 설립유형별 비중의 순위는 매년 동일하다.

④ 만약 2022년 민간 어린이집 수의 전년대비 감소율이 2021년과 동일하다면, 2022년 민간 어린이집 수는 10,000개 이상이다.

⑤ 국공립 어린이집 보육아동 수는 매년 증가한다.

28. 다음 <표>는 A실험 참가자의 운동빈도별 · 체질량지수별 참가 비율에 관한 자료이다. 이에 대한 <보기>의 설명 중 옳은 것만을 모두 고르면?

<표> A실험 참가자의 운동빈도별 · 체질량지수별 참가 비율

(단위 : 명, %)

체질량지수 \ 성별		남성			여성		
	운동빈도 / 구분	주 2회 이하	주 3회	주 4회 이상	주 2회 이하	주 3회	주 4회 이상
$25\,kg/m^2$ 이상	인원	120	( )	( )	100	( )	( )
	비율	6	4	3	8	( )	2
$23\,kg/m^2$ 이상 $25\,kg/m^2$ 미만	인원	( )	( )	( )	( )	( )	( )
	비율	16	27	8	6	20	12
$23\,kg/m^2$ 미만	인원	( )	( )	180	( )	( )	( )
	비율	15	12	( )	40	4	6

※ 비율(%)은 운동빈도 및 체질량지수에 따른 남(여)성 참가자 수를 전체 남(여)성 참가자 수로 나눈 값에 100을 곱한 것임. 예를 들어, 남성 참가자 중 운동 빈도가 주 2회 이하이면서 체질량 지수가 $25\,kg/m^2$ 이상인 비율은 6%임.

<보 기>

ㄱ. 체질량지수가 $23\,kg/m^2$ 이상 $25\,kg/m^2$ 미만인 남성은 운동빈도가 주 3회인 참가자 수가 운동빈도가 주 2회 이하인 참가자 수에 비해 250명 이상 더 많다.

ㄴ. 남성 참가자 중 운동빈도가 주 4회 이상이면서 체질량지수가 $23\,kg/m^2$ 미만인 비율은 여성 참가자 중 운동빈도가 주 3회이면서 체질량지수가 $25\,kg/m^2$ 이상인 비율에 비해 4배 이상이다.

ㄷ. 체질량지수가 $23\,kg/m^2$ 이상 $25\,kg/m^2$ 미만인 남성 참가자 수는 체질량지수가 $25\,kg/m^2$ 이상인 남성 참가자 수의 4배보다 적고, 체질량지수가 $23\,kg/m^2$ 이상 $25\,kg/m^2$ 미만인 여성 참가자 수는 체질량지수가 $25\,kg/m^2$ 이상인 여성 참가자 수의 3배보다 적다.

ㄹ. 남성 참가자 수 대비 여성 참가자 수 비율은 62.5% 이상이다.

① ㄱ, ㄷ

② ㄴ, ㄹ

③ ㄱ, ㄴ, ㄷ

④ ㄱ, ㄴ, ㄹ

⑤ ㄴ, ㄷ, ㄹ

29. 다음 <표>는 2013 ~ 2022년 '갑'국과 '을'국 무역항 항만 시설확보율에 관한 자료이다. 제시된 <표> 이외에 <보고서>를 작성하기 위해 추가로 이용한 자료만을 <보기>에서 모두 고르면?

<표> 국가별 무역항 항만 시설확보율

(단위: 백만 톤, %)

연도 \ 구분·국가	시설소요		시설확보율	
	갑	을	갑	을
2013	769	545	97.8	71.7
2014	800	576	85.0	79.2
2015	826	602	96.1	94.7
2016	849	625	96.8	95.7
2017	905	681	99.0	98.7
2018	908	684	99.6	99.4
2019	927	703	106.7	108.8
2020	1,002	778	101.6	102.1
2021	1,041	817	98.0	97.4
2022	1,067	843	97.8	97.2

※ $(당해년도)시설확보율(\%) = \frac{(직전년도)하역능력}{(당해년도)시설소요} \times 100$

<보고서>

2013 ~ 2022년 동안 '갑'국 시설소요는 매년 증가하였고, 시설확보율은 증가하는 연도 수가 감소하는 연도 수에 비해 1번 더 많았다. 하역능력은 2014 ~ 2021년 동안 전년대비 매년 증가하였는데, 2013년에는 전년대비 감소하였다.

2013 ~ 2022년 동안 '갑'국과 '을'국 시설확보율 차이는 2013년과 2014년을 제외하면, 매년 5%p 미만으로 큰 차이가 나지 않는다. 2023년 '을'국 시설확보율의 전년대비 증가폭은 2%p 이다.

<보 기>

ㄱ. 2012 ~ 2021년 국가별 하역능력
ㄴ. 2012 ~ 2022년 국가별 시설소요
ㄷ. 2012 ~ 2022년 국가별 시설확보율
ㄹ. 2021 ~ 2022년 '을'국 하역능력
ㅁ. 2023년 '을'국 시설소요

① ㄱ, ㄹ
② ㄴ, ㄷ
③ ㄹ, ㅁ
④ ㄱ, ㄹ, ㅁ
⑤ ㄷ, ㄹ, ㅁ

30. 다음 <표>는 주요국 분야별 기술수준 지수에 관한 자료이다. 이와 <조건>에 근거하여 A, C, E에 해당하는 국가를 바르게 나열한 것은?

<표> 주요국 분야별 기술수준 지수

국가 \ 분야	시스템	인공지능	신소재	에너지	전자
A	75.5	75.4	73.5	67.1	70.4
미국	100.0	98.4	100.0	96.3	100.0
B	96.2	95.5	92.2	91.8	87.2
C	85.6	91.2	84.5	84.3	80.3
네덜란드	94.1	100.0	82.3	93.0	85.8
독일	93.8	96.3	88.0	100.0	86.4
D	84.0	83.2	82.6	76.7	82.2
E	63.5	63.7	69.7	65.2	63.4

※ 1) 분야별로 최우수국의 기술수준을 100으로 놓고 산출한 지수임.
2) 서로 다른 분야의 최우수국 기술수준은 모두 상이함.

<조 건>

○ 기술수준은 모든 분야에서 호주가 한국보다 낮다.
○ 모든 분야에서 한국의 기술수준은 독일의 90%보다 낮다.
○ 기술수준 지수를 분야별로 높은 순으로 나열할 때, 한국과 중국은 그 순서가 동일하다.
○ 시스템 분야 기술수준은 일본이 프랑스에 비해 10% 이상 더 높다.

	A	C	E
①	한국	프랑스	일본
②	한국	일본	호주
③	중국	프랑스	한국
④	프랑스	일본	호주
⑤	한국	프랑스	호주

31. 다음 <표>는 2023년 청년추가고용장려금 현황에 관한 자료이다. 이를 이용하여 작성한 <보기>의 자료 중 옳은 것만을 고르면?

<표> 2023년 월별 청년추가고용장려금 지원 현황

(단위: 개소, 명, 십억 원)

월 \ 구분	누적 사업장수	누적 지원인원	누적 지원액
1	8,025	11,100	89
2	12,436	34,190	217
3	15,632	51,988	355
4	18,090	67,091	453
5	20,365	78,533	599
6	22,499	91,639	742
7	28,401	121,154	858
8	32,812	144,244	986
9	36,008	162,042	1,124
10	38,466	177,145	1,222
11	40,741	188,587	1,368
12	42,875	201,693	1,511

※ 1) 누적 집행률(%) = $\frac{\text{누적 지원액}}{\text{총예산}} \times 100$

2) 2023년 총예산은 1.9조 원임.

3) 청년추가고용장려금 지원은 2023년 1월부터 시작되었으며, <표>의 월별 누적 수치는 해당 월 신규 사업장수, 신규 지원인원, 신규지원액을 반영하여 월말에 집계함.

<보 기>

ㄱ. 3 ~ 11월 누적 사업장 수 및 누적 지원인원

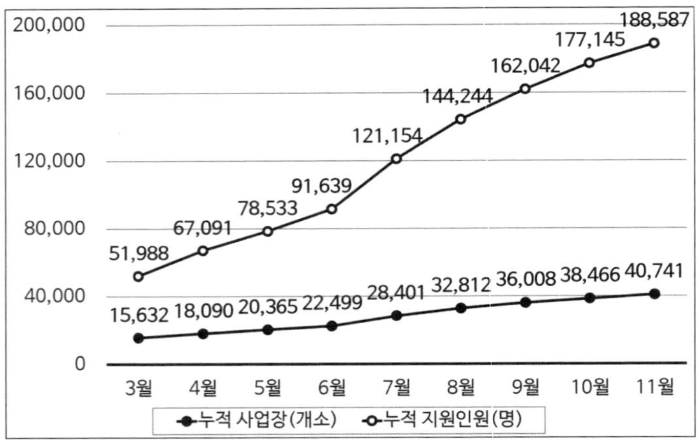

ㄴ. 월별 신규지원액 비중

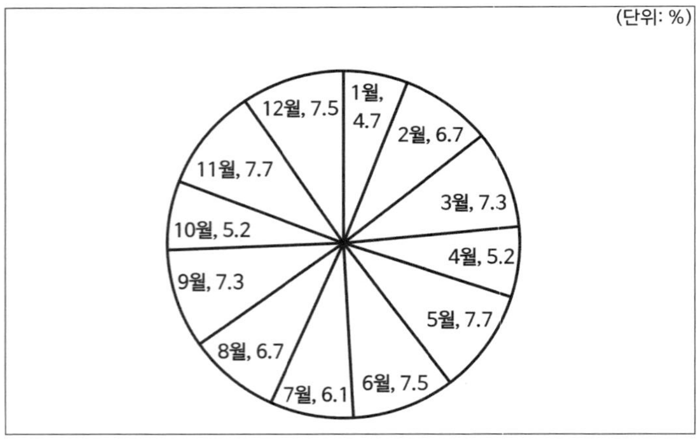

ㄷ. 4월, 8월, 12월 신규 집행률 및 누적 집행률

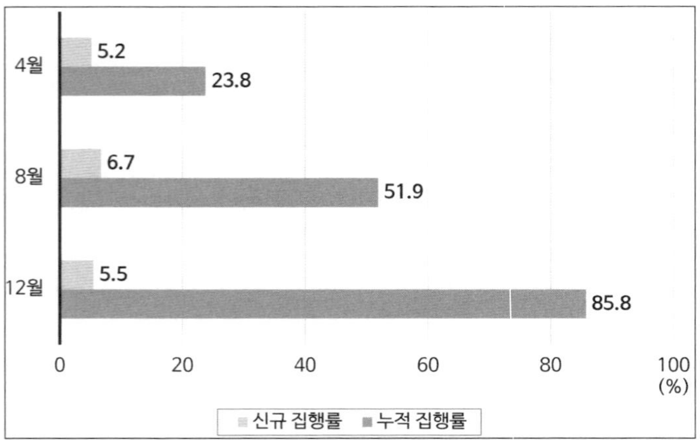

ㄹ. 2023년 하반기 신규 사업장 1개소당 신규 지원인원

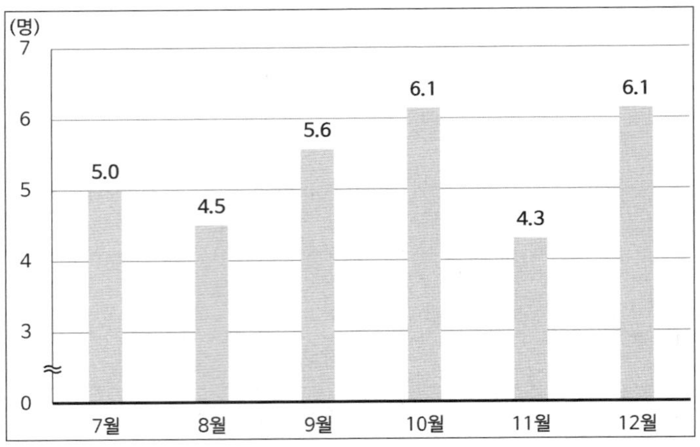

① ㄱ
② ㄱ, ㄴ
③ ㄱ, ㄷ
④ ㄱ, ㄴ, ㄹ
⑤ ㄴ, ㄷ, ㄹ

32. 다음 <표>와 <그림>은 학생 180명을 대상으로 실시한 8문제의 퀴즈 결과에 관한 자료이다. 문제별로 오답 선택지를 선택한 학생 수를 모두 합하면?

<표> 문제별 선택지 선택 분포

(단위: 명)

문제 \ 선택지	①	②	③	④	⑤
1번	51	41	28	27	33
2번	42	31	33	56	18
3번	72	32	29	23	24
4번	22	23	51	55	29
5번	29	45	42	41	23
6번	35	46	40	47	12
7번	44	55	38	32	11
8번	39	31	34	46	30

※ 모든 학생은 문제당 하나의 선택지만 선택함.

<그림> 문제별 정답률

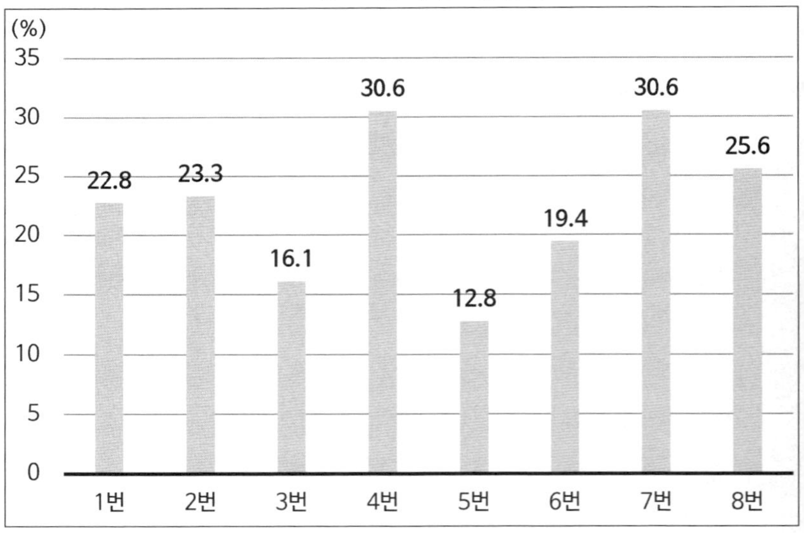

※ 정답률(%) = $\frac{\text{정답 선택자 수}}{180\text{명}} \times 100$

① 1,114명
② 1,116명
③ 1,118명
④ 1,120명
⑤ 1,122명

33. 다음 <표>는 2015 ~ 2019년 국가별 조세부담률 및 2018년과 2019년 국가별·세목별 GDP 대비 세수 비중에 관한 자료이고, <보고서>는 '갑'국의 조세부담률 및 GDP 대비 세수 비중을 분석한 자료이다. 이를 근거로 판단할 때, A ~ E 중 '갑'국에 해당하는 국가는?

<표 1> 2015 ~ 2019년 국가별 조세부담률

(단위: %)

연도 \ 국가	A	B	C	D	E
2015	17.4	20.0	18.3	23.2	25.9
2016	18.3	20.0	18.1	23.5	29.6
2017	16.9	19.3	16.4	21.5	26.6
2018	19.9	18.8	18.9	24.0	26.6
2019	19.9	20.9	18.5	24.0	26.3

<표 2> 2018년과 2019년 국가별·세목별 GDP 대비 세수 비중

(단위: %)

구분	연도 \ 국가	A	B	C	D	E
소득세	2018	4.9	8.8	6.0	10.5	9.0
	2019	4.8	10.3	5.9	10.6	9.0
법인세	2018	4.2	1.0	4.1	2.1	2.6
	2019	4.3	1.3	3.8	2.0	2.3
사회보장기여금	2018	6.8	6.1	12.7	14.5	6.3
	2019	7.3	6.1	12.9	14.6	6.5
부가가치세	2018	4.1	0.0	4.0	7.0	7.0
	2019	4.3	0.0	4.1	7.0	7.0
재산세	2018	3.1	2.9	2.6	1.1	4.1
	2019	3.1	2.9	2.6	1.1	4.1

<보고서>

2015 ~ 2019년 '갑'국의 조세부담률 및 2018년과 2019년 '갑'국의 세목별 GDP 대비 세수 비중을 분석하였고, 그 결과 다음과 같은 사실을 확인하였다.

첫째, 2016 ~ 2019년 동안 조세부담률이 전년에 비해 변화가 없는 해가 존재한다. 둘째, 2019년 GDP 대비 사회보장기여금 비중의 전년대비 증가율은 5% 미만이다. 셋째, 2017년 조세부담률의 전년대비 감소율은 10% 미만이다. 마지막으로 2018년 GDP가 소득세의 11배 이상이다.

① A
② B
③ C
④ D
⑤ E

34. 다음 <그림>은 2012 ~ 2021년 계절별 강수량에 관한 자료이다. 이에 대한 설명으로 옳지 않은 것은?

<그림 1> 계절별 강수량

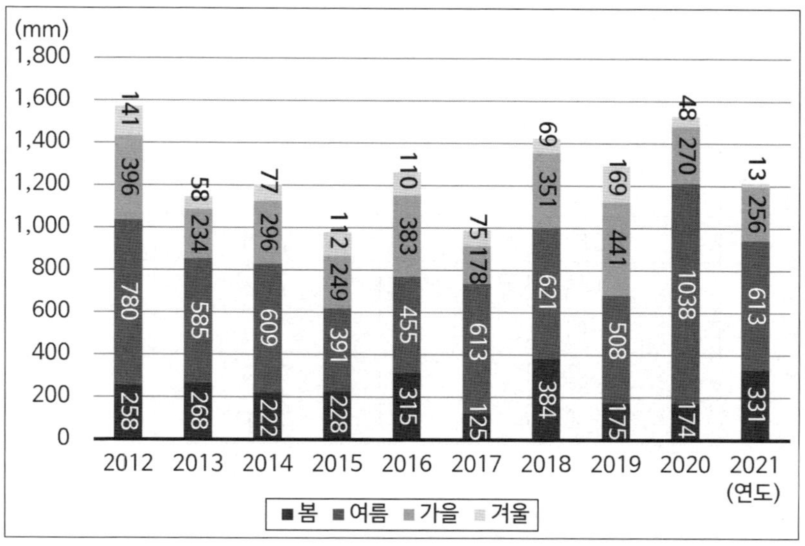

<그림 2> 2020년과 2021년 계절별 강수량 비중

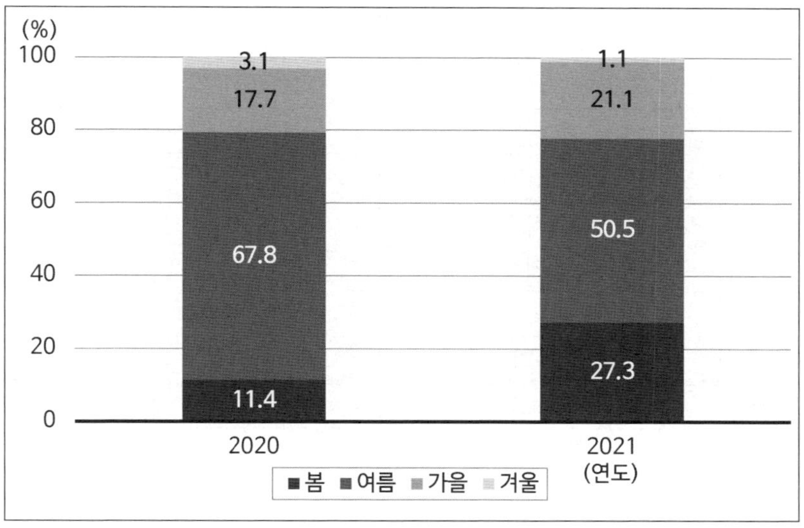

① 계절별 강수량 합이 가장 높은 연도에 여름 강수량은 1,000 mm 이하이다.
② 2018년 봄 강수량 비중은 2017년에 비해 20 %p 이상 증가한다.
③ 2020년 가을 강수량 비중은 전년 대비 감소하였고, 2021년 가을 강수량 비중은 전년 대비 증가하였다.
④ 2020년 여름 강수량은 봄, 가을, 겨울 강수량 합에 비해 2배 이상이다.
⑤ 2012 ~ 2018년 동안 계절별 강수량 합계의 증감방향과 가을 강수량의 증감방향은 매년 동일하다.

35. 다음 <표>와 <그림>은 OECD 주요 19개국 성별 기대수명에 관한 자료이다. 이에 대한 설명으로 옳은 것은?

<표> OECD 주요 19개국 성별 기대수명

(단위: 세)

성 / 국가	남성	여성
네덜란드	78.5	82.7
노르웨이	78.7	83.2
뉴질랜드	78.8	82.7
대한민국	77.2	84.1
덴마크	76.9	81.1
독일	77.8	82.8
룩셈부르크	78.1	83.3
멕시코	(　　)	77.8
미국	75.7	80.6
벨기에	77.3	82.8
스웨덴	79.5	83.5
스위스	79.9	84.6
스페인	78.6	84.9
영국	78.3	82.5
오스트리아	77.6	83.2
이스라엘	79.7	83.5
이탈리아	79.1	84.5
일본	79.6	86.4
캐나다	78.3	83.0
평균값	78.0	83.0
중앙값	78.3	83.2

<그림> OECD 주요 19개국 성별 기대수명

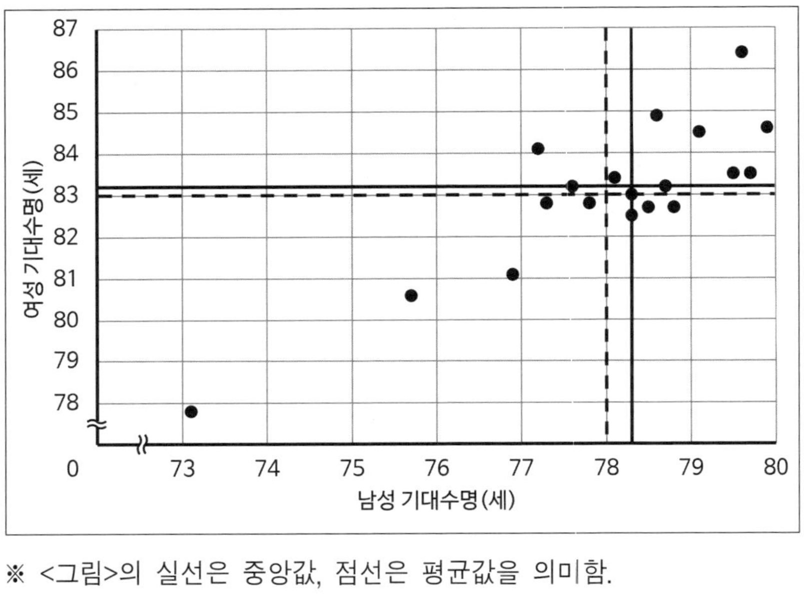

※ <그림>의 실선은 중앙값, 점선은 평균값을 의미함.

① 여성 기대수명이 중앙값에 해당하는 국가의 남성 기대수명은 남성 기대수명 평균값보다 높다.

② 남성 기대수명이 중앙값에 해당하는 국가의 여성 기대수명은 여성 기대수명 평균값보다 낮다.

③ 남성 기대수명이 평균값보다 큰 국가 수는 여성 기대수명이 평균값보다 큰 국가 수보다 더 적다.

④ 기대수명이 남성은 평균값보다 낮고 여성은 중앙값보다 높은 국가는 대한민국 뿐이다.

⑤ 멕시코는 남성 기대수명과 여성 기대수명의 차이가 5세 이상이다.

36. 다음 <표>는 2016 ~ 2018년 지역공정거래사무소 사건 접수 및 처리 현황에 관한 자료이다. 이에 대한 설명 중 옳지 않은 것은?

<표 1> 지역공정거래사무소 사건 접수 및 처리 현황

(단위: 건)

구분	2016년				2017년				2018년			
	접수			처리	접수			처리	접수			처리
	신고	직권	계		신고	직권	계		신고	직권	계	
서울	643	7	650	730	626	11	637	584	624	10	634	719
부산	286	114	400	388	284	86	370	279	246	70	316	295
광주	225	100	325	314	154	83	237	250	227	129	356	360
대전	113	79	192	240	129	89	218	193	168	95	263	267
대구	140	97	237	208	138	74	212	194	108	109	217	237
전체	1,407	397	1,804	1,880	1,331	343	1,674	1,500	1,373	413	1,786	1,878

※ 처리율(%) $= \frac{\text{처리 건수}}{\text{접수 건수}} \times 100$

<표 2> 지역공정거래사무소 조치유형별 처리 현황

(단위: 건)

구분	2016년			2017년			2018년		
	시정조치	무혐의	계	시정조치	무혐의	계	시정조치	무혐의	계
서울	208	522	730	179	405	584	226	493	719
부산	181	207	388	138	141	279	113	182	295
광주	158	156	314	131	119	250	148	212	360
대전	113	127	240	98	95	193	138	129	267
대구	131	77	208	95	99	194	113	124	237
전체	791	1,089	1,880	641	859	1,500	738	1,140	1,878

<표 3> 지역공정거래사무소 위반유형별 처리 현황

(단위: 건)

구분	2016년					2017년					2018년				
	서울	부산	광주	대전	대구	서울	부산	광주	대전	대구	서울	부산	광주	대전	대구
부당공동행위	0	13	16	10	6	0	15	6	15	9	0	7	21	19	7
사업자단체금지	34	16	6	10	8	14	14	12	4	15	19	6	15	15	13
불공정거래행위	97	35	30	28	24	66	23	33	17	26	69	32	24	21	31
부당표시광고	80	30	35	27	22	66	19	22	22	18	66	29	48	32	10
불공정하도급거래	351	236	187	129	96	264	180	141	119	93	411	182	199	163	157
방문판매행위	168	60	40	35	52	174	28	36	16	33	154	39	53	17	19
전체	730	390	314	239	208	584	279	250	193	194	719	295	360	267	237

① 2018년 전체 처리 건수 중 부당표시 광고 건수 비중이 10% 이상인 지역은 모두 2018년 전체 처리 건수 중 무혐의 건수 비중이 50% 이상이다.

② 2016년 조치유형이 무혐의이고, 위반유형이 불공정 하도급거래인 서울의 처리 건수는 143건 이상이다.

③ 광주의 처리율은 2017년에 전년대비 증가하였으나, 2018년에 전년대비 감소하였다.

④ 2017년 대구의 위반유형별 처리 건수를 많은 것부터 나열하면 불공정 하도급거래, 방문판매 행위, 불공정 거래행위, 부당표시 광고, 사업자 단체 금지, 부당공동행위 순이다.

⑤ 2018년 처리율은 대전이 광주보다 높다.

7. 다음 <표>는 2008 ~ 2018년 현역장병 민간병원 이용 현황에 관한 자료이다. 이에 대한 <보기>의 설명 중 옳은 것만을 모두 고르면?

<표 1> 민간병원 이용건수

(단위: 건)

구분 연도	민간위탁진료			현역병 건강보험			
	합계	치료	검사	합계	입원	외래	약국
2008	33,218	2,197	31,021	1,151,219	13,235	747,454	390,530
2009	49,216	3,426	45,790	1,321,051	17,120	862,206	441,725
2010	42,673	2,728	39,945	784,538	14,979	732,740	36,819
2011	45,740	2,969	42,771	1,076,738	14,021	700,286	362,431
2012	47,743	2,787	44,956	1,409,993	18,959	923,232	467,802
2013	54,439	2,930	51,509	1,035,267	16,744	680,759	337,764
2014	102,780	2,815	99,965	1,273,725	23,421	845,100	405,204
2015	129,857	3,939	125,918	1,168,173	24,479	781,390	362,304
2016	161,386	3,546	157,840	1,414,160	29,470	953,329	431,361
2017	239,891	3,202	236,689	1,656,911	35,730	1,120,462	500,719
2018	211,844	3,497	208,347	1,846,751	36,809	1,273,884	536,058

<표 2> 민간병원 이용액

(단위: 백만 원)

구분 연도	민간위탁진료			현역병 건강보험			
	합계	치료	검사	합계	입원	외래	약국
2008	4,080	3,254	826	30,429	14,064	11,465	4,900
2009	5,497	4,528	969	40,413	20,730	13,947	5,736
2010	4,253	3,205	1,048	33,169	16,364	11,939	4,866
2011	4,011	2,997	1,014	31,922	15,022	11,936	4,964
2012	4,415	3,357	1,058	40,866	19,355	15,478	6,033
2013	4,161	2,794	1,367	32,115	16,217	11,760	4,138
2014	2,505	2,221	284	42,883	21,750	15,933	5,200
2015	5,247	2,714	2,533	51,432	27,441	18,259	5,732
2016	4,767	2,260	2,507	53,732	28,250	19,657	5,825
2017	6,294	2,779	3,515	66,852	36,310	23,660	6,882
2018	5,990	2,984	3,006	74,766	39,557	27,700	7,509

<보 기>

ㄱ. 치료 이용건수 1건당 이용액이 가장 높은 해는 2008년이다.

ㄴ. 2008년 대비 2018년 민간위탁진료 합계의 증가율은 이용건수가 이용액에 비해 450 %p 이상 더 높다.

ㄷ. 2011년 약국 이용건수 1건당 이용액의 전년대비 감소율은 90 % 미만이다.

ㄹ. 현역병 건강보험 이용건수 합계의 전년대비 증감방향은 외래 이용건수의 전년대비 증감방향과 매년 동일하다.

① ㄱ, ㄴ　② ㄱ, ㄷ
③ ㄱ, ㄴ, ㄷ　④ ㄱ, ㄴ, ㄹ
⑤ ㄴ, ㄷ, ㄹ

38. 다음 <표>는 과목 등급 산정기준과 과목별 이수단위 및 현승의 과목별 석차에 대한 자료이다. <표>와 <정보>에 근거하여 전기기기 과목의 이수단위로 올바른 것은?

<표 1> 과목 등급 산정기준

등급	과목석차 백분율
1	0 % 초과 4 % 이하
2	4 % 초과 11 % 이하
3	11 % 초과 23 % 이하
4	23 % 초과 40 % 이하
5	40 % 초과 60 % 이하
6	60 % 초과 77 % 이하
7	77 % 초과 89 % 이하
8	89 % 초과 96 % 이하
9	96 % 초과 100 % 이하

※ 과목석차 백분율(%) $= \frac{\text{과목석차}}{\text{과목이수인원}} \times 100$

<표 2> 과목별 이수단위 및 민수의 과목별 석차

구분 과목	이수단위(단위)	석차(등)	이수인원(명)
전자기학	3	22	100
전기기기	(　)	77	80
물성전자	1	35	90
전기회로	2	52	120
전자회로	3	89	140
반도체공학	2	11	300

※ 이수단위는 최소 1단위, 최대 5단위임.

<정 보>

○ 평균등급 $= \frac{\text{(과목별 등급} \times \text{과목별 이수단위)의 합}}{\text{과목별 이수단위의 합}}$

○ 민수의 6개 과목 평균등급을 X 라 할 때, X 의 범위는 $5 < X < 5.5$이다.

① 1
② 2
③ 3
④ 4
⑤ 5

[39 ~ 40] 다음 <그림>은 2021년 4분기 제빵업체별(A ~ E) 매출액에 관한 자료이다. 다음 물음에 답하시오.

<그림 1> 2021년 4분기 제빵업체별 매출액 구성비

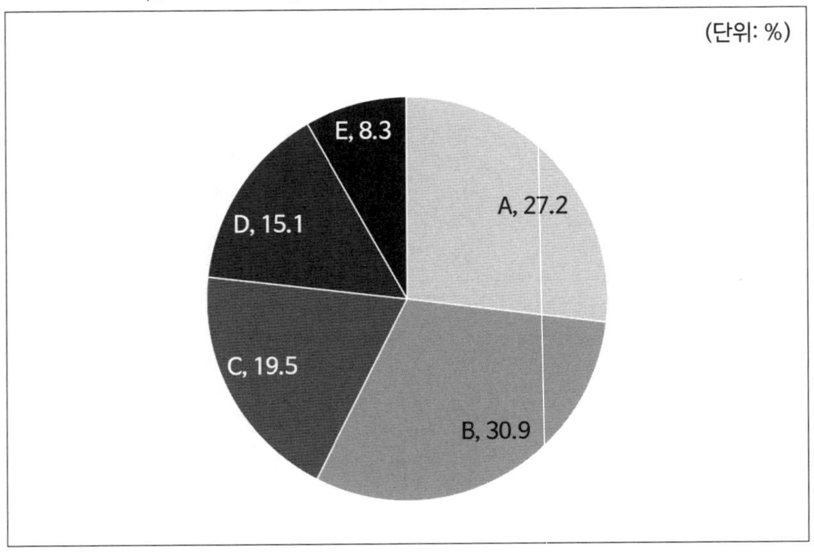

<그림 2> 2021년 4분기 월별·제빵업체별 매출액 구성비

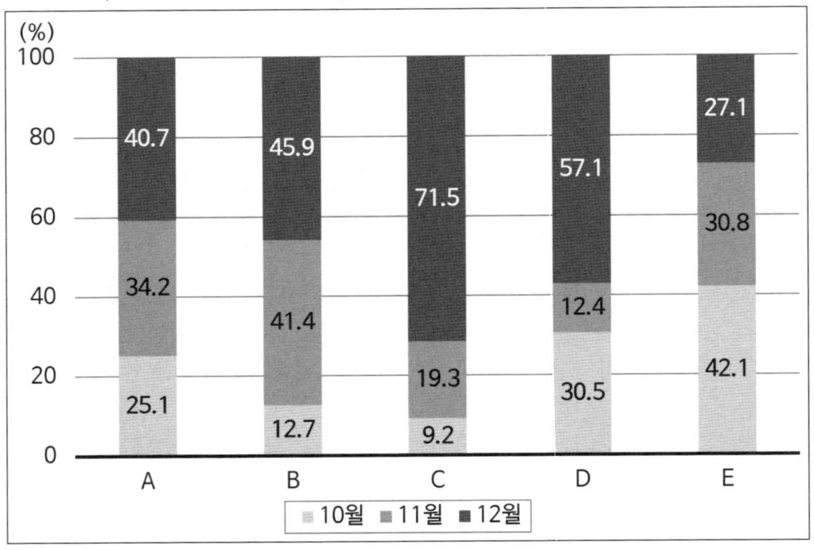

39. 위 <그림>을 근거로 작성한 아래 <보고서>의 설명 중 '갑'에 해당하는 업체는?

<보고서>

갑, 을, 병, 정, 무 5개 제빵업체의 2021년 4분기 월별 매출액을 비교하면 다음과 같다. 2021년 10월 매출액이 두 번째로 높은 업체는 '무'이고, 11월 매출액이 두 번째로 낮은 업체는 '병'이며, 12월 매출액이 두 번째로 높은 업체는 '을'이다. 그리고 10월 대비 12월 매출액 증가율이 두 번째로 낮은 업체는 '정'이다.

① A ② B
③ C ④ D
⑤ E

40. 위 <그림>과 아래 <그림>에 근거할 때, 이에 대한 <보기>의 설명 중 옳은 것만을 모두 고르면?

<그림 3> 2021년 4분기 제빵업체별 매출액의 직전분기 대비 증가율 및 전년동기 대비 증가율

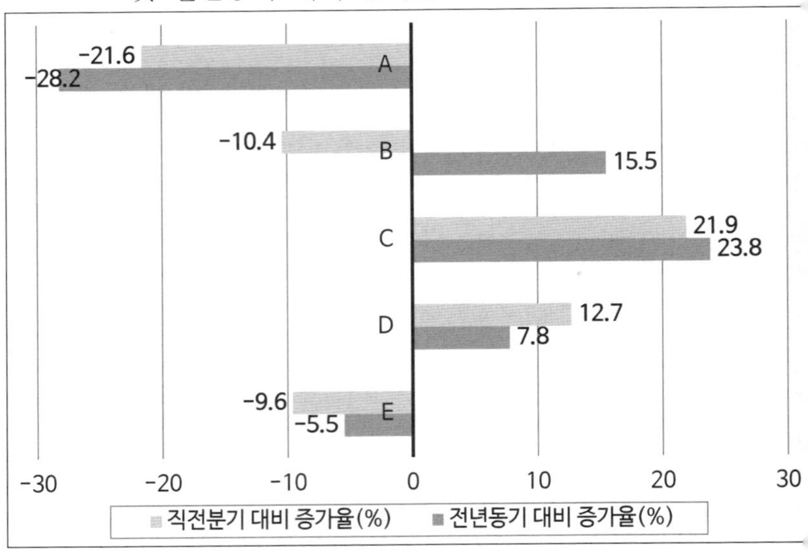

<보 기>

ㄱ. 2020년 4분기 매출액이 2021년 3분기 매출액에 비해 높은 제빵업체는 2개이다.
ㄴ. 만약 2021년 3분기 B의 매출액이 10억 원이라면, 2021년 4분기 D의 매출액은 5억 원 이상이다.
ㄷ. 2020년 4분기 매출액과 2021년 3분기 매출액의 차이값이 가장 큰 제빵업체는 A이다.
ㄹ. 만약 2021년 4분기 A의 매출액이 15억 원이라면, 2021년 3분기 C의 매출액은 8억 원 이상이다.

① ㄱ, ㄷ
② ㄱ, ㄹ
③ ㄴ, ㄷ
④ ㄴ, ㄹ
⑤ ㄱ, ㄴ, ㄹ

현재 내 위치가 궁금하다면?

빠른 채점 및 성적 분석

https://labstandard.kr/eas

성적분석 서비스 + 통계표 확인

맞은 문제 수 / 푼 문제 수	맞은 문제 수 / 찍은 문제 수
(　　)문제 / (　　)문제	(　　)문제 / (　　)문제

총점:　　　　점

✓ 전국에 있는 수험생들의 성적과 자신의 성적을 지금 바로 비교해 보세요.

LAB STANDARD
기준을 연구하는 사람들

2024년 국가공무원 5급 공채·국립 외교원·7급 지역인재 등 PSAT 대비

| 자료해석영역 |

2 교시

문제책형
다

응시번호	
성명	

응시자 주의사항

1. **시험시작 전에 시험문제를 열람하는 행위나 시험종료 후에 답안을 작성하는 행위를 한 사람**은 「공무원임용시험령」 제51조에 의거 **부정행위자**로 처리됩니다.
2. **답안지 책형 표기**는 **시험시작 전** 감독관의 지시에 따라 **문제책 앞면에 인쇄된 문제책형을 확인**한 후, **답안지 책형란에 해당 책형(1개)**을 '●'로 **표기**하여야 합니다.
3. 시험이 시작되면 문제를 주의 깊게 읽은 후, **문항의 취지에 가장 적합한 하나의 정답만을 고르며,** 문제내용에 관한 질문은 할 수 없습니다.
4. **답안을 잘못 표기하였을 경우**에는 **답안지를 교체하여 작성**하거나 **수정할 수 있으며**, 표기한 답안을 수정할 때는 **응시자 본인이 가져온 수정테이프만을 사용**하여 해당 부분을 완전히 지우고 부착된 수정테이프가 떨어지지 않도록 손으로 눌러주어야 합니다. **(수정액 또는 수정스티커 등은 사용 불가)**
   ■ **불량한 수정테이프의 사용과 불완전한 수정처리**로 발생하는 **모든 문제는 응시자 본인에게 책임**이 있습니다.
5. **시험시간 관리의 책임은 응시자 본인에게 있습니다.**
   ※ 시험지는 시험종료 후 가지고 갈 수 있습니다.

정답공개 및 이의제기 안내

1. **빠른 채점** 및 **성적분석** 서비스 (나의 위치 확인 및 통계 분석 결과 확인)
   ■ **시험지 뒷면** 및 **해설지**의 **QR코드** 확인 : https://labstandard.kr/eas
2. **답안지(OMR 카드) & 정오표** 다운로드, 문항 관련 문의
   ■ 랩스탠다드 홈페이지(https://labstandard.kr) "학습지원센터 - 자료실 & 정오표" 게시판 확인
   ■ 문항 관련 문의 : "학습지원센터 - 1:1 문의" 게시판 또는 이메일(labstandard@naver.com)

1. 다음 <그림>은 2020 ~ 2022년 A, B, C편의점 젤리, 사탕, 껌 매출액 구성비에 관한 자료이다. 이에 대한 <보기>의 설명 중 옳은 것만을 모두 고르면?

<그림 1> A편의점 젤리, 사탕, 껌 매출액 구성비

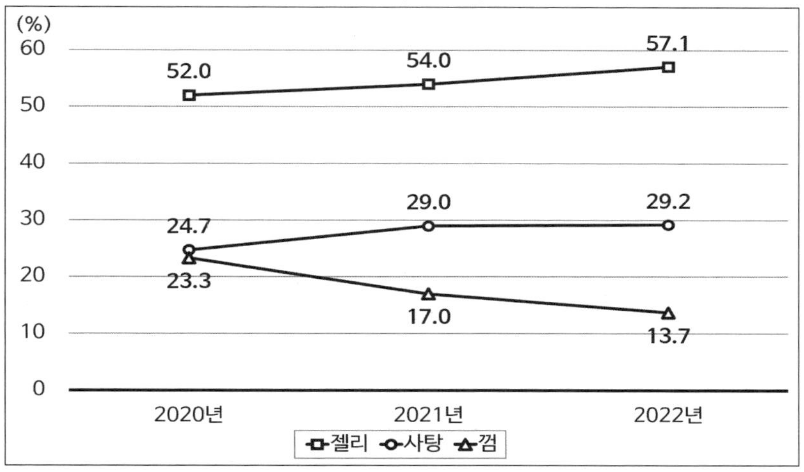

<그림 2> B편의점 젤리, 사탕, 껌 매출액 구성비

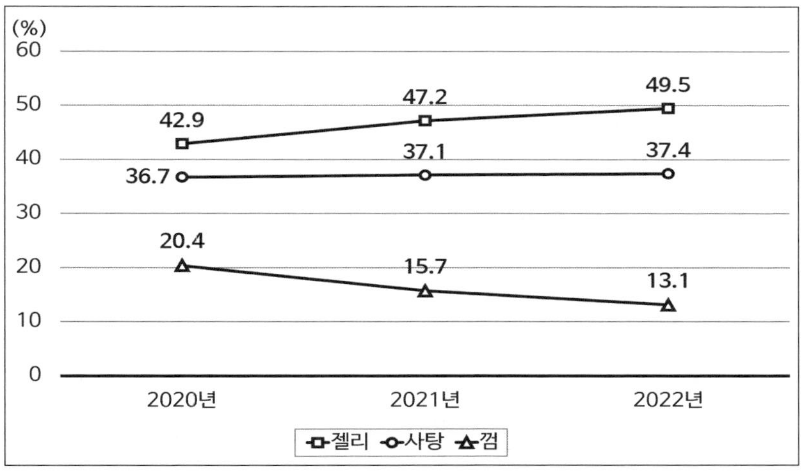

<그림 3> C편의점 젤리, 사탕, 껌 매출액 구성비

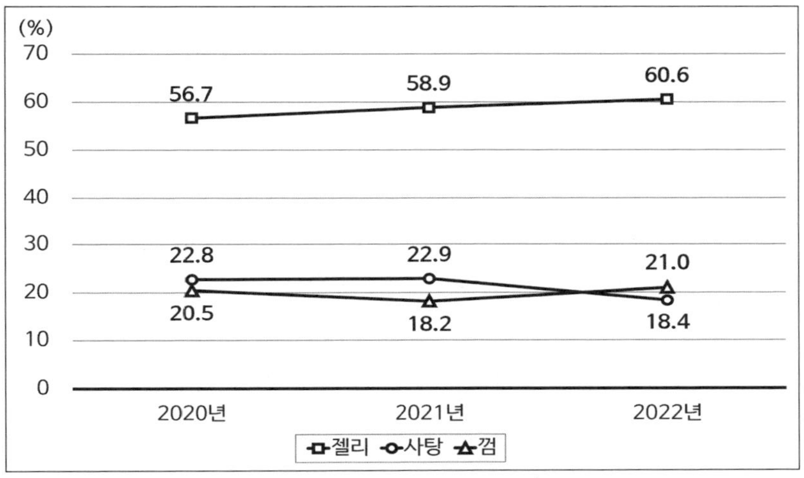

※ 1) 2020년 젤리, 사탕, 껌 매출액의 합은 B편의점이 A편의점의 1.2배이고, C편의점의 1.5배임.
2) 2021년과 2022년 각 편의점의 젤리, 사탕, 껌 매출액 합의 전년대비 증가율은 매년 10%임.

<보 기>

ㄱ. 2020년 젤리 매출액은 A편의점이 C편의점에 비해 높다.
ㄴ. 2021년 B편의점의 젤리 매출액은 2021년 C편의점의 사탕 매출액의 3배보다 낮다.
ㄷ. 2022년 C편의점의 껌 매출액은 2021년 A편의점의 껌 매출액보다 많다.
ㄹ. A, B, C 편의점 모두 젤리, 사탕, 껌 매출액은 매년 젤리, 사탕, 껌 순으로 높다.

① ㄱ, ㄴ
② ㄱ, ㄷ
③ ㄴ, ㄷ
④ ㄱ, ㄷ, ㄹ
⑤ ㄴ, ㄷ, ㄹ

2. 다음 <표>는 2022년 문화재돌봄센터 관리대상 문화재 수 및 문화재돌봄센터 연령대별 종사자 현황에 관한 자료이다. 이에 대한 <보기>의 설명 중 옳은 것만을 모두 고르면?

<표 1> 유형별·지역별 국가지정문화재 현황

(단위: 건)

유형 \ 지역	A	B	C	D
국보	7	1	0	4
보물	43	53	6	51
사적	16	40	2	2
명승	3	2	1	8
천연기념물	0	14	2	5
국가민속문화재	15	8	0	0
합계	84	118	11	70

<표 2> 유형별·지역별 시·도지정문화재 현황

(단위: 건)

유형 \ 지역	A	B	C	D
유형문화재	144	95	16	47
기념물	102	169	24	24
민속문화재	15	10	6	28
문화재자료	80	121	24	106
합계	425	513	81	275

<표 3> 유형별·지역별 비지정문화재 현황

(단위: 건)

지역 \ 유형	서원	향교	가옥	사찰	성곽	석물	사당	고인돌	폐사지	기타	합계
A	1	2	3	12	2	57	22	5	4	43	151
B	10	3	6	4	8	84	24	8	8	291	446
C	5	0	2	5	0	24	34	2	4	33	109
D	1	0	12	6	0	2	0	0	16	5	42

<표 4> 지역별 종사자 연령대별 분포

(단위: 명)

연령대 \ 지역	A	B	C	D
20대 이하	1	1	1	1
30대	7	11	3	2
40대	3	5	2	3
50대	9	5	2	2
60대	33	39	3	12
70대 이상	0	1	2	0
전체	53	62	13	20

<보 기>

ㄱ. 보물, 문화재자료, 석물 각각에 대해 건수가 많은 지역을 순서대로 나열하면, 그 순서가 모두 동일하다.
ㄴ. 시·도지정문화재 중 기념물 비중이 가장 큰 지역은 B이고, 비지정문화재 중 사찰 비중이 두 번째로 작은 지역은 C이다.
ㄷ. 전체 종사자 중 50대 이상이 차지하는 비중은 모든 지역에서 80% 이하이다.
ㄹ. B지역에서 국가지정문화재 유형 중 국가민속문화재만 10건 추가 지정된다면, B지역의 국가지정문화재 중 국가민속문화재 비중은 10%p 이상 상승한다.

① ㄱ, ㄷ
② ㄱ, ㄹ
③ ㄴ, ㄷ
④ ㄴ, ㄹ
⑤ ㄴ, ㄷ, ㄹ

3. 다음 <표>는 2022년 과학기술정보통신부 해외 거점 기관(A ~ P) 현황에 관한 자료이다. 이에 대한 <보기>의 설명 중 옳은 것만을 모두 고르면?

<표> 기관별 소재지, 설치 연도, 인력, 예산, 관리기관 현황

(단위: 명, 백만 원)

기관	소재지	설치 연도	인력	예산	관리기관
A	중국	1993년	7	770	한국연구재단
B	인도	2020년	3	375	
C	인도네시아	2019년	3	488	
D	러시아	2007년	8	805	
E	벨기에	2013년	6	452	
F	스웨덴	2020년	1	454	
G	미국	2014년	5	950	
H	독일	2017년	7	900	
I	중국	2016년	5	1,420	
J	미국	2014년	9	1,400	정보통신산업진흥원
K	미국	1998년	8	1,210	
L	중국	2000년	4	576	
M	일본	2001년	5	1,300	
N	싱가포르	2014년	5	840	무역투자진흥공사
O	베트남	2017년	6	710	
P	베트남	2019년	4	420	

<보 기>

ㄱ. 설치 연도가 2010년 이전인 기관의 경우, 관리기관이 무역투자진흥공사인 기관은 없고, 예산은 각각 500백만 원 이상이며, 소재지가 모두 서로 다르다.

ㄴ. 인력이 5명 이상인 기관 중 인력 1명당 예산은 I가 가장 높다.

ㄷ. 관리기관이 한국연구재단인 기관의 평균 예산은 관리기관이 무역투자진흥공사인 기관의 평균 예산에 비해 낮다.

ㄹ. 인력 상위 3개 국가의 인력 합이 A ~ P 전체 인력에서 차지하는 비중은 50% 이상이다.

① ㄴ
② ㄱ, ㄷ
③ ㄱ, ㄹ
④ ㄴ, ㄹ
⑤ ㄷ, ㄹ

4. 다음 <표>는 2018 ~ 2022년 주무부처별 · 협력국가별 국제 공동 연구개발 과제 건수에 관한 자료이다. 이에 대한 <보기>의 설명 중 옳은 것만을 모두 고르면?

<표 1> 주무부처별 국제 공동 연구개발과제 건수

(단위: 건)

주무부처 \ 연도	2018	2019	2020	2021	2022
과학기술정보통신부	278	203	268	292	153
산업통상자원부	160	143	127	127	104
국토교통부	46	45	48	39	15
해양수산부	26	28	21	20	9
환경부	10	22	20	18	0
기타	103	32	32	38	10
합계	623	473	516	534	291
연구개발 과제 전체	61,280	69,951	72,327	72,459	74,745

※ 국제 공동 연구개발과제 비중(%) $= \frac{\text{국제 공동 연구개발과제 합계}}{\text{연구개발 과제 전체}} \times 100$

<표 2> 협력국가별 국제 공동 연구개발과제 건수

(단위: 건)

협력국가 \ 연도	2018	2019	2020	2021	2022
미국	223	211	227	263	121
중국	41	27	27	33	14
독일	36	22	27	28	25
캐나다	27	24	25	32	21
일본	18	13	19	19	15
프랑스	41	6	4	9	2
인도	9	6	8	7	1
이탈리아	10	5	5	3	2
스위스	6	5	4	5	1
스페인	7	6	4	1	0
기타	205	148	166	130	89
합계	623	473	516	534	291

※ 국제 공동 연구개발과제는 하나의 국가와만 협력함.

<보 기>

ㄱ. 국제 공동 연구개발 비중은 2018년에 가장 높고, 2022년에 가장 낮다.

ㄴ. 2021년 국제 공동 연구개발과제 합계에서 기타 협력국가가 차지하는 비중은 기타 주무부처가 차지하는 비중의 3.5배보다 크다.

ㄷ. 2019년 주무부처가 산업통상자원부가 아니고, 협력국가가 중국이 아닌 국제 공동 연구개발과제 건수는 300건 이상이다.

ㄹ. 2022년 주무부처가 과학기술정보통신부인 국제 공동 연구개발과제 중 협력국가가 미국 혹은 독일인 비중은 5% 이상, 95% 이하이다.

① ㄱ, ㄷ
② ㄱ, ㄹ
③ ㄴ, ㄷ
④ ㄱ, ㄷ, ㄹ
⑤ ㄴ, ㄷ, ㄹ

5. 다음 <표>는 2013 ~ 2017년 조달청 비축 원자재 판매 및 구매 현황에 대한 자료이다. 이와 <조건>을 근거로 ‘A’ ~ ‘D’에 해당하는 원자재를 바르게 나열한 것은?

<표> 비축 원자재 판매량 및 구매량

(단위: 톤)

원자재	구분 \ 연도	2013	2014	2015	2016	2017
전체	판매량	86,281	87,706	47,241	40,946	38,910
	구매량	138,470	68,013	68,399	32,889	61,438
A	판매량	36,418	52,100	10,891	14,146	12,894
	구매량	70,000	35,835	30,128	11,740	30,505
전기동	판매량	31,833	23,039	17,967	12,558	7,706
	구매량	43,500	23,352	16,475	11,997	10,497
B	판매량	2,361	2,308	2,317	1,543	2,033
	구매량	2,600	1,999	3,492	2,503	998
아연	판매량	13,882	8,184	13,484	10,976	14,860
	구매량	19,000	5,007	15,019	5,508	16,999
C	판매량	1,289	1,511	1,723	1,113	704
	구매량	1,600	1,500	2,002	699	800
D	판매량	498	564	859	610	713
	구매량	1,770	320	1,283	442	639

<조　건>

○ 2013 ~ 2017년 동안 구매량 합 대비 판매량 합 비율은 아연이 납에 비해 높고, 니켈이 납에 비해 낮다.

○ 2014 ~ 2016년 동안 구매량의 전년대비 증감방향이 아연과 동일한 원자재는 니켈, 주석, 납이다.

○ 2015년 전체 판매량에서 전기동 판매량이 차지하는 비중과 니켈 판매량이 차지하는 비중의 차이값은 35 %p 이상이다.

○ 2013 ~ 2017년 동안 구매량은 주석이 알루미늄의 10 % 보다 매년 적다.

	A	B	C	D
①	납	주석	알루미늄	니켈
②	니켈	납	주석	알루미늄
③	알루미늄	납	주석	니켈
④	알루미늄	납	니켈	주석
⑤	알루미늄	주석	납	니켈

6. 다음 <표>와 <그림>은 2016 ~ 2020년 전통시장 화재발생 현황에 관한 자료이다. 이에 대한 <보기>의 설명 중 옳은 것만을 모두 고르면?

<표> 2016 ~ 2020년 전통시장 화재발생 현황

(단위: 건, 명, 천 원)

연도 \ 구분	화재건수	인명피해			재산피해액
		소계	사망	부상	
2016	64	6	0	6	47,921,062
2017	31	1	0	1	2,112,986
2018	54	2	0	2	1,224,666
2019	46	12	0	12	76,589,196
2020	65	3	0	3	2,849,983
합계	260	24	0	24	130,697,893

<그림> 2016 ~ 2020년 원인별 화재발생 건수 비중

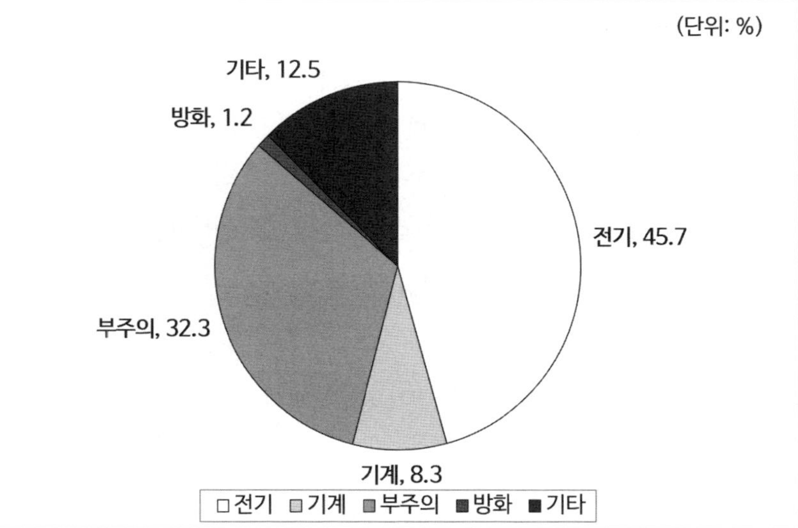

<보　기>

ㄱ. 2016 ~ 2020년 동안 적어도 3개년도에서 전기를 원인으로 한 화재발생이 존재한다.

ㄴ. 2016 ~ 2020년 동안 원인이 기타인 화재발생 건수는 33건 이하이다.

ㄷ. 인명피해자 수 1명당 재산피해액은 2016년, 2019년, 2017년, 2020년, 2018년 순으로 높다.

① ㄱ

② ㄷ

③ ㄴ, ㄷ

④ ㄱ, ㄷ

⑤ ㄱ, ㄴ, ㄷ

7. 다음 <보고서>는 화훼 산업 현황에 관한 자료이다. <보고서>에 부합하는 자료만을 <보기>에서 모두 고르면?

<보고서>

2000년부터 매 5년마다 2020년까지 조사한 한국 화훼 수출액 및 수입액과 인구 1인당 화훼 소비액을 살펴보면, 2000년 대비 2010년 수출액 증가율은 210% 이상이고, 수입액 증가율은 105% 이상이다. 그리고 2010년 대비 2020년 수출액 감소율은 90% 이상이고, 수입액 증가율은 150% 미만이다. 또한, 2000년 대비 2005년 한국 인구 1인당 화훼 소비액 증가율은 50% 이상이고, 2010년 이후 한국 인구 1인당 화훼 소비액의 직전 조사연도 대비 감소율은 매 조사연도마다 감소한다.

2021년 주요 7개 국가별 인구 1인당 화훼 소비액을 살펴보면, 인구 1인당 화훼 소비액은 한국이 네덜란드의 10%보다 낮고, 미국이 프랑스의 50%보다 높으며, 스페인이 일본의 45%보다 낮다.

2017 ~ 2021년 한국 화훼 농가 수, 면적, 판매액을 살펴보면, 농가 수와 면적의 연도별 증감방향은 매년 동일하고, 2021년 화훼 면적 1 ha 당 판매액은 전년대비 증가하였다.

<보 기>

ㄱ. 연도별 한국 인구 1인당 화훼 소비액

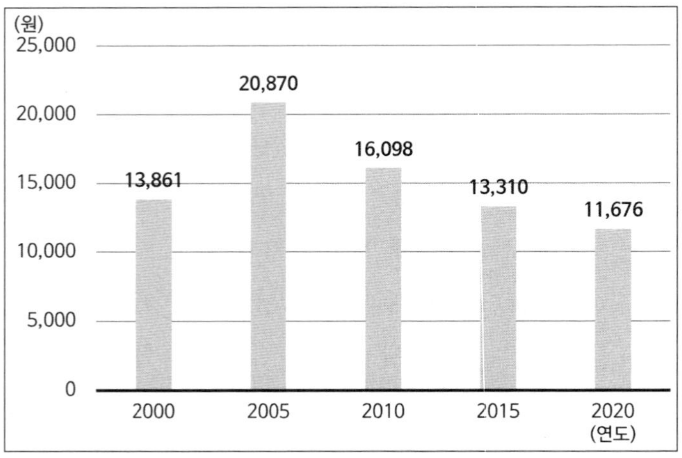

ㄴ. 2017 ~ 2021년 한국 화훼 농가 수, 면적, 판매액

(단위: 가구, ha, 억 원)

구분 \ 연도	2017	2018	2019	2020	2021
농가 수	7,421	6,918	6,824	7,069	7,009
면적	4,936	4,353	4,243	4,299	4,217
판매액	5,657	5,385	5,174	5,269	5,382

ㄷ. 2021년 주요 7개 국가별 인구 1인당 화훼 소비액

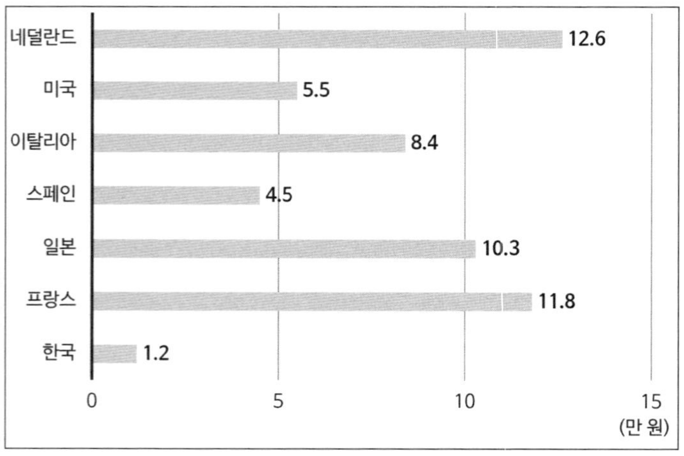

ㄹ. 연도별 한국 화훼 수출액 및 수입액

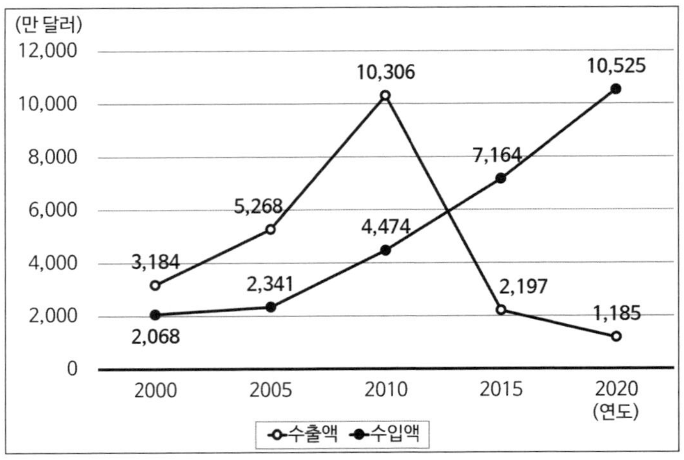

① ㄱ, ㄴ
② ㄱ, ㄹ
③ ㄴ, ㄷ
④ ㄱ, ㄴ, ㄹ
⑤ ㄴ, ㄷ, ㄹ

8. 다음 <표>는 1,300명의 당뇨병 전조증상을 겪는 조사대상자에 대하여 A ~ I 투여약을 회차별로 투여한 조사결과이다. 이에 대한 <보기>의 설명 중 옳은 것만을 모두 고르면?

<표> 회차별 A ~ I 투여약 투여 조사결과

(단위: 명)

2회차 \ 1회차	A	B	C	D	E	F	G	H	I	합계
A	16	8	6	7	5	8	9	10	12	81
B	17	28	14	16	29	29	15	14	11	173
C	15	8	32	26	21	31	16	13	12	174
D	23	35	89	15	22	5	12	7	7	215
E	29	33	12	6	11	25	11	17	17	161
F	5	23	5	8	14	56	8	21	( )	( )
G	5	17	6	5	12	15	47	22	19	148
H	9	18	5	2	13	12	24	9	15	107
I	2	11	4	3	16	19	8	12	8	83
합계	121	181	173	88	143	( )	150	125	119	1,300

<보 기>

ㄱ. 1회차에 B를 투여하였으나 2회차에 B를 투여하지 않은 사람 수는 2회차에 B를 투여하였으나 1회차에 B를 투여하지 않은 사람 수의 1.05배 이상이다.

ㄴ. 1회차에 가장 많이 투여한 투여약을 2회차에도 가장 많이 투여하였다.

ㄷ. 1, 2회차에 투여한 투여약이 동일하지 않은 사람 수는 1, 2회차에 투여한 투여약이 동일한 사람 수에 비해 4.5배 이상이다.

ㄹ. 전체 조사대상자 수 대비 2회차에 G 혹은 H 혹은 I를 투여한 사람 수 비율과 전체 조사대상자 수 대비 1회차에 A 혹은 B 혹은 C를 투여한 사람 수 비율의 차이는 10%p 미만이다.

① ㄱ, ㄴ
② ㄱ, ㄷ
③ ㄱ, ㄹ
④ ㄴ, ㄹ
⑤ ㄷ, ㄹ

[9 ~ 10] 다음 <그림>은 2022년 10개 지역별(A ~ J) 조화실업률, 실업률 및 청년실업률에 대한 자료이다. <그림>을 보고 물음에 답하시오.

<그림 1> 2022년 지역별 조화실업률 및 실업률

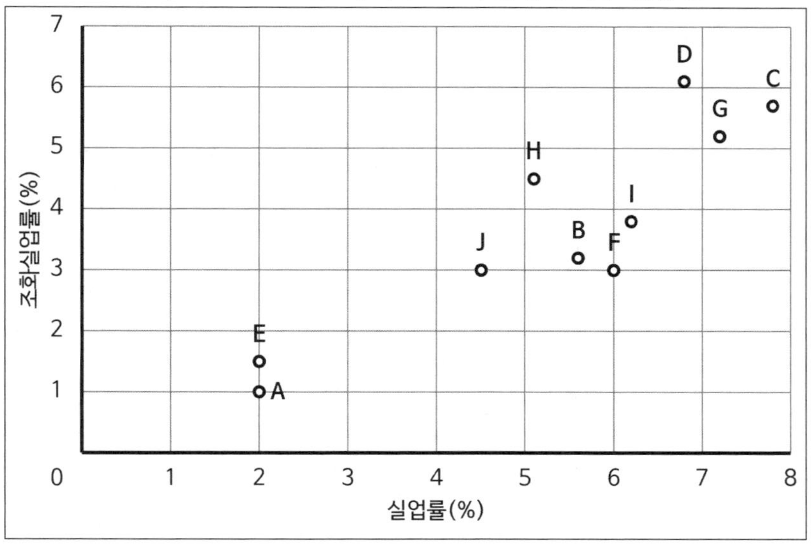

<그림 2> 2022년 지역별 청년실업률 및 실업률

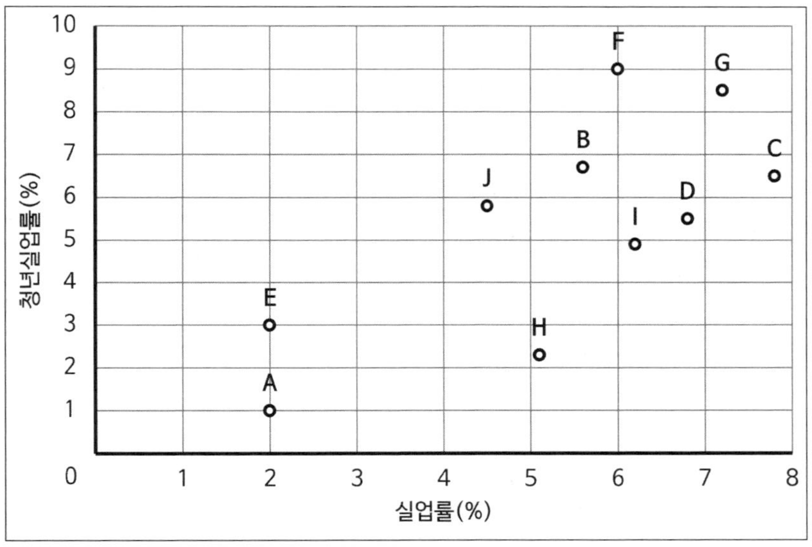

※ 1) 조화실업률(%) $= \frac{\text{실업자}}{\text{전체인구}} \times 100$

2) 실업률(%) $= \frac{\text{실업자}}{\text{경제활동인구}} \times 100$

3) 전체인구 = 경제활동인구 + 비경제활동인구

4) 경제활동인구 = 취업자 + 실업자

5) 청년실업률(%) $= \frac{\text{15세 이상 29세 이하 실업자}}{\text{15세 이상 29세 이하 경제활동인구}} \times 100$

9. 위 <그림>에 대한 <보기>의 설명 중 옳은 것만을 모두 고르면?

<보 기>

ㄱ. 전체인구 대비 비경제활동인구 비율은 모든 지역에서 50% 이하이다.

ㄴ. 청년실업률이 실업률보다 높은 지역 중 조화실업률이 5% 이상인 지역이 존재한다.

ㄷ. 취업자 수가 실업자 수에 비해 19배 이하인 지역 중 조화실업률이 4% 이하인 지역 수는 3곳이다.

ㄹ. 15세 이상 29세 이하 경제활동인구가 15세 이상 29세 이하 실업자에 비해 25배 이상인 지역의 평균 조화실업률은 15세 이상 29세 이하 경제활동인구가 15세 이상 29세 이하 실업자에 비해 25배 미만인 지역의 평균 조화실업률에 비해 더 낮다.

① ㄱ, ㄴ
② ㄱ, ㄷ
③ ㄴ, ㄷ
④ ㄴ, ㄹ
⑤ ㄷ, ㄹ

10. 위 <그림>에 근거할 때 만약 A와 F의 실업자 대비 15세 이상 29세 이하 실업자 비율이 20%라면, A와 F의 경제활동인구 대비 15세 이상 29세 이하 경제활동인구 비율의 차이값이 속한 범위로 옳은 것은?

① 20% 이상 25% 미만
② 25% 이상 30% 이하
③ 30% 이상 35% 이하
④ 35% 이상 40% 이하
⑤ 40% 이상 45% 이하

11. 다음 <표>는 2017 ~ 2022년 한국 메모리 반도체와 시스템 반도체의 점유율에 관한 자료이다. 이에 대한 <보기>의 설명 중 옳은 것만을 모두 고르면?

<그림> 연도별 한국 메모리 반도체와 시스템 반도체의 점유율

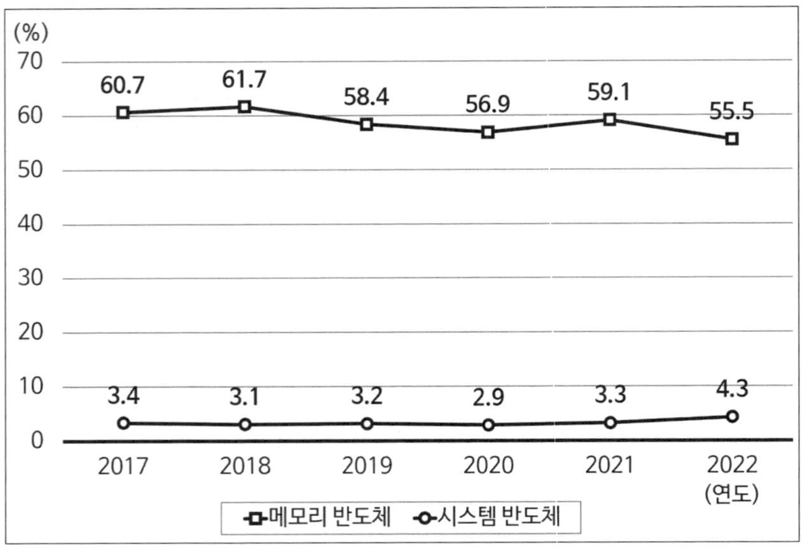

※ 1) 메모리 반도체 점유율(%) $= \frac{\text{한국 메모리 반도체 매출액}}{\text{전세계 메모리 반도체 매출액}} \times 100$

2) 시스템 반도체 점유율(%) $= \frac{\text{한국 시스템 반도체 매출액}}{\text{전세계 시스템 반도체 매출액}} \times 100$

3) 전세계 시스템 반도체 매출액은 매년 전세계 메모리 반도체 매출액의 2배임.

<보 기>

ㄱ. 메모리 반도체 점유율의 한국과 한국 외 국가의 차이가 20%p 이상인 연도의 경우, 전세계 시스템 반도체 매출액이 한국 시스템 반도체 매출액의 33배 이상인 연도는 없다.

ㄴ. 2017 ~ 2021년 동안 한국 메모리 반도체 점유율 대비 시스템 반도체 점유율 비율은 매년 증감을 반복한다.

ㄷ. 한국 메모리 반도체와 시스템 반도체의 점유율의 차이가 가장 큰 연도에 한국 메모리 반도체 점유율의 전년대비 증가율은 1.5% 미만이다.

ㄹ. 한국 메모리 반도체 매출액 대비 한국 시스템 반도체 매출액 비율은 매년 10% 이상이고, 2022년 해당 비율은 15% 미만이다.

① ㄱ, ㄴ
② ㄱ, ㄹ
③ ㄴ, ㄷ
④ ㄱ, ㄴ, ㄹ
⑤ ㄴ, ㄷ, ㄹ

12. 다음 <표>와 <그림>은 2013 ~ 2018년 국내 프로야구 투수에 관한 자료이다. 이에 근거하여 작성한 <보고서>의 설명 중 옳은 것은?

<그림> 2013 ~ 2018년 연도별 국내투수와 외국인투수의 승리 횟수 총합

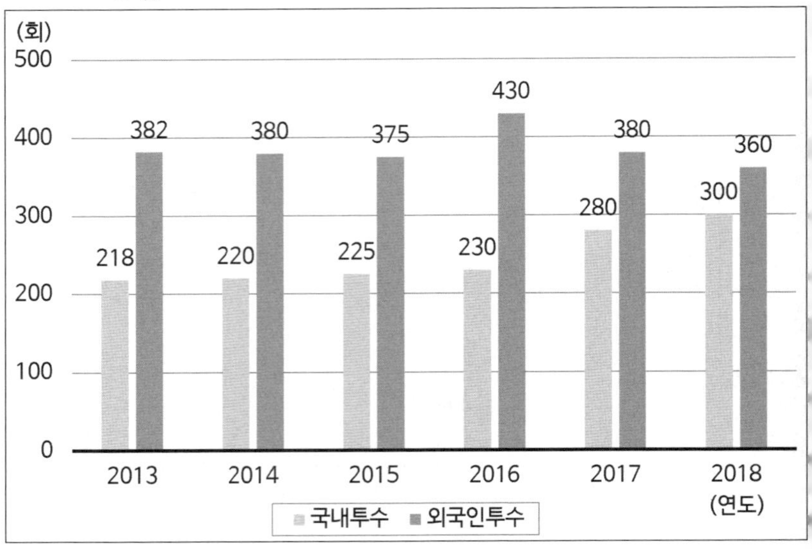

※ 모든 경기에는 한 명의 승리투수가 존재함.

<표> 2017년과 2018년 국내 프로야구 승리 횟수 상위 10위 투수

(단위: 회)

순위	2017년			2018년		
	이름	승리 횟수	구분	이름	승리 횟수	구분
1	양나래	21	국내	후랭코프	18	외국인
2	헥터	20	외국인	이마리	15	국내
3	켈리	16	외국인	린드블럼	15	외국인
4	레일리	15	외국인	박종훈	14	국내
5	소사	15	외국인	양나래	13	국내
6	장원준	15	국내	최원태	13	국내
7	린드블럼	14	외국인	샘슨	13	외국인
8	임기영	14	국내	켈리	12	외국인
9	피어밴드	12	외국인	차우찬	11	국내
10	유라영	12	국내	김가정	11	국내

※ 연도별 순위는 각 연도를 기준으로 함.

<보고서>

최근 한국야구 투수 부문의 현황을 검토해보고자 한다. ㉠ 2013 ~ 2018년 동안 국내투수의 승리 횟수 총합이 매년 증가함과 동시에 전체 승리 횟수 총합에서 국내투수의 승리 횟수 총합이 차지하는 비율 역시 매년 증가하고 있다. 한편, ㉡ 승리 횟수 상위 10위 투수들의 승리 횟수를 합한 값은 2017년에는 150승 이상인데 반해, 2018년에는 130승 미만이다. ㉢ 승리 횟수 상위 10위 투수 중 국내투수 수는 2017년 4명, 2018년 5명이다. 이에 압도적 역량을 가진 투수가 줄어들었다는 평과 함께, 국내투수의 부진도 지적되고 있다.

한편, ㉣ 2018년 승리 횟수 상위 10위 국내투수의 승리 횟수를 합한 값이 2018년 국내투수 승리 횟수 총합에서 차지하는 비중은 25% 이상인 것으로 나타났다. 그리고, ㉤ 2017년 승리 횟수 10위 외국인투수의 승리 횟수를 합한 값이 2017년 외국인투수 승리 횟수 총합에서 차지하는 비중은 25% 이상인 것으로 나타났다.

① ㄱ
② ㄴ
③ ㄷ
④ ㄹ
⑤ ㅁ

13. 다음 <표>는 2018 ~ 2021년 학년별·과목별 학업성취수준 비율에 관한 자료이다. 이를 이용하여 작성한 <보기>의 그래프 중 옳은 것만을 고르면?

<표> 연도별·학년별·과목별 학업성취수준 비율

(단위: %)

연도	과목 \ 학년·수준	중학교 3학년 1수준	중학교 3학년 2수준	중학교 3학년 3수준 이상	고등학교 2학년 1수준	고등학교 2학년 2수준	고등학교 2학년 3수준 이상
2018	국어	4.4	14.3	81.3	3.4	15.0	81.6
	수학	11.1	26.6	62.3	10.4	19.2	70.4
	영어	5.3	28.9	65.8	6.2	13.4	80.4
2019	국어	4.1	13.0	82.9	4.0	18.5	77.5
	수학	11.8	26.9	61.3	9.0	25.5	65.5
	영어	3.3	24.1	72.6	3.6	17.6	78.8
2020	국어	6.4	18.2	75.4	6.8	23.4	69.8
	수학	13.4	28.9	57.7	13.5	25.7	60.8
	영어	7.1	29.0	63.9	8.6	14.7	76.7
2021	국어	6.0	19.6	74.4	7.1	28.6	64.3
	수학	11.6	32.8	55.6	14.2	22.7	63.1
	영어	5.9	30.8	63.3	9.8	15.7	74.5

※ '3수준 이상' 비율이 높을수록, '1수준' 비율이 낮을수록 학업성취도가 향상되는 것을 의미함.

<보 기>

ㄱ. 2018년과 2021년 중학교 3학년 과목별 '3수준 이상'과 '2수준' 학업성취수준 비율 차이

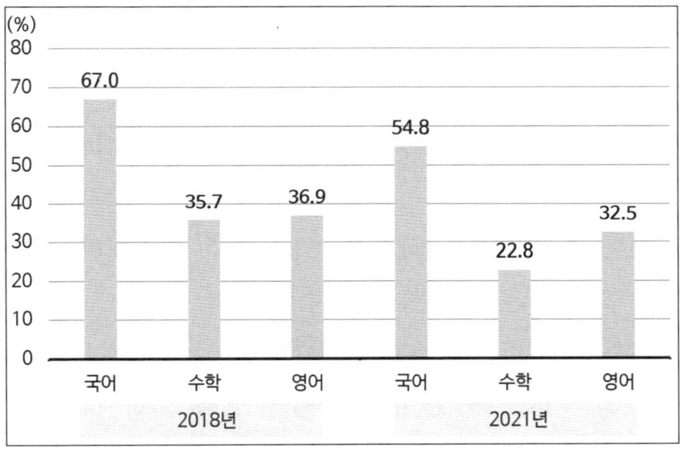

ㄴ. 연도별·학년별 수학 학업성취수준의 '3수준 이상' 대비 '1수준' 비율

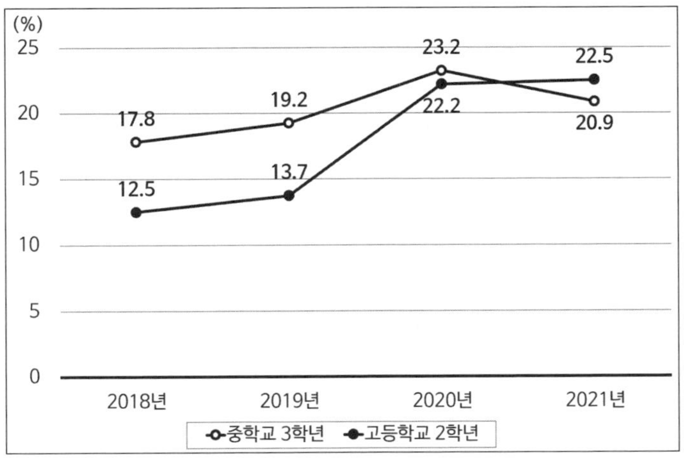

ㄷ. 연도별 국어와 수학 과목의 고등학교 2학년 학업성취수준 비율에서 중학교 3학년 학업성취수준 비율을 뺀 값

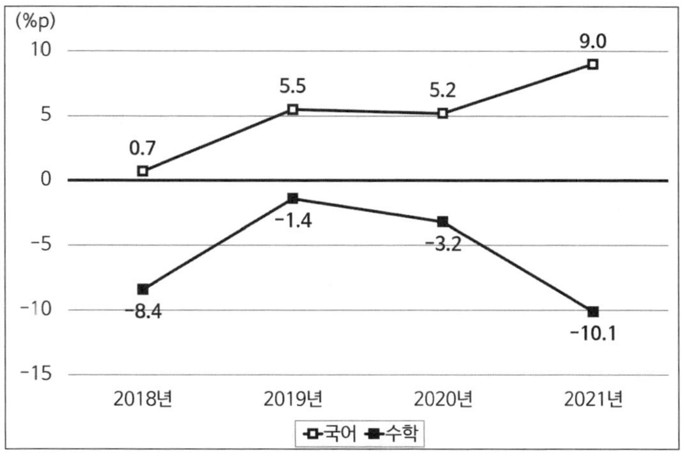

ㄹ. 2020년과 2021년 학년별·과목별 2수준 이하 학업성취수준 비율

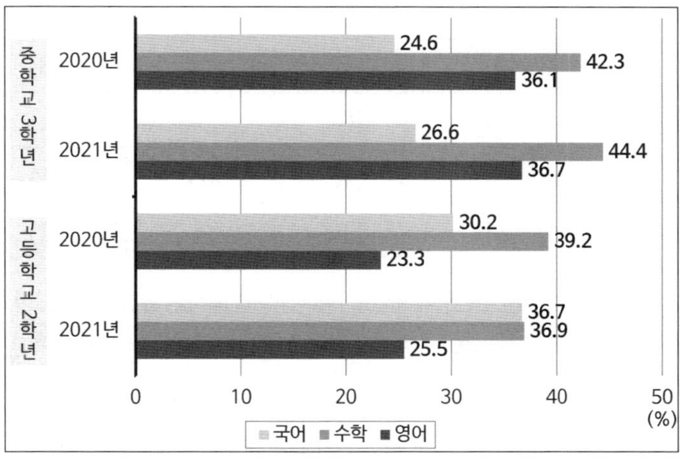

① ㄱ
② ㄱ, ㄴ
③ ㄴ, ㄷ
④ ㄱ, ㄹ
⑤ ㄷ, ㄹ

14. 다음 <표>는 차량 A ~ E의 연비, 연료비, 이산화탄소 발생량에 관한 자료이다. 이에 근거하여 만약 차량 A ~ E의 연료비가 모두 8만 원으로 동일하다면, 차량 A ~ E의 '이산화탄소 발생량' 합은?

<표> 차량 A ~ E의 연비, 연료비, 이산화탄소 발생량

구분 \ 차량	A	B	C	D	E
연비(km/L)	15	10	14	14	8
이동거리 1 km당 연료비(원/km)	240	220	200	100	200
연료사용량 1L당 이산화탄소 실제발생량(g/L)	9	11	7	7	10
이산화탄소 절감장치 설치여부	설치	비설치	비설치	설치	설치

※ 이산화탄소 절감장치 설치한 차량의 경우, '이산화탄소 실제발생량(g) = 이산화탄소 발생량(g) × 0.4의 수식이 성립하고, 비설치한 차량은 이산화탄소 실제발생량(g)과 이산화탄소 발생량(g)이 동일함.

① 1.7kg
② 2.0kg
③ 2.75kg
④ 3.05kg
⑤ 3.35kg

15. 다음 <표>는 주요 국가별 근로자의 최종학력별 임금지수 및 근로시간지수에 관한 자료이고, <보고서>는 '갑'국 근로자의 최종학력별 임금지수 및 근로시간지수를 분석한 자료이다. 이를 근거로 판단할 때, A ~ E 중 '갑'국에 해당하는 국가는?

<표> 주요 국가별 근로자의 최종학력별 임금지수 및 근로시간지수

국가	최종학력 / 구분	중학교 이하	고등학교	전문대학교	대학원 이상
A	임금	62	88	85	125
	시간	124	115	120	105
B	임금	64	71	79	134
	시간	95	98	90	120
C	임금	66	73	82	141
	시간	90	105	98	125
D	임금	75	80	96	152
	시간	104	96	95	110
E	임금	82	88	94	161
	시간	110	112	105	130

※ 1) 임금지수란 국가별로 대학교 졸업자의 임금이 100일 때의 최종학력별 임금을 나타내는 지수이고, 근로시간지수란 국가별로 대학교 졸업자의 근로시간이 100일 때의 최종학력별 근로시간을 나타내는 지수임.
2) 최종학력은 대학원 이상, 대학교, 전문대학교, 고등학교, 중학교 이하 순으로 높음.

<보고서>

2022년 '갑'국 근로자의 최종학력별 임금지수 및 근로시간지수를 분석하였고, 그 결과 다음과 같은 사실을 확인하였다.

첫째, '갑'국의 근로시간 1시간당 임금은 '고등학교'가 '중학교 이하'에 비해 높다. 둘째, '갑'국은 '대학원 이상'의 임금지수가 근로시간지수의 1.3배보다 적다. 셋째, '갑'국은 최종학력이 높을수록 임금이 높다. 마지막으로 '갑'국은 '중학교 이하' 임금이 '대학원 이상' 임금의 50%보다 적다.

① A
② B
③ C
④ D
⑤ E

16. 다음 <표>는 2018년과 2019년 군 교도소 수용자·입소자 현황에 관한 자료이다. 이에 대한 <보기>의 설명 중 옳은 것만을 모두 고르면?

<표> 2018년과 2019년 군 교도소 수용자·입소자 현황

(단위: 명)

구분		2018 장교	2018 부사관	2018 병	2018 군무원	2019 장교	2019 부사관	2019 병	2019 군무원
전년도말 수용자		14	21	41	0	( )	( )	( )	( )
당해연도 입소자		15	24	56	4	( )	( )	( )	( )
출소사유별 당해연도 출소자	합계	11	18	75	2	14	13	77	5
	형기종료	2	5	9	1	3	4	8	1
	사면	0	0	0	0	1	0	1	1
	집행면제	0	0	0	0	1	0	2	0
	집행유예	0	5	22	0	1	3	20	1
	가석방	5	2	4	1	2	1	5	1
	집행정지	0	0	0	0	1	0	2	0
	구속취소	2	1	8	0	2	1	7	0
	이송	0	3	5	0	1	3	6	1
	기타	2	2	27	0	2	1	26	0
당해연도말 수용자		18	27	22	2	25	42	4	5

※ 1) 당해연도말 수용자 = 전년도말 수용자 + 당해연도 입소자 − 당해연도 출소자
2) 군 교도소 수용자·입소자의 신분은 장교, 부사관, 병, 군무원 뿐임.

<보 기>

ㄱ. 2019년 당해연도 입소자의 전년대비 증가폭이 가장 높은 신분은 '장교'이다.
ㄴ. 2018년 출소자 합계 대비 출소사유가 형기종료인 출소자 비율은 '병'이 '군무원'의 25% 이하이다.
ㄷ. 2019년 '부사관' 출소자들의 출소사유 종류 수는 전년과 동일하다.
ㄹ. 2017 ~ 2019년 동안 당해연도말 수용자가 매년 증가한 신분 중 2018년 당해연도 입소자 대비 2018년 당해연도말 수용자 비율이 가장 높은 신분은 '장교'이다.

① ㄱ, ㄴ
② ㄱ, ㄷ
③ ㄴ, ㄷ
④ ㄴ, ㄹ
⑤ ㄱ, ㄴ, ㄹ

17. 다음 <표>와 <그림>은 2022년 A지역 종업원규모별·영업기간별 고급 일식당 수 및 강원도 철원산 와사비 사용 이유 설문조사 응답 결과에 대한 자료이다. 이에 대한 <보기>의 설명 중 옳은 것만을 모두 고르면?

<표> 2022년 A지역 종업원규모별·영업기간별 고급 일식당 수

(단위: 개)

종업원규모 / 영업기간	1명	2명 이상 3명 이하	3명 이상 4명 이하	5명 이상	전체
5년 미만	21	56	43	10	130
5년 이상 10년 미만	8	14	11	5	38
10년 이상 20년 미만	17	9	2	0	28
20년 이상	0	2	2	0	4
합계	46	81	58	15	200

<그림> 강원도 철원산 와사비 사용 이유 설문조사 응답 결과

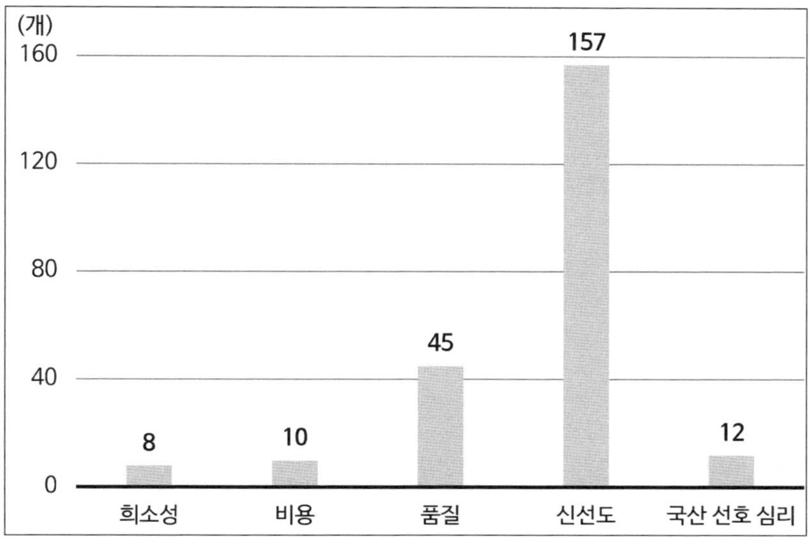

※ <표>의 200개 일식당을 대상으로 설문조사를 진행하였으며, 무응답인 경우는 없고, 복수응답은 허용됨.

<보 기>

ㄱ. 영업기간 5년 이상 10년 미만인 고급 일식당 총 종업원 수는 영업기간 10년 이상 20년 미만인 고급 일식당 총 종업원 수에 비해 45명 이상 더 많다.

ㄴ. 강원도 철원산 와사비 사용 이유로 2가지 이상을 응답한 식당 수는 최소 8개다.

ㄷ. 종업원규모 2명 이상 3명 이하인 고급 일식당 평균 영업기간의 최솟값은 종업원규모 2명 이상 3명 이하이고 영업기간이 5년 이상인 고급 일식당 평균 영업기간의 최솟값에 비해 7년 이상 더 짧다.

ㄹ. 종업원규모 4명 이하인 식당 중 강원도 철원산 와사비 사용 이유를 '신선도'로 응답한 식당 수 비율은 75% 이상이다.

① ㄱ, ㄴ
② ㄱ, ㄷ
③ ㄴ, ㄷ
④ ㄴ, ㄹ
⑤ ㄷ, ㄹ

18. 다음 <표>는 2017 ~ 2021년 성별 외국인 수용자 및 죄명별 외국인 수형자에 관한 자료이다. 이에 대한 설명으로 옳은 것은?

<표 1> 성별 외국인 수용자

(단위: 명)

구분 / 연도	수형자			미결수용자			전체
		남자	여자		남자	여자	
2017	769	734	( )	363	335	28	( )
2018	1,123	1,070	53	760	692	68	( )
2019	1,338	1,224	114	1,051	965	86	( )
2020	1,232	1,173	( )	896	( )	97	( )
2021	1,386	1,275	( )	991	( )	139	( )

※ 1) 성비는 남자 100명당 여자 수를 의미함.

2) 여성비율(%) $= \dfrac{\text{여자 수}}{\text{남자 수} + \text{여자 수}} \times 100$

<표 2> 죄명별 외국인 수형자

(단위: 명)

연도 / 죄명	2017	2018	2019	2020	2021
절도	27	24	85	68	55
사기	98	209	302	204	255
강도	93	82	77	82	94
살인	212	235	269	248	234
폭행	33	61	66	88	55
강간	40	81	82	101	102
마약	86	117	127	149	425
기타	280	314	330	292	166
전체	869	1,123	1,338	1,232	1,386

① 기타를 제외하고, 수형자 상위 3위 죄명은 매년 사기, 살인, 마약이다.

② 2021년 수형자 여성비율은 전년대비 증가하였고, 미결수용자 성비는 전년대비 감소하였다.

③ 2019년 남자 수형자 중 죄명이 마약인 남자 수형자 비중은 1% 이상이다.

④ 2017년 수형자 성비는 수형자 여성비율에 비해 5% 이상 더 높다.

⑤ 전체 수용자 수가 가장 많은 연도에 수형자 수도 가장 많다.

19. 다음 <그림>은 2018 ~ 2021년 A출판사 출판 이익에 관한 자료이다. 이에 대한 <보기>의 설명 중 옳은 것만을 모두 고르면?

<그림 1> A출판사 베스트셀러 이익, 베스트셀러 외 이익

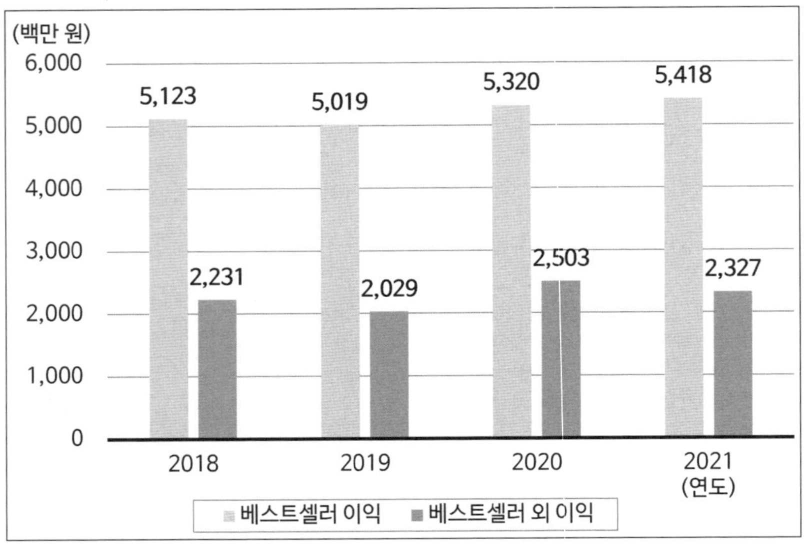

※ 출판 이익 = 베스트셀러 이익 + 베스트셀러 외 이익

<그림 2> A출판사 베스트셀러 이익률, 마진률 및 베스트셀러 외 마진률

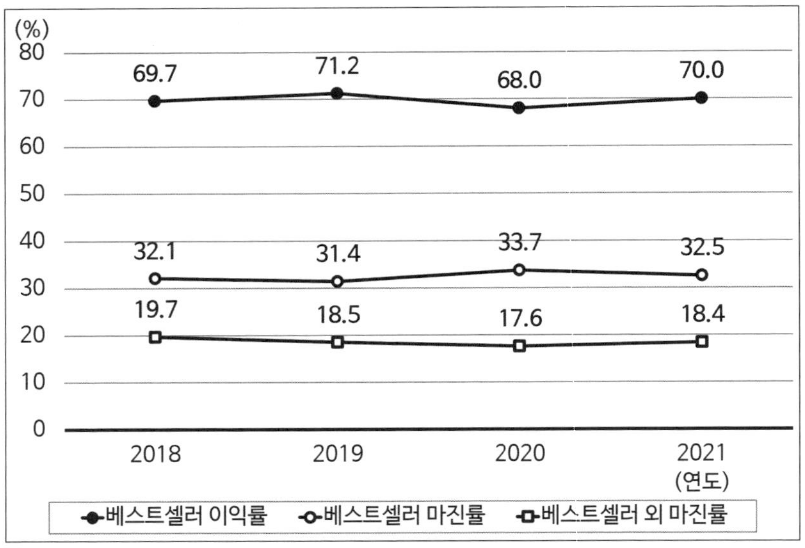

※ 1) 베스트셀러 이익 = 베스트셀러 매출액 − 베스트셀러 비용

2) 베스트셀러 외 이익 = 베스트셀러 외 매출액 − 베스트셀러 외 비용

3) $\text{베스트셀러 이익률(\%)} = \frac{\text{베스트셀러 이익}}{\text{출판 이익}} \times 100$

4) $\text{마진률(\%)} = \frac{\text{이익}}{\text{매출액}} \times 100$

<보 기>

ㄱ. 출판 이익에서 베스트셀러 이익이 차지하는 비중과 베스트셀러 외 이익이 차지하는 비중의 차이가 가장 큰 연도에 출판 이익에서 베스트셀러 외 이익이 차지하는 비중은 29 % 이하이다.

ㄴ. 2018년 베스트셀러 외 비용은 8,500백만 원 이상이다.

ㄷ. 출판 이익 대비 베스트 셀러 매출액 비율이 가장 낮은 연도는 2020년이다.

① ㄱ

② ㄷ

③ ㄱ, ㄴ

④ ㄴ, ㄷ

⑤ ㄱ, ㄴ, ㄷ

20. 다음 <표>와 <그림>은 2020년과 2021년 A ~ H국의 이산화탄소 배출 현황에 관한 자료이다. 이에 대한 설명으로 옳은 것은?

<표> 2020년과 2021년 국가별 인구 및 이산화탄소 배출량

(단위: 백만 명, 백만 톤)

연도 / 구분 / 국가	2020		2021	
	인구	이산화탄소 배출량	인구	이산화탄소 배출량
A	( )	727	51	( )
B	( )	522	33	( )
C	( )	456	41	( )
D	( )	812	61	( )
E	( )	991	82	( )
F	( )	215	40	( )
G	( )	332	53.5	( )
H	( )	615	74	( )

<그림> 2021년 국가별 이산화탄소 배출량의 전년 대비 증가율 및 1인당 이산화탄소 배출량의 전년 대비 증가율

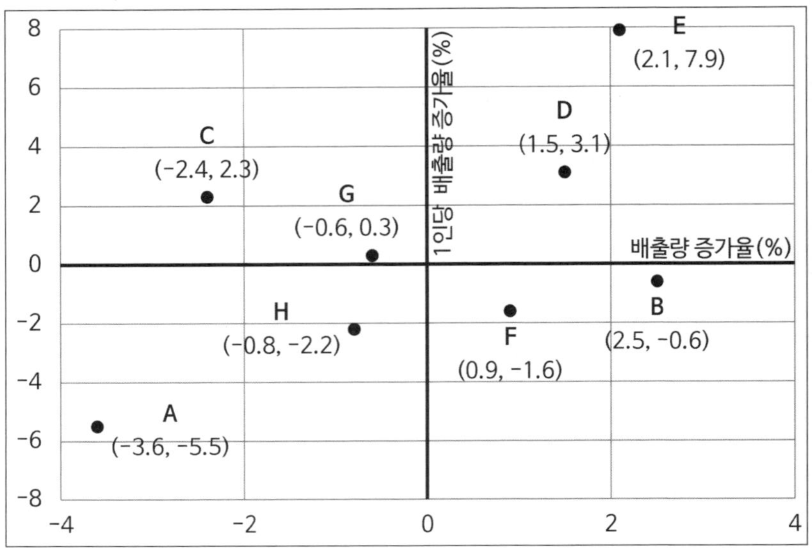

① 2021년 이산화탄소 배출량의 전년 대비 감소폭이 가장 큰 국가는 C이다.

② 2021년 A, C, D, E, G의 인구는 각각 전년 대비 감소하였다.

③ 2021년 이산화탄소 배출량이 전년 대비 증가한 국가의 2021년 이산화탄소 배출량 합은 2,500백만 톤 이하이다.

④ 2021년 인구의 전년 대비 감소폭이 가장 큰 국가는 E이다.

⑤ 2021년 1인당 이산화탄소 배출량이 전년 대비 감소한 국가의 2021년 인구 합은 A ~ H국 인구 합의 50 % 이상이다.

21. 다음 <표>는 교원의 교육활동 침해 현황에 관한 자료이다. 이에 대한 <보고서>의 내용 중 옳은 것만을 모두 고르면?

<표 1> 2021년 교원의 교육활동 침해유형 및 가해자 현황

(단위: 건)

가해자 / 침해유형	학생	학부모 등
폭행	231	8
모욕	1,203	68
혐오감 일으키는 행위	200	7
공무방해	80	15
협박	60	19
손괴	19	3
성폭력	65	1
불법정보 유통	67	3
정당한 교육활동에 대한 간섭	93	29
기타	80	18
전체	2,098	171

<표 2> 연도별 교원의 교육활동 침해 가해학생에 대한 조치 현황

(단위: 건)

조치 / 연도	교내봉사	사회봉사	교육이수	출석정지	전학처분	퇴학처분	기타	전체
2019	289	207	418	994	62	81	446	2,497
2020	156	63	121	507	80	33	121	1,081
2021	296	147	226	947	195	41	246	2,098

<표 3> 연도별 교원의 교육활동 침해 피해 교원 조치 현황

(단위: 건)

조치 / 연도	연가	특별휴가	병가		휴직		전보	기타	전체
			일반	공무상	일반	공무상			
2019	49	145	232	192	15	13	16	2,145	2,807
2020	9	272	62	39	1	0	7	807	1,197
2021	22	542	134	64	11	2	9	1,485	2,269

<보고서>

최근 5년간 교원지위법 제15조에 따른 교원의 교육활동 침해 현황을 살펴보면, 2017년 2,566건, 2018년 2,454건, 2019년 2,807건에서 2020년에 1,197건으로 감소하였다가 2021년에 2,269건으로 증가한 것으로 나타났다. 2021년 가해자가 학생인 교원 교육활동을 침해 유형별로 살펴보면, 전체 건수에서 차지하는 비중은 ㉠ 모욕이 55% 이상으로 가장 많고, 폭행이 10% 이상, 혐오감 일으키는 행위가 9% 이상, 정당한 교육활동에 대한 간섭이 4% 이상 순으로 많다.

연도별 교원의 교육활동 침해 가해학생에 대한 조치 건수를 살펴보면, 기타를 제외하고, ㉡ 2019년에는 출석정지, 교육이수, 교내봉사, 사회봉사, 퇴학처분, 전학처분 순으로 많고, 2020년과 2021년에는 매년 출석정지, 교내봉사, 교육이수, 전학처분, 사회봉사, 퇴학처분 순으로 많다.

연도별 교원의 교육활동 침해 피해 교원 조치 현황을 살펴보면, ㉢ 전체 건수 중 병가와 휴직 건수 합이 차지하는 비중은 2019년에는 15% 이하이고, 2020년과 2021년에는 매년 10% 이하이다. 한편, ㉣ 2019 ~ 2021년 동안 병가 중 일반 병가의 비중이 가장 높은 연도에 해당 비중은 65% 이상이다.

① ㄱ, ㄴ　② ㄱ, ㄷ　③ ㄴ, ㄷ　④ ㄱ, ㄴ, ㄹ　⑤ ㄴ, ㄷ, ㄹ

22. 다음 <표>는 2018년 10명(A ~ J)의 재래시장과 온라인쇼핑 거래액 현황에 관한 자료이다. 이에 대한 <보기>의 설명 중 옳은 것만을 모두 고르면?

<표> 2018년 A ~ J의 재래시장과 온라인쇼핑 거래액 현황

(단위: 천 원)

구분 / 인원	재래시장	온라인쇼핑 거래액			전체
			PC쇼핑	모바일쇼핑	
A	206	1,863	990	873	2,069
B	153	1,230	855	375	1,383
C	147	1,203	543	660	1,350
D	132	1,680	752	928	1,812
E	61	1,091	501	590	1,152
F	37	1,118	523	595	1,155
G	111	951	240	711	1,062
H	86	1,537	850	687	1,623
I	96	522	300	222	618
J	181	575	386	189	756
평균	(　)	(　)	(　)	583	1,298

※ 전체 거래액 = 재래시장 거래액 + 온라인쇼핑 거래액

<보 기>

ㄱ. 재래시장 평균 거래액은 125천 원 이상이다.

ㄴ. F는 전체 거래액 중 온라인쇼핑 거래액 비중이 96.5% 이상이다.

ㄷ. 만약 A ~ J 중 I의 모바일쇼핑 거래액만 현재에 비해 4배가 되면, 모바일쇼핑 평균 거래액은 650천 원 이하이다.

ㄹ. A ~ J 중 재래시장 거래액과 온라인쇼핑 거래액의 차이가 두 번째로 큰 인원은 온라인쇼핑 거래액 대비 재래시장 거래액 비율이 7.5% 이상이다.

① ㄱ, ㄴ

② ㄱ, ㄷ

③ ㄴ, ㄷ

④ ㄴ, ㄹ

⑤ ㄴ, ㄷ, ㄹ

23. 다음 <표>와 <그림>은 2012 ~ 2020년 4대 매체, 뉴미디어, 옥외 및 기타 광고 취급액에 관한 자료이다. 이에 대한 <보기>의 설명 중 옳은 것만을 모두 고르면?

<그림> 4대 매체, 뉴미디어, 옥외 및 기타 광고 취급액

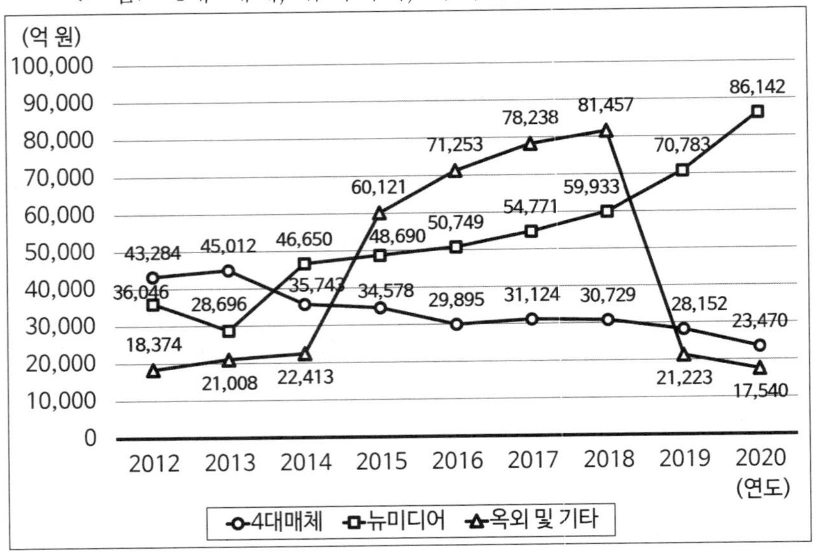

<표> 4대 매체 광고 취급액

(단위: 억 원)

매체 연도	TV	라디오	신문	잡지
2012	19,307	2,358	16,543	5,076
2013	31,883	2,155	8,075	2,899
2014	20,825	2,667	7,867	4,384
2015	19,194	2,742	8,703	3,939
2016	16,632	2,771	6,509	3,983
2017	16,522	2,940	8,807	2,855
2018	16,228	2,909	8,769	2,823
2019	13,974	2,862	8,540	2,776
2020	11,070	2,108	7,817	2,475

<보 기>

ㄱ. 광고 취급액이 뉴미디어, 4대 매체, 옥외 및 기타 순으로 높은 연도에는 4대 매체 광고 취급액 중 TV의 비중이 50% 이하이다.

ㄴ. 2012년 대비 2020년 4대 매체 광고 취급액의 감소율이 50% 이상인 매체는 신문, 잡지이다.

ㄷ. 2019년 옥외 및 기타 광고 취급액의 전년대비 감소율은 75% 미만이다.

ㄹ. 2012 ~ 2020년 동안 광고 취급액의 합은 뉴미디어가 옥외 및 기타에 비해 작다.

① ㄱ, ㄴ
② ㄱ, ㄷ
③ ㄱ, ㄹ
④ ㄴ, ㄷ
⑤ ㄴ, ㄹ

24. 다음 <표>는 2012 ~ 2021년 어업 생산액 및 부가가치에 관한 자료이다. 이에 대한 <보기>의 설명 중 옳은 것만을 모두 고르면?

<표> 연도별 어업 생산액 및 부가가치

(단위: 십억 원, %)

구분 연도	생산액	부가가치	생산액 대비 부가가치 비율	GDP 대비 부가가치 비율
2012	7,689	3,416	44.2	0.25
2013	7,227	3,061	42.4	0.21
2014	7,360	2,970	40.4	0.20
2015	7,257	2,883	39.7	0.19
2016	7,477	3,064	41.0	0.19
2017	8,566	3,580	41.8	0.21
2018	8,608	3,298	38.3	0.19
2019	8,366	2,990	35.7	0.17
2020	8,833	3,441	39.0	0.20
2021	9,269	3,047	( )	0.16

<보 기>

ㄱ. 2021년은 생산액 대비 부가가치 비율이 가장 낮은 연도이다.

ㄴ. 2019년 GDP 대비 생산액 비율은 2013년에 비해 감소한다.

ㄷ. 2019년 GDP는 전년대비 감소하였다.

ㄹ. 2012 ~ 2020년 동안 생산액 대비 부가가치 비율이 가장 낮은 해에 생산액과 부가가치의 차이가 가장 크다.

① ㄱ, ㄴ
② ㄱ, ㄷ
③ ㄷ, ㄹ
④ ㄱ, ㄴ, ㄷ
⑤ ㄴ, ㄷ, ㄹ

25. 다음 <표>는 2019 ~ 2021년에 주요 4개 지역 여성공무원 현황에 대한 자료이다. 이와 <조건>을 근거로 'A' ~ 'D'에 해당하는 지역을 바르게 나열한 것은?

<표> 지역별 여성공무원 현황

(단위: 명, %)

연도	구분	성별 \ 지역	A	B	C	D
2019	전체 공무원	남성	10,964	8,370	9,443	4,993
		여성	8,330	4,951	6,219	3,416
		비율	( )	( )	( )	( )
	5급 이상 공무원	남성	1,113	842	1,146	604
		여성	419	197	269	193
		비율	( )	( )	( )	( )
2020	전체 공무원	남성	7,818	5,881	6,816	3,781
		여성	8,691	5,094	6,662	3,596
		비율	( )	( )	( )	( )
	5급 이상 공무원	남성	1,048	827	1,129	605
		여성	523	238	331	233
		비율	( )	( )	( )	( )
2021	전체 공무원	남성	7,849	5,829	6,819	3,827
		여성	9,158	5,389	7,175	3,861
		비율	( )	( )	( )	( )
	5급 이상 공무원	남성	1,007	781	1,062	609
		여성	602	297	408	264
		비율	( )	( )	( )	( )

※ 1) 공무원의 직급은 1급부터 9급까지이며, 직급의 숫자가 낮을수록 직급이 높음.

2) $\text{여성 비율(\%)} = \frac{\text{여성 공무원 수}}{\text{남성 공무원 수} + \text{여성 공무원 수}} \times 100$

3) 남성 비율(%) = 100 − 여성 비율(%)

<조 건>

- 2019년 5급 이상 공무원 여성 비율이 20% 이하인 지역은 광주와 부산이다.
- 2020년 5급 이하 공무원 여성 비율이 가장 높은 지역은 대구이다.
- 2020년 전체 공무원 여성 비율이 50% 이하이고 2021년 전체 공무원 여성 비율이 50% 이상인 지역은 인천과 광주이다.

	A	B	C	D
①	대구	광주	인천	부산
②	인천	부산	광주	대구
③	대구	광주	부산	인천
④	대구	부산	광주	인천
⑤	광주	대구	부산	인천

26. 다음 <표>는 5개 학교별(A ~ E) 남학생 수, 여학생 비율, 교원 1인당 학생 수에 관한 자료이다. 이에 근거하여 A ~ E학교의 교원 수 합계로 옳은 것은?

<표> 학교별 남학생 수, 여학생 비율, 교원 1인당 학생 수

(단위: 명, %)

구분 \ 학교	A	B	C	D	E
남학생 수	240	333	450	1,100	325
여학생 비율	52.0	40.0	77.5	45.0	35.0
교원 1인당 학생 수	20	22.2	40	25	25

※ $\text{여학생 비율(\%)} = \frac{\text{여학생 수}}{\text{남학생 수} + \text{여학생 수}} \times 100$

① 180명
② 190명
③ 200명
④ 210명
⑤ 220명

27. 다음 <그림>은 2013 ~ 2022년 공무원 보수 전년대비 증가율 및 민간 대비 공무원 보수 비율에 관한 자료이다. 이에 대한 <보기>의 설명 중 옳은 것만을 모두 고르면?

<그림> 연도별 공무원 보수 전년대비 증가율 및 민간 대비 공무원 보수 비율

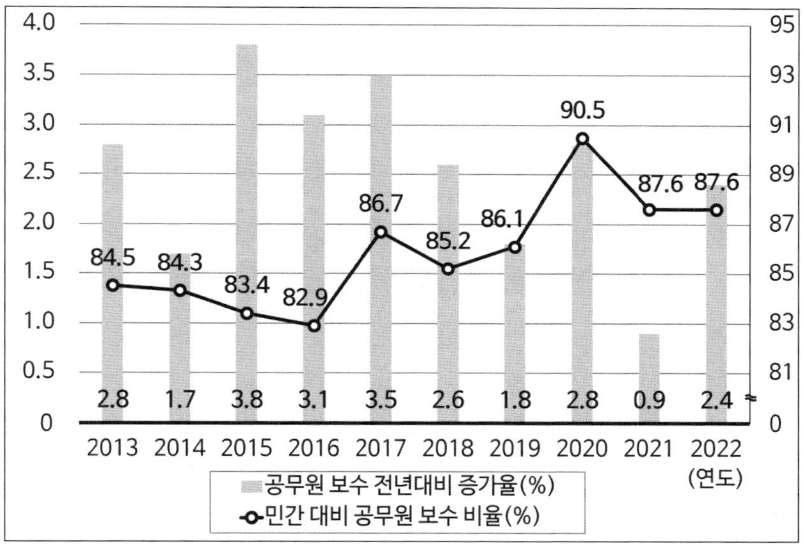

<보 기>

ㄱ. 민간 보수는 공무원 보수의 1.2배보다 매년 적다.
ㄴ. 2013 ~ 2021년 동안 민간 보수가 전년대비 증가한 해는 5번 이상이다.
ㄷ. 2022년 공무원 보수는 2012년에 비해 1.25배 이상 증가하였다.
ㄹ. 2022년 민간 보수 전년대비 증가율은 2.4%이다.

① ㄱ, ㄴ
② ㄱ, ㄷ
③ ㄷ, ㄹ
④ ㄱ, ㄴ, ㄹ
⑤ ㄴ, ㄷ, ㄹ

28. 다음은 상수도 취수시설과 정수시설 현황에 관한 <보고서>이다. 이를 작성하기 위해 사용하지 않은 자료는?

<보고서>

2017년 취수원별 취수장 시설용량은 댐은 15,817천 m^3/일, 하천 표류수는 14,046천 m^3/일, 하천복류수는 1,944천 m^3/일, 지하수는 590천 m^3/일, 기타저수지는 435천 m^3/일이다. 취수원별 취수장 연간취수량은 댐이 3,359백만 m^3/년, 하천 표류수는 2,661백만 m^3/년, 하천 복류수는 456백만 m^3/년, 지하수는 150백만 m^3/년, 기타저수지 66백만 m^3/년이다.

2017년 지방취수장 가동률은 64.5%, 광역시취수장 가동률은 74.7%이다. 지방취수장 가동률은 전년 대비 0.9%p 감소하였고, 2008년 대비 2.4%p 증가하였다. 광역시취수장 가동률은 전년 대비 1.3%p 증가하였고, 2008년 대비 10.8%p 증가하였다.

한편, 2017년 지역별 취수장의 가동률은 제주특별자치도 100.7%, 충청북도 93.9%, 전라남도 92.5% 순으로 높고, 부산광역시 44.6%, 대전광역시 49.0%, 서울특별시 58.1% 순으로 낮게 나타났다.

2017년 정수처리방식별 정수장 시설용량 급속여과방식 15,727천 m^3/일, 고도처리방식 10,768천 m^3/일, 완속여과방식 530천 m^3/일, 소독만의 방식 310천 m^3/일, 막여과 방식 210천 m^3/일로 나타났다.

2017년 지방정수장의 가동률은 75.2%로 전년 대비 2.1%p 감소하였고, 광역정수장의 가동률은 83.1%로 전년 대비 2.4%p 증가하였다.

① 연도별 지방정수장과 광역시정수장 가동률

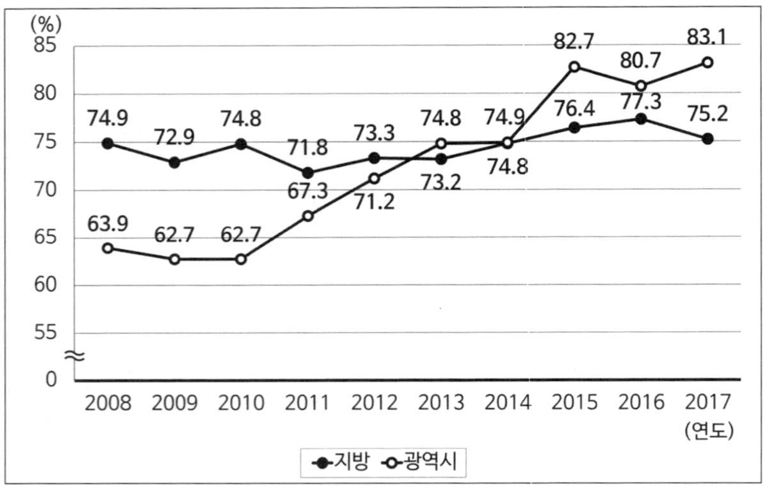

② 2017년 지역별 취수장 수

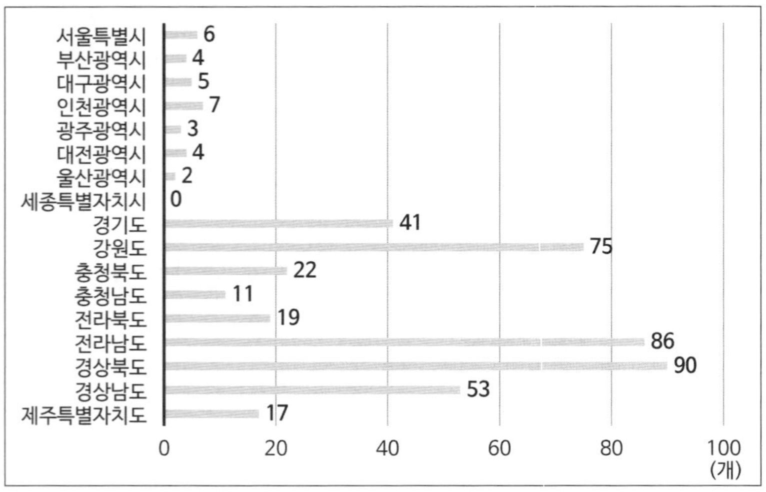

③ 2017년 취수원별 취수장 시설용량 및 연간취수량

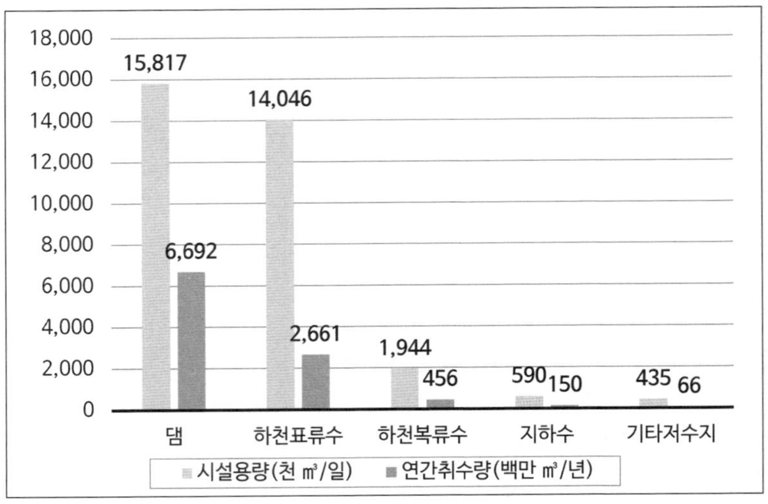

④ 2017년 정수처리방식별 정수장 시설용량

(단위: 천 m^3/일)

합계	급속여과 방식	고도처리 방식	완속여과 방식	소독만의 방식	막여과 방식
27,545	15,727	10,768	530	310	210

⑤ 연도별 지방취수장과 광역시취수장 가동률

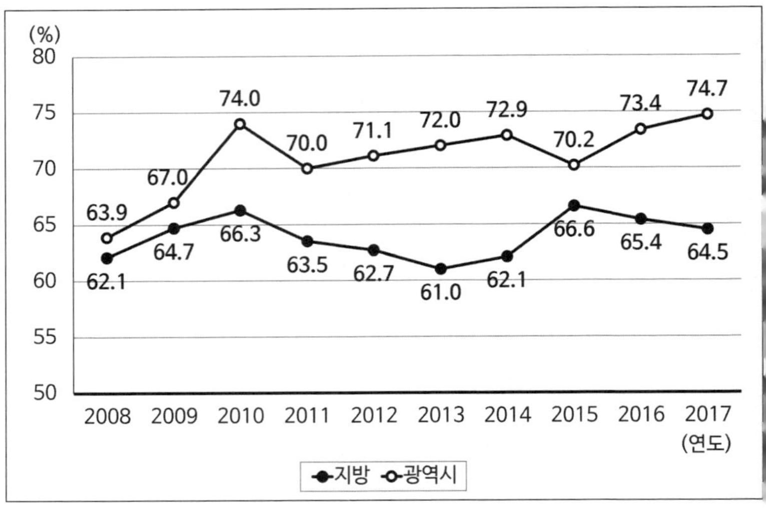

[29 ~ 30] 다음 <표>는 2014 ~ 2020년 농가 현황에 관한 자료이다. <표>와 <그림>을 보고 물음에 답하시오.

<표 1> 농가구 및 농가인구

(단위: 천 호, %, 천 명)

구분 \ 연도	2014	2015	2016	2017	2018	2019	2020
농가구	1,121	1,089	1,068	1,042	1,021	1,007	1,035
총가구 중 비중	6.0	5.7	5.5	5.3	5.1	5.0	4.8
농가인구	2,752	2,569	2,496	2,422	2,315	2,245	2,314
총인구 중 비중	5.4	5.1	4.9	4.7	4.5	4.3	4.5
65세 이상 비중	39.1	38.4	40.3	42.5	44.7	46.6	42.3

※ 65세 이상 비중은 농가인구 중 65세 이상 비중임.

<표 2> 농가부채 및 농가자산

(단위: 천 원)

연도 \ 구분	농가부채			농가자산
		농업용	개인	
2014	26,664	11,554	5,384	402,856
2015	26,001	11,693	4,171	424,613
2016	25,516	11,700	4,004	445,342
2017	25,161	10,394	3,274	476,914
2018	32,055	13,463	2,929	466,720
2019	34,504	14,282	3,466	500,488
2020	36,375	14,286	4,372	526,655

※ 농가부채는 용도에 따라 농업용과 비농업용으로 구분되고, 차입처에 따라 개인과 금융기관으로 구분됨.

<그림> 농촌지역 생활 인프라 현황

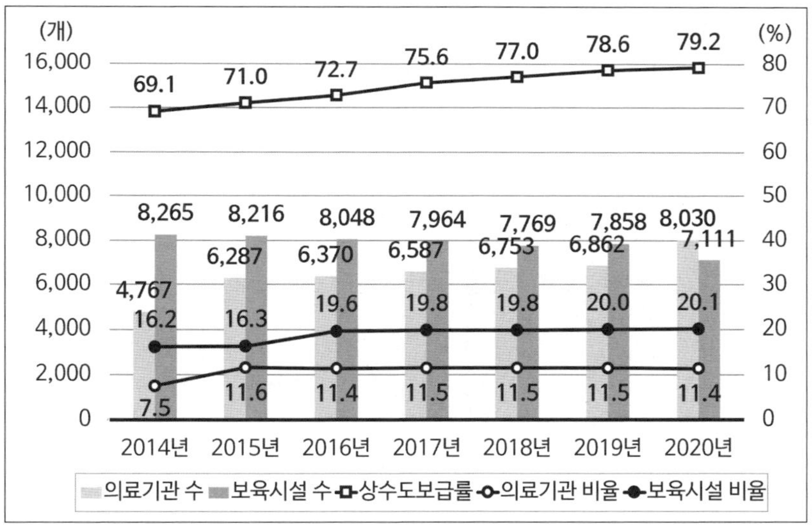

※ 1) $\text{의료기관 비율}(\%) = \frac{\text{농촌지역 의료기관 수}}{\text{전국 의료기관 수}} \times 100$

2) $\text{보육시설 비율}(\%) = \frac{\text{농촌지역 보육시설 수}}{\text{전국 보육시설 수}} \times 100$

<표 3> 농업인 복지지원 현황

(단위: 천 원, %)

구분 \ 연도	2014	2015	2016	2017	2018	2019	2020
농가 1가구당 연간 건강보험료 평균지원액	860	888	902	928	906	901	965
농업안전보험 가입률	55.3	56.4	57.5	60.3	53.3	52.8	65.2

29. 위 자료에 대한 다음 설명 중 옳지 않은 것은?

① 농가 1가구당 연간 건강보험료 평균지원액과 농업안전보험 가입률의 연도별 증감방향은 매년 동일하다.

② 2014년 대비 2020년 증가율은 농가부채가 농가자산보다 높다.

③ 용도는 농업용이고 차입처는 금융기관인 농가부채가 1천만 원 이상인 연도 수는 3개년이다.

④ 전국 의료기관 수는 전국 보육시설 수에 비해 매년 더 많다.

⑤ 65세 미만 농가인구가 65세 이상 농가인구에 비해 1.5배 이상인 연도 수는 2개년이다.

30. 위 자료를 이용하여 <보고서>를 작성하였다. <보고서>를 작성하기 위해 추가로 필요한 자료만을 <보기>에서 모두 고르면?

<보고서>

2014 ~ 2020년 동안 농가수는 매년 1,000천 호 이상이고, 농가구 천 호당 농가인구는 매년 2천 명 이상이다. 2014 ~ 2018년 동안 총가구 천 호당 총인구는 매년 감소하고, 2019년에는 전년대비 증가하며, 2020년에 다시 전년대비 감소한다.

2013 ~ 2019년 동안 농가부채 중 비농업용 비중은 매년 60 % 이하이고, 2020년에는 60 % 이상이다. 그리고 2014 ~ 2020년 동안 농가 부채 중 차입처가 개인인 비중과 금융기관인 비중의 차이값은 2014년에 가장 낮고, 2018년에 가장 높다. 한편, 2014년 이후 농가자산의 전년대비 증가율이 5 % 이상인 연도 수는 5개년이다.

2014 ~ 2020년 동안 상수도보급률은 매년 증가하는 반면, 하수도보급률은 매년 증가하다가 2019년 이후 매년 감소한다. 한편, 2014년 대비 2020년 전국 의료기관 수 증가율은 10 % 이상이고, 2014년 대비 2020년 전국 보육시설 수 감소율은 25 % 이상이다.

농업인 복지지원 현황을 살펴보면, 2016년 이후 농가 1가구당 연간 건강보험료 평균지원액은 매년 90만 원 이상이고, 농업안전보험 가입률은 2019년에 52.8 %로 가장 낮고, 2020년에 65.2 %로 가장 높다.

<보 기>

ㄱ. 2013 ~ 2020년 연도별 총가구 및 총인구

ㄴ. 2013 ~ 2020년 연도별 농업안전보험 가입률

ㄷ. 2013 ~ 2020년 연도별 농가부채 중 농업용 비중

ㄹ. 2013 ~ 2020년 연도별 상수도보급률 및 하수도보급률

ㅁ. 2013 ~ 2020년 연도별 농가자산

① ㄱ, ㄴ

② ㄷ, ㅁ

③ ㄱ, ㄷ, ㅁ

④ ㄴ, ㄷ, ㄹ

⑤ ㄷ, ㄹ, ㅁ

31. 다음 <그림>은 '갑'국 2023년 월별 강수량에 관한 자료이다. 이에 대한 <보기>의 설명 중 옳은 것만을 모두 고르면?

<그림 1> 2023년 월별 강수량

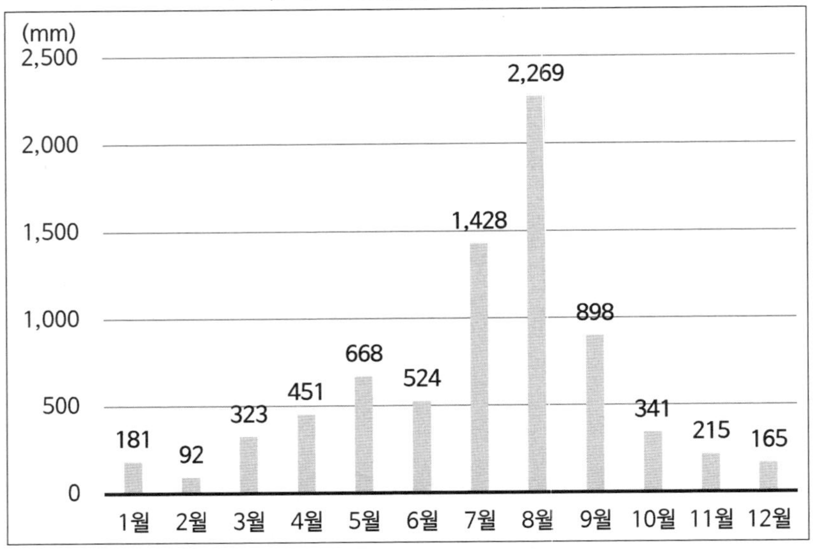

<그림 2> 2023년 월별 강수량의 전년비 및 평년비

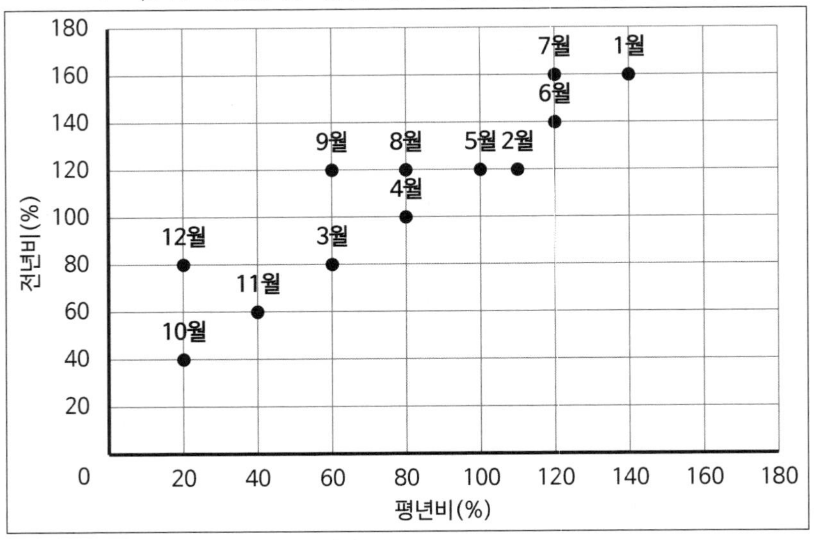

※ 1) 전년비(%) $= \frac{\text{2023년 강수량}}{\text{2022년 강수량}} \times 100$

2) 평년비(%) $= \frac{\text{2023년 강수량}}{\text{2014 ~ 2023년 연도별 강수량의 평균}} \times 100$

<보 기>

ㄱ. 2022년 강수량은 2014 ~ 2023년 연도별 강수량의 평균보다 매월 적다.

ㄴ. 2022년 8월 강수량 대비 7월 강수량 비율은 50% 이상이다.

ㄷ. 2023년 강수량이 2014 ~ 2022년 연도별 강수량의 평균보다 적은 달 수는 7개월이다.

ㄹ. 5월은 2022년 강수량이 2014 ~ 2021년 연도별 강수량의 평균보다 적다.

① ㄱ, ㄴ
② ㄱ, ㄷ
③ ㄴ, ㄹ
④ ㄱ, ㄷ, ㄹ
⑤ ㄴ, ㄷ, ㄹ

32. 다음 <표>는 성주군 기본계획에 따른 도시환경지표 추정치에 관한 자료이다. 이에 대한 설명으로 옳은 것은?

<표> 성주군 기본계획에 따른 도시환경지표 추정치

구분 \ 연도			2030	2040
생활환경지표	인구(명)		170,000	130,000
	주택	가구수(가구)	65,000	55,000
		주택수(호)	78,000	77,000
		주택보급률(%)	( )	( )
	상하수도	상수도보급률(%)	90	92
		하수도보급률(%)	95	88
복지환경지표	교육	유치원(개)	25	26
		초등학교(개)	31	23
		중학교(개)	12	11
		고등학교(개)	10	8
	보건의료	병상수(개)	600	1,050
		의사수(명)	300	200
여가환경지표	근린공원(개)		15	10
	체육공원(개)		11	6
	문화공원(개)		1	2
도시환경지표	생활폐기물 발생량(톤/일)		85	65
	온실가스 배출목표량(천 톤)		1,050	980

※ 1) 주택보급률(%) $= \frac{\text{주택수(호)}}{\text{가구수(가구)}} \times 100$

2) 상수도보급률(%) $= \frac{\text{상수도 급수인구}}{\text{인구}} \times 100$

3) 하수도보급률(%) $= \frac{\text{하수도 급수인구}}{\text{인구}} \times 100$

① 2040년 주택보급률은 2030년에 비해 20%p 더 높다.
② 2040년 온실가스 배출목표량의 2030년 대비 감소율은 7% 이상이다.
③ 2040년 인구 1인당 초등학교 수는 2030년에 비해 증가한다.
④ 2030년과 2040년 상수도보급률의 평균과 하수도보급률의 평균은 모두 91% 이하이다.
⑤ 2040년 병상 1개당 의사수의 2030년 대비 감소폭은 0.3명 미만이다.

33. 다음 <표>는 2012 ~ 2021년 주류 출고량 현황에 관한 자료이다. 이를 이용하여 작성한 그래프로 옳지 않은 것은?

<표 1> 연도별·생산지별 주류 출고량

(단위: 천 kL)

생산지 / 연도	전체	국산	수입산
2012	3,937	3,784	153
2013	3,921	3,738	183
2014	4,015	3,808	207
2015	4,074	3,804	270
2016	3,995	3,680	315
2017	3,974	3,551	423
2018	3,931	3,436	495
2019	3,841	3,377	464
2020	3,612	3,215	397
2021	3,511	3,100	411

<표 2> 연도별·주종별 국산 주류 출고량

(단위: 천 kL)

주종 / 연도	합계	소주	맥주	탁주	기타
2012	3,784	951	2,031	466	336
2013	3,738	906	2,062	442	328
2014	3,808	959	2,056	443	350
2015	3,804	956	2,041	427	380
2016	3,680	934	1,978	411	357
2017	3,551	946	1,824	420	361
2018	3,436	920	1,737	414	365
2019	3,377	917	1,716	382	362
2020	3,215	877	1,567	389	382
2021	3,100	828	1,539	374	359

① 2021년 주류 출고량의 생산지별 비중 및 국산 주류 출고량의 주종별 비중

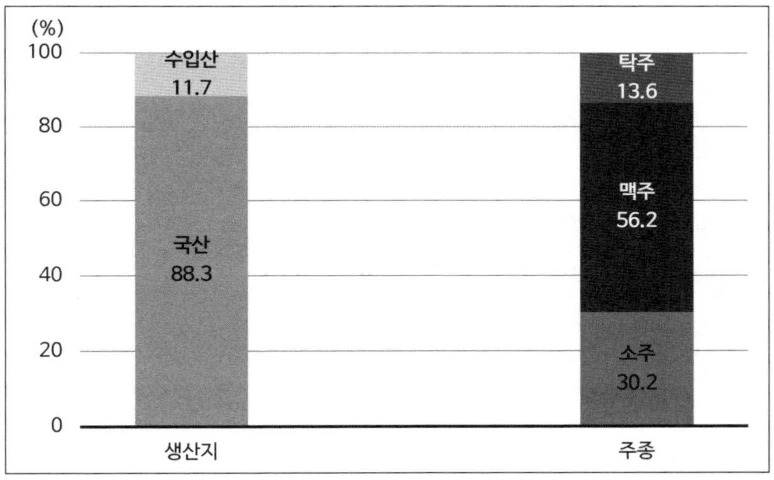

② 연도별 수입산 주류 출고량

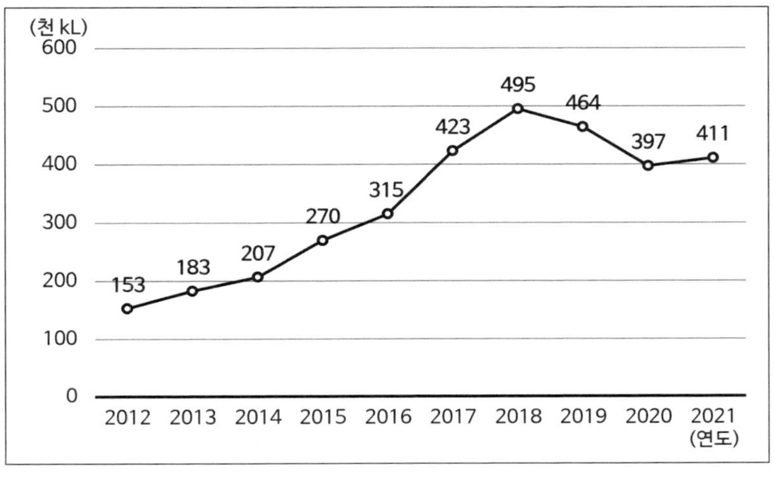

③ 2013년 대비 2020년 생산지별 주류 출고량의 증가율

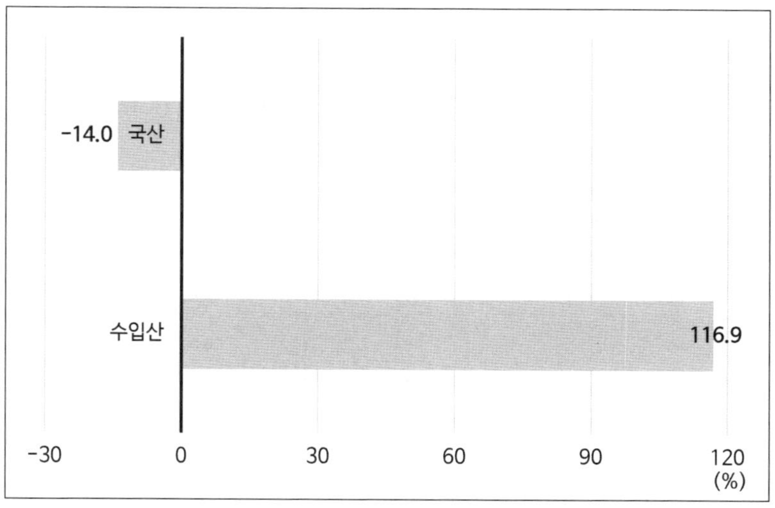

④ 연도별 전체 주류 출고량 중 국산 탁주 출고량 비중

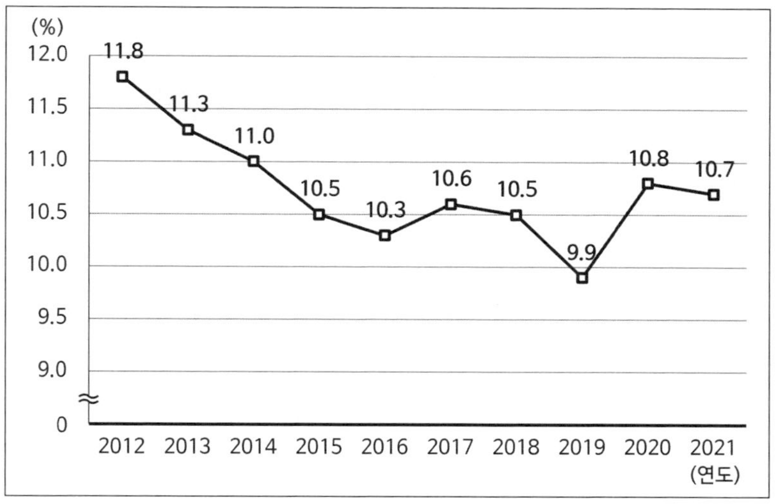

⑤ 2012년과 2021년 주종별 국산 주류 출고량

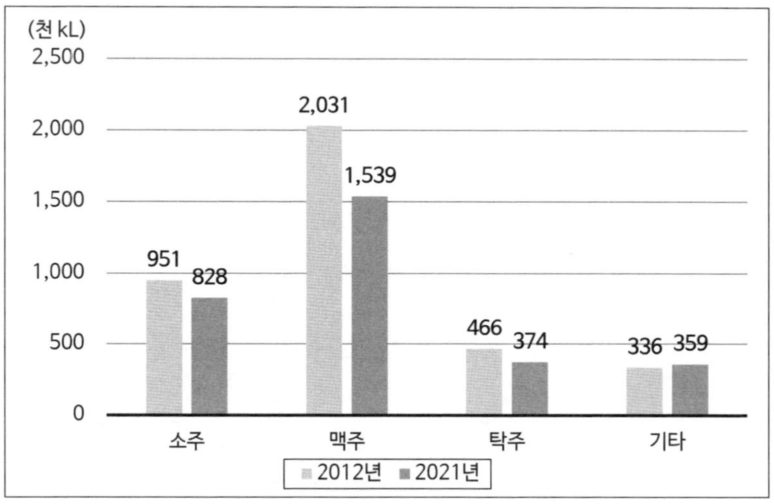

34. 다음 <표>는 건물 A ~ F의 건폐율, 대지 면적, 연면적에 관한 자료이다. 건물 A ~ F 중 층수가 두 번째로 높은 건물(X)과 두 번째로 낮은 건물(Y)을 올바로 짝지은 것은?

<표> 건물 A ~ F의 건폐율, 대지 면적, 연면적

(단위: %, m^2)

건물	건폐율	대지 면적	연면적
A	80	250	5,000
B	75	300	3,375
C	60	400	2,880
D	60	550	3,630
E	50	666	3,330
F	40	650	5,200

※ 1) 건폐율 $= \frac{\text{건축 면적}}{\text{대지 면적}} \times 100$

2) 건축 면적은 건물 1층의 바닥면적임.
3) 연면적은 건물 각 층 바닥면적의 총합임.

	X	Y
①	A	D
②	A	E
③	B	C
④	F	C
⑤	F	D

35. 다음 <그림>은 A국 흑연 생산량의 전년대비 증가율에 관한 자료이다. 이에 대한 설명으로 옳은 것만을 <보기>에서 모두 고르면?

<그림> A국 흑연 생산량의 전년대비 증가율

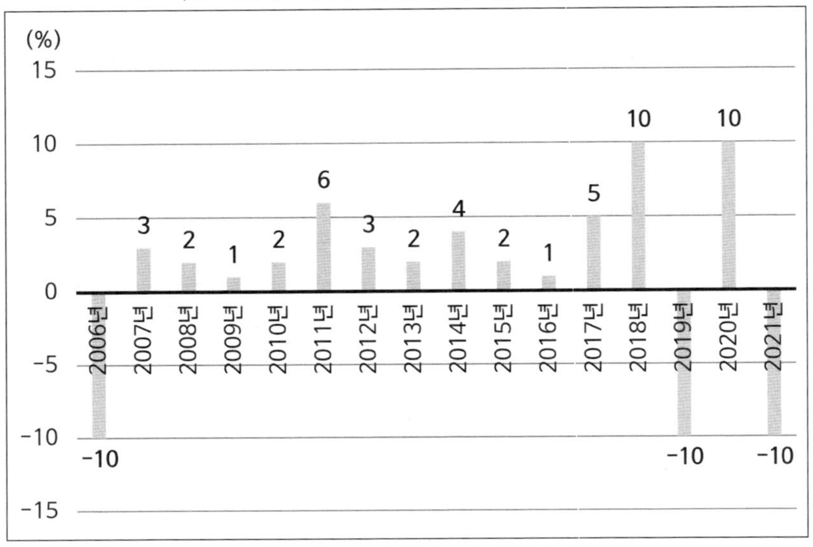

<보 기>

ㄱ. 2006 ~ 2018년 동안 A국 흑연 생산량은 매년 증가하였다.
ㄴ. 만약 2017년 A국 흑연 생산량이 10,000톤이라면, 2021년 A국 흑연 생산량은 9,800톤 이상이다.
ㄷ. 만약 2006년 A국 흑연 생산량이 9,999톤이라면, 2005년 A국 흑연 생산량은 11,111톤 이상이다.
ㄹ. A국 흑연 생산량의 2012년 대비 2014년 증가율은 2015년 대비 2017년 증가율에 비해 낮다.

① ㄴ ② ㄱ, ㄴ
③ ㄴ, ㄹ ④ ㄷ, ㄹ
⑤ ㄱ, ㄴ, ㄷ

36. 다음 <표>는 2018년과 2019년 1월 정보보호 분야 논문점수 상위 10개국에 관한 자료이다. 이에 대한 설명으로 옳은 것은?

<표> 2018년과 2019년 1월 정보보호 분야 논문점수 상위 10개국

(단위: 점)

연·월 / 구분 / 순위	2018년 1월			2019년 1월		
	국가	점수	전월 대비	국가	점수	전월 대비
1	일본	2,095	상승	미국	2,104	유지
2	미국	2,022	하락	일본	2,049	상승
3	한국	2,013	유지	독일	2,013	하락
4	프랑스	2,009	하락	프랑스	2,005	하락
5	독일	2,005	하락	한국	1,984	유지
6	러시아	1,962	상승	중국	1,974	상승
7	대만	1,942	하락	대만	1,962	유지
8	중국	1,935	유지	캐나다	1,942	하락
9	영국	1,929	유지	스위스	1,938	상승
10	캐나다	1,902	상승	호주	1,902	유지

※ 점수 및 순위 산정은 매월 실시함.

① 2018년 1월과 2019년 1월에 모두 10위 안에 해당하는 국가는 모두 6개 국가이다.
② 2018년 1월 10위 안에 해당하는 국가 중 2019년 1월 점수가 전년 동월 대비 하락하는 국가는 모두 4개 국가이다.
③ 2019년 1월 10위 안에 해당하는 국가 중 전년 동월대비 순위가 상승하지 않는 국가는 5개국이며, 이중 전월대비 점수가 상승한 국가가 1개국 뿐이다.
④ 2019년 1월 10위 안에 해당하는 국가들의 점수의 총합은 2018년 1월 10위 안에 해당하는 국가들의 점수의 총합에 비해 500점 이상 더 높다.
⑤ 독일의 2018년 12월 순위는 전년 동월대비 2위 상승한다.

7. 다음 <보고서>는 '갑'지역 2010년과 2020년 학교급별 교원 1인당 학생수에 관한 자료이고, <표>는 2010년과 2020년 학교급별 · 지역별 교원 1인당 학생수에 관한 자료이다. <보고서>의 내용을 근거로 판단할 때, A ~ E 중 '갑'에 해당하는 지역은?

<보고서>

'갑'지역 2010년과 2020년 학교급별 교원 1인당 학생수에 관한 자료를 분석하였고, 그 결과 다음과 같은 사실을 확인하였다.

첫째, '갑'지역은 2010년과 2020년 초등학교 교원 1인당 학생수 평균이 18명 이하이다. 둘째, '을'지역은 모든 학교급에서 학생수 대비 교원수 비율이 5% 이상이다. 셋째, '병'지역은 2010년과 2020년 각각 학교급이 높아질수록 교원 1인당 학생수가 감소한다. 마지막으로 '갑'지역 2010년 대비 2020년 유치원 교원 1인당 학생수의 감소율은 40% 미만 이다.

<표> 2010년과 2020년 학교급별 · 지역별 교원 1인당 학생수

(단위: 명)

지역	학교급 / 연도	유치원	초등학교	중학교	고등학교
A	2010	14.8	18.7	18.2	20.5
	2020	8.4	16.6	13.0	11.4
B	2010	15.6	19.2	19.5	19.1
	2020	13.6	15.9	12.9	11.6
C	2010	24.2	17.7	13.2	9.8
	2020	23.1	18.8	14.5	11.3
D	2010	37.8	20.2	20.1	20.6
	2020	36.7	20.1	16.2	18.2
E	2010	16.9	19.5	22.4	21.3
	2020	11.9	14.5	13.1	13.0

※ $\text{(지역별)교원 1인당 학생수} = \frac{\text{(지역별)학생수}}{\text{(지역별)교원수}}$

① A
② B
③ C
④ D
⑤ E

38. 다음 <정보>와 <표>를 바탕으로 2020년 대비 2022년 H청년임대주택 입주민 합계의 증가폭을 구하면?

<정 보>

○ 신규입주민은 매년 초에 입주한다. 해당 시기 외에 입주하는 경우는 없다.

○ 입주민 현황은 매년 말에 조사한다.

<표 1> H청년임대주택의 입주민 누적 퇴거율

(단위: %)

입주기간	입주민의 누적 퇴거율
1년 이하	0
1년 초과 2년 이하	10
2년 초과 3년 이하	20
3년 초과 4년 이하	40
4년 초과 5년 이하	50
5년 초과	80

<표 2> H청년임대주택의 연도별 입주민 현황

(단위: 명)

입주기간 / 연도	1년 이하	1년 초과 2년 이하	2년 초과 3년 이하	3년 초과 4년 이하	4년 초과 5년 이하	5년 초과	합
2018	150	90	40	180	40	0	500
2019	200	135	80	( )	( )	( )	( )
2020	300	( )	( )	( )	( )	( )	( )
2021	500	( )	( )	( )	( )	( )	( )
2022	500	( )	( )	( )	( )	( )	( )

① 650명
② 660명
③ 665명
④ 670명
⑤ 675명

39. 다음 <표>는 2016 ~ 2021년 A국 성폭력 발생 건수, 검거 건수 및 디지털 성범죄 심의 현황에 관한 자료이다. 이에 대한 설명으로 옳은 것은?

<표 1> 연도별 성폭력 발생 및 검거 건수

(단위: 건)

구분 \ 연도	2016	2017	2018	2019	2020	2021
발생건수	5,324	6,514	7,912	8,498	9,287	10,821
검거건수	5,041	6,032	7,324	7,764	8,284	9,984

<표 2> 연도별 디지털 성범죄 심의 현황

(단위: 건)

연도 \ 구분	심의	시정요구		
			삭제	접속차단
2016	3,800	3,617	79	3,538
2017	4,700	(　)	30	(　)
2018	4,900	4,600	50	4,550
2019	3,100	2,800	140	2,660
2020	(　)	4,000	(　)	(　)
2021(1 ~ 7월)	2,400	2,253	97	2,156

※ 각 연도별로 디지털 성범죄 심의 건수 중 시정요구 건수의 비중은 90% 이상임.

① 주어진 기간 동안 성폭력 발생 건수 대비 검거 건수 비율은 매년 90% 이상이다.

② 2017년 이후 성폭력 검거 건수의 전년대비 증가율이 두 번째로 높은 해는 2017년이다.

③ 만약 2016년과 2021년 시정요구 건수가 서로 동일하다면, 2021년 삭제 건수는 2016년에 비해 18건 이상 많다.

④ 2019년 심의 건수의 전년대비 감소율은 2019년 접속차단 건수의 전년대비 감소율보다 높다.

⑤ 만약 2021년 8 ~ 12월 시정요구 건수가 2021년 1 ~ 7월 시정요구 건수와 동일하다면, 2020년 심의 건수는 2021년 시정요구 건수보다 많다.

40. 다음 <표>는 2016 ~ 2021년 성별 • 연령별 • 직업분야별 교정자문위원 현황에 관한 자료이다. 이에 대한 <보고서>의 내용 중 옳은 것만을 모두 고르면?

<표> 성별 • 연령별 • 직업분야별 교정자문위원 현황

(단위: 명)

구분 \ 연도		2016	2017	2018	2019	2020	2021
전체		326	326	325	60	60	59
성	남성	206	204	202	40	40	36
	여성	120	122	123	20	20	23
연령	30대 이하	2	1	6	2	2	2
	40대	64	45	43	11	11	9
	50대	143	125	115	27	24	20
	60대	87	112	126	19	20	25
	70대 이상	30	43	35	1	3	3
직업분야	교육계	102	83	97	22	22	22
	법조계	44	40	41	12	12	15
	종교계	15	14	14	3	3	3
	의료계	9	10	12	0	0	0
	시민사회계	60	83	70	8	8	5
	경제계	50	50	45	8	8	8
	기타	46	46	46	7	7	6

<보고서>

수용자의 관리 • 교정교화 등 사무에 관한 지방교정청장의 자문에 응하기 위하여 지방교정청에 교정자문위원회를 두며, 교정자문위원은 교정에 관한 학식과 경험이 풍부한 외부인사 중에서 지방교정청장의 추천을 받아 법무부장관이 위촉한다. 교정자문이라는 특성상 다양한 직업의 종사자들이 교정자문위원으로 활동하고 있다. 2016 ~ 2021년 성별 • 연령별 • 직업분야별 교정자문위원 현황을 살펴보면 다음과 같다.

교정자문위원의 수는 남성이 2016년 206명, 2021년 36명으로 170명 감소하였고, 여성이 2016년 120명, 2021년 23명으로 97명 감소하였다. ㉠ 2016년 대비 2021년 교정자문위원 위원수 감소율은 남성이 여성보다 높다.

연령별로 살펴보면, 교정자문위원 수는 40대 혹은 50대에서 가장 많다. 그리고, ㉡ 2016 ~ 2018년 동안 50대 교정자문위원 수의 감소율은 매년 감소하고, 2019~ 2021년 동안 50대 교정자문위원 수의 감소율은 매년 증가한다.

한편, 종합적으로 살펴보면, ㉢ 2021년 직업분야가 교육계 혹은 법조계인 60대 이하 남성 교정자문위원은 적어도 12명이다. 그리고 ㉣ 2016년 교육계 교정자문위원 중 60대 이하 교정자문위원 비중은 70% 이상이다.

① ㄱ, ㄴ

② ㄱ, ㄷ

③ ㄴ, ㄹ

④ ㄱ, ㄴ, ㄹ

⑤ ㄴ, ㄷ, ㄹ

현재 내 위치가 궁금하다면?

빠른 채점 및 성적 분석

https://labstandard.kr/eas

성적분석 서비스 + 통계표 확인

맞은 문제 수 / 푼 문제 수	맞은 문제 수 / 찍은 문제 수
( )문제 / ( )문제	( )문제 / ( )문제

총점: 점

✓ 전국에 있는 수험생들의 성적과 자신의 성적을 지금 바로 비교해 보세요